Michael Decker

Modellierung ortsabhängiger Zugriffskontrolle für mobile Geschäftsprozesse

Modellierung ortsabhängiger Zugriffskontrolle für mobile Geschäftsprozesse

von
Michael Decker

Dissertation, Karlsruher Institut für Technologie
Fakultät für Wirtschaftswissenschaften
Tag der mündlichen Prüfung: 28.07.2011
Referenten: Prof. Dr. Andreas Oberweis
Prof. em. Dr. Dr.h.c. Wolffried Stucky

Impressum

Karlsruher Institut für Technologie (KIT)
KIT Scientific Publishing
Straße am Forum 2
D-76131 Karlsruhe
www.ksp.kit.edu

KIT – Universität des Landes Baden-Württemberg und nationales
Forschungszentrum in der Helmholtz-Gemeinschaft

Foto Umschlagsrückseite: Kulo T

KIT Scientific Publishing 2011
Print on Demand

ISBN 978-3-86644-732-5

Modellierung ortsabhängiger Zugriffskontrolle für mobile Geschäftsprozesse

Zur Erlangung des akademischen Grades eines

Doktors der Wirtschaftswissenschaften

(Dr. rer. pol.)

von der Fakultät für Wirtschaftswissenschaften

des Karlsruher Instituts für Technologie (KIT)

genehmigte

DISSERTATION

von

Dipl. Wi.-Ing. Michael Decker

Tag der mündlichen Prüfung: 28.07.2011

Referent: Prof. Dr. Andreas Oberweis

Korreferent: Prof. em. Dr. Dr.h.c. Wolffried Stucky

2011 Karlsruhe

Danksagung

„If we knew what it was we were doing, it
would not be called *research*, would it?" (A.E.)

Die vorliegende Arbeit entstand während meiner Zeit als wissenschaftlicher Mitarbeiter
am *Institut für Angewandte Informatik und Formale Beschreibungsverfahren (AIFB)*
des *Karlsruher Instituts für Technologie* (KIT, ehemalige Universität Karlsruhe (TH)).
Zuerst möchte ich mich bei Prof. em. Dr. Dr.h.c. Wolffried Stucky und Prof. Dr. Andreas
Oberweis vom Lehrstuhl für *Betriebliche Informations- und Kommunikationssysteme
(BIK)* für die Betreuung meines Promotionsverfahrens bedanken. Weiter bedanke ich mich
bei Prof. Dr. Karl-Heinz Waldmann und Prof. Dr. Hagen Lindstädt für die Beteiligung
bei meiner Abschlussprüfung.

Während meiner Zeit am Institut war ich als Mitglied der „Mobile Business"-Gruppe am
BIK unter Leitung von Gunther Schiefer an mehreren einschlägigen Verbundforschungs-
projekten beteiligt, nämlich „MoMaTIK", „ModiFrame", „SumoDacs" und „MimoSecco". Für die gute Zusammenarbeit in dieser Gruppe geht mein Dank an Gunther Schiefer,
Prof. Dr. Rebecca Bulander, Tamara Högler, Joanna Mrozik und Katharina Issel. Ich
möchte mich auch bei den an diesen Projekten beteiligten Partner-Institutionen für die
gute Zusammenarbeit bedanken: Dr. Bernhard Kölmel, Dr. Markus Bauer (CAS Software
AG), Oliver Winzenried, Wolfgang Neifer, Jürgen Ockert (WIBU-SYSTEMS AG) und
Prof. Dr. Jörn Müller-Quade (Institut EISS/IKS am KIT).

Aber nicht nur innerhalb der „Mobile Business"-Gruppe habe ich Unterstützung erfahren:
Dr. Tatyana Podgayetskaya danke ich dafür, dass sie mein Interesse für das Gebiet der
Zugriffskontrollmodellierung geweckt hat. Zusammen mit Peter Stürzel habe ich mehrere

für die vorliegende Arbeit relevante Publikationen verfasst und Abschlussarbeiten betreut. Weitere Publikationen entstanden in Zusammenarbeit mit Björn Keuter, Prof. Dr. Stefan Klink und Roman Povalej.

Neben der Projektarbeit war ich am Institut für die technische und vorübergehend auch für die nicht-technische Prüfungsverwaltung am Institut AIFB zuständig. Für die gute Zusammenarbeit hierbei möchte ich mich bei Prof. Dr. Dietmar Ratz, Sventje Bonn und Dr. André Wiesner bedanken. Bei Dr. Daniel Sommer als Geschäftsführer des Instituts bedanke ich mich für die gute Unterstützung bei allen administrativen Angelegenheiten.

Einige wichtige Ergebnisse der vorliegenden Arbeit sind im Rahmen eines 7-monatigen Aufenthalts im Jahr 2010 als Gastwissenschaftler an der *School of Software* am *Beijing Institute of Technology (BIT)* in Peking (VR China) entstanden. Dieser Aufenthalt wurde durch ein Stipendium des *Karlsruhe House of Young Scientists (KHYS)* des *Karlsruher Instituts für Technologie (KIT)* unterstützt. Ein besonderer Dank gilt Dr. Haiying „Chrissie" Che von der *School of Software* für die intensive Zusammenarbeit und Unterstützung während dieser Zeit.

Außerdem möchte ich meinen Eltern Siegfried Georg und Helga Decker für die Unterstützung während meiner kompletten Ausbildungszeit danken, sowie meinem Bruder Dr. Thomas Decker für seine stets geistreichen Kommentare. Bei Dr. Christian Bomhardt bedanke ich mich für die Freundschaft seit unserem ersten Studiensemester.

Graben-Neudorf, im September 2011   *Michael Decker*

Inhaltsverzeichnis

Abbildungsverzeichnis

Tabellenverzeichnis

Abkürzungsverzeichnis

LBS	Location-based Service (ortsabhängiger Dienst)
OE	Ortseinschränkung
OR	Ortsregel
PN	Petri-Netz
PrT-Netz	Prädikaten-Transitionen-Netz
(UML-)AD	UML-Aktivitätsdiagramm
WfMS	Workflow Managementsystem
ZKM	Zugriffskontrollmodell

1 Einleitung

1.1 Ausgangssituation

Der berufliche wie auch private Alltag wird in immer stärkerem Maße durch eine zunehmende physische Mobilität geprägt. Diese Mobilität wurde wesentlich durch den technischen Fortschritt – auch im Bereich der Informations- und Kommunikationstechnologie (IKT) – ermöglicht. Insbesondere die Entwicklung der mobilen Technologien, worunter im Folgenden mobile Computer, drahtlose Datenkommunikation und Ortungsverfahren zusammengefasst werden, unterstützen diesen Trend.

Es liegen derzeit (Stand: Mai 2011) mehrere Statistiken aus verschiedenen Quellen vor, die eindrucksvoll den Siegeszug mobiler Computer im Allgemeinen und von Mobiltelefonen im Speziellen belegen: Laut Bundesnetzagentur gab es im Jahr 2010 in Deutschland ca. 108 Millionen Mobilfunkanschlüsse (gezählt über SIM-Karten) [Bun11, 85f]; rechnerisch verfügt also jeder Einwohner von Deutschland über mehr als einen Mobilfunkanschluss. Die Zahl der weltweiten Mobilfunkanschlüsse wird von der *International Telecommunication Union (ITU)* als auch der *GSM Association (GSMA)* auf über 5 Milliarden geschätzt [GSM10][Int11]. Es sind auch Marktzahlen verfügbar, die aufzeigen, dass mobile Computer inzwischen schon begonnen haben, die herkömmlichen stationären Computer zu verdrängen: Schon seit einigen Jahren werden in Deutschland bei den Standardcomputern mehr Geräte von den mobilen Varianten (Laptop, Notebook, TabletPC) abgesetzt als herkömmliche Desktop-PC [BIT07a] [BIT11]; auch auf dem globalen Markt trifft dies zu [Fox08][Hei08]. Weltweit werden sogar mehr Smartphones als Standardcomputer verkauft [Can11a][Can11b] .

Weiter zeigen auch die vielen in den vergangenen Jahren neu eingeführten Software-Plattformen/Betriebssysteme für mobile Computer die Bedeutung, die von Seiten der Industrie mobilen Computern beigemessen wird:

- iOS von Apple (für iPhone & iPod) im Jahr 2007 [Mac07]

- Android von der *"Open Handset Alliance" (OHA)*, einem von Google geführten Industriekonsortium, im Jahr 2007 [DiM08]

- WebOS von Palm im Jahr 2009 [Lüd09]

- Bada von Samsung im Jahr 2010 [Mor10]

- Windows Phone 7 von Microsoft im Jahr 2010 [RF11]

Auch wurden in den letzten Jahren von mehreren prominenten Firmen aus dem IT-Bereich spezielle Vertriebsplattformen für mobile Anwendungen (sog. "App-Stores") ins Leben gerufen [GWB10] [Opi10] [Der11], was ebenfalls ein deutlicher Hinweis auf die Bedeutung ist, die "Mobile Business" von Seiten der Industrie zugeschrieben wird. In den beiden erfolgreichsten App-Stores werden mittlerweile jeweils deutlich über 200.000 Anwendungen angeboten [Opi10][Mac11].

Dieser Erfolg *mobiler Technologien* – die neben mobilen Computern auch noch Techniken für die drahtlose Datenkommunikation (z.B. UMTS, WLAN) und Ortungstechnologien (z.B. GPS) umfassen –, kann auf verschiedene spezifische Mehrwerte zurückgeführt werden, die im Verlauf der Arbeit systematisch dargestellt werden (siehe Kapitel 2.6 ab Seite 32). Aus Sicht von Geschäftsanwendern sind hierbei insbesondere die Vorteile für *mobile Akteure* zu nennen, also Beschäftige, die viel reisen und/oder Tätigkeiten vor Ort bei Kunden ausführen müssen, z.B. Servicetechniker, Vertriebsmitarbeiter und Manager. Mit mobilen Computern ausgestattet haben solche Akteure stets einen medienbruchfreien Zugriff auf aktuelle Geschäftsinformationen (z.B. Verfügbarkeit von Produkten, technische Dokumentation), und vor Ort erfasste Daten (z.B. neue Aufträge oder Reparaturberichte) müssen nicht erst nach der Rückreise zur Weiterverarbeitung in die IT eingegeben werden. Weiter können wichtige e-Mails ohne große Zeitverzögerung beantwortet werden, etwa während Warte- und Reisezeiten.

1.2 Problemstellung

Dem hohen Nutzenpotenzial mobiler Computer stehen aber auch mobil-spezifische Problemfelder gegenüber, denn diese Geräte sind nicht einfach "kleine *große Computer*". Hier sind vor allem Sicherheits- und Ergonomieprobleme zu nennen:

- Ein wichtiges Sicherheitsproblem ist die Gefahr, dass Unbefugte über mobile Computer Zugriff auf vertrauliche Daten erlangen könnten, etwa wenn ein solches Gerät verloren oder gestohlen wird; aber auch nur der vorübergehende und evtl. unbemerkte Zugriff auf einen mobilen Computer stellt ein Sicherheitsproblem dar. Die für die drahtlose Datenübertragung verwendete Technik (z.B. WLAN, GPRS) kann ebenfalls durch einen Angriff zum Datenleck werden.

- Die Ergonomieprobleme ergeben sich aus der naturgemäß geringen Größe der Geräte (z.B. kleines Display geringer Qualität, rudimentäre Eingabemöglichkeiten). Gerade mit den Geräteklassen "Mobiltelefon", "Smartphone" und "Handhelds" ist es einem Nutzer kaum zumutbar, größere Mengen an Daten einzugeben.

Für das Sicherheitsproblem gibt es verschiedene Lösungsansätze, angefangen bei einfachen mechanischen Maßnahmen wie spezielle Diebstahlsicherungen für mobile Computer [End04] bis hin zu speziellen Software-Produkten für die präventive Verschlüsselung von mobilen Datenspeichern [Bay09] oder die Fernlöschung von abhanden gekommenen Computern (sog. "Kill Pill", [WP08]). Die Ergonomieprobleme werden mit speziellen Techniken für die Ein- und Ausgabeschnittstellen mobiler Computer adressiert, z.B. der Verwendung von Sprache für sowohl die Datenein- als auch die Ausgabe (Spracherkennung [CSM$^+$02] bzw. "Text-to-Speech" [KCR09]), besonderen Darstellungsformen [KRS05], berührungssensitiven Bildschirmen (Touch-Screen, [Wol09]) oder einer entsprechenden Gestaltung von Webseiten [Bie08]. Ein weiterer Ansatz, der diese beiden Problemfelder gleichermaßen anspricht, ist der Einsatz einer ortsabhängigen Zugriffskontrolle, der im Fokus der vorliegenden Arbeit steht.

1.3 Arbeiten anderer Autoren

In der vorliegenden Arbeit wird *ortsabhängige Zugriffskontrolle* als ein möglicher Lösungsansatz für diese beiden Problemfelder "Sicherheit" und "Ergonomie" im Mobile Computing verfolgt. Zugriffskontrolle ist die Funktion eines Informationssystems, die entscheidet, welche *Akteure (Nutzer)* welche *Operationen* auf welchen *Ressourcen* ausführen dürfen [dVPS03] [Dec10a]. Beispiele für Operationen sind "schreiben", "lesen", "löschen" oder "ausführen"; mögliche Ressourcen sind Objekte in einem Dateisystem oder einer Datenbank sowie Dienste (Services).

Die Besonderheit *ortsabhängiger* Zugriffskontrolle ist es, die Entscheidung der Zugriffskontrolle auch oder nur vom aktuellen Aufenthaltsort des Nutzers abhängig zu machen. So kann etwa der Zugriff auf ein sensibles Dokument mit einem mobilen Computer an Orten untersagt werden, wo dies als zu gefährlich (z.B. an öffentlichen Orten) oder nicht plausibel eingestuft wird. Für die hierzu notwendige Ortung des Akteurs bzw. seines mobilen Computers gibt es mittlerweile zahlreiche Ortungsverfahren, wobei das wohl bekannteste das satellitengestützte *"Global Positioning System"* (GPS, [PR05]) ist; in der einschlägigen Literatur lassen sich aber noch zahlreiche andere Ortungssysteme finden ([AI11] und Kapitel 3.2 ab Seite 50). Werden Ortungssysteme für ortsabhängige Zugriffskontrolle eingesetzt, so ist naturgemäß die Manipulationsresistenz und -evidenz dieser System von Bedeutung. Es werden verschiedene technische Verfahren für die Vermeidung und Erkennung dieses "Location Spoofings" vorgeschlagen (z.B. [SSW03] oder [Mal07], siehe auch Kapitel 3.3 ab Seite 64), die beim Einsatz dieser Art von Zugriffskontrolle zum Einsatz kommen könnten.

Mit ortsabhängiger Zugriffskontrolle kann auch die Ergonomie von mobilen Anwendungen verbessert werden, etwa indem auf dem Display immer nur die Datensätze und Optionen angezeigt werden, die am aktuellen Ort auch tatsächlich relevant sind. Neben den oben erwähnen Sicherheits- und Ergonomieproblemen gibt es aber noch weitere Gründe, die den Einsatz einer ortsabhängigen Zugriffskontrolle beim Einsatz mobiler Computer motivieren können (siehe Kapitel 4.2.1 ab Seite 133).

Es gibt zahlreiche Arbeiten, die spezielle ortsabhängige Zugriffskontrollmodelle vorschlagen (siehe Kapitel 4.2 ab Seite 132 und [Dec09e][Dec11b]). Die meisten dieser Modelle sind generisch – also nicht für einen speziellen Anwendungsfall ausgelegt – und basieren auf *"Role-based Access Control"* (RBAC, [SCFY96] [FSG$^+$01] [FKC07]). Beispiele für solche ortsabhängige RBAC-Modelle sind z.B. SRBAC [HO03], LRBAC [RKY06], oder GEO-RBAC [BCDP05][DBP07]. Es gibt aber auch generische Modelle für ortsabhängige Zugriffskontrolle, die der *"Discretionary Access Control"* (DAC, [GD71][Lam74]) und der *"Mandatory Access Control"* (MAC, [BL76][Bel05]) zuzuordnen sind, z.B. [WLC03][Chr04] für DAC und [RK06]) für MAC. Weiter gibt es auch einige nicht-generische und ortsbewusste Modelle, die also für bestimmte Anwendungsgebiete entwickelt wurden, z.B. für Datenbanken [Gal02] [Dec09g], Ortungsdatenschutz [LM98] oder die Dokumentenverwaltung [Dec08d]. Diese Modell sind bis auf eine uns bekannte Ausnahme [HK09] (siehe auch Abschnitt 6.9.1 ab Seite 247) nicht speziell für

Geschäftsprozesse ausgelegt. Weiter gibt es auch mehrere Arbeiten, die speziell für Geschäftsprozesse ausgelegte Zugriffskontrollmodelle vorschlagen (z.B. [BFA99][WBK03], siehe Kapitel 5.4 ab Seite 175), aber diese Modelle sind bis auf die eben erwähnte Ausnahme nicht speziell für mobile Akteure ausgelegt.

1.4 Beitrag der Arbeit

Die vorliegende Arbeit befasst sich mit der Modellierung ortsabhängiger Zugriffskontrolle für den Anwendungsbereich der mobilen Geschäftsprozesse. Es werden also zwei bisher weitgehend voneinander isolierte Ansätze – nämlich prozessbewusste und ortsbewusste Zugriffskontrolle – zusammengeführt. Mobile Geschäftsprozesse sind teilgeordnete Mengen von Aktivitäten zur Erreichung eines bestimmten Ziels (z.B. Erledigung eines Kundenauftrag wie Bestellung oder Reparatur, interne Genehmigungsverfahren), wobei zumindest einzelne Aktivitäten mit einem mobilen Computer ausgeführt werden, so dass dem Aufenthaltsort des Nutzers eine besondere Bedeutung zukommt. Mit einer speziell für Geschäftsprozesse ausgelegten Zugriffskontrolle kann insbesondere auch gewährleistet werden, dass zwei Aktivitäten einer Prozessinstanz am selben oder an unterschiedlichen Orten ausgeführt werden.

Zur Definition von Regeln für die ortsabhängige Zugriffskontrolle wird das Konzept der *"Ortseinschänkungen" (OE)* eingeführt. Für OE wird zunächst eine grafische Notation für Aktivitätsdiagramme aus der *Unified Modeling Language (UML)* und darauf aufbauend für Petri-Netze eingeführt. Es gibt verschiedene Arten von OE, die auf ein speziell hierfür entworfenes Ortsmodell Bezug nehmen. Mit der vorgeschlagenen Modellierungstechnik können auch Einschränkungen berücksichtigt werden, die erst zur Laufzeit einer Prozessinstanz bestimmt werden können. So kann etwa festgelegt werden, dass zwei Aktivitäten innerhalb einer Instanz am selben Ort (Ortsbindung) oder an verschiedenen Orten (Ortstrennung) ausgeführt werden müssen. Für die Abbildung regionaler Zuständigkeiten gibt es das Konstrukt der Zuordnungslisten. Dieses Ortsmodell unterscheidet zwischen einer Schema- und einer Instanzenebene, so dass konkrete geografische Orte immer genau einem Ortstyp (z.B. "Stadt", "Verkaufsgebiet" oder "Raum") zugeordnet sind.

Beim Einsatz der vorgeschlagenen Modellierungstechnik können – wie bei anderen Modellierungssprachen auch – Anomalien eintreten, worunter in der vorliegenden Arbeit unerwünschte Modellierungssituationen verstanden werden. Für Prozessmodelle werden zwei Formen von solchen Anomalien unterschieden, nämlich widersprüchliche oder redundante Ortseinschränkungen. Es wird ein systematisches Vorgehen zur Analyse von Prozessmodellen auf diese Anomalien hin beschrieben.

Anomalien können aber auch bei Zugriffskontrollmodellen auftreten, die nicht prozessbewusst sind, dafür aber die gleichzeitige Definition von OE für die verschiedenen Elemente (z.B. Rollen und Berechtigungen) in RBAC-Modellen vorsehen. Um Modelle auf diese Anomalien hin zu untersuchen, werden die Konzepte der "Abdeckung" und der "leeren Zuordnungen" in einem eigenen Kapitel eingeführt.

1.5 Aufbau der Arbeit

Im verbleibenden Teil dieses Kapitels wird der Aufbau der folgenden Kapitel skizziert, der auch in Abbildung 1.1 als Blockdiagramm dargestellt ist.

Im nachfolgenden *Kapitel 2* (Seite 9ff) werden zunächst die Grundlagen des *Mobile Business* behandelt, was insbesondere die Erklärung des Begriffs "mobiler Computer" und einen Überblick über Verfahren für die drahtlose Datenkommunikation umfasst. Am Ende des Kapitels werden auch die speziellen Vorteile, die den Einsatz von mobilen Technologien motivieren, systematisch vorgestellt.

Das *dritte Kapitel* (ab Seite 41) befasst sich mit dem Begriff "Kontext", dem im Mobile Computing eine wichtige Rolle zukommt. Es handelt sich hierbei um zur Laufzeit in expliziter Form zur Verfügung stehende Informationen, anhand derer eine mobile Anwendung Anpassungen vornehmen kann. Da sich die vorliegende Arbeit mit "ortsabhängiger Zugriffskontrolle" befasst, ist für sie die wichtigste Form von Kontext die Ortungsinformation. Bei Verwendung dieser Information für die Zugriffskontrolle ist die Manipulationsresistenz der eingesetzten Ortungsverfahren von besonderer Bedeutung, weshalb auch verschiedene Ansätze zur Vermeidung oder Erkennung von "Location Spoofing" in Form eines Klassifikationsschemas in diesem Kapitel vorgestellt werden. Ein anderes Sicherheitsproblem im Zusammenhang für Ortungsinformation sind spezielle Datenschutzprobleme. Auch hierfür gibt es verschiedene technische Ansätze, die ebenfalls anhand eines Klassifikationsschemas dargestellt werden.

Im *vierten Kapitel* (ab Seite 111) werden verschiedene Zugriffskontrollmodelle erklärt. Dies beinhaltet insbesondere eine Vorstellung der bisherigen Ansätze für ortsabhängige Zugriffskontrolle.

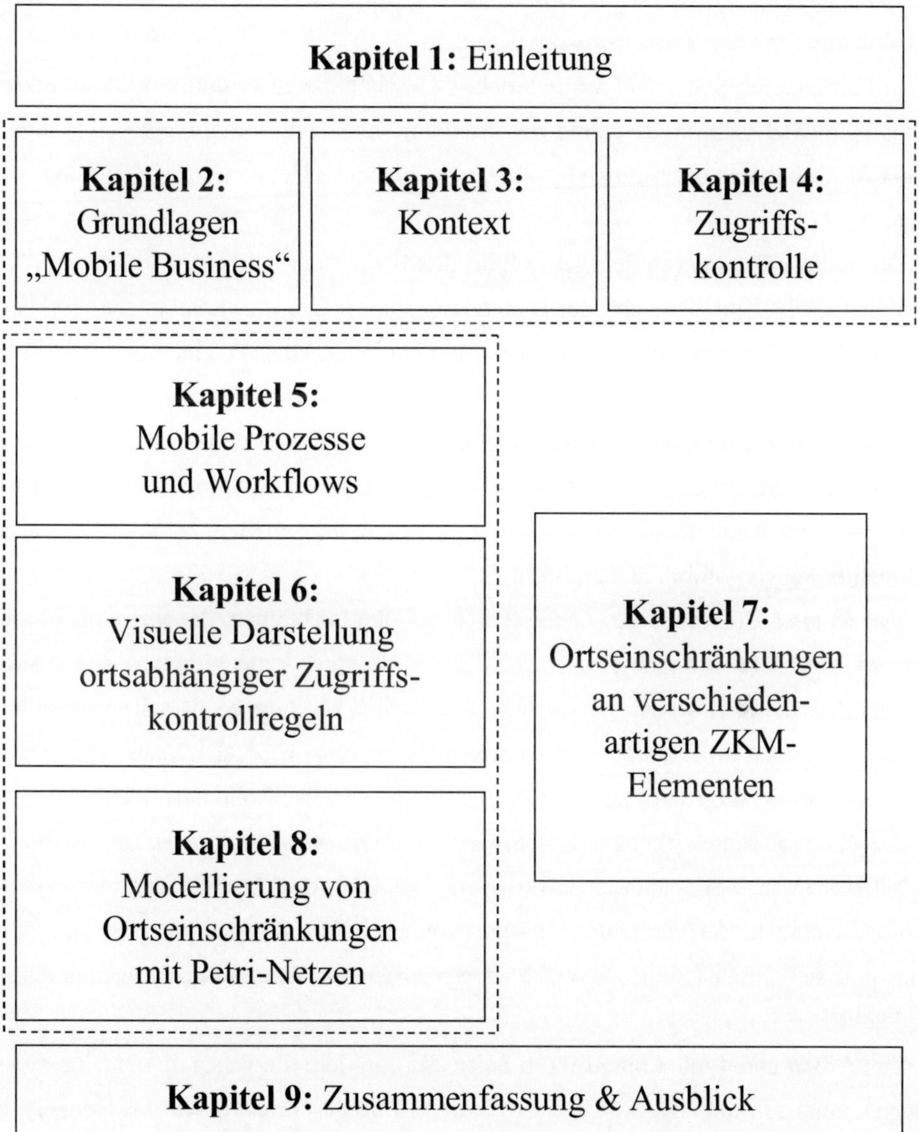

Kapitel 1: Einleitung

Kapitel 2:
Grundlagen
„Mobile Business"

Kapitel 3:
Kontext

Kapitel 4:
Zugriffs-
kontrolle

Kapitel 5:
Mobile Prozesse
und Workflows

Kapitel 6:
Visuelle Darstellung
ortsabhängiger Zugriffs-
kontrollregeln

Kapitel 7:
Ortseinschränkungen
an verschieden-
artigen ZKM-
Elementen

Kapitel 8:
Modellierung von
Ortseinschränkungen
mit Petri-Netzen

Kapitel 9: Zusammenfassung & Ausblick

Abb. 1.1: Kapitelstruktur

Die Kapitel 2 bis 4 beschreiben die Grundlagen für die weiteren Teile der Arbeit und werden deshalb im Blockdiagramm mit einem gestrichelten Rechteck zusammengefasst. Ebenfalls auf diese Weise als zusammengehörig dargestellt sind die Kapitel 5, 6 und 8, da sich diese mit Geschäftsprozessen befassen:

In *Kapitel 5* (ab Seite 157) werden mobile Geschäftsprozesse und Workflows erklärt. Dies beinhaltet insbesondere eine Beschreibung von *Workflow Managementsystemen (WfMS)*, wobei die vorgestellten Systeme verschiedenen Generationen zugeordnet werden.

Das *sechste Kapitel* (ab Seite 181) führt den Begriff der "Ortseinschränkungen" für mobile Geschäftsprozesse ein. Zur Darstellung solcher Ortseinschränkungen wird dann eine grafische Notation für UML-Aktivitätsdiagramme (UML-AD) eingeführt. Hierfür ist es notwendig, ein geeignetes Ortsmodell einzuführen, also ein spezielles Datenmodell für die Beschreibung räumlicher Daten. Ebenfalls behandelt werden verschiedene Formen von Anomalien, die bei Anwendung der vorgeschlagenen Notation auftreten können. Am Ende des Kapitels werden noch einige verwandte Arbeiten aus dem Gebiet der Modellierung von Mobilität dargestellt.

Das *Kapitel 7* (ab Seite 257) befasst sich mit den Problemen, die auftreten können, wenn Ortseinschränkungen für verschiedene Arten von Elementen eines Zugriffskontrollmodells definiert werden. Beispielsweise könnte es vorkommen, dass die Verwendung einer bestimmten Rolle auf einen bestimmten Ort begrenzt wird, aber keiner der Akteure mit dieser Rolle aufgrund seiner Ortseinschränkungen diese Rolle nutzen kann.

Kapitel 8 (ab Seite 271) befasst sich wieder mit Ortseinschränkungen für mobile Geschäftsprozesse, wobei aber jetzt Petri-Netze anstelle von Aktivitätsdiagrammen zum Einsatz kommen. Der Vorteil des Einsatzes von Petri-Netzen liegt darin, dass sich damit eine präzise Formalisierung der verschiedenen Arten von Ortseinschränkungen durchführen lässt.

Die Arbeit endet mit *Kapitel 9* (ab Seite 295), in dem die wesentlichen Ergebnisse noch einmal zusammengefasst werden. Es wird kurz beschrieben, wie das Konzept der Ortseinschränkungen in zwei Verbundforschungsprojekte eingeflossen ist. Im Anschluss daran wird ein Ausblick auf mögliche zukünftige Fortführungen der vorliegenden Arbeit gegeben.

2 Grundlagen Mobile Business

Im vorliegenden Kapitel wird für die wichtigsten Konzepte aus dem Bereich des „Mobile Business" das der vorliegenden Arbeit zugrunde liegende Verständnis behandelt. Dies ist schon alleine deshalb notwendig, da sich nicht für alle Begriffe einheitliche Definitionen in der einschlägigen Literatur herausgebildet haben.

Es wird zunächst der Begriff der Mobilität mit seinen für die vorliegende Arbeit relevanten Aspekten diskutiert (Abschnitt 2.1). Aufbauend hierauf werden dann in Abschnitt 2.2 (Seite 12) „mobile Computer" behandelt. Von essentieller Bedeutung im Mobile Business sind auch Techniken zur drahtlosen Datenkommunikation (Abschnitt 2.3 (Seite 18)). Mobile Computer und drahtlose Datenkommunikation können auch unter dem Begriff „mobile Technologien" zusammengefasst werden; weiter gehören die im nächsten Kapitel 3 (Seite 41) vorgestellten Ortungstechnologien zu den mobilen Technologien. Einige Anwendungsgebiete dieser mobilen Technologien werden in Abschnitt 2.5 (Seite 31) vorgestellt. Anschließend werden die spezifischen Mehrwerte, die sich mit mobilen Computern erzielen lassen, diskutiert (Abschnitt 2.6 (Seite 32)).

2.1 Mobilität

Im allgemeinen Sprachgebrauch versteht man unter Mobilität zunächst die Beweglichkeit eines physischen Objektes zwischen verschiedenen Orten. Im Kontext des Mobile Business sind als solche bewegliche Objekte meist Geräte zur Nutzung von Informations- und Kommunikationstechnologien oder die Nutzer solcher Geräte zu verstehen; es kann also weiter in Geräte- bzw. Personenmobilität unterschieden werden.

Für die Definition des Begriffes „mobiler Computer" wird zunächst die Geräte-Mobilität benötigt, die im folgenden Unterabschnitt behandelt wird. Die Personenmobilität und weitere Formen der Mobilität werden in einem zweiten Unterabschnitt behandelt.

2.1.1 Mobilität von Computern

Mobilität im Sinne des Mobile Business bezieht sich auf die physische Mobilität von Computern. Sie kann weiter in diskrete und kontinuierliche Mobilität unterteilt werden: bei diskreter Mobilität kann der jeweilige Computer leicht vom Nutzer zwischen verschiedenen Orten transportiert werden und wird dort dann im wesentlichen wie ein stationärer Personal Computer verwendet. Diese Form der Computer-Mobilität wird üblicherweise mit sog. Laptop-Computern realisiert: Ein solches Gerät wird vom Nutzer meist in einer speziellen Tragetasche oder einem Rucksack mitgeführt, für die eigentliche Nutzung ist aber ein zeitweiser fester Ort des Nutzers notwendig, z.B. eine Sitzgelegenheit und/oder eine Ablagefläche hinreichender Größe; während des Transports durch den Nutzer ist das Gerät aber üblicherweise nicht im Betrieb. Kontinuierliche Mobilität hingegen erfordert Computer, die aufgrund ihrer Bauart, Abmessungen und ihres Gewichtes vom Nutzer auch ohne Einnahme eines festen Ortes benutzt werden kann, z.B. um im Stehen oder Gehen Informationen abzurufen oder einzugeben. Diesen Eigenschaften liegt die Idee einer quasi-ubiquitären Computerversorgung des Nutzers im Alltag zugrunde, was oft mit den Schlagworten „Anytime, Anywhere"-Computing (z.B. [MS04, 3]) umschrieben wird. Verfügt das Gerät über die Möglichkeit zu drahtloser Datenkommunikation kann darüber hinaus auch die Forderung bestehen, dass das Gerät während es mitgeführt wird ständig empfangsbereit ist, z.B. um den Nutzer unverzüglich über empfangene Nachrichten zu informieren. Beispiele für solche Geräte sind moderne Mobilfunktelefone.

Diskrete und kontinuierliche Gerätemobilität können auch als Mobilität im weiteren Sinne (i.w.S.) bzw. im engeren Sinne (i.e.S.) bezeichnet werden. Für Mobilität i.w.S. wird in [Dam05] der Begriff „serial stationary" verwendet, geläufiger ist aber der Begriff „nomadische Mobilität" [Per06, 17]; in [SBG99] wird Mobilität i.e.S. als „Ultra-Mobile Computing" bezeichnet. In der vorliegenden Arbeit wird – soweit nicht abweichend vermerkt – von einer kontinuierlichen Gerätemobilität ausgegangen, die auch als Portabilität [Sch03, 15] bezeichnet werden kann.

Es gibt noch den Ansatz, die Gerätemobilität anhand des Netzwerkzugangs eines Computer zu definieren, etwa [BGHS05], wo Gerätemobilitat als „[...] Fähigkeit, sich leicht zwischen den Abdeckungsgebieten der Zugangspunkte eines Netzwerkes zu bewegen [...]" definiert wird. Ein mobiles Gerät nach dieser Definition kann sich also mit verschiedenen Netzwerkzugangspunkte verbinden. In der vorliegenden Arbeit soll jedoch die Mobilität von Computern unabhängig von deren Möglichkeit zur drahtgebundenen oder -losen Datenkommunikation betrachtet werden.

2.1.2 Weitere Formen der Mobilität

Neben der Gerätemobilität ist im Kontext der vorliegenden Arbeit noch die Personenmobilität als physische Mobilität relevant. Sie spielt in Kapitel 5 (Seite 157) bei der Betrachtung von Geschäftsprozessen eine Rolle, da hier von Interesse ist, wo sich einzelne Akteure während der Ausführung einer Aktivität aufhalten oder ob sie dabei sogar in Bewegung sind.

Im Sinne der Telematik – als dem Teilbereich der Informatik, der sich mit Telekommunikation befasst – wird entgegen dieser Definition unter Personenmobilität verstanden, dass die Identität eines Nutzers gegenüber einem drahtgebundenen oder drahtlosen Netzwerk erhalten bleibt, wenn der mobile Computer gewechselt wird [KRS04][Rot05, 7]; dies kann z.B. realisiert werden, indem der Nutzer sich immer durch Eingabe einer Nutzerkennung und eines Passwortes gegenüber dem Netzwerk authentifzieren muss. Diese Definition von Mobilität bezieht sich aber nicht direkt auf die physische Beweglichkeit des Nutzers und soll deshalb nicht weiter betrachtet werden.

Neben der Geräte- und Personenmobilität werden in der Telematik noch weitere Formen von Mobilität unterschieden [KRS04]:

- Dienstmobilität bedeutet, dass dem Nutzer bestimmte Funktionen unverändert zur Verfügung stehen, auch wenn er das Netzwerk, den Betreiber oder das Gerät wechselt.

- Bei Sitzungsmobilität können die mehrere Interaktionsschritte umfassenden Sitzungsdaten (Session, z.B. „virtueller Warenkorb") auch beim Wechsel des Gerätes oder Kommunikationsnetzwerkes weiter verwendet werden.

Eine weitere Form der Mobiltät in der Informatik ist die Code-Mobilität: hierbei wird Programmcode zur Laufzeit des Programmes zwischen Computern übertragen, was eine spezielle Unterstützung seitens der verwendeten Programmiersprache erfordert [Wan03, 23]. Code-Mobilität wird etwa durch mobile Software-Agenten realisiert. Bei „starker"

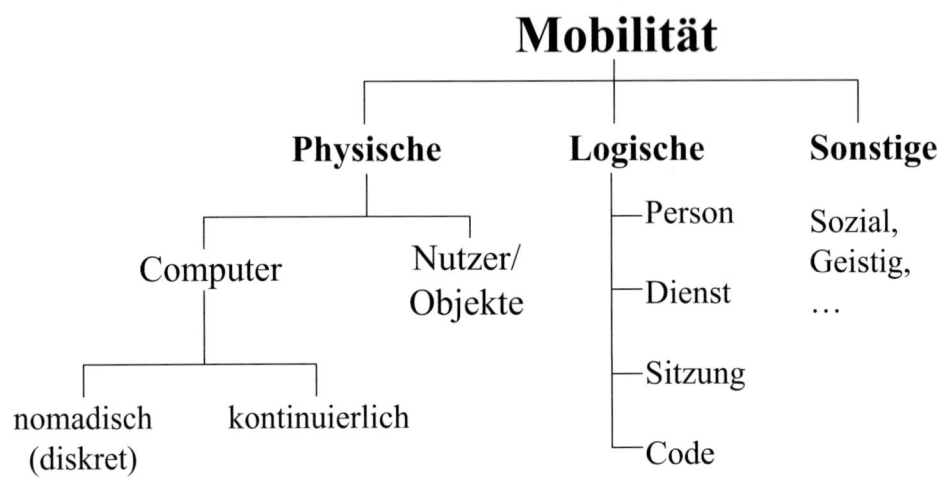

Abb. 2.1: Klassifikation verschiedener Arten von Mobilität

Mobilität wird neben dem Programmcode auch der Ausführungszustand (z.B. Variablen-Werte, Call-Stack) des Programmcodes mitübertragen [Wan03, 30]. Im Zusammenhang mit mobilen Computern werden solche mobilen Software-Agenten etwa mit dem Ziel eingesetzt, die über die Luftschnittstelle zu transportierende Datenmenge möglichst gering zu halten, die Latenzzeiten der Kommunikation zu umgehen oder um auch ohne ständige Konnektivität verteilte Anwendungen realisieren zu können [SK01].

In Abbildung 2.1 ist ein Überblick über die verschiedenen Arten der Mobilität gegeben. Die Mobilitätsarten im Sinne der Informatik sind hierbei als „logische Mobilität" eingeordnet. Der Vollständigkeit wegen sind unter der Kategorie „sonstige" noch einige weitere Arten der Mobilität aufgeführt, die im Rahmen der vorliegenden Arbeit aber nicht von Belang sind.

2.2 Mobile Computer

Neben der physischen Gerätemobilität sind noch weitere Eigenschaften von mobilen Computern essentiell:

- Es handelt sich um einen Computer im Sinne der von-Neumann-Architektur; das Gerät ist also insbesondere in der Lage, Computerprogramme auszuführen [RSS97,

146]. Bemerkenswerter Weise kommt diesem Aspekt bei verschiedenen Definitionsansätzen in der einschlägigen Literatur jedoch oft nur eine untergeordnete Bedeutung zu. Es ist aber möglich, dass durch den Nutzer bei einfacheren Geräten selbst keine Computerprogramme auf das Gerät aufgespielt werden können, weil dies nur herstellerseitig möglich ist.

- Das mobile Gerät besitzt eine autarke Stromversorgung (i.d.R. in Form von wieder-aufladbaren Batterien, aber auch Solarzellen sind denkbar), was aber eine zeitweise kabelgebundene Stromversorgung – etwa zum Aufladen der Batterien oder um bei zeitweiliger stationärer Nutzung den Akkumulator zu schonen – nicht ausschließt.

- Das Gerät verfügt über die Möglichkeit der Datenausgabe, um mit dem Nutzer zu kommunizieren. Die Datenausgabe geschieht dabei i.d.R. über einen kleinen Bildschirm (Display), aber auch andere Formen wie akkustische Signale (z.B. Sprachausgabe, Tonsignale), Vibrationsalarm oder Leuchtdioden sind denkbar.

- Das Gerät verfügt über die Möglichkeit der Dateineingabe durch den Nutzer, i.d.R. über mehrere Tasten oder einen berührungssensitiven Bildschirm, aber auch Spracherkennung oder Neigesensoren sind denkbar.

2.2.1 Drahtlose Datenkommunikation

Die Mobilität eines Computers und die Fähigkeit zu drahtloser Datenkommunikation sind voneinander unabhängige Eigenschaften, auch wenn in der einschlägigen Literatur „drahtlos" oder „mobil" oft als Synonyme für „drahtlos *und* mobil" verwendet werden [Sch03, 16][DBHS06]. Diese Orthogonalität lässt sich leicht erkennen, wenn man wie in Zeichnung 2.2 die „drahtlose" und „drahtgebundene" Datenkommunikation gegen „mobil" und "stationär" aufzeichnet. Für alle vier so gebildeten Klassen lassen sich sinnvolle Beispiele nennen:

Mobil und drahtgebunden: Mobile Geräte, die nicht über die Fähigkeit der drahtlosen Datenkommunikation verfügen und zur Datenkommunikation etwa unter Verwendung einer Docking-Station („Cradle") mit anderen Geräten verbunden werden (Synchronisationslösung).

Datenkommunikation

drahtgebunden *drahtlos*

		drahtgebunden	drahtlos
Gerätemobilität	*mobil*	PDA ohne Funkinterface, Docking-Station für Datenkommunikation erforderlich	**Mobiltelefon/Smart-phone/PDA mit WiFi/Bluetooth**
	stationär	PC mit LAN-Anschluss	PC/Notebook mit WiFi-Anschluss (keine Verkabelung im Haus) oder WiMAX (Gebiet ohne Breitband-Versorgung)

Abb. 2.2: „Gerätemobilität" und „Modus der Datenkommunikation" als orthogonale Eigenschaften von Computern

Mobil und drahtlos: Mobile Computer mit der Möglichkeit der drahtlosen Datenkommunikation, z.B. moderne Mobilfunktelefone, Smartphones oder PDA mit WLAN- oder Mobilfunk-Modul.

Stationär und drahtgebunden: Der gewöhnliche Fall eines Desktop-PC, der per Kabel an ein lokales Netzwerk (LAN) angeschlossen ist.

Stationär und drahtlos: Ein Beispiel ist ein Notebook, das an verschiedenen Orten innerhalb eines großen Unternehmens oder einer Universität verwendet wird und mittels eines drahtlosen lokalen Netzwerkes auf das Intra- oder Internet zugreift, da nicht überall Zugangsdosen zum kabelgebunden LAN verfügbar sind oder das manuelle Verkabeln lästig ist. Aber auch für Desktop-PC kann eine drahtlose Anbindung sinnvoll sein, etwa wenn aus baulichen und/oder ästhetischen Gründen keine Verkabelung möglich ist oder am Standort keine Versorgung für drahtgebundenen Internetzugang (z.B. DSL) gegeben ist und deshalb auf WiMAX [Par06] zurückgegriffen werden muss.

Mobile Computer mit der Möglichkeit zur drahtlosen Datenkommunikation wie etwa Mobilfunktelefone oder Handheld-Computer werden in der einschlägigen Literatur oft als „mobile Endgeräte" (mobile Terminal) bezeichnet (z.B. [Sch03], [TP04, 57], [Bul08]).

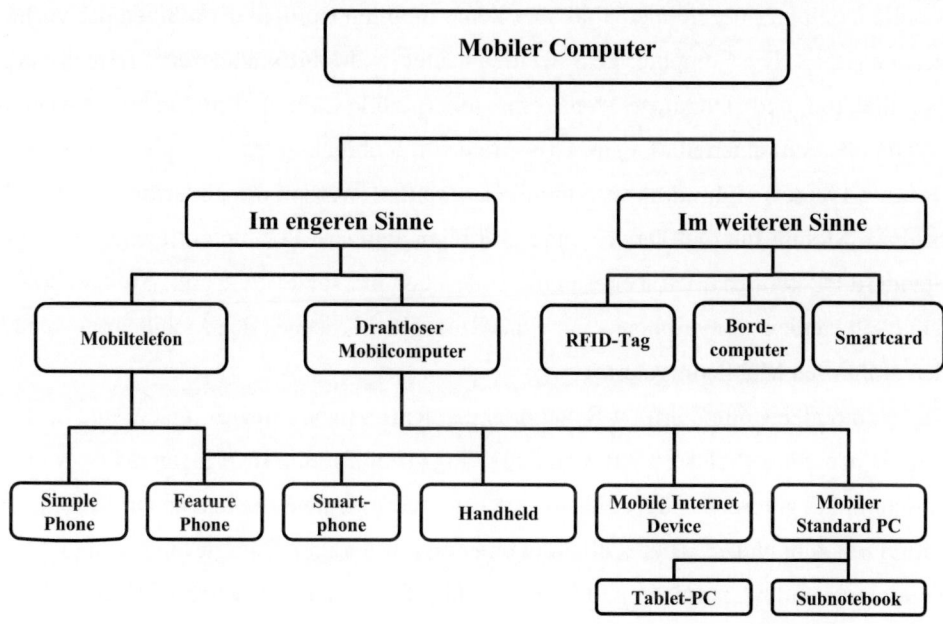

Abb. 2.3: Taxonomie für verschiedene Arten von mobilen Computern [SD08]

In Anlehnung an [Kuh03] wird in [For07] darunter etwa „[...] ein portables computergestütztes Kommunikationssystem mit unabhängiger Datenverarbeitungskapazität, das als Endpunkt einer Verbindung drahtlos mit anderen IT-Systemen kommunizieren kann [...]" verstanden. Die Vorsilbe „End-" von „Endgerät" deutet dabei darauf hin, dass das Gerät den Endpunkt einer drahtlosen Kommunikationsbeziehung darstellen kann, „mobiles Endgerät" ist also die Kurzform von „mobiler Computer mit drahtloser Datenübertragung".

2.2.2 Klassifikation

In der wissenschaftlichen Literatur wie auch in der Industrie werden viele verschiedene Typen von mobilen Computern unterschieden. Um die gebräuchlisten Begriffe zueinander in Bezug zu setzen, wurde in [SD08] eine Taxonomie entwickelt, die in leicht modifizierter Form in Abbildung 2.3 wiedergegeben ist.

Auf oberster Ebene werden mobile Computer „im engeren Sinne" (i.e.S.) und „im weiteren Sinne" (i.w.S.) unterschieden. Computer i.w.S. werden von einigen Autoren als mobile Computer bezeichnet, sind aber keine mobilen Computer im Sinne der vorliegenden Arbeit. Die Computer i.e.S. werden weiter in „Mobilfunktelefone" (Abkürzung: Mobiltelefon) und „Drahtlose Mobilcomputer" (mobile Computer mit drahtloser Datenkommunikation) unterteilt. Es gibt zwei Arten von Mobiltelefonen: „Simple Phones" und „Feature Phones". Für „drahtlose mobile Computer" werden die Unterformen „Handhelds", „Mobile Internet Device" und „Mobiler Standard PC" unterschieden. Mobile Standard PC können noch weiter in die Unterklassen „Tablet-PC" und „Subnotebook" aufgeteilt werden. „Smartphones" sind das Bindeglied zwischen den Mobiltelefonen und den drahtlosen Mobilcomputern.

Zu den mobilen Computern i.w.S. gehören u.a. RFID-Tags, Bord-Computer und Smartcards: Smartcards [Sch07, 376ff] und RFID-Tags [Fin03][DP09] verfügen nicht – wie in Abschnitt 2.2 gefordert – über eine eigene Ein- und Ausgabeschnittstelle zur Kommunikation mit dem Nutzer. Die Bedingung einer eigenständigen Energieversorgung ist bei Smartcards und bei passiven RFID-Tags nicht erfüllt, während aktive RFID-Tags über eine integrierte Batterie verfügen. Bordcomputer, wie sie in Fahrzeugen wie Booten oder Kraftfahrzeugen für Navigationsaufgaben fest eingebaut zu finden sind, sind zwar mobil durch das Fahrzeug, in das sie eingebaut sind, können aber nicht unabhängig von diesem durch einen Nutzer als persönlicher Computer mitgeführt werden.

Mobiltelefone als Oberbegriff für Simple Phones und Feature Phones werden in der deutschen Umgangssprache auch mit dem Scheinanglizismus „Handy" [Pie07] [DN09, 63] bezeichnet. Simple Phones sind für Sprachtelefonie und den Versand von Kurznachrichten (SMS) ausgelegt. Sie unterstützten aber insbesondere *nicht* den Zugriff auf Internetdienste (TCP/IP) über drahtlose Datenkommunikation (insb. GPRS und UMTS), etwa um auf Webseiten abzurufen. Weiter ist es auch nicht möglich, Computerprogramme nachträglich zu installieren. Diese beiden fehlenden Eigenschaften sind den Feature Phones vorbehalten. Feature Phones bieten also insbesondere die Möglichkeit, über einen integrierten Web-Browser HTML-Dokumente aus dem Internet abzurufen. Für die nachträgliche Installation von Computerprogrammen unterstützen fast alle modernen Feature Phones die Laufzeitumgebung „Java MicroEdition" (JavaME, [BM08]).

Smartphones sind eine Hybridform von Mobilfunktelefonen und Handheld-Computern. Sie sind primär für die Sprachtelefonie ausgelegt, verfügen aber über eine Betriebssystem- und Software-Ausstattung, die einem Handheld-Computer entspricht [TP04, 69]. In der Literatur (z.B. [Lüd04]) findet sich deshalb auch die Bezeichnung „PDA-

Handy" für diese Geräte. In Abgrenzung zu herkömmlichen Mobiltelefonen bieten Smartphones eine erweiterte Eingabeschnittstelle in Form einer kleinen Volltastatur oder eines berührungsempfindlichen Bildschirms, der über einen Stift oder direkt mit den Fingern bedient werden kann.

Handhelds sind mobile Computer, die über ein berührungssensitives Display zur Dateneingabe verfügen. Wie ihr Name andeutet, sind sie dafür ausgelegt, mit einer Hand gehalten werden können. Sie entstanden aus Geräten, die hauptsächlich für "Personal Information Management" (PIM, z.B. Verwaltung von persönlichen Terminen, Kontakten, Notizen und Aufgaben) ausgelegt waren. Für die vorliegende Arbeit sind solche Handhelds interessant, die über die Möglichkeit der drahtlosen Datenkommunikation verfügen, z.B. über ein eingebautes Mobilfunk-Modul. Handhelds werden auch als „Personal Digital Assistant" (PDA) oder mit Bezug zu den PIM-Anwendungen „Organizer" bezeichnet. Typische Vertreter dieser Klasse sind etwa Geräte mit dem Betriebssystem PalmOS, z.B. der sog. „PalmPilot" [Rot05, 406ff], oder sog. „Pocket PC" mit Windows CE [DNW06].

"Mobile Standard Personal Computer" (PC) stellen mobile Versionen von herkömmlichen Personal Computern (Desktop PC) dar [Rot05, 389]. Diese Computer werden mit herkömmlichen Betriebssystemen (z.B. Linux, MS Windows) betrieben und können entsprechend praktisch alle Programme ausführen, die auch auf einem Desktop PC ausgeführt werden können. Als Synonyme für diese Geräte sind „Laptop" oder „Notebook" gebräuchlich. Subnotebooks sind besonders kleine Notebooks, bei denen auf integrierte optische Laufwerke (z.B. CD/DVD-ROM-Laufwerk/Brenner) verzichtet wird und die darüber hinaus eine Volltastatur mit kleinerer Abmessung haben. Um dennoch mit optischen Laufwerken arbeiten zu können sind diese in externe Gehäuse ausgelagert. Eine weitere spezielle Form von Laptops sind „Tablet-PC", die eine wegklappbare oder gar keine Tastatur haben, so dass die Geräte flach aufliegen und mit einem Stift bedient werden [JS03]. Die Variante ohne Tastatur wird auch als „Slate PC" (Slate (engl.): Schiefertafel) bezeichnet, während die Tablet-PC mit wegklappbarer Tastatur „Convertibles" genannt werden.

„Mobile Internet Devices" (MID) werden manchmal auch als „Web-Tablet" oder „Mobile Thin Client" bezeichnet. Wie die ersten beiden Namen andeuten, sind diese Geräte hauptsächlich für den Zugriff auf Webseiten ausgelegt. Es handelt sich hierbei im Prinzip um mobile Standard PC, allerdings mit eingeschränktem Funktionsumfang und wie beim Subnotebook ohne optische Laufwerke. Das Betriebssystem dieser Geräte befindet sich im Nur-Lese-Speicher (Read-Only-Memory, ROM), so dass die Geräte ohne Boot-Phase unmittelbar nach dem Einschalten betriebsbereit sind. Während mobile Thin Clients über eine Tastatur verfügen, sind Web-Tablets wie Slate PC nur mit einem berührungssensitivem Bildschirm ausgestattet.

Der Vollständigkeit halber seien noch sog. „Wearable Computer" (tragbare Computer) genannt [Zie02][Ran05]: diese werden wie Kleidungsstücke getragen (z.B. als Gürtel, Halsband, Armbandgerät, Ring oder Head-Mounted Display) oder sind in die Kleidung integriert (z.B. Jacke [RM00]). Dieser Ansatz stellt also die konsequente Fortsetzung der Mobilisierung der Computertechnik für den persönlichen Gebrauch dar. Derzeit sind diese Computer aber praktisch noch nicht in der Praxis anzutreffen.

Insgesamt kann die eindeutige Zuordnung eines konkreten Gerätes zu einer dieser Klassen aber Schwierigkeiten bereiten, schon alleine weil eine zunehmende Konvergenz der einzelnen Geräte zu beobachten ist. Diese Konvergenz wird im Wesentlichen durch den Wunsch der Nutzer getrieben, nicht mehrere mobile Computer mitführen zu müssen: z.B. kann ein Smartphone die Funktionen „Sprachtelefonie" und „Personal Information Management" (PIM) abdecken, für die ursprünglich separate Geräte (nämlich Mobilfunktelefon und Handheld-Computer) zuständig waren. Ein weiteres Beispiel für die fortschreitende Konvergenz mobiler Computer ist die Integration einer Kamera für Bild- und Filmaufnahmen in Mobiltelefone (sog. „Kamera-Handys"). Weiter trägt die marketing-getriebene Einordnung von Geräten durch die Hersteller auch zu diesen unscharfen Klassen bei.

2.3 Drahtlose Datenkommunikation

2.3.1 Grundformen drahtloser Kommunikation

Es gibt drei verschiedene Grundformen zur Realisierung von drahtloser digitaler Datenkommunikation:

Unicast: Bei Unicast bietet ein Infrastrukturnetzwerk einem Gerät die Möglichkeit zu bidirektionaler und individueller Kommunikation, es können also Daten vom Netzwerk zum Gerät geschickt werden (Downlink oder Empfangsrichtung) sowie vom Gerät zum Netzwerk (Uplink oder Senderichtung). Individuelle Kommunikation bedeutet hierbei, dass das Netzwerk eine dedizierte Kommunikationsverbindung für jedes einzelne Gerät ermöglicht. Dies kann soweit gehen, dass durch den Einsatz kryptografischer Verfahren sichergestellt wird, dass keine anderen Geräte die Daten dieser individuellen Verbindung abhören oder verändern können.

Broadcast: Bei Broadcasting werden wie beim analogen Rundfunk Daten für alle empfangsbereiten Geräte im durch die natürliche Ausbreitung der Funkwellen abgedeckten Gebiet verfügbar gemacht [HTKR05, 241]. Mit Broadcasting ist nur die Downlink-Richtung der Kommunikation abgedeckt. Ist auch eine Uplink-Verbindung – etwa als Rückkanal – notwendig, dann muss auf ein anderes Kommunikationsprinzip (i.d.R. Unicast) zurückgegriffen werden. Dieses Prinzip hat den Vorteil, dass eine große Anzahl an Geräten unter Verwendung eines Kanals (z.B. ein Frequenzband) mit Daten versorgt werden kann, auf eine Identifikation der Geräten kann verzichtet werden. Für individuelle Kommunikation wie bei Unicast ist dieses Prinzip weniger geeignet, da es keine individuellen Kanäle zwischen Endgerät und Sender gibt; es ist aber prinzipiell denkbar einzelne Datenpakete in einer Broadcast-Sendung an einen bestimmten Empfänger zu adressieren, wenn die anderen Empfänger diese Datenpakete dann ignorieren. Es kann zwischen *lokalem* und *globalem* Broadcasting unterschieden werden [BDSK05]: bei lokalem Broadcasting wird im Gegensatz zum globalen Broadcast der Empfangsbereich bewusst eingeschränkt, um Endgeräte mit Daten zu versorgen, die im Empfangsgebiet relevant sind (z.B. Veranstaltungshinweise für Touristen in einem bestimmten Stadtteil), also um eine einfache Form der ortsabhängigen Anpassung von Diensten zu realisieren. Beispiele für Broadcasting-Standards speziell zur Versorgung von mobilen Geräten sind DVB-H (Digital Video Broadcasting for Handhelds) und DMB (Digital Multimedia Broadcasting) [KMS06].

MANET: Bei Datenkommunikation nach dem Broadcast- oder Unicast-Prinzip ist eine dedizierte Infrastruktur (z.B. mit Basisstationen) und eine zentrale Administration notwendig; man spricht deshalb auch von Infrastruktur-Netzwerken. Diese Infrastruktur wird entweder vom Nutzer selbst betrieben (z.B. bei lokalen Netzwerken) oder von einem spezialisiertem Kommunikationsunterunternehmen (z.B. Mobilfunkprovider für GSM-Netze). Es gibt aber auch den Ansatz, ohne solch eine Infrastruktur Datenkommunikation mit mobilen Geräten zu realisieren: bei sog. Mobilen Ad-Hoc-Netzwerken (MANET) tauschen zwei Geräte (Knoten) Daten direkt miteinander aus, wenn sie einander in Reichweite kommen, wobei Daten auch über mehrere Geräte hinweg (multi-hop) ausgetauscht werden können [Toh02][MM04]. Dieser Ansatz hat den Vorteil, dass keine Kosten für die Intrastruktur und zentrale Administration anfallen und dieser Ansatz auch für Szenarien geeignet ist, in denen nicht von der Verfügbarkeit einer Infrastruktur ausgegangen werden kann, z.B. Katastrophenfälle oder militärische Operationen. Es gibt auch den Ansatz, zwischen zivilen Fahrzeugen auf der Autobahn untereinander Ad-hoc-Netzwerke aufzubauen, damit diese direkt untereinander Informationen über Verkehrsstörungen austauschen können. Ein Nachteil von MANET ist die Schwierigkeit der Vermittlung der Datenpakete zwischen Sender und Empfänger (Routing), da sich aufgrund der Beweglichkeit der Knoten die Struktur des Netzwerkes ständig ändert. Es beschäftigen sich deshalb viele Forschungsarbeiten mit der Entwicklung vonspeziellen Routing-Protokollen für solche Netzwerke.

Ein Vergleich dieser Grundprinzipien der Datenkommunikation am Beispiel von „mobile Advertising" (Verbreitung von Werbenachrichten mit mobilen Endgeräten) findet sich in [BDSK05] und [Dec07b]. In der vorliegenden Arbeit beschränkt sich drahtlose Datenkommunikation – soweit nicht abweichend vermerkt – auf das Unicast-Prinzip. Drahtlose Unicast-Netze lassen sich nach Übertragungsreichweite weiter untergliedern in [TP04, 8f] [HTKR05, 23f] [Rot05, 27]:

- Wireless Wide Area Networks (WWAN, Mobilfunknetze)

- Wireless Local Area Networks (WLAN, lokale Netzwerke)

- Wireless Metropolitan Area Networks (WMAN, regionale Netzwerke)

- Wireless Personal Area Network (WPAN, Netzwerke für den persönlichen Nahbereich)

Im Folgenden werden gängige Standards für solche Netze vorgestellt. Es sei darauf hingewiesen, dass einige der hier vorgestellten Standards auch für Ad-Hoc-Netzwerke eingesetzt werden können (z.B. IEEE 802.11), was aber nicht weiter betrachtet wird. In Abbildung 2.4 wird eine Übersicht über die wesentlichen vorgestellten Standards gegeben.

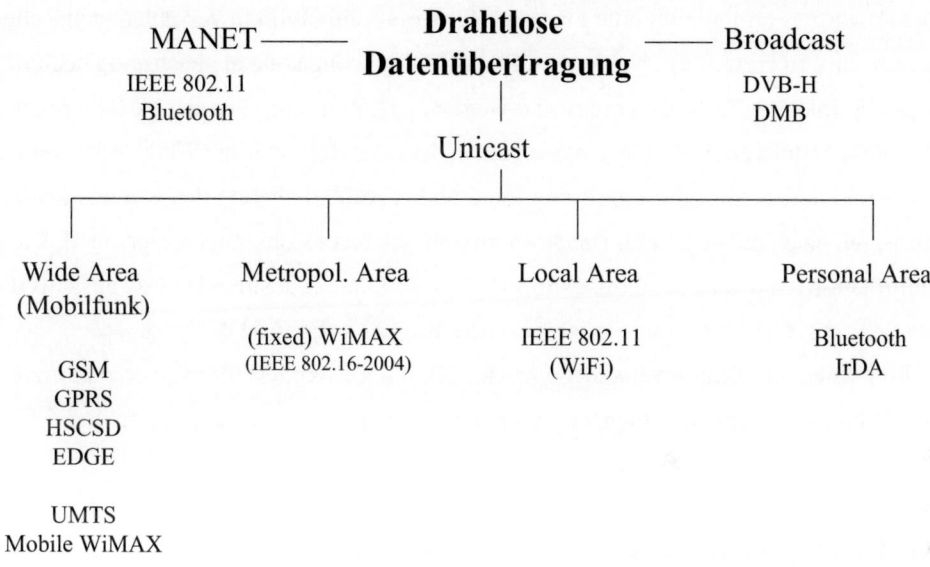

Abb. 2.4: Übersicht über Standards für drahtlose Datenkommunikation

2.3.2 Wide Area Networks

Mobilfunknetze sind darauf ausgelegt ganze oder sogar mehrere Länder abzudecken und ursprünglich für mobile Sprachtelefonie entwickelt worden; moderne Netze unterstützen aber auch Datenkommunikation oder sind sogar besonders dafür ausgelegt. Da die Reichweite elektromagnetischer Wellen und die Sendeleistung mobiler Endgeräte beschränkt ist und mit dem zur Verfügung stehenden Frequenzspektrum möglichst viele Endgeräte gleichzeitig versorgt werden sollen, sind sie zellular aufgebaut [Rot05, 45]. Als Zelle bezeichnet man den durch eine stationäre Basisstation abgedeckten Bereich. Die einzelnen Zellen überlappen sich leicht, so dass die Kommunikation auch beim Wechseln in eine benachbarte Funkzelle ohne Aussetzer aufrecht erhalten werden kann (sog. Handover). Je nach erwartetem Verkehrsaufkommen im abgedeckten Bereich liegt der Durchmesser einer Zelle in der Größenordnung weniger 100 Meter (Picozelle, etwa zur Abdeckung von Ballungsgebieten wie Innenstadtzentren), zwischen 1 bis 3 km (Mikrozelle) oder zwischen 10 und 30 km (Makrozelle, etwa für dünn besiedelten ländlichen Raum) [TP04, 15]. Zwei benachbarten Zellen ist hierbei immer ein disjunktes Frequenzspektrum zugeordnet. Durch diese Raum-Multiplexing genannte Technik (Space Division Multiplex,

SDM) wird es ermöglicht, eine Frequenz für Kommunikation in verschiedenen Zellen gleichzeitig zu verwenden. Neben dem Raum-Multiplexing können gleichzeitig noch weitere Multiplexing-Techniken eingesetzt werden, z.B. Zeit- oder Frequenz-Multiplexing[1]. Aus dem zellularen Aufbau ergibt sich auch, dass der Betreiber des Netzwerkes immer die Aufenthaltszelle (und damit den ungefähren Aufenthaltsort) des Nutzers kennen muss, um einen reibungslosen Handover zu ermöglichen (Mobilitätsmanagement). Diese Information kann auch als Ortungsinformation für kontextsensitive Dienste ausgewertet werden (sog. CellID-Ortungsverfahren, siehe Kapitel 3 (Seite 41)).

Im Folgenden werden verschiedene Mobilfunknetze vorgestellt: es werden kurz die analogen Netze der ersten Generation erwähnt, bevor die Netze der zweiten und dritten Generation behandelt werden.

Analoge Mobilfunknetze

Das erste in Deutschland verfügbare Mobilfunknetz war das sog. A-Netz, das seinen Betrieb 1958 aufnahm. Ihm folgten mit dem B-Netz (1972) und dem C-Netz (1979) zwei weitere Netze mit analoger Funktechnik. Auf analoger Technik basierende Mobilfunknetze werden üblicherweise als Netze der ersten Generation bezeichnet. Neben den genannten Netzen gab es mit AMPS (Advanced Mobile Phone Service) in den USA oder NMT (Nordic Mobile Telephone) in Nordeuropa noch weitere Netze der ersten Generation [HPS00] [TP04, 13] [Küp07, 91].

Mobilfunknetze der zweiten Generation

In Deutschland wurden 1992 mit den beiden D-Netzen D1 und D2 digitale Mobilfunknetze der zweiten Generation eingeführt, zwei Jahre später folgten die E-Netze [Rot05, 42]. Diese Netze basieren auf dem sog. GSM-Standard, unterscheiden sich aber durch den Bereich des verwendeten Frequenzbereiches (900 MHz bei den D-Netzen, 1800 MHz bei den E-Netzen). Neben GSM („Global System for Mobile Communication", ursprünglich „Groupe Spécial Mobile") gibt es etwa mit den US-amerikanischen Standards D-AMPS (Digital Advanced Mobile Phone Services) und CDMAone oder dem japanischen PDC (Personal Digital Cellular) noch weitere Mobilfunkstandards der zweiten Generation

---

[1] bei Zeitmultiplexing wird der physikalische Kanal in periodische Zeitschlitze unterteilt, die logische Kanäle darstellen; bei Frequenzmultiplexing wird das zur Verfügung stehende Frequenzspektrum weiter in Bänder unterteilt

[Sch03, 127][TP04, 11]. GSM gilt aber als der erfolgreichste Mobilfunkstandard der zweiten Generation: er hat weltweit weit über drei Milliarden Nutzer [GSM11b] und wird von über 600 Netzbetreibern in 200 Ländern eingesetzt [Küp07, 90][GSM11a].

Im folgenden sollen nur die für Datenkommunikation relevanten Aspekte von GSM vorgestellt werden: GSM unterstützt mit „Circuit Switched Data" (CSD) zunächst Datenübertragung mit einer Bandbreite von 9,6 kBits/s [Rot05, 59]. Mittels dem HSCSD-Verfahren (High Speed Circuit Switched Data) können höhere Datenraten erreicht werden, in dem mehrere Sprachverbindungs-Kanäle gebündelt werden und ein anderes Kodierungsverfahren eingesetzt wird. HSCSD erlaubt bei einer Bündelung von acht Kanälen theoretisch eine maximale Datenrate von 115,2 kBits/s, i.d.R. können aber nur vier Kanäle gebündelt werden, was eine Datenrate von 57,6 kBits/s erlaubt. Bei CSD wie auch HSCSD handelt es sich um sog. leitungsvermitteltes Verfahren, d.h. die Kanäle werden belegt (und i.d.R. dem Nutzer auch in Rechnung gestellt) unabhängig davon, ob gerade tatsächlich Daten übertragen werden oder nicht. [Rot05, 64]

GPRS (General Packet Radio Service) hingegen ist eine paketorientierte GSM-Erweiterung für Datenübertragung, es werden also nur dann Kanäle belegt, wenn tatsächlich Daten übertragen werden. GPRS wird deshalb i.d.R. volumenbasiert abgerechnet, d.h. dem Nutzer wird die übertragene Datenmenge in Rechnung gestellt und nicht der Zeitraum der Verbindung. Es ist also möglich, für die Nutzung eines Dienstes permanent eine Verbindung geöffnet zu haben, auch wenn dabei nur sporadisch Daten übertragen werden müssen („always on"), wie dies z.B. typischerweise beim Abruf von Webseiten auftritt. Theoretisch ist eine maximale Übertragungsrate von 171,2 kBits/s möglich, mit den in Deutschland vorhandenen Netzen und Endgeräten können maximal 53,6 kBits/s erreicht werden. [Rot05, 64f]

EDGE (Enhanced Data Rates for GSM Evolution) ist eine weitere Erweiterung des GSM-Standards zur Realisierung höherer Datenraten, wobei ein anderes Modulationsverfahren zum Einsatz kommt. Theoretisch sind Datenraten bis 384 kBit/s realisierbar, eine realistische Obergrenze in der Praxis ist 170 kBits/s. EDGE kann leitungsvermittelt (ECSD, enhanced CSD) wie auch paketorientiert (EGPRS, enhanced GPRS) eingesetzt werden. Wegen des geänderten Modulationsverfahrens sind aber relativ aufwändige Änderungen an der Hardware des Netzbetreibers notwendig. [Rot05, 66f][TP04, 40]

Auch wenn Mobilfunknetze der zweiten Generation als digitale Netze generell für Daten-kommunikation geeignet sind, wurden erst Netze der sog. dritten Generation (3G) von Grund auf für Datenkommunikation mit Breitbandfähigkeit konzipiert; hierdurch wird insbesondere die Nutzung von Diensten mit multimedialen Inhalten (z.B. Ton und/oder Video) ermöglicht, für welche ein hohes Datenvolumen drahtlos übertragen werden muss [TP04, 12]. Die beiden eben erwähnten GSM-Erweiterungen GPRS und EDGE stellen einen Übergang von der zweiten zur dritten Generation dar und werden deshalb als „2,5-te" bzw. „2,75-te" Generation bezeichnet.

Neben diesen Möglichkeiten der Datenübertragung gibt es mit dem „Short Message Ser-vice" (SMS) in GSM-Netzen noch die Möglichkeit des Versandes von Kurznachrichten, der über freie Kapazitäten in Signalisierungskanälen realisiert wird und ursprünglich nicht als Dienst für Endnutzer vorgesehen war. Mit ihm können von Endnutzern Push-Textnachrichten auf Mobiltelefone verschickt werden, wobei das Nutzdatenvolumen der Nachrichten auf 140 Byte beschränkt ist, was bei einer 7-Bit-Codierung die Textlänge auf 160 Zeichen beschränkt. Neuere Endgeräte bieten aber die Möglichkeit, längere Nachrichten auf mehrere Nachrichten zu verteilen ("SMS-Chaining"), was für den Emp-fänger transparent ist. Mit SMS können auch Binär-Daten wie Steuernachrichten oder Bilddateien (z.B. Logos zur Personalisierung von Mobilfunktelefonen) übertragen wer-den [BSV07]. Trotz der Einschränkungen und teilweise hohen Preise – rechnet man den üblichen Preis von 0,19 Euro/Nachricht auf ein MByte hoch, so ergibt dies einen Wert von über 1.400 Euro[2] [DBHS06] – ist der SMS außerordentlich erfolgreich; so wurden beispielsweise in Deutschland im Jahr 2008 über 29 Milliarden SMS-Nachrichten verschickt [Bun09, 81].

Mobilfunknetze der dritten Generation

Der europäische Standard für Mobilfunktelefonie der dritten Generation ist UMTS (Universal Mobile Telecommunication System).

---

[2]Es ist hierbei aber nicht berücksichtigt, dass das bezahlte Datenvolumen meist nicht voll ausgenutzt wird, was den rechnerischen Preis weiter erhöhen würde.

Neben UMTS gibt es noch weitere 3G-Mobilfunkstandards, etwa CDMA2000 [Sch03, 175ff] [Rot05, 67]. China entwickelte einen eigenen 3G-Standard mit der Bezeichnung „TD-SCDMA" [CFL02], betreibt parallel dazu aber auch UMTS-Netze.

Die Funkschnittstelle von UMTS heißt UTRA (UMTS Terrestrial Radio Access) und umfasst zwei Standards: UTRA FDD (Frequency Division Duplex) und UTRA TDD (Time Division Duplex). Während bei FDD getrennte Frequenzbänder für den Up- und den Downlink verwendet werden, gibt es bei TDD ein Frequenzband für beide Richtungen, zur Trennung von Up- und Downlink wird dann ein Zeitmultiplexverfahren eingesetzt (unterschiedliche Zeitschlitze für die einzelnen Richtungen). Mit FDD können Datenraten bis zu 384 kBit/s realisiert werden, während mit TDD hingegen in sog. Picozellen (ca. 50 m Durchmesser) für sich langsam bewegende Teilnehmer (bis 10 km/h) sogar Datenraten bis zu 2 MBit/s möglich. [Krö04]

Bei der Realisierung von UMTS-Netzen wurde aber zunächst nur FDD umgesetzt, inwieweit TDD eingesetzt wird ist derzeit nicht bekannt. Ein Aspekt ist hierbei auch, dass sich TDD von seinen Charakteristiken eher für WLAN-Szenarien eignet [Sch03, 180, 188], wofür aber insbesondere die weiter unten vorgestellten Technologien der IEEE 802.11-Familie im lizenzfreien ISM-Band zur Verfügung stehen.

Zur weiteren Steigerung der Datenraten von UMTS gibt es die Protokollzusätze HSD-PA (High Speed Downlink Packet Access) und HSUPA (High Speed Uplink Packet Access): mit HSDPA sind in Downlink-Richtung theoretisch Datenraten bis zu 14,4 MBit/s möglich, welche sich durch Maßnahmen wie verbesserte Modulationsverfahren, adaptive Fehlerkorrektur und erhöhter Kanalzahl pro Datenverbindung realisieren lassen [Sau08, 158][Ziv08].

Zu dem in Abschnitt 2.3.3 (Seite 26) beschriebene Standard „WiMAX" zur Datenkommunikation von ortsfesten Nutzern gibt es mit „mobile Wimax" auch eine Variante für die Versorgung mobiler Nutzer [Mau06], mit dem Datenraten bis zu 63 MBit/s realisierbar sein sollen.

Weitere Mobilfunknetze

Bei den modernsten der hier vorgestellten und derzeit im Einsatz befindlichen Mobilfunksystemen handelte es sich um Systeme der dritten Generation. Es gibt aber schon Arbeiten in Richtung von Systemen der vierten Generation (z.B. [Zah03]): Diese sollen

Bandbreiten in der Größenordnung von 100 MBit/s bieten und intern vollständig (also auch für Sprachtelefonie und Signalisierung) auf Internet-Protokollen basieren. Angestrebt wird ebenfalls die Integration verschiedener Netzwerktechnologien: der Wechsel zwischen der Zugangstechnologie und dem jeweiligen Netzbetreiber soll für den Nutzer transparent möglich sein.

Eine mögliche Realisierungsform von Netzen der 4. Generation ist „Long Term Evolution" (LTE): Diese Technologie kann besonders gut in die bestehenden Mobilfunknetze (etwa GSM und UMTS) integriert werden, schon alleine weil sie auch mit den bereits verfügbaren Frequenzen (z.B. die für UMTS) arbeitet [Wit08]. Vorerst wird LTE in Deutschland eingesetzt, um breitbandige Internetanschlüsse in nicht mit DSL versorgten Gebieten zur Verfügung zu stellen [Man11].

Der Vollständigkeit halber seinen noch Mobilfunknetze auf Satelliten-Basis (Satellite Area Networks) erwähnt: bei diesen Netzen werden die Endgeräte nicht von stationären Basis-Stationen auf der Erde versorgt, sondern von Satelliten. Der Vorteil solcher Systeme liegt darin, Kommunikation auch in Regionen zu ermöglichen, wo kein herkömmliches Mobilfunknetz aufgebaut werden kann (z.B. auf hoher See) oder wo es wirtschaftlich nicht tragfähig wäre (z.B. dünn besiedelte Gebiete). Weiter haben diese Systeme den Vorteil, dass sie keine weitflächig verteilte terrestrische Infrastruktur (etwa Basis-Stationen) benötigen, die durch einfache Sabotage-Akte oder Naturkatastrophen beschädigt werden kann. Das älteste zivile Mobilfunknetz dieser Art ist Inmarsat, es deckt fast die ganze Erdoberfläche ab. Das Iridium-System hingegen deckt die ganze Erdoberfläche mit über 60 Satelliten ab, während Globalstar und Thuraya nur Teile der Erde abdecken. Mit diesen Systemen ist auch eine schmallbandige Datenkommunikation und die Nutzung eines Textnachrichtendiensts ähnlich SMS möglich. [Sch03, 217ff] [PR05, 241ff]

2.3.3 Metropolitan Area Networks

Wireless Metropolitan Area Networks (WMAN) sind Netzwerke, die zur Abdeckung ganzer Stadtteile geeignet sind. Solche Netzwerke sind für die Versorgung von Gebieten ausgelegt, in denen eine kabelgebundene Versorgung mit breitbandiger Datenkommunikation (z.B. DSL) nicht möglich ist. Es handelt sich also um einen Standard für die

Versorgung der „letzten Meile" (Wireless Local Loop) zwischen Telekommunikationsunternehmen und Endanwender.

Ein Standard zur Realisierung solcher Netzwerke ist „fixed WiMAX" (Worldwide Interoperability for Microwave Access, IEEE 802.16-2004), mit dem Gebiete mit einem Durchmesser bis zu 50 km mit Datenraten von ca. 100 MBit/s versorgt werden können. Im Gegensatz zu „mobile WiMAX" (IEEE 802.16-2005) sieht dieser Standard keinen Handover-Mechanismus vor, ist also für die Versorgung ortsfester Nutzer ausgelegt. [Rot05, 28] [Par06]

2.3.4 Local Area Networks

Drahtlose lokale Netzwerke (Wireless Local Area Network, WLAN) wurden als Alternative zur drahtgebundenen Datenkommunikation innerhalb von Organisationen entwickelt und sind für Fälle gedacht, in denen das Verlegen einer entsprechenden Verkabelung zu kostspielig wäre oder nur vorübergehend ein Netzwerk für eine Veranstaltung zur Verfügung gestellt werden soll. Ein weiteres typisches Einsatzszenario sind begrenzte (öffentliche) Orte mit vielen Passanten (sog. Hot spots) wie Flughäfen, Hotels oder Konferenzen/Messen, die dann mit einem mobilen Endgerät Datenkommunikation abwickeln können.

Als Vertreter solcher Netzwerke sollen hier nur die Standards der IEEE 802.11-Familie [Sch03, 248ff] [TP04, 49ff] [Sau04, 237ff] [Rot05, 81ff] vorgestellt werden, wobei der Begriff „WLAN" teilweise als Synonym für diese Standards verwendet wird. Weitere – teilweise nicht mehr aktuelle – Standards für die Realisierung solcher Netzwerke sind etwa HIPERLAN (High-Performance Local Area Network, [Sch03, 285ff]) oder HomeRF [Leh03, 131f] [Mau06] [Rot05, 105f]. Auch der meist für Netzwerke im persönlichen Nahbereich eingesetzte Standard Bluetooth (siehe nächster Abschnitt) kann unter Verwendung geeigneter Basisstationen zur Bereitstellung lokaler Netzwerke verwendet werden [ZO03], was aber ein eher unüblicher Anwendungsbereich ist.

Wie schon angedeutet umfasst der Standard IEEE 802.11 mehrere Unterspezifikationen zur Realisierung von WLAN. Die ursprüngliche Spezifikation aus dem Jahre 1997 sah Datenraten bis 2 MBit/s vor und verwendet Funkfrequenzen im 2,4 GHz-Bereich. Dies ist einer der international lizenzfrei verwendbaren Frequenzbereiche des sog. ISM-

Bandes (Industrial, Scientific, Medical) [Sch03, 48f]. Es folgten zwei Jahre später die Erweiterungen 802.11a (bis 54 MBit/s, 5-GHz-Bereich) und 802.11b (bis 11 MBit/s, 2,4 GHz-Bereich), wobei der letztgenannte Standard als international bislang erfolgreichster WLAN-Standard betrachtet werden kann. Mit dem Standard 802.11g können wie mit IEEE 802.11a Datenraten bis zu 54 MBit/s realisiert werden, allerdings wieder im 2,4 GHz-Bereich. Unter anderem durch Verwendung der MiMo-Technologie (Multiple Input, Multiple Output) – also mehrerer Antennen in einem Gerät, die auf gleicher Frequenz funken – können mit dem Standard 802.11n Datenraten bis 300 MBit/s erzielt werden. Die Datenraten beziehen sich hierbei allerdings auf eine Basisstation (Access Point), sie wird also unter allen in einer Zelle befindlichen Endgeräten aufgeteilt.

Die mit den 802.11-Systemen erzielbaren Reichweiten liegen – je nach Einsatzbedingungen – in der Größenordnung von wenigen hundert Metern, mit Richtantennen können aber auch mehrere Kilometer überbrückt werden [MS04, 34][Kap09]. Unter idealen Voraussetzungen (Einsatz auf freiem Feld bei geeignetem Wetter) können mit konventionellen Antennen Distanzen bis 300 m überbrückt werden [Sau04, 239].

Neben Spezifikationen von drahtlosen Übertragungsstandards umfasst die 802.11-Familie aber auch Erweiterungen (z.B. 802.11i mit verbesserten Sicherheits- und Authentifikationsmechanismen). Teilweise wird auch der Begriff „WiFi" als Synonym für die Standards der 802.11-Familie verwendet. Die „WiFi-Alliance" [Wi-11] ist eine Organisation von mehreren hundert Firmen, die Produkte auf die Einhaltung der 802.11-Standards zertifiziert, um etwa Interoperabilität bei der Verwendung von Hardware verschiedener Hersteller zu gewährleisten.

2.3.5 Personal Area Networks

„Wireless Personal Area Networks" (WPAN) haben üblicherweise eine Reichweite von wenigen Zentimetern bis Metern und zielen auf die spontane Vernetzung von mobilen Endgeräten untereinander oder mit Peripheriegeräten wie Headsets (Kombination von Kopfhörer und Mikrofon zur freihändigen Telefonie) oder einem GPS-Empfänger für Satellitennavigation ab. Da Datenkommunikation zwischen am Körper getragenen Geräten ermöglicht werden kann, spricht man auch vom „Body Area Network". Aber auch der spontane Austausch von Daten wie Visitenkarten oder Bilddateien zwischen zwei nebeneinander stehenden Nutzern soll möglich sein. Entsprechend dieser Anwendungsszenarien sind die entsprechenden Standards auf einen geringen Energieverbrauch und eine einfache Bedienung ausgelegt. Im Folgenden soll nur auf „Bluetooth " und „IrDA" als Standards zur Realisierung solcher Netzwerke eingegangen werden; wie bereits oben erwähnt kann Bluetooth aber auch für drahtlose lokale Netzwerke verwendet werden. Bluetooth-WLANs sind im Gegensatz zu WLAN gemäß IEEE 802.11 deutlich langsamer im Bezug auf die Datenrate, aber auch sparsamer im Stromverbrauch [ZO03]. Ein weiterer Standard für WPAN – dessen Nutzung aber nicht so verbreitet ist – liegt mit „Zigbee" (IEEE 802.15.4) vor.

Bluetooth (IEEE 802.15.1) verwendet wie einige WLAN-Standards aus der IEEE 802.11-Familie das lizenzfreie ISM-Band (2,4 GHz-Bereich). In der ursprünglichen Version kann eine Datenraten bis zu 1 MBit/s erreicht werden. Mit der Version 2.0+EDR (Enhanced Data Rate) sind Übertragungsraten bis zu 3 MBit/s möglich. Je nach Leistungsklasse (Power Class) haben Bluetooth-Module unterschiedliche Übertragungsweiten; mit der Sendeleistung von bis zu einem Milliwatt der „schwächsten" Klasse drei können bis zu 10 Meter Distanz überbrückt werden. In mobile Endgeräte integrierte Bluetooth-Module sind meist dieser Klasse zuzuordnen. Geräte der Klasse 1 (bis zu 100 Milliwatt Leistung) haben bis zu 100 m Reichweite. [Sau04, 279ff][Rot05, 130]

Unter sog. Profilen werden auf Bluetooth aufbauende Protokolle und Konfigurationen für bestimmte Nutzungsszenarien definiert [Sch03, 342]. Es gibt beispielsweise Protokolle für die drahtlose Anbindung eines Kopfhörers mit integriertem Mikrofon (Profil „Advanced Audio Distribution", A2DP), zur Datei-Übertragung (Profil „Object Push", OPP) oder zur Anbindung von Eingabegeräten mit Tastatur/Joystick (Profil „Human Interface Device", HIDP)[Ziv03].

Die Abkürzung „IrDA" steht eigentlich für die „Infrared Data Association", ein im Jahr 1993 gegründeter Zusammenschluss von mehreren Firmen zur Entwicklung einheitlicher Standards für Kommunikation auf Basis von Infrarot-Wellen. Mittlerweile wird „IrDA" aber synonym für die Standards dieser Gruppe zur drahtlosen Kommunikation mittels Infrarotwellen verwendet. Je nach Version lassen sich mit IrDA Datenübertragungsraten von 115,2 kBit/s (SIR, Serial Infrared), 4 MBit/s (FIR, Fast Infrared) oder sogar bis 16 MBit/s (VFIR, Very Fast Infrared) erzielen. Die Kommunikation ist nur über wenige Meter hinweg möglich, wobei direkte Sichtverbindung zwischen Sender und

Tab. 2.1: Übersicht über Standards für drahtlose Datenkommunikation

Name	Typ	Datenrate
GSM-GPRS	WWAN (2.5G)	53,6 kBits/s
GSM-EDGE	WWAN (2.75G)	384 kBits/s
UMTS (FDD)	WWAN (3G)	384 kBits/s
UMTS-HSDPA	WWAN (3.5G)	14,4 MBit/s
IEEE 802.11a	WLAN	54 MBit/s
IEEE 082.11b	WLAN	11 MBit/s
Bluetooth 2.0+EDR	WPAN	3 MBit/s

Empfänger bestehen muss. Ein typisches Anwendungsszenario ist etwa der Austausch elektronischer Visitenkarten zwischen PDA. Vorteile dieser Technik sind die geringen Kosten für die hardwareseitige Realisierung, die Unempfindlichkeit der Kommunikation gegenüber Funkwellen sowie die Abhörsicherheit, die sich aus der Notwendigkeit der Sichtverbindung ergibt. Die Infrarot-Technologie ist auch ausgereift und wurde schon in den 1970er Jahren zur Datenkommunikation eingesetzt. Infrarotwellen können Wände nicht durchdringen, weshalb Kommunikation auf Basis von Infrarot auch als spezielles Indoor-Ortungsverfahren verwendet werden kann (siehe „ActiveBadge" [WJH97] in Abschnitt 3 (Seite 41)). [MS04, 40] [TP04, 54] [Rot05, 109]

2.3.6 Zusammenfassung

In Tabelle 2.1 ist ein Überblick über die wichtigsten der vorgestellten Standards zur drahtlosen Datenkommunikation gegeben. Neben der theoretisch maximal erzielbaren Datenrate wird hierbei auch der Netzwerktyp (WWAN, WLAN, WMAN oder WPAN) genannt, dem der jeweilige Standard vorrangig zuzuordnen ist; für Weitverkehrsnetze (WWAN) wird hierbei noch die Generation angegeben. Die einzelnen Standards sind nach Typ und dann nach zeitlicher Entwicklung sortiert.

2.4 Kommunikationsmodi

Bei drahtloser sowie auch -gebundener Datenkommunikation lassen sich die beiden Kommunikationsmodi *Pull* und *Push* unterscheiden [Leh02, 32][DB06]: Bei Verwendung des Pull-Prinzipes erhält der Informationskonsument (Client-Anwendung) nur dann Nachrichten, wenn er diese zuvor explizit vom Informationsproduzent (Server) angefordert hat. Beim Push-Prinzip hingegeben erhält der Konsument unaufgefordert Nachrichten vom Produzenten. In [Küp07, 3] werden deshalb auch die Bezeichnungen „reaktiv" bzw. „proaktiv" verwendet. Übertragen auf mobile Endgeräte wäre etwa die Zustellung einer SMS-Nachricht Push-Kommunikation, der Abruf einer Webseite Pull-Kommunikation. Während im stationären Internet Pull-Kommunikation vorherrscht und Push-Ansätze bis auf Anwendungsfälle zur persönlichen Kommunikation wie e-Mail Messaging sich nicht durchsetzen konnten, kommt in mobilen Szenarien der Push-Kommunikation eine besondere Bedeutung zu, da so zeitkritische Informationen übermittelt oder proaktive Dienste realisiert werden können [Dec06][Dec07c].

2.5 Anwendungsgebiete mobiler Technologien

Im vorliegenden Abschnitt sollen einige wichtige und für die vorliegende Arbeit relevante Anwendungsgebiete für mobile Computer mit oder ohne drahtloser Datenübertragung kurz vorgestellt werden.

Bei „Mobile Commerce" werden mobile Technologien für die Abwicklung von Handel eingesetzt. In [TP04, 1] wird unter Mobile Commerce „[...] jede Art von geschäftlicher Transaktion, bei der die Transaktionspartner im Rahmen von Leistungsanbahnung, Leistungsvereinbarung oder Leistungserbringung mobile elektronische Kommunikationstechniken (in Verbindung mit mobilen Endgeräten) einsetzen [...]" verstanden.

Unter „Mobile Business" versteht man „[...] die Nutzung mobiler Technologien [...] um bestehende Geschäftsprozesse zu verbessern und zu erweitern, oder um neue Geschäftsfelder zu erschließen [...]" sowie die „[...] Gesamtheit aller Aktivitäten, Prozesse und Anwendungen in Unternehmen [...], welche mit mobilen Technologien durchgeführt oder unterstützt werden [...]" [Leh03, 6]. Mobile Commerce ist also ein Teilbereich von Mobile Business.

Bei der Vision des „Ubiquitous Computing " (UbiComp), die Marc Weiser [Wei91] zugeschrieben wird, ermöglichen es mobile Technologien, Computer in Alltagsgegenstände wie Uhren, Kugelschreiber, Kühlschränke oder Tassen zu integrieren, so dass Computer für den Nutzer nicht mehr wahrnehmbar sind, ihm aber trotzdem nützlich sind. Der Aspekt der nicht mehr wahrnehmbaren Computerkomponenten wird in diesem Zusammenhang auch mit Begriffen wie „Invisible Computing", „Calm Computing" oder

„Disappearing Computing" umschrieben. Dies wird als Fortsetzung der Miniaturisierung der Computertechnologie ausgehend von zentralen Großrechnern (Mainframes) über Personal Computer gesehen [Sau03][TP04, 58ff]. Der Kühlschrank könnte dann etwa als „Smart Device" (genauer: „Smart Fridge") selbst eine entsprechende Bestellung über Internet aufgeben, wenn er bemerkt, dass die letzte Flasche Milch entnommen wurde. „Pervasive Computing" ist der Begriff für industrielle Anwendungen, die mit bereits heute verfügbarer Technik Visionen von UbiComp umsetzen [Mat01][Lon07, 62].

2.6 Mehrwert durch den Einsatz mobiler Technologien

2.6.1 Einleitung

Im vorliegenden Abschnitt soll erörtert werden, wie durch den Einsatz mobiler Technologien für den Nutzer ein Mehrwert entsteht, also welche Gründe den Gebrauch solcher Technologien für einzelne Anwendungsszenarien motivieren können. Es wird hierbei auch jeweils angegeben, ob der Mehrwert sich aus der Mobilität des Computers ergibt und/oder aus der drahtlosen Datenübertragung.

Die hierbei behandelten Mehrwerte lehnen sich an das konzeptuelle Framework aus [AD02] an, das Grundlage für eine empirische Studie (N=485) in Finnland war: hierbei wurden Konsumenten nach den Nutzungsabsichten bestimmter mobiler Dienste (z.B. „send/receive e-mails", „routine bank services", „book cinema tickets") gefragt. Ein Ergebnis dieser Studie ist, dass die für einen Dienst genannte Nutzungsabsicht mit der Anzahl der von ihm realisierten Mehrwerte tendenziell steigt. Als erfolgsversprechendster Dienst gemäß dieser Studie stellte sich übrigens der mobile e-Mail-Zugriff heraus („send/receive e-mails"), was durch den Erfolg von „Blackberry" [Gol07] – einen e-Mail-Push Dienst für spezielle mobile Endgeräte der Firma Research in Motion (RIM) – bestätigt wird.

2.6.2 Nutzung von Nischenzeiten

Nischenzeiten (auch Totzeiten) sind Wartezeiten, wie sie etwa typischerweise auf Reisen auftreten (z.B. Warten auf Eintreffen eines Verkehrsmittel, Reisezeit in Fortbewegungsmittel selbst, Warten auf Eintreffen von anderen Personen oder Einlass). Durch den Einsatz mobiler Technologien ist es nun möglich, diese Nischenzeiten produktiv („save time") oder unproduktiv („kill time") zu nutzen. Bei produktiver Nutzung von Nischenzeiten werden unter Verwendung mobiler Technologien Aufgaben erledigt, die normalerweise mit einem stationären Computersystem erledigt werden würden, zum Beispiel das Lesen eines elektronischen Dokumentes. Die unproduktive Nutzung von Nischenzeiten liegt vor, wenn das mobile Gerät zum Zeitvertreib verwendet wird, z.B. durch Verwendung eines Computerspiels („mobile Gaming", [Wei07]).

Die produktive Nutzung von Nischenzeiten ist insbesondere für Personen, die beruflich viel reisen müssen (z.B. Handelsvertreter, Manager, Professoren und Akademische Mitarbeiter an Universitäten) interessant, da hier sonst erhebliche Zeiträume nicht produktiv genutzt werden könnten. Außerdem kann so vermieden werden, dass bei der Rückkehr nach längeren Zeiten erst einmal Arbeiten zu erledigen sind, die sich während der Anwesenheit angesammelt haben (Reduktion des Backlogs).

2.6.3 Spezifische Bedürfnisse auf Reisen

Dieser Mehrwert beschreibt Szenarien, in denen mobile Technologien eingesetzt werden, um Bedürfnisse zu befriedigen, die typischerweise auf Reisen entstehen. Ein prominentes Beispiel hierfür sind etwa Navigationsgeräte ([Hei06], Personal Navigation Devices), die dem Nutzer helfen, den Weg zu seinem Reiseziel zu finden, z.B. durch den Abruf von Kartenmaterial oder „Turn-by-Turn"-Navigationsdienste. Andere Beispiele sind etwa Dienste zur Buchung von Übernachtungsmöglichkeiten oder zum Abruf von aktuellen Verkehrsinformationen bzw. Abfahrtszeiten von öffentlichen Verkehrsmitteln.

2.6.4 Vermeidung von Medienbrüchen bei Datenerfassung

Bei vielen mobilen Geschäftsprozessen sind Daten vor Ort zu erfassen, die bei herkömmlichem Vorgehen auf Papierformulare eingetragen werden um dann in einem nachgelagertem Arbeitsschritt in ein stationäres IT-System eingegeben werden. Beispiele für solche Daten sind etwa durch Handelsvertreter vor Ort beim Kunden erfasste Bestellungen oder von Servicetechnikern an technischen Einrichtungen abgelesene Werte (z.B. Stromzähler [GKK05]), sowie am Krankenhausbett zu erfassende Daten (z.B. Medikamentenverordnung, Essenswünsche, Vitalwerte, siehe [RH05]). Dieses Vorgehen bringt mehrere Nachteile mit sich:

- Die Verwendung von Papierformularen bedingt entsprechende Materialkosten.

- Die nachgelagerte Datenerfassung – oftmals manuell durchgeführt – bindet Personalressourcen.

- Bei der nachgelagerten Datenerfassung kann es zu Fehlern kommen, z.B. wegen unleserlicher Schrift, Tippfehlern oder der Mehrfacherfassung der Belege, Vergessen der Nacherfassung.

- Wenn die Papierformulare archiviert werden müssen, dann führt dies zu zusätzlichen Raumkosten.

- Muss das Formular unterschrieben werden so kann es vorkommen, dass aus Bequemlichkeit Blanko-Unterschriften im Voraus geleistet werden, was ein Sicherheitsproblem darstellt [RH05]. Bei Verwendung eines mobilen Endgerätes kann die Unterschrift durch die Nutzerauthentifizierung ersetzt werden.

Werden die Daten unter Verwendung eines mobilen Computers erfasst, ist die Verwendung der Papierbelege nicht mehr notwendig, da die Daten bereits bei der Ersterfassung digitalisiert werden. Führt die papiergebundene Erfassung von Daten zu einer unerwünschten Zeitverzögerung im zugrundeliegenden Prozess (z.B. Verzögerung der Auftragsbearbeitung bis Nacherfassung durchgeführt wird), kann durch den Einsatz mobiler Technologien zusätzlich der weiter unten in Abschnitt 2.6.6 aufgeführte Mehrwert „Echtzeit-Datenkommunikation" realisiert werden.

2.6.5 Ästhetischer Mehrwert

Ein „ästhetischer Mehrwert" von mobilen Technologien liegt vor, wenn sie genutzt werden, weil die Arbeit mit mobilen Computern als schick empfunden wird, etwa wegen des ansprechenden Designs oder der Wirkung hochpreisiger Geräte als Status-Symbol. So gibt es Berichte, denen zufolge Jugendliche aus Cliquen ausgeschlossen wurden, weil sie nicht über entsprechende Endgeräte verfügten [Zob01, 70], oder dass Nutzer mobile Endgeräte als „Mode Accessoire" betrachten („Fashion Phone") und sogar mehrere Geräte besitzen, um zu verschiedenen Anlässen (z.B. Arbeitsalltag vs. Dinner-Party) ein Gerät mit angemessenem Design mitführen zu können [BT02]. Entsprechend werden auch „Luxus-Mobilfunktelefone" angeboten, bei denen das Design im Vordergrund steht; solche Geräte werden auch unter Mitwirkung von bekannten Modefirmen produziert (z.B.

[Com08][Vol08]). Aber auch im betrieblichen Einsatz kann der ästhetische Mehrwert von mobilen Endgeräten eine Rolle spielen, wenn z.B. durch deren Gebrauch gegenüber Geschäftspartnern der Eindruck besonderer technischer Kompetenz oder Innovationsbereitschaft signalisiert werden soll [VMK+04, 29].

Bezogen auf den privaten Wohnbereich könnten mobile Endgeräte der Verwendung eines Personal-Computers vorgezogen werden, weil der PC als relativ großer „grauer Kasten" als unästhetisch empfunden wird oder der entsprechende Platz nicht vorhanden ist. Diese Platzersparnis wird auch als einer der Erfolgsfaktoren von mobilen Datendiensten in Japan angeführt, da dort große Teile der Bevölkerung in beengten Wohnverhältnissen leben und deshalb keinen stationären Computer aufbauen können. Drahtlose Netzwerke (WLAN) kommen auch zum Einsatz, weil das Verlegen von Kabeln vermieden werden soll.

2.6.6 Echtzeit-Datenkommunikation

Der Mehrwert „Echtzeit-Datenkommunikation" umfasst Anwendungsszenarien, in denen mobile Technologien dazu genutzt werden, Informationen zwischen einem stationären Backend-System und Nutzer möglichst ohne Zeitverzögerung auszutauschen. Der Informationsaustausch muss nicht solange aufgeschoben werden, bis der Nutzer wieder Zugriff auf ein stationäres Informationssystem hat, z.B. nach Rückkehr von einer Geschäftsreise. Es kann hierbei zunächst unterschieden werden, ob der Nutzer mit Information versorgt werden soll oder selbst Informationen in das System eingeben will. Für den Fall der Versorgung des mobilen Nutzers mit Informationen sind die Kommunikationsformen „Push" und „Pull" auf Anwenderebene zu unterscheiden [Dec07c]. Neben diesem einseitigen Informationsfluss vom stationären Backend zum mobilen Nutzer hin (Informationsversorgung) oder vom mobilen Nutzer zum stationären Backend (Informationserfassung) gibt es noch den Fall der bilateralen Kommunikation, wenn z.B. ein Arbeitseinsatz koordiniert werden muss.

Im Falle des Push-Szenarios schickt ein Dienst proaktiv zeitkritische Informationen an den Nutzer, wobei das verwendete Endgerät dem Nutzer durch ein Ton- oder Vibrationssignal das Eintreffen einer entsprechenden Nachricht signalisiert. Solche zeitkritischen Informationen können etwa Börsenkurse, Katastrophen-/Unwetterwarnungen oder Fehlermeldungen von technischen Anlagen sein, die u.U. ein sofortiges Handeln des Nutzers erfordern. Dieser Mehrwert basiert darauf, dass mobile Endgerät als persönliche Kommunikationsgeräte vom Nutzer den Großteil des Tages im aktivierten Zustand mitgeführt werden, so dass dieser praktisch jederzeit erreichbar ist. In [DBSK05] wird von einer Nutzerbefragung mit (N=28) berichtet, bei der die studentischen Probanden gefragt wurden, wie lange sie täglich über ihr Mobilfunktelefon erreichbar sind. Der ermittelte Durchschnittswert betrug 20.7 h/Tag; bemerkenswerter Weise gaben 56 % der Probanden an, 24 h/Tag über ihr Mobilfunktelefon erreichbar zu sein. An anderer Stelle wird als Wert hierfür 14 h/Tag genannt [Sok04]. Push-Kommunikation in Verbindung mit dieser hohen Erreichbarkeit bringen natürlich ein erhebliches Belästigungspotenzial mit sich, insbesondere wenn es sich um unerwünschte „Spam"-Nachrichten handelt.

Beim Pull-Szenario verwendet der Nutzer das mobile Endgeräte zum Zugriff auf mit stationären Informationssystemen verwaltete Datenbestände. Ein Handelsvertreter kann z.B. während eines Kundenbesuches aktuelle Preis- und Verfügbarkeitsinformationen abrufen und ist nicht auf ausgedruckte und damit ggf. veraltete Unterlagen angewiesen; auch eine telefonische Rückfrage ist so nicht notwendig.

Echtzeit-Datenkommunikation umfasst aber auch den Fall, dass der Nutzer vor Ort zeitkritische Informationen erfassen kann, die dann sofort einem stationären Informationssystem zur Verfügung stehen. Der Handelsvertreter könnte etwa Bestellungen des Kundens vor Ort mit seinem mobilen Endgerät erfassen, so dass der entsprechende Auftrag sofort für eine entsprechende Bearbeitung im Informationssystem des jeweiligen Unternehmens zur Verfügung steht.

2.6.7 Identifizierungsfunktion

Mobile Computer werden als persönliche Kommunikationsgeräte meist nur von einem Nutzer genutzt, während es bei stationären IT-Einrichtungen üblich ist, dass ein Computer oder Telefon von mehreren Personen gemeinsam genutzt wird. Es kann also eine 1:1-Beziehung zwischen Endgerät und Nutzer angenommen werden. Gleichzeitig erfordert die Nutzung drahtloser Datenkommunikation meist eine Identifizierung des Endgerätes im jeweiligen Netzwerk, z.B. mittels der auf der sog. SIM-Karte (Subscriber Identity Module) gespeicherten Informationen für Mobilfunknetzwerke. Bei Nutzung mobiler Dienste kann also vom Endgerät direkt auf die Identität des Nutzers geschlossen werden, so dass keine manuelle Authentifizierung unter Eingabe von Nutzerkennung und Passwort wie bei stationären Diensten erforderlich ist. [Leh03, 13][TP04, 157ff]

Es gibt deshalb Anwendungsszenarien, in denen diese Identifizierungsfunktion mobiler Computer ausgenutzt wird. Hier sind etwa Internet-Dienste zur Durchführung von Banktransaktionen wie Überweisungen (Online-Banking) zu nennen, bei denen zusätzlich zur Authentifizierung an einem stationären PC durch Eingabe von Nutzername und Passwort ein mobiles Endgerät zur Übermittelung einer Transaktionsnummer oder Durchführung einer weiteren Authentifizierung verwendet wird. Diese „Zwei-Faktor-Authentifizierung" („2FA") erschwert einen Angriff auf eine Online-Banking-Anwendung, da der Angreifer hier neben dem stationären Endgerät noch zusätzlich das mobile Endgerät angreifen muss [Wüe05].

Auch Anwendungen wie die Verwendung von mobilen Endgeräten zur Durchführung von Bezahlvorgängen (m-Payment) oder als Träger von digitalen Eintritts- und Fahrkarten (m-Ticketing) nutzen die Identifizierungsfunktion von mobilen Endgeräten.

2.6.8 Convenience

Wenn der Umgang mit mobilen Endgeräten im Vergleich zu herkömmlicher stationärer IT als einfacher empfunden wird, kann im jeweiligen Szenario der „Convenience"-Mehrwert[3] realisiert werden. Insbesondere angesichts der eingeschränkten Nutzerschnittstelle mobiler Endgeräte (kleines Display, eingeschränkte Eingabemöglichkeiten) mag dies zunächst als paradox erscheinen. Es gibt aber Nutzer, die Personalcomputer als zu kompliziert empfinden und deshalb die Nutzung mobiler Endgeräte mit ihren eingeschränkten Möglichkeiten vorziehen. Zudem sind mobile Endgeräte meist vorkonfiguriert, auf eine manuelle Installation von Programmen kann verzichtet werden. Insbesondere Mobilfunktelefone stellen für manche Nutzer einen Zugang zur IT dar, da Mobilfunktelefone als Fortentwicklung der herkömmlichen drahtgebundenen Telefone wahrgenommen werden. [Leh03, 13]

Mobile Endgeräte sind meist sofort nach dem Aktivieren betriebsbereit, eine „Bootphase" wie bei herkömmlichen Personalcomputern entfällt. Dies ist deshalb möglich, weil mobile Endgeräte meist keinen mechanischen Massenspeicher wie Festplatten besitzen,

---

[3]Convenience (engl.): Annehmlichkeit, Bequemlichkeit, Komfort

das Betriebssystem und die Programmdateien nebst Anwendungsdaten also in einem nicht-mechanischem Speicher (sog. Flash-Speicher) gehalten werden.

Ebenfalls unter „Convenience" soll verstanden werden, wenn mobile Technologien aufgrund eines wahrgenommenen Preisvorteils anstelle stationärer IT verwendet werden [Leh03, 13]. Hierbei spielt auch eine Rolle, dass viele Netzbetreiber Mobilfunktelefone in Verbindung mit einem Mobilfunkvertrag zu stark subventionierten Preisen, teilweise sogar kostenlos, abgeben. In Schwellen- und Entwicklungsländern sind für breite Schichten der Bevölkerung herkömmliche PC nicht erschwinglich, so dass das Mobilfunktelefon einen wichtigen Weg für den Zugang zu Kommunikationsdiensten darstellt [Sok08].

2.6.9 Kontextsensitivität

In der Literatur wird teilweise auch „Kontextsensitivität" als spezifischer Mehrwert mobiler Technologien genannt, z.B. [GM03][TP04, 157f]. Kontextsensitivität ist die Eigenschaft von Informationssystemen, sich an die aktuelle Situation des Nutzers anzupassen, und wird in Kapitel 3 (Seite 41) eingehend behandelt. Wie dort aber erörtert, gibt es durchaus kontextsensitive stationäre Anwendungen. Mit den sog. „Location Based Services" gibt es aber ein besonders prominentes Beispiel für Kontextabhängigkeit, die spezifisch für mobile Anwendungen ist (siehe Kapitel 3 (Seite 41)). In der vorliegenden Arbeit wird Kontext definiert als Information zur Interaktionsunterstützung des Nutzers und stellt damit vielmehr einen Ausgleich der naturgemäß eingeschränkten ergonomischen Eigenschaften von mobilen Computern dar als einen Mehrwert ansich.

2.6.10 Zusammenfassung

Die erörterten Mehrwerte des Einsatzes mobiler Technologien sind in Abbildung 2.5 in Form eines Baumes wiedergegeben [Dec08b]. Hierbei werden auf erster Ebene die unechten von den echten Mehrwerten unterschieden. „Convenience" und „Ästhetik" werden als unechte Mehrwerte aufgeführt, da für die Szenarien, in denen dieser Mehrwert realisiert wird, auch herkömmliche stationäre Informationstechnologie zum Einsatz kommen könnte. Es gibt empirische Aussagen, die darauf hinweisen, dass der Einsatz mobiler Endgeräte in „stationären Szenarien" recht üblich ist:

- In der Studie von Ishii und Mikami [IM02], bei der 2.816 Personen in Japan befragt wurden, gaben so ca. 73 % der Probanden an, mit einem Mobilfunktelefon auf das

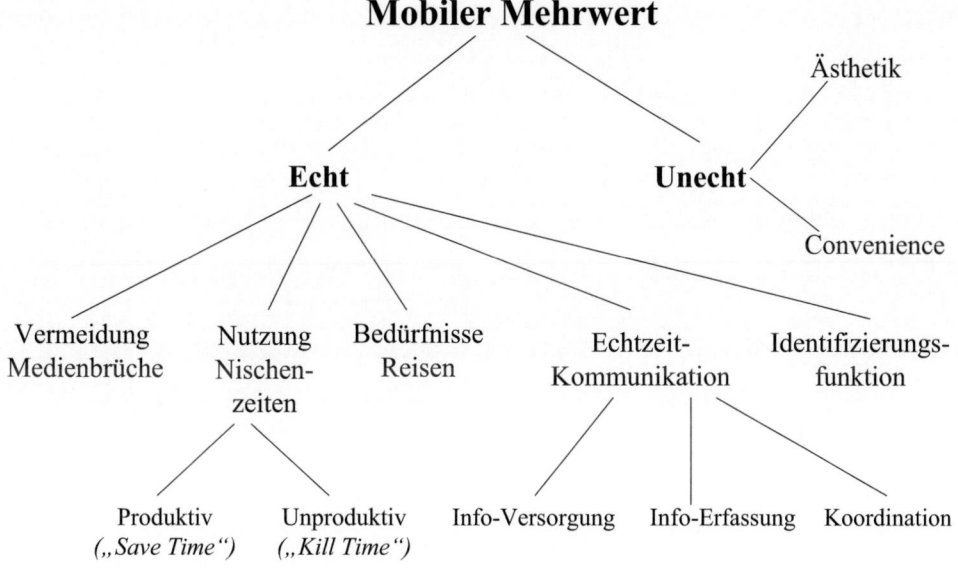

Abb. 2.5: Übersicht „Mobiler Mehrwert" als Baum [Dec08b]

Internet zuzugreifen, wenn sie „at Home" sind, ca. 41 % der Zugriffe erfolgten „at Work".

- In [Kaf07] findet sich die Aussage, dass 30 bis 40 % des Verkehrsaufkommen in Mobilfunknetzen von Wohnungen ausgehen.

- Die meisten Zugriffe auf i-Mode-Dienste in Japan werden zu Zeiten durchgeführt, in denen die Nutzer üblicherweise schon zu Hause sind [Zob01, 109].

Der eigentlich atypische Einsatz mobiler Computer in stationären Szenarien ist also nicht ein reiner Ausnahmefall.

3 Kontext

Kontext und Kontextsensitivität mobiler Anwendungen sind essentielle Konzepte im Mobile Computing und zahlreiche einschlägige Veröffentlichungen beschäftigen sich mit Aspekten wie Modellierung, Gewinnung und Verarbeitung von Kontextinformation. Aber auch in fast allen anderen technisch orientierten Artikeln wird das Konzept der „Kontextsensitivität" angesprochen.

Trotz der großen Prominenz von „Kontext" hat sich für diesen Begriff in der Forschergemeinde leider keine einheitliche Definition herausgebildet. Im vorliegenden Kapitel wird deshalb zunächst in Abschnitt 3.1 (Seite 42) eine Definition von Kontext herausgearbeitet. Aufbauend hierauf werden verschiedene Anwendungsbeispiele von verschiedenen Kontextparametern vorgestellt. Der wichtigste Spezialfall von Kontext ist der aktuelle Aufenthaltsort eines mobilen Computers bzw. dessen Nutzers, weshalb anschließend in Abschnitt 3.2 (Seite 50) verschiedene Ortungsverfahren vorgestellt werden. Wird Ortung aber als Eingangsparameter für eine Zugriffskontrollentscheidung verwendet, so führt dies unweigerlich zur Frage, inwieweit das oder die eingesetzten Ortungsverfahren gegen Manipulationen durch interne und/oder externe Angreifer geschützt sind. Abschnitt 3.3 (Seite 64) widmet sich daher der Beschreibung verschiedener Verfahren zur Vermeidung dieser auch „Location Spoofing" genannten Manipulationsangriffe. Insbesondere wird hierbei eine neuartige Klassifikation von Ansätzen zur Verhinderung dieser Angriffe eingeführt.

Wenn mobile Computer u.U. bis auf wenige Zentimeter genau in Echtzeit geortet werden können, führt dies zu Datenschutzbedenken, die in der Mobile Business Literatur unter dem Begriff „Location Privacy" (etwa „Ortungsdatenschutz") diskutiert werden. Verschiedene Verfahren zur Verhinderung des Missbrauchs von Ortungsdaten werden deshalb in Abschnitt 3.4 (Seite 87) vorgestellt. Auch hierfür wird ein neues Klassifikations-Schema eingeführt.

3.1 „Kontext" im Mobile Business

3.1.1 Definitionsansätze

Im folgenden Abschnitt werden verschiedene Definitionsansätze für Kontextinformation im Sinne des Mobile Business vorgestellt und diskutiert. Der Begriff „Kontext" findet im Bereich der Informatik aber auch in anderen Bereichen Beachtung, z.B. der Computer-Linguistik, der Anforderungsanalyse (Kontextdiagramme), der Ergonomie (Benutzungskontext) oder der formalen Sprachen (kontextfreie Grammatik). In der *Brockhaus Enzyklopädie* werden für „Kontext" die Synonyme „Zusammenhang, Hintergrund, Umfeld" genannt [Bro06, 483], während in einem englischen Wörterbuch dieser Begriff als „[...] the circumstances surrounding an act or event" beschrieben wird [Web94, 216].

Die Definition des Begriffs „Kontext" ist schwierig, weil „[...] everything in the world happens in a certain context" [CK00]. Hierin begründet sich auch, dass viele in der einschlägigen Literatur eingeführten oder verwendeten Definitionen so allgemein oder schwammig sind, dass „[...] effectively nothing is ruled out" [BAHF05]. Auch [PHC06] schreibt: „Almost any information available at the time of an interaction can be seen as context information." Und in [Tan07] ist hierzu zu lesen: „«Context» is a rather general concept and, although commonly accepted and seemingly clear, has been interpreted in many different ways in various fields [...]". Für einen Überblick über die Vielfalt der Definitionen und Anwendungen von Kontextinformation in der Informatik sei auf [CK00], [DA00c], und [BD04] verwiesen.

Der Begriff der Kontextsensitivität im Mobile Computing geht wohl auf Schilit et al. [SAW94, ST94] zurück: aufgrund der ständig ändernden Umgebung sollen mobile Dienste sich an die „[...] location of use, the collection of nearby people, hosts, and accessible devices, as well as to changes to such things over time [...]" [SAW94] anpassen. Wichtige Aspekte des Kontextes sind „[...] where you are, who you are with, and what resources are nearby" [SAW94]. Eine weitere Definition von Schilit et al. ist: „[...] Context-aware computing is the ability of a mobile user's applications to discover and react to changes in the environment they are situated in. [...]" [ST94]

Auch wenn in den einschlägigen Veröffentlichungen häufig auf solche enumerativen Definitionen – also die Definition eines Konzeptes durch eine möglichst erschöpfende

Aufzählung von Beispielen – zurückgegriffen wird [BAHF05], so sind diese Definitionsansätze spätestens dann unbefriedigend, wenn eine nicht explizit aufgezählte Form von
Information dahingehend beurteilt werden soll, ob es sich um Kontext handelt oder nicht.
Zudem erscheint es kaum möglich anzugeben, „[...] which aspects of all situations are
important, as this will change from situation to situation" [DA00c]. Vorzuziehen sind
also Definitionen, die konstituierende Merkmale aufzählen, welche allen Formen vom
jeweiligen Verständnis von Kontextinformationen gemein sind.

Eine solche nicht-enumerative Definition, die häufig zitiert wird, stammt von Dey
[Dey01]:

> „Context is any information that can be used to characterize the situation of
> an entity. An entity is a person, place, or object that is considered relevant
> to the interaction between a user and an application, including the user and
> applications themselves."

Der Begriff der Entität ist aber recht allgemein, die nähere Umschreibung als *Person,
Platz oder Objekt* durch die Allgemeineit des letztgenannten Begriffs eine Tautologie.
Brauchbar für eine pragmatische Definition von Kontext ist aber die Forderung, dass die
Information relevant für die Interaktion zwischen Nutzer und Dienst ist.

Brown [Bro95] versteht unter Kontext die

> „[...] combination of elements of the environment that the user's computer
> knows about."

In [CEM03] wird Kontext wie folgt definiert:

> „By context, we mean everything that can influence the behaviour of an
> application, from resources within the device, such as memory, battery power,
> screen size and processing power, to resources outside the physical device,
> such as bandwidth, network connection, location and other hosts within reach,
> to application-defined resources, such as user activity and mood."

Diese Definition zeigt schon die große Vielfalt von Informationen, die als Kontext-
Parameter ausgewertet werden können.

Die Definition von Bostan et al. [BAHF05] hebt den Aspekt der Nutzerunterstützung
durch Kontextinformation hervor, da es sich nach dieser Auffassung um Informationen
handelt, die der Nutzer nicht direkt eingeben muss:

„Context is information used to deliver a service which is not explicitly input by the service requestor, but becomes visible during the course of the service delivery."

Der in dieser Arbeit verwendete Definitionsansatz für Kontextinformation basiert auf folgenden Grundeigenschaften:

- Kontextinformation wird in der Absicht verwendet, den Nutzer bei der Interaktion mit der Anwendung zu unterstützen.

- Es handelt sich bei Kontextinformation um Informationen, die von der Logik der Anwendung zur Laufzeit ausgewertet werden können.

Da mobile Computer typischerweise über eine eingeschränkte Nutzerschnittstelle (unbequeme Texteingabe über einige wenige Tasten, kleines Display) verfügen, kommt dem ersten Punkt – der Unterstützung des Nutzers – eine besondere Bedeutung hinzu. Kontextsensitive mobile Anwendungen ersparen deshalb dem Nutzer explizite Informationseingaben oder reduzieren die Menge der darzustellenden Information auf dem kleinen Display, was auch die Anzahl von erforderlichen Navigationsoperationen (z.B. Scrollen, Volltextsuche auf einer Webseite, Navigieren durch Baum- und Menüstrukturen) reduziert.

   In der vorliegenden Arbeit wird die folgende Definition von Kontextinformation verwendet:

> Kontextinformationen sind Informationen, die zur Laufzeit einer Anwendung in expliziter Form vorliegen und in der Absicht verwendet werden, den Nutzer bei der Interaktion mit der Anwendung zu unterstützen.

Hierbei ist noch anzumerken, dass die Absicht der Interaktionsunterstützung in einzelnen Fällen auch verfehlt werden kann. Beispielsweise könnte eine kontextsensitive Anwendung dem Nutzer immer Restaurants in seiner aktuellen Umgebung anzeigen. In vereinzelten Fälle beabsichtigt der Nutzer mit seinem mobilem Endgerät aber die Recherche von Restaurants in einer zu seinem derzeitigen Aufenthaltsort weit entfernten Stadt, zum Beispiel zur Vorbereitung einer geplanten Reise.

3.1.2 Nutzungsarten von Kontext

Die Unterstützung des Nutzers durch Kontext kann zwei Formen annehmen:

- Eine mobile Anwendung ändert automatisch ihr Verhalten in Abhängigkeit von Kontext-Information. Ein Beispiel wäre hier ein Restaurant-Finder-Dienst, der dem Nutzer eine Liste mit gastronomischen Einrichtungen in der Nähe seines Aufenthaltsortes präsentiert, wobei dieser Aufenthaltsort nicht manuell einzugeben ist, sondern mit einem geeigneten Ortungsverfahren bestimmt wird. Die Einträge in der Liste sind nach zunehmender Entfernung sortiert, so dass nahe Einrichtungen leichter selektiert werden können.

- Die Kontextinformation wird dargestellt, ändert aber nicht das Verhalten der mobilen Anwendung. Ein Beispiel hier wäre ein Restaurant-Finder-Dienst, der nach Eingabe einer Postleitzahl eine Liste mit Restaurants in der entsprechenden Region liefert, wobei mit jedem Eintrag dabei angegeben wird, wie weit die entsprechende Lokalität vom derzeitigen Aufenthaltsort des Nutzers entfernt ist.

Chen & Kotz [CK00] nennen den ersten Fall *aktive* Kontextsensitivität, den zweiten *passive* Kontextsensitivität.

Kontextsensitivität ist nicht nur auf mobile Szenarien beschränkt, auch auf herkömmlichen Desktop PC genutzte Dienste können von einer Auswertung der Kontextinformation profitieren, wie die folgenden Beispiele veranschaulichen sollen:

- Kontextsensitive oder dynamische Online-Hilfe [Bal96, 613]: ein Druck auf die F1-Taste bringt bei vielen gängigen Anwendungsprogrammen für die Windows-Betriebssysteme von Microsoft in Abhängigkeit des gerade aktivierten Dialoges oder Steuerelementes eine Beschreibung der jeweiligen Funktionalitäten zum Vorschein.

- Lokalisierung bei Webanwendungen: Ein Webserver kann anhand der IP-Adresse eines Nutzers das Herkunftsland ableiten und entsprechend eine Lokalisierung der ausgelieferten Inhalte vornehmen, z.B. Anpassung der Sprache oder Schreibweise von Zahlen [Rös02]. Darüber hinaus gibt es auch den Ansatz, eingeblendete Werbebanner regional anzupassen oder beim Download von größeren Dateien auf die Mirror-Site zu verweisen, die dem Nutzer geografisch am nächsten liegt.

Der Berücksichtigung von Kontext fällt bei der Verwendung von mobilen Computern aber ein besonderes Gewicht zu, weil die Situation des Nutzers im Vergleich zur Benutzung von stationären Computern stärkeren Änderungen unterworfen ist [CEM03][Dou04], z.B. Aufenthaltsort, verfügbare Ressourcen wie Bandbreite, Stromversorgung, Speicher oder Erreichbarkeit anderer Rechner: „[...] Mobile, ubiquitous applications are the ones most in need of context awareness because they have the most uncertain and variable contexts [...]" [Fil03]. Zudem machen die ergonomischen Einschränkungen von mobilen Computern (kleines Display, mühsame Dateneingabe) und die Umstände der typischen Anwendungssituationen (Ablenkung, ungünstige Lichtverhältnisse, nur eine Hand für Bedienung des Gerätes) eine zusätzliche Unterstützung des Nutzers bei der Interaktion mit dem Dienst dringend erforderlich.

Wenn eine Information als Kontextinformation genutzt wird, schließt dies nicht aus, dass diese Information auch gleichzeitig als Information im herkömmlichen Sinne genutzt wird. Als Beispiele können hier genannt werden:

- Ein Bordcomputer in einem gewerblich genutzten KFZ kann mit Hilfe eines GPS-Empfängers seinen aktuellen Aufenthaltsort feststellen. Diese Information kann im herkömmlichen Sinne dazu genutzt werden eine Streckenprotokollierung (Plausibilitätskontrolle) vorzunehmen und gleichzeitig auch als Kontext – z.B. für eine Navigationsanwendung – ausgewertet werden.

- Der Betreiber eines an Touristen gerichteten mobilen Dienstes kann Daten über die aktuelle Wettersituation am Aufenthaltsort seiner Nutzer abfragen und auswerten, um den Nutzern Empfehlungen für Sehenswürdigkeiten und Veranstaltungen zu geben (z.B. keine Freiluftveranstaltungen bei Temperaturen unter dem Gefrierpunkt). Bei dieser Nutzung ist die Wetterinformation Kontext, da der Nutzer bei der Interaktion mit dem Dienst unterstützt wird, er muss etwa nicht selbst unangemessene Vorschläge überblättern. Wird die Wetterinformation aber gleichzeitig noch dazu verwendet, die Nutzer vor Eisglätte oder aufziehenden Ungewittern zu warnen, so ist die Wetterinformation in dieser Funktion keine Kontextinformation.

Es hängt also von der aktuellen Aktivität des Nutzers ab, ob eine in expliziter Form zur Verfügung stehende Information als Kontextinformation genutzt werden kann oder nicht.

3.1.3 Anwendungsbeispiele von Kontext

Bevor sich das nächste Unterkapitel 3.2 (Seite 50) mit einer Beschreibung verschiedener Ortungsverfahren der wichtigsten Form von Kontext widmet, sollen im Folgenden noch einige andere Formen von Kontext aufgeführt werden.

Umgebungshelligkeit: Über eine am mobilen Gerät angebrachte Fotozelle kann das Gerät die Umgebungshelligkeit erkennen und die Stärke der Display-Hintergrundbeleuchtung entsprechend steuern (Strom sparen, höherer Kontrast bei starker Umgebungshelligkeit, kein Blenden bei dunkler Umgebung). Die Interaktionsunterstützung besteht hierbei darin, dass der Nutzer nicht manuell die Stärke der Displaybeleuchtung regulieren muss. [SBG99]

Ausrichtung des Endgerätes: Mit zwei im mobilen Gerät eingebauten Quecksilberschaltern kann das Gerät erkennen, ob es gerade hoch- oder querkant gehalten wird, so dass der Bildschirminhalt entsprechend ausgerichtet werden kann [SBG99]. Dieses Feature ist inzwischen in einigen kommerziell erhältlichen Geräten zu finden, etwa dem Smartphone iPhone von Apple [ML09].

Wetter: Für Wetterberichte und -vorhersagen sind weltweit viele Sensoren zur Messung verschiedener Wetterparameter im Einsatz. Diese Information kann auch als Kontext für Mobile Advertising verwendet werden, indem etwa die Auslieferung von Werbenachrichten für „Schönwetter-Produkte" wie Sonnenbrillen oder Sommerkleidung bei Regenwetter unterdrückt wird [BDSH05][ST05, 145].

Aktuelle Tätigkeit: Ein „Office Assistant" [YS00] genannter Computer ist an der Tür vor einem Büro angebracht; alle Personen, die das Büro betreten möchten, müssen dies zunächst in den Assistant eingeben. Durch Zugriff auf den elektronischen Terminkalender der diesem Büro zugeteilten Person kann das Gerät entscheiden, ob Besucher eintreten dürfen. Ist z.B. in den Terminkalender eine Telefonkonferenz eingetragen, wird das Gerät den Eintrittswunsch eines Besuchers ablehnen. Die Nutzerunterstützung in diesem Fall besteht darin, dass dem Büro-Insassen die explizite Interaktion mit dem Besucher zum ggf. ungelegenen Zeitpunkt des Besuchs abgenommen wird. Heutzutage gibt es auch Mobilfunktelefone, die auf ein akustisches Klingelsignal verzichten, wenn im integrierten Terminkalender der Nutzer gerade einen Besprechungstermin eingetragen hat.

Anwesenheit von Personen in einem Raum: Der „CybreMinder" [DA00a] ist eine Anwendung, die Nutzern Benachrichtigungen wie Erinnerungs- oder Warnmeldungen auf verschiedenen Ausgabegeräten darstellen soll, z.B. auf dem nächstgelegenen Bildschirm oder per SMS an ein Mobiltelefon. Eine Notifikation kann in Abhängigkeit der Anwesenheit von zwei bestimmten Personen zur gleichen Zeit im selben Raum zugestellt werden, z.B. wenn ein Nutzer daran erinnert werden möchte, dass er eine andere Person noch etwas Bestimmtes fragen möchte. An anderer Stelle [DA00b] für die Nutzung dieser Kontextinformation werden noch genannt:

- Eine interne Mailingliste stellt e-Mails nur an die Personen zu, die sich gerade im Gebäude aufhalten, z.B. wenn spontan eine Besprechung einberufen wird. Den abwesenden Personen wird so das manuelle Löschen der entsprechenden Mail nach ihrer Rückkehr abgenommen.

- Eine computergestützte Schreibtafel beginnt automatisch mit der Aufzeichnung von Sprache, wenn Nutzer vor ihr stehen.

Die Gewinnung dieser Kontextinformation kann etwa wie im „ActiveBadge"-System [WHFG92] dadurch erreicht werden, dass die einzelnen Nutzer aktive Sender tragen, die eine eindeutige Kennung ausstrahlen, die von an den entsprechenden Stellen angebrachten Empfängern an einen zentralen Rechner geleitet werden.

Aktuelle Datenrate drahtloser Netzwerkanbindung: Ein Dienst für das Streaming von Multimedia-Inhalten kann eine qualitativ schlechtere (z.B. geringere Auflösung, Frame-Rate oder Farbtiefe) aber weniger Übertragungsbandbreite beanspruchende Kodierung für die zu übertragenden Inhalte wählen, wenn sich die Bandbreite der drahtlosen Netzwerkanbindung verschlechtert [BMR05].

Zeit: Bei einer rein lokal laufenden Anwendung ist aufgrund der heute standardmäßig integrierten Systemuhr das Feststellen der aktuellen Zeit meist trivial, solange nicht von einem in mehreren Zeitzonen mobilen Nutzer ausgegangen wird. Steht die aktuelle Ortszeit des Nutzers minutengenau zur Verfügung, so sind folgende Beispiele möglich:

- Ein Fahrplanauskunftsdienst zeigt nur Verbindungen an, deren Abfahrtszeit unmittelbar bevorsteht. [BDR06]

- In Abhängigkeit der Zeit werden unterschiedliche Kanäle oder Endadressen für die Zustellung von Werbenachrichten verwendet, z.B. außerhalb der gewöhnlichen Arbeitszeit auf ein privates Endgerät [DBSK05]. Dies ist insbesondere für zeitkritische Werbenachrichten (z.B. Last-Minute-Reisen, Restposten, spontane Happy-Hour eines Gastronoms) sinnvoll.

Ladezustand Batterie: Der Kapazität der Akkus mobiler Endgeräte ist eine stark eingeschränkte Ressource. Es finden sich deshalb auch Vorschläge zur Nutzung des Ladezustandes des Akkus als Kontext:

- Mit nachlassender Akkuladung kann ein Multimedia-Streaming-Dienst eine qualitativ schlechtere aber für den Rechenaufwand (und damit auch für den Stromverbrauch) günstigere Kodierung der Inhalte wählen (z.B. geringere Bitrate oder Farbtiefe) [BMR05].

- Mit nachlassender Akkuladung kann ein Messaging-Dienst darauf verzichten, Nachrichten zu verschlüsseln. [CEM03]

Gesten mit der Hand: Auf einem mobilen Endgerät vorhandene Anwendungen können mit bestimmten Gesten aufgerufen werden (z.B. Kamera-Anwendung starten), die von Bewegungssensoren erkannt werden. So kann dem Nutzer ein Aufruf der Anwendung durch das Drücken mehrerer Tasten erspart werden. [Pan05, 159]

Geräuschkulisse der Umgebung: Als Beispiel für diese Art von Kontextinformation wird in [PTK+02] ein Hörgerät genannt, das sich entsprechend der Situation konfiguriert.

Ergebnisse von Sportereignissen: Im Rahmen des Projekts „MoMa – Mobiles Marketing" [BDSH05] [SDBH06] [BDSK07] wurden sogar „Ergebnisse von Sportveranstaltungen" als Kontextinformation genutzt: Als Beispiel-Anwendung wurde hier eine Anwendung für Besucher der Fußball-Weltmeisterschaft 2006 in Deutschland implementiert. War von einem Nutzer die Lieblingsmannschaft bekannt, konnte diese Anwendung in Abhängigkeit der einzelnen Spielergebnisse Reise- und Unterkunftsvorschläge machen, da die Austragungsorte der einzelnen Spiele sich aus den Ergebnissen vorangegangener Spiele ergaben und nicht im Voraus feststanden.

Entfernung zu Objekten: In [SAW94] wird der Anwendungsfall beschrieben, dass ein mobiles Endgerät eine Liste der im Gebäude befindlichen Drucker darstellt und dabei die naheliegendsten Geräte hervorgehoben darstellt.

3.2 Ortungsverfahren

Der Kontextparameter „Aufenthaltsort des Nutzers" ist wohl „[...] the most dominant feature of context [...]" [AL05] im Mobile Computing. Dies ist darin begründet, dass sich für die Kontextinformation „Aufenthaltsort des Nutzers bzw. seines Computers" zahlreiche sinnvolle Beispiele nennen lassen, mit denen Dienste in mobilen Szenarien an die Bedürfnisse des Nutzers angepasst werden können [DB06]. Für solche mobilen Anwendungen wird in der Fachliteratur oft der Begriff „Location Based Service"(LBS) verwendet [Köl03][TP04, 77ff][Küp07]. Location Based Service

Zur Popularität von LBS hat auch die Tatsache beigetragen, dass Ortungsinformation in zellularen Mobilfunknetzwerken wie GSM (vgl. Abschnitt 2.3.2 (Seite 22)) oder UMTS (vgl. Abschnitt 2.3.2 (Seite 24)) quasi als Nebenprodukt in einer für viele Szenarien ausreichenden Qualität anfallen, da für das Mobilitätsmanagement[1] in zellularen Infrastrukturnetzen für Unicast-Kommunikation bekannt sein muss, bei welcher Basis-Station sich das Endgerät gerade eingebucht hat [Küp07, 89]. Das so realisierte Ortungsverfahren wird als „Zell-Ortung" bezeichnet. Dieser Kontextdimension wird in der Literatur derart viel Aufmerksamkeit geschenkt, dass einige Autoren Hinweise wie „There is more to Context than Location" [SBG99] oder „Context is not just Location" [Mit02] für notwendig erachten.

Die Bestimmung der aktuellen Position eines mobilen Endgerätes wird als *Ortung* oder *Positionsbestimmung* bezeichnet. In der deutschsprachigen Literatur werden hierfür oft auch fälschlicherweise die Begriffe „Lokalisierung" oder „Positionierung" verwendet. Unter „Lokalisierung" versteht man in der Informatik die Anpassung eines Software-Systems an die Sprache und Darstellungskonventionen (z.B. Schreibweise Dezimalzahlen,

---

[1]Gemeint ist hier die Mobilität der Endgeräte und nicht die Dienste- oder Personenmobilität. Mobilitätsmanagement umfasst alle Vorgänge, die nötig sind, um den Nutzer – während er sich bewegt – mit Basisdiensten zu versorgen, also etwa der Handover zwischen zwei Basis-Stationen [Küp07, 97ff].

Datumsangaben) in einer bestimmten Region [Krü05, 422]. „Positionierung" ist die Platzierung eines Objektes an einem bestimmten Ort (z.B. „ein Produkt auf einem bestimmten Markt positionieren"), wobei es sich auch um abstrakte Objekte (z.B. Dienstleistungen) und Orte handeln kann [TP04, 73]. Die falsche Verwendung von „Positionierung" als Begriff für Ortungsverfahren ist vermutlich darin begründet, dass im Englischen „Ortung" mit „Positioning" übersetzt wird.

Die Gleichsetzung des Aufenthaltsortes des Nutzers mit der Position seines mobilen Endgerätes in vielen Szenarien leitet sich daraus ab, dass das Gerät als persönliches Kommunikationsgerät praktisch ständig mitgeführt wird oder zumindest dann, wenn es für die jeweilige Anwendung notwendig ist. Es sind aber auch Szenarien denkbar, in denen ein mobiles Endgerät geortet wird, das *nicht* von einem Nutzer mitgeführt wird, z.B. wenn das mobile Endgerät in ein bewegliches Objekt wie eine Maschine integriert ist, damit diese aufgefunden werden kann.

Wegen der besonderen Bedeutung dieser Form von Kontext werden in den folgenden Unterabschnitten Klassifikationsansätze und Basistechniken für Ortungsverfahren vorgestellt, bevor ausgewählte konkrete Ortungsverfahren vorgestellt werden. Ein grundlegendes Verständnis der einzelnen Ortungsverfahren ist auch für die sich ab Abschnitt 3.3 (Seite 64) anschließende Beschreibung von Anti-Spoofing-Verfahren notwendig.

3.2.1 Klassifikation von Ortungsverfahren

Grundsätzlich kann unterschieden werden, ob das mobile Gerät dabei selbst seine Position bestimmen kann oder ob dies durch eine externe Instanz geschieht. Der erste Fall wird mit „Eigenortung" oder „Positioning" bezeichnet, der zweite mit „Fremdortung" oder „Tracking" [TP04, 73][Küp07, 127]. Es gibt aber auch hybride Formen, wenn z.B. ein mobiles Endgerät bestimmte Messdaten erhebt, für die eigentliche Positionsbestimmung diese Messdaten aber an ein anderes System übertragen werden müssen, weil so aufwändige Berechnungen nicht auf dem Endgerät durchgeführt werden müssen (Terminal Assisted Positioning). Mit Hinblick auf Datenschutz-Probleme ist aber insbesondere von Bedeutung, wo die Ortungsinformation letztendlich errechnet werden kann.

Darüber hinaus gibt es noch weitere Unterscheidungsmerkmale für die Klassifikation von Ortungsverfahren [Küp07, 126]:

- Es kann unterschieden werden, ob ein Ortungsverfahren auf die Verwendung in Gebäuden oder im Freien ausgelegt ist (Indoor- bzw. Outdoor-Ortung). Die oben erwähnte Zellortung ist für die meisten Indoor-Szenarien zu ungenau, da es hier meist erforderlich ist, den Ort auf einzelne Räume bzw. wenige Meter genau zu bestimmen. Im Falle von GPS sind die benötigten Signale innerhalb von Gebäuden nicht in ausreichender Stärke zu empfangen, zudem wird für Indoor-Szenarien oftmals eine höhere Ortungsgenauigkeit benötigt (z.B. auf einzelne Zimmer genau) als die, welche mit GPS erreicht wird. Deshalb wurden spezielle Ortungsverfahren für Indoor-Szenarien entwickelt.

- Es gibt Ortungsverfahren, die in eine Kommunikationsinfrastruktur eingebunden sind und andere Verfahren, für die eine eigene Infrastruktur aufgebaut werden muss, die nur der Ortung dient (integrierte bzw. unabhängige Ortungstechnik). Die oben bereits erwähnte Zell-Ortung baut auf der Infrastruktur für ein Mobilfunknetz auf und ist damit ein Beispiel für eine integrierte Ortungstechnik. GPS wurde eigens für den Zweck der Ortung aufgebaut, es handelt sich hierbei also um eine unabhängige Ortungstechnik.

- Weiter kann zwischen Satelliten-Ortung, Ortung in Mobilfunknetzen und speziellen Ortungsverfahren für Indoor-Szenarien unterschieden werden. Gemäß dieser Klassifikation werden auch ab Abschnitt 3.2.3 (Seite 55) ausgewählte Ortungsverfahren vorgestellt, siehe auch Abbildung 3.1.

3.2.2 Basistechniken für Ortungsverfahren

Vor der Vorstellung der verschiedenen Ortungsverfahren ist es notwendig, die Basistechniken vorzustellen, auf denen die einzelnen Ortungsverfahren aufbauen [Küp07, 124, 130ff]. Ein Ortungsverfahren kann auch von mehreren dieser Basistechniken Gebrauch machen:

Zell-ID: Bei diesem Verfahren wird die natürliche eingeschränkte Reichweite von Funk- oder anderen Signalen (z.B. Infrarot oder Ultraschall) ausgenutzt. Hierzu wird ein aus mehreren Zellen aufgebautes Netzwerk benötigt. Die Bestimmung der Position eines mobilen Gerätes erfolgt dann anhand der bekannten Positionen der Basis-Stationen: im Fall der Eigenortung bestimmt das mobile Endgerät seine Position

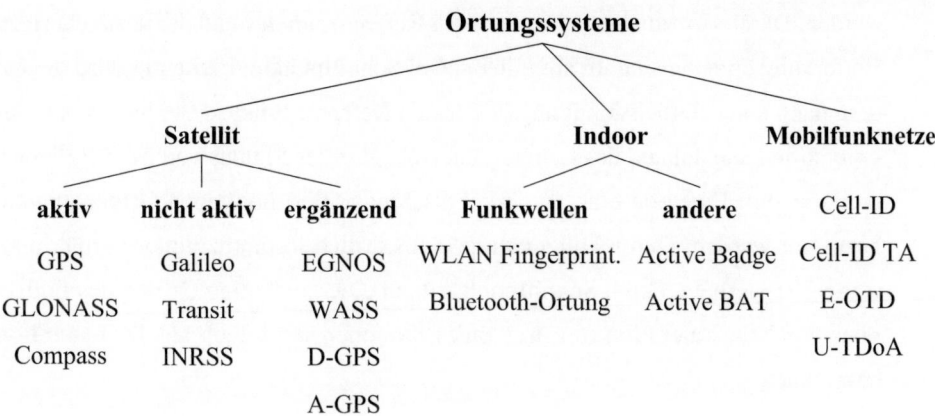

Abb. 3.1: Übersicht der vorgestellten Ortungssysteme als Baum (in Anlehnung an [Rot05, 278])

anhand der empfangbaren Basis-Stationen, während im Fall der Fremdortung das Netzwerk die Position des Endgerätes anhand der Basis-Stationen, die Signale vom mobilen Gerät empfangen können, bestimmt. Im einfachsten Fall wird nur die Position einer Basis-Station herangezogen. Es wird nur ausgewertet, ob ein Signal empfangbar ist oder nicht, nicht aber die Stärke oder die Laufzeit eines Signals. Das Zell-ID-Verfahren ist auch unter den Begriffen „Cell of Origin" (CoO), „Cell Global Identity" (CGI) oder „Proximity Sensing" bekannt.

Lateration: Die Ortung wird anhand der Entfernung oder des Entfernungsunterschiedes des mobilen Gerätes zu mindestens drei Referenzpunkten (z.B. Basis-Stationen) mit bekannten Standorten bestimmt[2], in der praktischen Anwendung kommen aber meist mehr als diese drei Punkte zu Einsatz, um Messungsungenauigkeiten auszugleichen oder eine Zeitsynchronisation aller beteiligten Instanzen zu gewährleisten. Die Entfernung bzw. der Entfernungsunterschied kann hierbei z.B. aus Signallaufzeiten oder dem Signalpegel bestimmt werden. Sind die (absoluten) Entfernungen bekannt, wird zirkuläre Lateration angewendet; sind dahingegen nur Entfernungsunterschiede bekannt, dann hyperbolische Lateration. Bei zirkulärer Lateration in der Ebene kann durch Kenntnis der Position eines Referenzpunktes und der Entfernung zum mobilen Endgerät die Ortung zunächst auf einen Kreisbogen genau bestimmt

---

[2]für den Spezialfall, dass das mobile Endgerät sich genau auf der Verbindungslinie zwischen zwei Referenzpunkten befindet, reichen auch zwei Referenzpunkte aus

werden. Durch Hinzunahme eines zweiten Referenzpunktes und der dazugehörigen Entfernung ergeben sich im allgemein zwei Schnittpunkte. Eindeutig wird die Ortung dann unter Berücksichtigung des dritten Referenzpunktes. Bei hyperbolischer Lateration kann anhand des Laufzeitunterschiedes des Signals von zwei Referenzpunkten zum Endgerät eine Hyperbel als Menge der möglichen Ortungspunkte bestimmt werden. Durch Hinzunahme eines dritten Referenzpunktes erhält man weitere Hyperbeln, deren Schnittpunkte dann eine eindeutige Ortung des Endgerätes ergeben. Lateration mit drei Basis-Stationen wird auch als Tri-Lateration bezeichnet.

Angulation: Bei Angulation werden die Einfallswinkel von Signalen ausgewertet. Hierzu sind spezielle Antennen notwendig (z.B. Peil- oder Sektorantennen). Es finden sich hierfür auch die Begriffe „Angle of Arrival" (AoA), „Direction of Arrival" (DoA) oder „Kreuzpeilung".

Kurs-Extrapolation: Dieses Verfahren beschränkt sich auf Eigenortung: das mobile Gerät bestimmt hier seine Position aufbauend auf zumindest einer zurückliegenden Positionsbestimmung. Unter Berücksichtigung der seit dieser Positionsbestimmung zurückgelegten Strecke und Richtungsänderungen kann dann die aktuelle Position geschätzt werden. Die zurückgelegte Strecke kann bei Annahme einer konstanten Geschwindigkeit aus der Zeitdifferenz berechnet werden, je nach Anwendungsszenario sind aber auch Geschwindigkeitsänderungen zu berücksichtigen. Kurs-Extrapolation wird auch „Dead Reckoning" (to reckon (engl.): berechnen), „Deduced Reckoning" (to deduce, (engl.): ableiten, folgern), Koppel- oder Trägheitsnavigation genannt. Es ist historisch das älteste Ortungsverfahren und wird in der Seefahrt seit vielen Jahrhunderten eingesetzt. Heutzutage kommt es etwa in der Fahrzeugnavigation als Ergänzung zur Satelliten-Navigation zum Einsatz, damit ein Fahrzeug auch seine Position bestimmen kann, wenn gerade keine Satelliten-Signale empfangbar sind, z.B. bei Durchfahrt eines Tunnels.

Mustervergleich: Es kann optischer und nicht-optischer Mustervergleich unterschieden werden. Beim optischen Mustervergleich bestimmt etwa ein mobiler Roboter anhand von Bilderkennungsverfahren den Raum, in dem er sich gerade befindet. Nicht-optischer Mustervergleich beruht auf der für eine bestimmte Position charakteristischen Empfangsstärke der Signale mehrerer Basis-Stationen zum mobilen Gerät (Eigenortung) oder vom mobilen Gerät zu mehreren Basis-Stationen.

Neben diesen Basistechniken wird noch die manuelle Ortseingabe in der Literatur als Basistechnik genannt, z.B. [TP04, 74]. Dieses triviale Ortungsverfahren wird aber im Weiteren nicht betrachtet.

3.2.3 Satelliten-Ortung

Der prinzipielle Vorteil von Ortungssystemen unter Verwendung künstlicher Erdtrabanten ist die Möglichkeit der Abdeckung großer Areale bis hin zur ganzen Erdoberfläche sowie die relative hohe Ortungsgenauigkeit. Dem gegenüber stehen aber die erheblichen Kosten für die Installation, insbesondere der initiale Transport von Satelliten ins Weltall. Auch der laufende Betrieb ist kostenintensiv, da die Satelliten von mehreren Basis-Stationen auf der ganzen Erde überwacht werden müssen und die einzelnen Satelliten nach einer Lebenszeit von wenigen Jahren ersetzt werden müssen. Insgesamt bewegen sich diese Kosten in der Größenordnung von mehreren Milliarden Euro, so dass entsprechende Systeme nur auf nationaler oder übernationaler Ebene implementiert werden können. Nutzerseitig gibt es vor allem den Nachteil, dass eine Ortung in Gebäuden i.d.R. nicht möglich ist und die entsprechenden Empfänger einen hohen Energieverbrauch haben [Küp07, 162ff]. Unter ungünstigen Umständen kann für eine Ortung eine Zeitspanne von mehreren Minuten erforderlich sein.

Das derzeit bekannteste Satellitenortungssystem ist „NAVSTAR GPS " (Navigation System with Timing and Ranging – Global Positioning System), im Folgenden kurz mit „GPS" bezeichnet [PR05, 39ff] [Rot05, 284ff] [Küp07, 162ff]. Es wurde vom Verteidigungsministerium der USA ab 1970 entwickelt, die volle Betriebsbereitschaft wurde Mitte der 1990er Jahre erreicht.

GPS besteht aus dem Raum-, dem Kontroll- und dem Nutzer-Segment. Das Raum-Segment umfasst nominal 24 Satelliten[3], die auf sechs Bahnen die Erde auf einer Höhe von etwa 20.000 km die Erde im 12-Stunden-Rhythmus umkreisen. Durch diese Konstellation soll gewährleistet werden, dass von jedem Punkt auf der Erdoberfläche mindestens fünf Satelliten über dem Horizont „sichtbar" sind. Das Kontroll-Segment besteht aus

---

[3]ausreichend für die volle Betriebsbereitschaft sind 21 Satelliten, es sind aber neben den 24 Satelliten meist noch Reserve-Satelliten im Orbit

mehreren über die ganze Erde verteilten Boden-Stationen, von denen aus die Satelliten überwacht werden. Die gesammelten Daten der Kontroll-Stationen werden an eine zentrale „Master Control Station" in Colorado Springs (USA) übermittelt, die dann Korrektur- und Steuerdaten für die einzelnen Satelliten berechnet und über Sendestationen übermittelt. Das Nutzer-Segment letztendlich besteht aus den mobilen Empfangsgeräten, die unter Verwendung der Satelliten-Signale eine Eigenortung vornehmen.

Die mobilen Empfangsgeräte können anhand der von den Satelliten empfangenen Signale durch Lateration eine Eigenortung vornehmen. Also muss der Empfänger die Entfernung zu einem Satelliten kennen und auch dessen Position. Die Entfernung zu einem Satelliten wird durch Laufzeitmessung der Funksignale vom Satelliten zum Empfangsgerät unter Verwendung des sog. *Code Range Phasing*-Verfahrens ermittelt. Der auf die Funksignale aufgeprägte Datenstrom enthält u.a. Angaben zu den Bahndaten des jeweiligen Satelliten (Ephemeride), zur Synchronisation der Uhrzeit und ungefähre Laufbahndaten der anderen Satelliten (Almanach). Für eine Lateration im dreidimensionalen Raum sind für den allgemeinen Fall drei Referenzpunkte ausreichend, da die GPS-Empfänger aber nicht über hochpräzise (Atom-)Uhren verfügen und durch verschiedene Einflüsse die Entfernungs- und Positionsbestimmung verfälscht sein kann (z.B. atmosphärische Effekt insb. der Ionosphäre, Abweichungen der tatsächlichen Laufbahn Satelliten von der vorgegebenen Bahn), ist die Auswertung der Signale von mindestens vier GPS-Satelliten erforderlich.

GPS bietet zwei Navigationsdienste an: den für die zivile Nutzung verfügbaren „Precise Positioning Service" (PPS) und der militärischen Zwecken vorbehaltenen „Standard Positioning Service" (SPS). Die Ortungsgenauigkeit für SPS wird mit 25 Meter in der Horizontalen und 43 Meter in der Vertikalen angegeben (95 %-Wert), für PPS werden hier die Werte 22 Meter bzw. 27 Meter genannt [Rot05, 286ff]. Von 1990 bis 2000 wurde die mit dem SPS erzielbare Ortungsgenauigkeit durch ein „Selected Availability" (SA) genanntes System künstlich verschlechtert, die horizontale Genauigkeit betrug so z.B. nur 100 Meter. Implementiert wurde SA durch eine gezielte Verfälschung der vom Satelliten ausgestrahlten Positionsdaten sowie der Uhrfrequenz der Satelliten. Da diese Verfälschungen aber auf definierten Algorithmen beruhten, konnten spezielle GPS-Empfänger diese Verfälschungen herausrechnen. Die höhere Genauigkeit von SPS wird u.a. dadurch erreicht, dass hier zusätzlich noch auf einer zweiten Frequenz (sog. L2-Band) verschlüsselt ausgestrahlte Signale zur Entfernungsbestimmung ausgewertet werden können („Dual Frequency Ranging").

Seit 1993 kann GPS auch zivil genutzt werden, da die entsprechende Signale unverschlüsselt empfangen werden können. Durch die Verfügbarkeit relativ preiswerter Empfangsgeräte ist seine Nutzung im Freizeitbereich und zur KFZ-Navigation weit verbreitet (siehe z.B. [Hei06] oder [BIT07b]). Es sind mittlerweile auch mobile Endgeräte wie Mobilfunktelefone oder Handhelds mit integriertem GPS-Empfänger verfügbar.

Um die mit GPS erzielbare Ortungsqualität weiter zu verbessern gibt es ergänzende System: Bei Differential GPS (D-GPS) nehmen stationären Referenz-Stationen mit bekannten Position ständig eine Ortung anhand der GPS-Signale vor und berechnen die Abweichung, die dann über terrestrische Sender ausgestrahlt wird, so dass mobile GPS-Empfänger ihre Ortung entsprechend korrigieren können. Da ein mobiler GPS-Empfänger evtl. andere Satelliten für seine Ortung verwendet als die Referenzstationen enthält das Korrektursignale Werte für die einzelnen Satelliten. Die Grundidee des Verfahrens ist, dass die Entfernungsbestimmung mehrerer GPS-Empfänger in einer Region einem ähnlichen Fehler unterliegt. Mit D-GPS kann die Genauigkeit der GPS-Ortung auf 1 bis 3 Meter verbessert werden. D-GPS Korrektursignale werden in Deutschland etwa über Sende-Einrichtungen der ARD ausgestrahlt („RASANT"), mit „ASCOS" [ASC07] ist aber auch ein weiterer Dienst verfügbar. [PR05, 65ff] [Rot05, 290ff] [Küp07, 177ff]

Bei „WAAS" (Wide Area Augmentation System) gibt es ebenfalls stationäre Referenzstationen, die Korrekturdaten werden über Satellit ausgestrahlt. Da die Referenzstationen aber auf dem amerikanischen Kontinent installiert sind, kann es nicht in Europa eingesetzt werden. Die Genauigkeit der unter Einsatz von WAAS erzielbarer Ortungsergebnisse wird mit 1.5 bis 2 Meter angegeben. [PR05, 72ff][Rot05, 292f]

„EGNOS" (European Geostationary Navigation Overlay Service) ist die europäische Version von WAAS. Mit diesem System kann die Ortungsgenauigkeit mit GPS auf 1 bis 2 Meter verbessert werden. Gleichzeitig stellt das System die erste Stufe für ein eigenes europäisches Satellitennavigationssystem dar [PR05, 76ff].

Galileo ist das von der europäischen Union und der europäischen Raumfahrtbehörde ESA geplante Satelliten-Navigationssystem. Da der Verfügbarkeit eines Satelliten-

Ortungssystem große wirtschaftliche Bedeutung zugeschrieben wird, soll der Aufbau eines eigenen Systems die Abhängigkeit vom US-amerikanisch kontrollierten GPS beseitigen. Es soll aus nominal 27 Satelliten bestehen, die in drei Laufbahnen die Erde umkreisen. Ähnlich dem SPS von GPS ist mit dem „Open Service" (OS) ein frei verfügbarer Ortungs-Dienst geplant, mit dem eine Ortungsgenauigkeit bis auf vier Meter horizontal möglich sein soll. Mit der „Commercial Service" (CS) soll sogar eine horizontale Genauigkeit bis einen Meter erreicht werden, dieser Dienst ist aber nicht frei verfügbar. Daneben ist noch ein „Public Regulated Service" (PRS) geplant, der für staatliche Aufgaben wie Katastrophenschutz oder Strafverfolgung eingesetzt werden soll. Der „Safety-of-Life" (SOL) ist ein Ortungsdienst für Anwendungen mit hohen Sicherheitsanforderungen, z.B. Navigation in der Luftfahrt. Für die Dienste PRS und SOL ist ein Integritäts-Mechanismus vorgesehen, der die Nutzer innerhalb einer bestimmten Zeitspanne von durch Systemfehler bedingte Ortungsabweichungen informieren soll. Ein weiterer Dienst ist „Search and Rescue": hiermit können Signale von „COSPAS-SARSAT"-Notfallsendern empfangen werden, wie sie z.B. von Flugzeugen und Schiffen für den Fall von Havarien auf offener See mitgeführt werden. Bei diesem Dienst werden also Signale von mobilen Endgeräten von den Satelliten empfangen. [PR05, 91ff] [Küp07, 179ff]. Zur Zeit befinden sich Test-Satelliten („Giove-A" und „Giove-B") im Orbit und der Transport der ersten beiden Satelliten ins Weltall ist für Oktober 2011 geplant [Hei11], womit erste Dienste im Jahr 2014 verfügbar sein sollen.

Neben GPS und Galileo sind noch weitere Satelliten-Navigationssysteme zu nennen: mit dem US-amerikanischen TRANSIT war ab 1967 für zivile Nutzer ein Satelliten-ortungssystem verfügbar. Es gilt als Vorläufer von GPS und wurde bis 1996 betrieben [PR05, 5][Küp07, 155]. GLONASS (Globalnaya Navigationnaya Sputnikovaya Sistema) ist ein russisches Satelliten-Navigationssystem ähnlich GPS, das Mitte der 1990er Jahre in Betrieb ging. Wegen finanzieller und politischer Probleme befindet sich inzwischen nur eine geringe Anzahl an Satelliten im Orbit, so dass das System nur begrenzt einsetzbar ist, aber als Ergänzung zu GPS oder Galileo verwendet werden kann [Bau92, 239] [PR05, 7] [Rot05, 293f] [Küp07, 156]. Für das von China geplante System „Compass/Beidou" sind bereits erste Satelliten im All [GGD+07][sil07]. Indien plant mit „IRNSS" (Indian Regional Navigational Satellite System) ebenfalls ein eigenes Satelliten-Navigationssystem.

3.2.4 Indoor-Ortung

In diesem Abschnitt sollen Ortungssysteme vorgestellt werden, die speziell für den Einsatz innerhalb von Gebäuden entwickelt wurden. Die klassischen Arbeiten auf diesem Gebiet motivieren Indoor-Ortung mit Büro-Szenarien: Z.B. soll ein Telefon-Anruf in das Zimmer weitergeleitet werden, in dem sich der Nutzer gerade aufhält oder es soll möglich sein herauszufinden, ob ein bestimmter Angestellter sich gerade im Gebäude befindet [WHFG92]. Es sind aber auch Indoor-Navigationsanwendungen denkbar, z.B. ein mobiler Dienst, der einen Museums-Besucher Informationen zu dem nächstgelegenen Ausstellungsstück präsentiert [OS98] oder einen ortsunkundigen Besucher zu seinem Ziel in einem Bürogebäude navigiert [FZI09].

Neben Nutzern gibt es aber auch Szenarien, in denen Objekte wie mobile Maschinen [LSK06] oder Lagergut [RS07] aufgefunden werden soll.

Ein prominentes System für Indoor-Ortung ist "Active Badge" [WHFG92] [Rot05, 295ff]. Hierbei trägt jeder Nutzer einen kleinen Infrarotsender, das sog. „Active Badge" (the badge (engl.): Werksausweis, Plakette, Erkennungszeichen). Dieses Gerät sendet mehrfach in einer Minute ein Infrarotsignal aus, das eine eindeutige Kennung enthält. Im Gebäude sind Infrarotsensoren angebracht, die an einen zentralen Rechner weitergeleitet werden. Die Infrarot-Technik hat den Vorteil, dass sie zum damaligen Zeitpunkt preiswert und erprobt war und die Strahlen Wände nicht durchdringen, so dass eine Raum-genaue Ortung möglich ist, die auch dem entsprechenden Anwendungsszenario (z.B. Auffinden von Angestellten in Gebäuden) entspricht.

Ein anderes System zur Indoor-Ortung auf Basis von Infrarot ist „WIPS" (Wireless Indoor Positioning System). Hier sind in den einzelnen Räumen Baken installiert, die regelmäßig Datenpakete aussenden, die eine Ortsbeschreibung enthalten. Die mobilen Endgeräte können anhand der empfangenen Infrarot-Signale ihre eigene Position bestimmen, die sie über WLAN einem zentralen Server mitteilen, damit diese für verschiedene Anwendungsszenarien an einer zentralen Stelle abgefragt werden kann [Roy00].

Ein weiteres prominentes Ortungssystem ist im „Active Bat"-Projekt entstanden [WJH97] [Rot05, 299f]. Hierbei tragen die Nutzer kleine Ultraschallsender, sog. „Bats" (bat (engl.): Fledermaus). Diese Sender können von einem zentralen Rechner über Broadcast aufgefordert werden, einen kurzen Ultraschallimpuls abzugeben. Die Ultraschall-Impulse werden von geeigneten Sensoren empfangen, die in einem Raster an der Decke der entsprechenden Räume angebracht sind und die empfangenen Signale an den zentralen Rechner weiterleiten. Anhand der Zeitpunkte, zu denen das Signal von verschiedenen Sensoren empfangen wurde, kann über Lateration eine Ortsbestimmung mit ca. 10 cm Genauigkeit vorgenommen werden. Das Cricket-System [PCB00][Rot05, 300f][Küp07, 244] verwendet ebenfalls Ultraschall-Wellen zur Ortung, kombiniert diese aber mit Funkwellen, zudem handelt es sich um ein Eigenortungs-System: in Räumen installierte Baken senden gleichzeitig einen Funk- und Ultraschall-Impuls aus, wobei der Funk-Impuls eine Ortsbeschreibung beinhaltet und eine höhere Geschwindigkeit hat als der Ultraschall-Impuls. Beide Signale werden von einem mobilen Gerät empfangen, das aus dem Laufzeitunterschied erkennen kann, welche Bake die nächstgelegene ist; nur die Ortsbeschreibung dieser Bake wird berücksichtigt. Werden Signale von mindestens drei Baken empfangen wäre es prinzipiell möglich, ein auf Lateration basierendes Verfahren anzuwenden.

Bei Active Badge und Active Bat muss eine Infrastruktur aufgebaut werden, die zunächst nur der Ortung dient (unabhängiges oder Stand-Alone-Netzwerk). Ist aber bereits ein drahtloses Netzwerk installiert, dann ist es interessant, dieses neben der Kommunikation auch noch für die Positionsbestimmung von mobilen Endgeräten verwenden zu können. Es gibt deshalb zahlreiche Ansätze, WLAN-Netzwerke (siehe Kapitel 2.3.4 (Seite 27)) auch noch für Indoor-Ortung zu verwenden [WD05][CMEBA10]. Das Zell-ID-Verfahren in Mobilfunkverfahren ist zu ungenau, die für Angulation und Laufzeitmessung notwendigen Messungen können von Standard-Hardware nicht ohne weiteres abgefragt werden. Es kommen deshalb hierbei oft die Basistechniken der Mustererkennung zum Einsatz [Rot05, 304ff]: dabei werden in einer vorbereitenden Phase (Trainings- oder Offline-Phase) an verschiedenen vom WLAN abgedeckten und z.B. gitterförmig angeordneten Referenzpunkten die empfangen Signalstärken der einzelnen Basis-Stationen (Access-Points) gemessen. In der Nutzphase vergleicht das mobile Gerät dann die aktuell empfangenen Signalstärken mit diesen Referenzmessungen und bestimmt daraus seine Position. Dieses Verfahren ist auch unter dem Begriff „Fingerprinting" bekannt. Ein prominentes WLAN-Ortungssystem auf Basis dieses Verfahren ist RADAR [BP00], es kann damit eine Ortungsgenauigkeit auf wenige Meter erreicht werden. Neben der manuellen (empirischen) Ausmessung der Empfangsmuster an verschiedenen Referenzpunkten wird auch der Ansatz untersucht, diese Werte durch ein mathematisches Modell der Funkwellenausbreitung unter Berücksichtigung der Dämpfung durch Hindernisse wie Wände zu berechnen. Ein Überblick über verschiedene WLAN-Ortungssysteme ist in [WD05] zu finden.

WLAN-Ortung wird aber mittlerweile auch in Outdoor-Szenarien eingesetzt, weil insbesondere in Ballungszentren zahlreiche Basis-Stationen empfangbar sind[4] [MSV07].

Es gibt auch den Ansatz unter Verwendung von RFID-Tags („Funk-Etiketten", [Fin03] [DP09]) Indoor-Ortung zu realisieren. Die Verwendung von RFID-Hardware hat den Vorteil, dass hierfür auf standardisierte Produkte zurückgegriffen werden kann und nicht wie bei „Active Bat" oder „Active Badge" (siehe Abschnitt 3.2.4 (Seite 59)) eigene Hardware entwickelt werden muss. Ein bekanntes System für diesen Ansatz ist „Landmarc" [NLLP03]: die zu ortenden Objekte werden mit aktiven RFID-Tags ausgestattet, also RFID-Tags, welche über eine eigene Energieversorgung verfügen und deshalb über eine Distanz von mehreren Metern anstelle nur weniger Zentimeter ausgelesen werden können. Zusätzlich werden an bekannten Referenzpositionen weitere RFID-Tags fest installiert. Die ebenfalls fest installierten RFID-Lesegeräte können nun die Signalstärke vom zu ortenden Tag und den Referenz-Tags auslesen und an einen zentralen Rechner übermittelt, der die Position des entsprechenden Objektes mit einer Genauigkeit von 1 bis 2 m errechnet. Hinter der Verwendung der Referenz-Tags als „Landmarcs" (engl. für Meilenstein, Erkennungsmarke) steht die Idee, dass deren Signal genau den gleichen Verfälschungen durch die Umgebungsbedingungen unterliegt wie die Tags der Zielobjekte.

3.2.5 Ortung in Mobilfunknetzen

Die Betrachtung im vorliegenden Abschnitt von Ortungsverfahren in Mobilfunknetzen beschränkt sich auf GSM-Netze (siehe Abschnitt 2.3.2 (Seite 22)), lässt sich aber prinzipiell auch auf andere Mobilfunknetze wie UMTS übertragen.

Aufgrund des zellularen Aufbaus von Mobilfunknetzen kann eine ungefähre Ortung aus der Kenntnis der aktuell verwendeten Basis-Station bzw. deren Standort abgeleitet wer-

---

[4]Zur Ortung ist es <u>nicht</u> notwendig, auch tatsächlich Datenverkehr über die Basis-Station abzuwickeln

den [TP04, 76][Rot05, 301ff], da diese Information für das sog. Mobilitätsmanagement (Handover, wenn Endgerät den von zwei benachbarten Funkzellen abgedeckten Bereich wechselt, Weiterleitung eingehender Anrufe) ohnehin verwaltet werden muss. Dieses Verfahren wird dann mit „Cell Global Identity" (CGI), „Cell of Origin" (COO) oder „Cell-ID" bezeichnet. Die Genauigkeit dieser Ortung hängt allerdings von der Größe der jeweiligen Funkzellen ab, die stark variiert: Ballungsräume (z.B. Innenstädte, Veranstaltungszentren) werden mit Zellen von Größen unter einem Kilometer oder sogar wenigen hundert Metern abgedeckt, im ländlichen Raum kann eine Zelle aber eine Ausdehnung bis zu 35 km haben. In Küstenregionen sind sogar Zellen möglich, bei denen der Radius bis zu 70 km betragen kann, um auch möglichst noch in Küstennähe fahrende Wasserfahrzeuge zu versorgen [Sch03, 145].

Es gibt Mobilfunkanbieter, die die Koordinaten der aktuell verwendeten Basis-Station auf einem Cell-Broadcast-Kanal ausstrahlen, so dass auf dem jeweiligen Endgerät diese Information kostenfrei zur Verfügung steht und vom Nutzer direkt eingesehen werden kann. In Deutschland wird dies z.Zt. aber nur vom Betreiber „O_2" angeboten: in diesem Netz sind auf dem Broadcast-Kanal 221 die Koordinaten der jeweiligen Basis-Station im Gauß-Krüger-Format zu empfangen. Unabhängig von dieser Möglichkeit werden in GSM-Netzen aber über einen speziellen Signalisierungs-Kanal (Broadcast Common Control Channel, BCCH) ständig alle Endgeräte u.a. mit der Cell-ID und dem "Location Area Code" (LAC) versorgt [Sau04, 38]. Um von der Cell-ID bzw. dem LAC auf den Standort des Endgerätes zu schließen ist aber der Rückgriff auf eine Datenbank notwendig, in der verzeichnet ist, welche geographische Region welcher Cell-ID bzw. LAC entspricht. Diese Datenbank ist aber nicht frei zugänglich. Die Cell-ID und die LAC ist für den Nutzer aber – wenn überhaupt – nur unter Verwendung spezieller Software einsehbar, auch unterstützen nicht alle Endgeräte und Programmierplattformen den Zugriff auf diese Information.

Das Ergebnis der Zell-ID-Ortung kann mit Kenntnis der Laufzeit des Signals zwischen Basis-Station und mobilen Endgerät verbessert werden. Hintergrund ist, dass wegen des in GSM verwendeten Zeitmultiplexing-Verfahrens (TDMA) die Gefahr von Signalkollisonen besteht, wenn zwei Endgeräte mit unterschiedlichen Entfernungen zur Basis-Station auf benachbarten Zeitschlitzen senden. Der triviale Lösungsansatz der Verwendung von hinreichend großen Pufferzeiten (Guard Times) zwischen Zeitschlitzen würde aber zu einer ineffizienten Ausnutzung der zur Verfügung stehenden Kanalkapazitäten führen [Sch03, 144f]. GSM-Basis-Stationen messen deshalb ständig die Laufzeiten der Signale zu den einzelnen Endgeräten und errechnen daraus einen sog. Time Advance-Wert (TA), der dem Endgerät dann über einen Signalisierungskanal mitgeteilt wird, so dass es entsprechend die Sendezeiten vorverlegen kann. Diese Technik wird auch „Adaptive Frame Synchronization" genannt. Unter Verwendung dieses TA-Wertes kann die Entfernung zwischen Endgerät und Basis-Station auf Vielfache von 550 Meter genau bestimmt werden, so dass eine kreis- oder sektorförmige Zelle entsprechend eingeschränkt werden kann (Ring bzw. Ringsegment). Die Schrittweite von 550 Metern ergibt sich als die halbe Strecke, die ein Funksignal innerhalb einer als Bitzeit oder Bitperiode bezeichneten Zeitspanne zurücklegen kann; eine Bitperiode ist hierbei genau die Zeit, die für die Übertragung eines Bits benötigt wird ($3.7~\mu sec$). Die Halbierung der Strecke wird vorgenommen, da sowohl Hin- und Rückweg betrachtet werden (Roundtrip-Zeit). Aus dem maximalen Wert des Parameters TA (nämlich $TA_{max} = 63 = 2^7 - 1$) ergibt sich auch der oben bereits erwähnte maximale Radius einer GSM-Funkzelle von ca. 35 km. [WLC03] [Rot05, 303] [Küp07, 192ff]

„Enhanced Observed Time Difference" (E-OTD) ist ein auf Lateration basierendes Eigenortungsverfahren. Das mobile Endgerät empfängt Signale von mehreren Basis-Stationen und errechnet daraus seine Position. Mit diesem Verfahren kann eine Ortungsgenauigkeit von 50 bis 300 Meter erzielt werden, allerdings muss das mobile Endgerät softwaremäßig diese Methode unterstützen [Küp07, 194ff]. Ebenfalls auf Lateration basiert das Verfahren „Uplink Time Difference of Arrival" (U-TDoA), hierbei messen aber mehrere Basis-Stationen im Netzwerk die Entfernung zum mobilen Endgerät. Die so erzielten Ortungsergebnisse haben nach [Rot05, 303][Küp07, 208ff] eine Genauigkeit zwischen 12 und 50 Metern .

Für E-OTD und auch U-TDOa muss das GSM-Netz mit zusätzlichen technischen Komponenten erweitert werden (z.B. „Location Measurement Unit" (LMU)), um etwa die entsprechenden Messungen oder Zeitsynchronisationen vorzunehmen, was für den jeweiligen Netzbetreiber mit erheblichen Kosten verbunden ist.

Bei „Assisted GPS" (A-GPS) erhält ein GPS-Empfänger (siehe Abschnitt 3.2.3 (Seite 55)) über ein Mobilfunknetz Hilfsdaten, die ihm helfen, die Qualität (Genauigkeit und

Wartezeit) sowie den Energieverbrauch zu reduzieren [Küp07, 225]. Das Prinzip entspricht dabei dem von D-GPS und ist insbesondere für Geräte wie Mobilfunktelefone mit eingebautem GPS-Empfänger nahe liegend. Mit einer in das Mobilfunknetz integrierten GPS-Referenzstation kann dabei ein Bereich von 200 km abgedeckt werden, so dass mehrere Mobilfunkzellen von einer solchen Referenzstation versorgt werden können. Wenn das mobile Endgerät selbst seine Position bestimmen soll (Eigenortung), können die Hilfsdaten über einen Cell-Broadcast von einer Basis-Station an alle Endgeräte in der jeweiligen Zelle gesendet werden, hierfür kann aber auch eine direkte Signalisierung zum Endgerät aufgebaut werden. Im Falle der „terminal assisted" Ortung (Fremdortung) wird die eigentliche Ortung vom Netzwerk durchgeführt, das Endgerät wertet die gemessenen Werte (z.B. Entfernung zu den einzelnen Satelliten) nicht selbst aus. Je nachdem ob Eigen- oder Fremdortung zum Einsatz kommt, unterscheidet sich auch der Umfang der Hilfsdaten, für den Fremdortungsansatz benötigt das Endgerät z.B. keine Almanachdaten.

In Mobilfunknetzen ist prinzipiell auch eine Ortung unter Erkennung der charakteristischen Signalstärkenmustern der einzelnen Basis-Stationen möglich (Fingerprinting) [LLN01][Küp07, 142]. Dieses Verfahren wurde in Abschnitt 3.2.4 (Seite 60) als Indoor-Ortungsverfahren für WLAN-Netze beschrieben. Es gibt hierfür aber bisher nur prototypische Implementierungen.

3.2.6 Zusammenfassung

In Tabelle 3.1 werden alle erklärten Ortungsverfahren anhand der ungefähren Ortungsgenauigkeit gegenüber gestellt. Es werden hierbei nur die Werte für die horizontale Ortung angegeben, einige Verfahren (z.B. GPS) können eine dreidimensionale Ortung vornehmen, liefern also auch einen Höhenwert. Je nach Einsatzbedingungen kann aber die tatsächlich erzielte Ortungsgenauigkeit abweichen.

3.3 Vermeidung der Manipulation von Ortungsverfahren

In der obigen Beschreibung der einzelnen Ortungsverfahren wurde nicht behandelt, inwieweit die Integrität der Ortung garantiert werden kann, insbesondere wenn bewusste Manipulationsangriffe stattfinden. Auch in der dem Mobile Computing zuzuordnenden Literatur werden neue Ortungssysteme eher daraufhin untersucht, wie genau die

Tab. 3.1: Übersicht Ortungsgenauigkeit verschiedene Verfahren

Name	Genauigkeit
Zellortung GSM	10 km (ländl. Raum)
	50-1.000m (Ballungszentren)
GPS	25 m
D-GPS	1-3 m
E-OTD	50-130 m
Galileo	4 m (OS), 1 m (CS)
WLAN	2-3 m
Active BAT	10 cm

von ihnen gelieferte Ortung ist (z.B. [HB01] [Rot04] [WD05]). Aber auch in Arbeiten, die ortsabhängige Zugriffskontrollmodelle vorschlagen, wird selten das Problem der Integritätssicherung von Ortungsverfahren adressiert. Gerade wenn eine ortsabhängige Zugriffskontrolle zum Einsatz kommt, ist die Resistenz eines Ortungsverfahren in Bezug auf Manipulationsangriffe von großer Bedeutung, da mit einer entsprechenden Manipulation auch durch das Zugriffskontrollmodell vorgegebene Ortseinschränkungen umgangen werden können.

In diesem Unterkapitel wird ein Überblick über verschiedene weitgehend unabhängig voneinander beschriebene Grundverfahren zur Vermeidung von Spoofing gegeben. Diese Beschreibung verwendet dabei einen neuartigen Klassifikationsansatz (Abbildung 3.2) [Dec09c] [Dec09i] [Dec09j].

Bei der Betrachtung von Szenarien für die Manipulation von Ortungsverfahren sind zwei grundlegende Fälle zu unterscheiden, nämlich ob die Ortung vom mobilen Computer selbst vorgenommen wird oder im Ortungsnetzwerk (siehe auch Referenz-Architektur in Abbildung 3.3). Wird der Spoofing-Angriff vom Besitzer des mobilen Computers vorgenommen, so wird dies „interner Angriff" genannt, während ansonsten ein „externer Angriff" vorliegt. Externe Angreifer haben keinen direkten Zugriff auf den mobilen Computer und das Ortungsnetzwerk, sie sind weder für die Erbringung des Dienstes noch der Ortung erforderlich. Weiter kann es sein, dass der interne Angreifer durch Diebstahl oder Fund (vorübergehend) in den Besitz des mobilen Computers gekommen ist, es sich also nicht um den legitimen Besitzer des mobilen Computers handeln muss. In der Referenz-Architektur ist auch ein optionaler Dienstbetreiber (LBS-Provider) eingezeich-

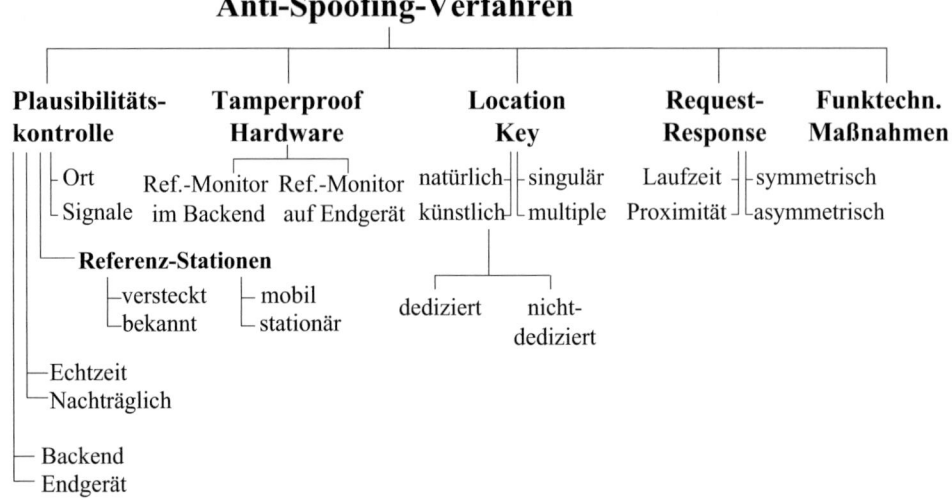

Abb. 3.2: Klassifikation von Ansätzen zur Vermeidung von Location Spoofing [Dec09i]. Gestrichelte Linien stellen optionale Komponenten oder Kommunikationsbeziehungen dar.

net, so dass nicht nur rein lokal ausgeführte mobile Anwendungen beschrieben werden können. Der ebenfalls in der Abbildung eingezeichnete Referenz-Monitor beschreibt die Komponente, die auf die Ortungsinformation angewiesen ist. Hier gibt es wiederum zwei Möglichkeiten, nämlich dass dieser Referenz-Monitor auf dem mobilen Computer oder auf dem stationären Backend des LBS-Providers zu finden ist.

In der Literatur wird der Begriff „Location Spoofing" (to spoof (engl.): täuschen, veräppeln) für die bewusste Manipulation eines Ortungsverfahrens verwendet. „Spoofing" in der Informatik bezeichnet ursprünglich verschiedene Formen der Manipulation von Absenderadressen in drahtgebundenen Netzwerken [RC01, 405ff][Sch07, 19ff]:

- ARP-Spoofing: das „Address Resolution Protokoll" (ARP) dient dazu, ausgehend von der IP- die MAC-Adresse (Hardware-Adresse) eines Computers zu bestimmen. Beim *ARP-Spoofing* versendet der Angreifer bewusst gefälschte ARP-Antwortpakete, in denen er die MAC-Adresse eines von ihm kontrollierten Computers der IP-Adresse des Zielsystems des Opfers zuordnet [Rae01, 63f]. Wenn das Opfer dann Datenpakete anhand der MAC-Adresse an das Zielsystem schickt, so landen diese beim vom Angreifer kontrollierten Computer.

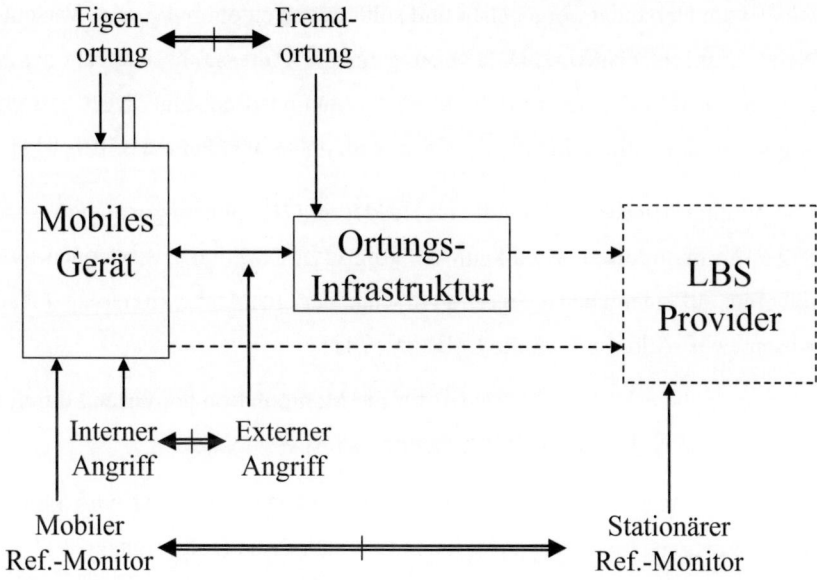

Abb. 3.3: Referenzarchitektur für die Beschreibung von Anti-Spoofing-Verfahren [Dec09i]

- DNS-Spoofing: Das „Domain Name System" (DNS) im Internet dient dazu, symbolische Webadressen (URL, z.B. http://www.aifb.org) in die numerische IP-Adresse aufzulösen. Beim DNS-Spoofing manipuliert der Angreifer diese zurückgelieferte IP-Adresse, die etwa auf einen von ihm betriebenen Rechner verweist (z.B. ein Webserver, in dem in einem Formular ein Passwort eingegeben werden muss). Der Client des Opfers kommuniziert also mit einem anderen Rechner als beabsichtigt. [BSI07, 772]

- Web-Spoofing: Bei diesem Angriff wird dem Opfer eine URL zugespielt (etwa durch eine Spam-e-Mail), die scheinbar auf einen vertrauenswürdigen Webserver verweist, z.B. http://www.meine-bank.de statt http://www.meinebank.de [BSI07, 783]. Das Opfer hält also die von diesem Webserver ausgelieferten Inhalte fälschlicherweise für vertrauenswürdig und gibt in die entsprechende Seite ein Passwort ein oder die Seite infiziert seinen Rechner mit Malware.

- MAC-Spoofing: Die MAC-Adresse (Media Access Control) eines Netzwerkgerätes (z.B. LAN-Netzwerkkarte, WLAN-Accespoint, Bluetooth-Adapter) wird normalerweise vom Hersteller vorgegeben und sollte weltweit einmalig sein. Verschiedene Netzwerkmechanismen (z.B. Zuweisung einer IP-Adresse) basieren auf der Auwertung der MAC-Adresse, weshalb durch die Manipulation seiner MAC-Adresse ein Angreifer eine falsche Identität im Netzwerk annehmen kann. [BSI07, 811]

- IP-Spoofing: Hierbei werden die im Header von IP-Paketen genannten Absender-Adressen manipuliert. Dies kann ein Angreifer etwa dazu verwenden, wenn er unbefugt auf einen Dienst zugreifen möchte, der eine Authentifzierung anhand der Absender-IP-Adresse vornimmt. [BSI07, 742]

„Spoofing" wird dabei sowohl als Begriff für die Manipulation der Ortung durch Dritte als auch durch den Nutzer des mobilen Gerätes selbst verwendet:

- Im Zusammenhang mit dem Satellitenortungssystem Galileo etwa wird Spoofing als „[...] intentional malicious provision of non-authorised faulty signal [...]" definiert [Eur03], was durch eine digitale Signatur der Satellitensignale verhindert werden soll. Auch in [WJ03] wird der Begriff in diesem Sinne verwendet, diesmal bezogen auf GPS.

- In anderen Publikationen (z.B. [DM96], [GW98], [KZS02], [SSW03], [WLC03] oder [Mun06]) beschreibt der Begriff „Spoofing" die Manipulation durch den mobilen Nutzer selbst, etwa um Ortsbeschränkungen für die Wiedergabe von digitalen Medien (ortsbewusstes DRM) zu umgehen.

Eine reine Verhinderung der Ortung (Denial-of-Service-Angriff, DoS), wie er etwa durch den Einsatz von Störsendern herbeigeführt werden kann („Jamming"), fällt *nicht* unter den Begriff Spoofing. Hierbei bemerkt das Opfer im Gegensatz zu Spoofing nämlich, dass das Ortungssystem nicht ordnungsgemäß arbeitet. Allerdings kann ein DoS-Angriff den Nutzer eines ortsabhängigen Dienstes trotzdem in eine bedrohliche Lage bringen, etwa wenn er auf einen Navigationsdienst angewiesen ist, um in einem unbewohnten Gebiet rechtzeitig die nächste Station zu Aufnahme von Proviant zu erreichen.

3.3.1 Relevante Anwendungsszenarien

Neben ortsabhängiger Zugriffskontrolle gibt es noch weitere Formen von ortsabhängigen Diensten, bei denen das oder die verwendeten Ortungsverfahren gegen Spoofing-Angriffe gesichert sein sollten. Diese werden im vorliegenden Abschnitt vorgestellt.

Unter „Location Evidence" (etwa: Nachweis des Aufenthaltsortes) fassen wir Anwendungen zusammen, bei denen der mobile Nutzer einen Nachweis erbringen muss, dass er tatsächlich an einem bestimmten Ort ist oder war. Der Leiter eines Sicherheitsdienstes möchte etwa nachvollziehen können, ob ein bestimmter Nachtwächter während einer Schicht tatsächlich bestimmte Orte kontrolliert hat. Ein Techniker, der vor Ort bei einem Kunden bestimmte technische Anlagen überprüfen muss, soll seinen Besuch dort nachweisen können. Weiter gibt es inzwischen sogar eine mobile Spielanwendung (z.B. „GPS Mission" der Karlsruher Firma Orbster, [OG11]), bei der die Spieler den Besuch bestimmter Orte nachweisen müssen.

Bei „Geo-Fencing" (to fence (engl.): einzäumen) wird ein virtueller Zaun definiert, den bestimmte Objekte nicht verlassen dürfen [SDS08]. Überschreitet eines der Objekte trotzdem eine durch den Zaun definierten Grenze, dann wird ein Alarm ausgelöst. Beispiele für so überwachte Objekte können Maschinen auf Baustellen, Personen (Kinder, demente oder von Entführung bedrohte Personen), Tiere oder wertvolle Ausstellungsstücke in Museen sein.

„Location-Aware Billing" basiert auf Nutzungsentgelten für mobile Dienste, die abhängig vom aktuellen Aufenthaltsort des Nutzers sind [tel11]. Im extremen Fall kann damit ein Tarif realisiert werden, bei dem innerhalb eines bestimmten Bereiches ein Dienst kostenlos genutzt werden kann, während außerhalb dieses Bereiches dafür Entgelte erhoben werden. Bei Mobilfunkverträgen in Deutschland gab es sog. „Home Zone"-Optionen, bei denen Sprachtelefonie innerhalb des vermeintlichen Wohngebietes des Nutzers kostenlos oder zu einem günstigeren Tarif geführt werden konnten. Hintergrund dieser Preispolitik war wohl, Nutzer zum kompletten Verzicht auf einen Festnetzanschluss zu bewegen (sog. „Mobile-Only-Haushalte"). Derzeit ist es außerdem allgemein üblich, dass Sprach- und Datendienste in ausländischen Mobilfunknetzen beim sog. „Roaming" erheblich teurer sind oder nicht von im Heimatland bestehenden Pauschaltarifen (Flatrates) abgedeckt werden (z.B. [Tel09]). Weiter gibt es den Ansatz, Straßenmaut mit in Fahrzeugen integrierten mobilen Computern zu erheben, so dass die zu entrichtende Gebühr in Abhängigkeit der zurückgelegten Route erhoben werden können; als Beispiel hierfür sei das deutsche „TollCollect"-System genannt [Bor03]. Eine andere Form von location-aware Billing ist, die KFZ-Versicherungsgebühr anhand der tatsächlich gefahrenen Strecke zu berechnen, wobei hierbei Fahrten zu „gefährlichen Zeiten" oder auf „gefährlichen Strecken" höher bepreist werden („Pay-As-You-Drive"-Tarife, [Wey09]). In den Niederlanden ist der Erhebung der KFZ-Steuer nach dem „Pay-As-You-Drive"-Prinzip geplant [Hei09].

Navigationsanwendungen für KFZ sind eine erfolgreiche Form von ortsabhängigen Diensten und könnten als Wegbereiter oder Plattform für weitere mobile Dienste fungieren. Es sind Fälle denkbar, in denen ein Angreifer einen Anreiz haben könnte, ein Fahrzeug an einen anderen Ort als vom Fahrer beabsichtigt zu navigieren, etwa wenn es sich um einen Werttransport oder ein militärisches Fahrzeug handelt.

3.3.2 Überblick und Grundlagen

Es können fünf Grundansätze zur Vermeidung von Location Spoofing unterschieden werden:

- Plausibilitätskontrollen (Abschnitt 3.3.3)

- Verwendung besonderer manipulationssicherer Hardware auf dem mobilen Computer (Abschnitt 3.3.4)

- Nachweis des Aufenthaltsortes durch *Location Keys* (Abschnitt 3.3.5)

- Einsatz von Request-Response-Protokollen (Abschnitt 3.3.6)

- Rückgriff auf funktechnische Maßnahmen (Abschnitt 3.3.7)

Diese fünf Grundansätze sind auch als Hauptäste im in Abbildung 3.2 (Seite 66) dargestellten Baum zu finden. Das derzeit wohl bekannteste Ortungsverfahren ist GPS, weshalb in Abschnitt 3.3.8 (Seite 85) auf die in GPS eingebauten Anti-Spoofing-Mechanismen speziell eingegangen wird.

Eine Form des Angriffs, die für mehrere Verfahren relevant ist, sind sog. Rerouting-Angriffe (auch „Wormhole-Attack" genannt, [HPJ03]): hierbei wird ein Funksignal an einer Stelle empfangen und über ein anderes Medium („Out-of-Band") an einen Sender weitergeleitet (getunnelt). Ein mobiles Endgerät könnte sich hiermit also Signale weiterleiten lassen, die nur an einem anderen Ort empfangbar sind. Rerouting-Angriffe sind generell nur durch die mit ihnen einhergehende zusätzliche Latenzzeit bedingt durch die Out-of-Band-Weiterleitung erkennbar. Durch ein Aufspreizen des Signals auf ein möglich breites Spektrum (siehe Abschnitt 3.3.7 (Seite 84)) können sie aber technisch erheblich erschwert werden. Für GPS stehen mit sog. GPS-Repeatern oder Reradiatoren [ZZ04] schon kommerzielle Produkte zur Verfügung (z.B. [GPS09][NAV09]), die die von einer Antenne empfangenen GPS-Signale an einen über Kabel verbundenen Sender wiedergeben („rerouten"), um damit GPS-Empfang in Verkaufs- oder Laborräumen zu ermöglichen. Beim Replay-Angriff wird ein Signal aufgezeichnet und bewusst zeitverzögert – ggf. an einem anderen Ort – wiedergegeben.

3.3.3 Plausibilitätskontrolle

Es können verschiedene Arten von Plausibilitätskontrollen unterschieden werden:

- Der Ort der Komponente, die die Plausibilitätskontrolle vornimmt. Dies kann auf dem mobilen Computer sein (insb. für Fremdortung), im Ortungsnetzwerk (insb. bei Eigenortung) oder auf dedizierten Referenzstationen.

- Es können die für die Ortung verwendeten „Rohsignale" einer Plausiblitätskontrolle unterworfen werden oder die daraus errechnete Ortung.

- Eine Plausibilitätskontrolle kann in Echtzeit stattfinden oder nachträglich.

Zunächst wird anhand von GPS betrachtet, wie eine Plausibilitätskontrolle auf Signalebene aussehen kann [WJ03]: Ein nahe liegender Ansatz ist es, zu kontrollieren, mit welchem absoluten Pegel die GPS-Signale vom mobilen Computer empfangen werden. Normalerweise sind GPS-Signale auf der Erdoberfläche nur mit einem Pegel von $\approx -160dBW$ empfangbar. Ein einfacher Angriff würde deshalb einfach GPS-Signale durch bodennahe Sender (sog. „Pseudoliten", also „Pseudo-Satelliten") mit einem stärkeren Pegel erzeugen, die die echten Signale überdecken. Um solch einen Angriff zu entdecken ist es ausreichend, die absolute Stärke der für die Ortung verwendeten Signale zu verwenden. Hierzu ist es nicht notwendig, anhand der Signale die Ortung zu errechnen. Um sorgsamer dosierte falsche Signale zu erkennen, muss die Signalstärke daraufhin untersucht werden, ob es plötzliche Anstiege im Pegel gibt [HKARW07]. Weiter ist es auch verdächtig, wenn von allen sichtbaren Satelliten die Signale mit gleicher Stärke empfangen werden, da normalerweise bedingt durch die unterschiedlichen Entfernungen zwischen den einzelnen Satelliten und dem mobilen Computer sowie den atmosphärischen Störungen die Signale mit unterschiedlichen Pegeln den Empfänger erreichen. Eine noch spezifischere Form eines Plausibilitätchecks auf Signalebene basiert auf der Tatsache, dass die ungefähren Umlaufbahnen für die einzelnen Satelliten (sog. „Almanach") mehrere Monate im Voraus bekannt sind und im Internet abgerufen werden können. Dies ist eigentlich dadurch motiviert, dass ein GPS-Empfänger mit Hilfe dieser Almanach-Daten unter bestimmten Umständen eine schnelle erste Positionsberechnung vornehmen kann. Um Spoofing zu erkennen, kann aber auch verglichen werden, ob die aktuell sichtbare Satellitenkonstellation konsistent in Bezug auf den vorab geladenen Almanach sind.

Auch die errechnete Ortung (z.B. Koordinaten) kann einer Plausibilitätskontrolle unterworfen werden. Naheliegend ist es etwa zu kontrollieren, ob „Sprünge" in der Folge von Ortungsmessungen auftauchen oder ob diese durch Hindernisse wie Berge, Gebäude oder Gewässer verläuft. Intelligentere Spoofing-Verfahren manipulieren die Ortung derart, dass zuerst nur kleine Abweichungen auftreten [HLP+08]. Weiter ist es auch möglich, anhand mehrerer Ortungsmessungen die Geschwindigkeit zu errechnen und zu überprüfen, ob diese mit der entsprechenden Fortbewegungsmethode realistischerweise erreicht werden kann. Stehen zusätzliche Sensormessungen, wie diese für Koppelnavigation verwendet werden, vom mobilen Computer zur Verfügung, können diese ebenfalls für eine Plausibilitätskontrolle herangezogen werden [Sta07]. Beispiele für solche Sensormessungen sind etwa Entfernungs-, Beschleunigungs- oder Geschwindigkeitsmessungen sowie die Bewegungsrichtung (gemessen mit (Kreisel-)Kompass). Falls ein Entfernungsmesser (Odometer) am mobilen Computer zu Verfügung steht, kann überprüft werden, ob die mit diesem gemessene Entfernung in etwa mit der zwischen verschiedenen Ortungspunkten errechneten Distanz übereinstimmt. Wenn mehrere Ortungsverfahren zur Verfügung stehen ist es möglich zu testen, inwieweit die von diesen gelieferten Ortungen übereinstimmen. Wird eine Abweichung größer als ein zuvor festgelegter Schwellwert erkannt, wird ein Alarm ausgelöst.

Für einige Anwendungen ist es nicht notwendig, die Plausibilitätskontrolle zur Laufzeit der ortsabhängigen Anwendung zu überprüfen. Es kann dann z.B. mehrere Monate nach den eigentlichen Messungen und Ortsbestimmungen eine Plausibilitätskontrolle durchgeführt werden.

Referenzstationen

Referenzstationen sind dedizierte Komponenten in der Infrastruktur eines Ortungsnetzwerkes mit dem Zweck, die zwischen dem Ortungsnetzwerk und den mobilen Computern ausgetauschten Signale zu überprüfen. Es handelt sich dabei um passive Stationen, d.h. sie selbst erzeugen keine Signale, die an die mobilen Computer zur Errechnung ihrer Position geschickt werden. Je nach System können die Referenzstationen aber die Signale, die von der restlichen Ortungsinfrastruktur ausgesendet werden, beeinflussen.

Für GPS werden etwa mehrere Referenzstationen betrieben, die auf der ganzen Welt verteilt sind (u.a. in Colorado Springs, USA, Hawaii oder auf der Himmelfahrtsinsel). Diese Stationen sind so auf der Erdoberfläche verteilt, dass jeder Satellit für wenigstens eine Station sichtbar ist. Ihre Aufgabe ist es, ständig die Signale der sichtbaren Satelliten zu empfangen und auf Anomalien hin zu untersuchen. Werden solche Anomalien erkannt, dann wird ein Alarm ausgelöst. Weiter können anhand der von den Referenzstationen erkannten Abweichungen die Flugbahnen der Satelliten durch entsprechende Signale der Zentralstation korrigiert werden. Die Referenzstationen von GPS wurden vorrangig für den Zweck der Erkennung von Fehlfunktionen eingerichtet. Prinzipiell eigenen sich Referenzstationen aber auch für die Erkennung von bestimmten Formen von Spoofing-Angriffen: Eine solche Station vergleicht hierbei ihre eigene bekannte Position ständig mit der Position, die sie anhand der empfangen Ortungssignale errechnet. Wenn ein Angreifer aber die Positionen der Referenzstationen kennt, kann er u.U. die Signale für seinen Angriff so senden, dass nur am Ort des Opfers, nicht aber am Ort der Referenzstation eine Wirkung eintritt. Es gibt deshalb den Ansatz, die Referenzstationen an unbekannten Orten zu betreiben [CCS06]. Der Ort einer solchen versteckten Referenzstation könnte aber früher oder später dem Angreifer bekannt werden oder an einer Stelle sein, von der aus Spoofing-Angriffe auf relevante Gebiete nicht erkannt werden können. Deshalb sind auch mobile Referenzstationen denkbar.

3.3.4 Manipulationssichere Hardware

Die uns bekannten Arbeiten zur Vermeidung von Location Spoofing unter Verwendung spezieller gegen physische Manipulationen gesicherter Hardwarebausteine auf dem mobilen Computer kommen alle aus dem Bereich der des Digital Rights Management (DRM, [RTM02]). Es soll also verhindert werden, dass bestimmte Inhalte (z.B. elektronische

Texte oder multimediale Inhalte wie Audio- oder Video-Dateien) wiedergegeben werden können, wenn sich der mobile Nutzer außerhalb eines bestimmten Bereichs befindet [GW98][Mun05]. Solche Einschränkungen könnten etwa durch lizenzrechtliche Gegebenheiten motiviert sein, etwa dass ein Dienstbetreiber die Rechte nur innerhalb einer bestimmten Region erworben hat, es unterschiedliche Altersfreigaben in verschiedenen Ländern gibt oder Inhalte zu unterschiedlichen Preisen oder Zeitpunkten in einem bestimmten Land angeboten werden sollen. Bei DVD-Filmen etwa gibt es mit den sog. „Region-Codes" schon einen einfachen Mechanismus, um ortsabhängiges DRM zu realisieren [HL00] [And01, 430ff] [DGK02]. Im Internet gibt es auch Video-Portale (z.B. www.youtube.com und www.hulu.com), die den Zugriff auf bestimmte Inhalte nur für Nutzer aus bestimmten Ländern zulassen,

Die Inhalte liegen hierbei in verschlüsselter Form auf dem mobilen Computer vor und können nur durch ein Hardware-Modul entschlüsselt werden, das den hierfür benötigten kryptografischen Schlüssel kapselt. Damit dieser nicht ausgelesen werden kann, ist das Hardware-Modul gegen physische Manipulationen (z.B. Auslesen unter Elektronenmikroskop, Seitenkanalangriffe wie Stromverbrauchsmessungen, Beschuss mit Laserimpulsen oder Betrieb bei unzulässigen Stromspannungen [KK99]) gesichert. Es wäre auch denkbar, die Inhalte im Klartext von einem Server auf den mobilen Computer zu übertragen, sobald dieser im zulässigen Bereich ist; hierfür ist aber die ständige Verfügbarkeit einer Datenverbindung mit hinreichender Bandbreite notwendig, was insbesondere für Szenarien mit Endanwendern keine realistische Annahme ist.

Thomas Mundt beschreibt ein solches System zur Realisierung von ortsabhängigem DRM [Mun05][Mun06]: Für die Ortung in diesem System wird GPS verwendet, wobei dieses GPS-Modul auch im gesicherten Hardware-Modul eingebettet ist (Tamper-Proof Hardware). Weiter geht Mundt davon aus, dass die GPS-Signale eine digitale Signatur tragen, also nicht vom Angreifer selbst erzeugt werden können. Die digitale Signatur ist tatsächlich für das geplante Europäische Satelliten-Ortungssystem „Galileo" vorgesehen [Eur03]. Allerdings verhindert diese Architektur alleine nicht Rerouting- oder Replay-Angriffe. Es wird deshalb weiter davon ausgegangen, dass die Satelliten-Signale mit einem Zeitstempel versehen sind, um Rerouting- und Replay-Angriffe erkennen zu können. In den meisten Fällen würde ein Rerouting-Angriff durch Weiterleitung des GPS-Signals über eine drahtgebundene Internetverbindung realisiert, so dass die entsprechenden Daten mit Lichtgeschwindigkeit transportiert werden können. Da die

Lichtgeschwindigkeit $c \approx 3 \cdot 10^6$ km/h beträgt, würde selbst ein Rerouting über eine Distanz von 100 km nur eine Zeitverzögerung von $\approx 0,3$ ms bewirken. Mundt sieht deshalb weiter ein Uhrenmodul im abgesicherten Hardware-Modul vor. Herkömmliche Quarz-Uhren haben aber nicht die notwendige Ganggenauigkeit, die erforderlich ist, um diese geringen durch Rerouting erzeugten Zeitabweichungen zu erkennen. Genauere Uhren (z.B. Atomuhren) sind aber zu teuer und von den Abmessungen her ungeeignet für die Integration in einen für den Endkundenmarkt bestimmten mobilen Computer. Es wird deshalb der Einsatz einer Quarz-Uhr vorgeschlagen, die mit einem speziellen Protokoll über Netzwerk synchronisiert wird, so dass sie die notwendige Ganggenauigkeit erreicht. Seinen Berechnungen zufolge ist diese Synchronisation im Abstand von mehreren Stunden erforderlich, es ist also keine ständige Internetverbindung erforderlich.

Das von Mundt vorgeschlagene System kann so abgewandelt werden, dass es eingesetzt werden kann, wenn der Referenzmonitor nicht auf dem mobilen Computer, sondern auf dem stationären Backend ist. Hierfür muss die auf dem mobilen Computer ermittelte Ortung im abgesicherten Hardware-Modul digital signiert werden, bevor sie an das Backend weitergeleitet wird. Für die Erzeugung dieser Signatur wird ein privater Schlüssel benötigt, der in einem speziellen Hardware-Modul [Sch96, 587] sicher gekapselt ist. Das Backend kann unter Verwendung des zugehörigen öffentlichen Schlüssels dann die signierten Ortungsnachrichten verifizieren.

3.3.5 Location Keys

Der „Location Keys"-Ansatz geht davon, dass bestimmte Informationen nur an bestimmten Orten verfügbar sind. In den meisten Fällen handelt es sich um ein begrenzt empfangbares Funksignal. Ein mobiler Nutzer (bzw. dessen mobiler Computer) muss diese Information an das Ortungsnetzwerk weiterleiten, um nachzuweisen, dass er sich tatsächlich an diesem Ort befindet. Wie in Abbildung 3.2 (Seite 66) dargestellt, kann man verschiedenen Arten von Location Keys unterscheiden:

- Ein Location Key kann *natürlichen* oder *künstlichen* Ursprungs sein. Künstliche Location Keys werden hierbei durch technische Einrichtungen ausgestrahlt.

- Bzgl. künstlicher Location Keys kann weiter unterschieden werden, ob sie speziell für die Vermeidung von Location Spoofing ausgestrahlt werden oder nicht. Im ersten Fall spricht man auch von *dedizierten* Location Keys, ansonsten von *nicht-dedizierten* Location-Keys.

- Weiter können *singuläre* und *multiple* Location-Keys unterschieden werden. Bei singulären Location Keys repräsentiert *ein* Location Key genau einen Ort (z.B. einen Raum oder eine Region), während bei multiplen Locations Keys sich die Keys an einzelnen Orten auch überlappen können, so dass mehrere oder ein aus mehreren Location Keys gebildetes Berechnungsergebnis an das Ortungsnetzwerk weitergeleitet werden müssen, um den Nachweis an einem bestimmten Ort zu erbringen.

Location Keys kommen üblicherweise dann zum Einsatz, wenn der Referenzmonitor sich beim LBS-Provider befindet, der mobile Computer aber eine Eigenortung vornimmt.

In [DM96] wird ein „CyberLocator" genanntes System vorgestellt, mit dem internes Spoofing bei Verwendung von GPS verhindert werden kann. Internes Spoofing bei einer GPS-Eigenortung gegenüber einem beim LBS-Provider befindlichen Referenzmonitor ist trivial, da die vom im mobilen Computer integrierten GPS-Modul errechnete Ortung in Form von Koordinatenwerte an den LBS-Provider übermittelt wird. Diese Koordinatenwerte könnten prinzipiell beliebig „erfunden" sein. Die grundlegende Idee des CyberLocator-Systems baut der Feststellung auf, dass die von den GPS-Satelliten auf der Erdoberfläche empfangenen Signale nicht genau vorhersagbar sind, weil diese z.B. atmosphärischen Störungen (Wetter, Atmosphäre) unterworfen sind. Zudem weichen die tatsächlichen Laufbahnen der Satelliten von den vorgegebenen ab. Diese Einflussfaktoren sind so komplex, dass es selbst bei Kenntnis des Almanachs oder der Ephemeriden nicht möglich ist, zu errechnen, mit welcher Signalstärke ein bestimmter Satellit auf einem bestimmten Punkt der Erdoberfläche in der nahen Zukunft zu empfangen sein wird. Der mobile Computer sendet deshalb an den LBS-Provider nicht oder nicht nur seine anhand der empfangenen Signale berechnete Position, sondern auch das empfangene Signalmuster, das beschreibt, mit welcher Signalstärke die einzelnen Satelliten empfangen werden konnten (sog. „Ortungssignatur"). Der LBS-Provider muss auch Zugriff auf andere Messungen dieser Signalstärken in dem vermeintlichen Aufenthaltsgebiet des mobilen Nutzers haben, um die Signalmuster vergleichen zu können. Diese Vergleichswerte können etwa durch Referenzstationen gewonnen werden. Die Autoren von

CyberLocator geben an, dass zwischen mobilem Nutzer und Referenzstation ein Abstand zwischen 2.000 bis 3.000 km bestehen darf. Leider wird nicht erklärt, wie die Autoren diese Werte errechnet haben. Um Rerouting- oder Replay-Angriffe zu verhindern darf das Signal höchstens um 5 *msec* verzögert vom mobilen Endgerät zum Backend übertragen werden. Diese Vorgabe für eine maximale Latenzzeit ist für den Stand der Technik zum Zeitpunkt der Veröffentlichung des CyberLocator-Vorschlag und selbst für die heute verfügbaren Mobilfunksysteme ausgesprochen anspruchsvoll: Für GPRS beträgt die durchschnittliche Latenzzeit etwa 700 *ms* [Röm06, 45], während diese für UMTS 300 *ms* und für UMTS-Erweiterung HSDPA immer noch 150 *ms* beträgt [Röm06, 66, 79]. Eine Ortungssignatur kann mit 20.000 Bytes übertragen werden, soll periodisch jede Sekunde eine Folgesignatur übermittelt werden sind hierfür jeweils 20 Bytes notwendig. Es ist also möglich, eine kontinuierliche Ortung vorzunehmen. Insgesamt kann CyberLocator als Anti-Spoofing-System mit künstlichen, aber nicht dedizierten Location-Keys klassifiziert werden, da die verwendeten Satellitensignale nicht primär für die Vermeidung von Spoofing ausgesendet werden. Da jeder Ort auf der Erdoberfläche zu jedem Zeitpunkt eine eindeutige Ortungssignatur hat kommen bei CyberLocator singuläre Location-Keys zum Einsatz.

Von Cho et al. wird das LAAC-Protokoll (Location-Aware Access Control) vorgeschlagen [CBG06]. Das beschriebene System geht von einer WLAN-Infrastruktur aus, bei der bestimmte Gebiete von mehreren zu Gruppen zusammengefassten Basis-Stationen (oder „Access Points" in der WLAN-Terminologie) versorgt werden. Bei der Installation der Basis-Stationen kann die Entfernung und auch der Winkel (mit speziellen Antennen) des versorgten Gebietes eingerichtet werden, so dass „Access Granted"-Gebiete definiert werden können, also Gebiete, in denen die mobilen Endgeräte Zugriff auf einen bestimmten Dienst haben sollen (z.B. Restaurants, die Kunden, die sich gerade im Restaurant aufhalten, bestimmte Dienste bieten wollen). Jede dieser Basis-Stationen erzeugt periodisch eine Zufallszahl, wobei die Perioden eine Dauer in der Größenordnung von höchstens einigen wenigen Sekunden haben sollten. Befindet sich der mobile Computer in einem „Access Granted"-Gebiet, kann er die Zufallszahlen aller zugehörigen Basis-Stationen empfangen und unter Verwendung der logischen XOR-Funktion verknüpfen. Der so berechnete Location Key dient als Eingabe für eine Hash-Funktion, deren Ergebnis dann an den LBS-Provider übermittelt wird. Das Ortungsnetz kennt die von allen Basis-Stationen aktuell verwendeten Zufallszahlen, so dass es in der Lage ist, einen Access Request eines mobilen Endgerätes zu verifizieren. Außer dem periodischen Wechsel der einzelnen Zufallszahlen verfügt das System über keine Sicherung gegen Rerouting-Angriffe. Dies erklärt sich wohl daraus, dass das System konzipiert wurde, um eine ortsabhängige Zugriffskontrolle für den Internetzugang an sich zu realisieren. Ein Angreifer, der über die für einen Rerouting-Angriff notwendige Internet-Anbindung verfügt, wäre also gar nicht darauf angewiesen, gegen das System einen Spoofing-Angriff durchzuführen. Für einen Rerouting-Angriff ist aber nicht zwingend eine Internet-Verbindung über ein Infrastrukturnetzwerk zwischen den Beteiligten erforderlich, hierzu kann auch eine direkte Verbindung zwischen zwei mobilen Computern hergestellt werden (Single-Hop MANET). Das LAAC-System verwendet dedizierte Location-Keys, da diese Signale speziell für die Vermeidung von Spoofing ausgestrahlt werden. Weiter handelt es sich um multiple Location-Keys, die mit der XOR-Funktion verknüpft werden.

In [Mic02] wird das „Pervasive Access Control"-System (PAC) vorgestellt, das im Zusammenhang mit dem bereits in Abschnitt 3.2.4 (Seite 60) erwähnten Indoor-Ortungssystem „Cricket" [PCB00] entwickelt wurde. Das System beruht auf Funk-Baken, die eine ortsabhängige Location ID (LID) ausstrahlen. Diese LID enthält auch einen sog. LIDCODE, welcher von einem Zufallszahlengenerator erzeugt wird und der in bestimmten Zeitabständen wechselt. Das System geht davon aus, dass dieser LIDCODE nicht von Nutzern in Erfahrung gebracht werden kann, die sich nicht im Sendebereich der jeweiligen Bake befinden. Der mobile Computer erzeugt nun eine Nachricht, die neben der empfangenen LID auch seine Netzwerkadresse, den Bezeichner für den gewünschten Dienst (z.B. Benutzung eines lokal vorhandenen Druckers) sowie eine Zufallszahl enthält. Diese wird mit dem LIDCODE als Schlüssel digital signiert und an eine zentrale LIDAuthority weitergeleitet. Da die LIDAuthority auch den LIDCODE kennt, kann sie die Echtheit dieser Nachricht verifizieren und ein entsprechendes Ticket erzeugen und an den Client zurückschicken. Dieses Ticket fügt der mobile Computer seinem eigentlichen Dienstaufruf hinzu. Da das Ticket mit dem privaten Schlüssel der LIDAuthority signiert ist, kann der lokale Dienst unter Verwendung des öffentlichen Schlüssels überprüfen, ob es authentisch ist. Das PAC-System verwendet also wie das LAAC-System dedizierte und multiple Location-Keys.

Malaney [Mal07] beschreibt ein Anti-Spoofing-System, das speziell für den Fall ausgelegt ist, den Nachweis zu erbringen, dass sich der Nutzer innerhalb eines bestimmten Gebäudes befindet, in dem WLAN-Basis-Stationen installiert sind. Das System basiert auf der Annahme, dass nur Personen das Gebäude betreten können, die auch den zu sichernden mobilen Dienst nutzen dürfen, etwa weil es eine Eingangskontrolle gibt oder das Gebäude durch bauliche Maßnahmen wie Türen entsprechend gesichert ist. Die installierte WLAN-Infrastruktur soll nur mit Computern, die sich im Gebäude befinden, benutzt werden können. In den meisten Fällen werden die entsprechenden WLAN-Signale aber auch außerhalb der Gebäudemauern zu empfangen sein. Es soll aber trotzdem nicht möglich sein, die WLAN-Signale außerhalb des Gebäudes zu nutzen.

Ein mobiler Computer, der unter Verwendung dieses Systems nachweisen möchte, dass er sich tatsächlich innerhalb des Gebäudes befindet, muss zunächst seine eigene Position ermitteln. Hierfür kann beispielsweise eines der in Abschnitt 3.2.4 (Seite 59) beschriebenen Indoor-Ortung-Systeme verwendet werden. Die so ermittelte Ortung wird zusammen mit der Ortungssignatur der von ihm an diesem Ort empfangbaren WLAN-Stationen an einen zentralen Server (LBS-Provider) geschickt. Das System basiert auf der Annahme, dass ein Angreifer ohne Zugang zum Gebäude die Ortungssignatur an einem Punkt innerhalb des Gebäudes nicht errechnen kann, selbst wenn er außerhalb des Gebäudes die Sendestärke aller oder einzelner Basis-Stationen messen kann. Zwar gibt es in der Tat Modelle für solche Berechnungen – etwa das für das in Kapitel 3.2.4 vorgestellte WLAN-Ortungssystem namens "RADAR" [BP00] –, aber diese sind recht ungenau und erfordern die Kenntnis des Gebäudegrundrisses, der genauen Aufstellungs-orte der Basis-Stationen, der Möblierung sowie spezifischer Dämpfungsfaktoren der verbauten/verwendeten Materialien (z.B. für Wände) oder Möbel sowie die genauen Fabrikate der verwendeten Access-Points. Der Ansatz von Malaney geht davon aus, dass der Angreifer nicht über diese detaillierten Informationen verfügt. Es erscheint auch unwahrscheinlich, hohen Aufwand zur Ermittlung dieser Informationen zu betreiben, nur um dafür einen kostenlosen Internet-Zugang über WLAN zu erhalten. Wird das System aber dazu eingesetzt, um den Zugriff auf wertvolle Informationen zu schützen, so könnte der Angreifer einen höheren Aufwand in Kauf nehmen. Bezogen auf die Klassifikation von Anti-Spoofing-Verfahren kommen hier also wieder nicht-dedizierte, aber multiple Location-Keys zum Einsatz.

Ein weiteres Anti-Spoofing System mit einem nicht-dedizierten aber singulären Location-Key wird in [GW98] beschrieben. Der Location-Key ist in diesem Fall ein von einem einzelnen Satelliten ausgestrahltes Signal, z.B. ein Fernseh-Programm. Wegen der Phasenverschiebung wird in einem bestimmten Zeitraum auf der Erdoberfläche ein unterschiedliches Signal von diesem Ausgangs-Signal empfangen. Diese charakteristischen Signalaufzeichnungen innerhalb eines bestimmten Zeitraums können als Location-Key herangezogen werden. Es ist hierzu jedoch notwendig, dass der mobile Computer und die jeweiligen Referenzstationen mit einer relativ kleinen zeitlichen Abweichung die Aufzeichnung dieses Signals starten und stoppen. Um diese Synchronität zu erreichen werden von den Autoren verschiedene Verfahren vorgeschlagen, z.B. die Ausstrahlung von Start- und Stopp-Signalen über terrestrische Infrastruktur.

Soweit uns bisher bekannt ist, gibt ein kein Anti-Spoofing-System, das natürliche Location Keys verwendet, obwohl dies prinzipiell auch denkbar ist: z.B. ergibt die kosmische Hintergrundstrahlung an jedem Ort der Erde ein charakteristisches Muster und könnte daher als Location Key genutzt werden.

3.3.6 Request-Response-Protokolle

Das Grundprinzip von den Anti-Spoofing-Verfahren, die wir unter „Request-Response-Protokolle" (Frage-Antwort-Protokolle) einordnen, ist wie folgt: Eine vertrauenswürdige Komponente des Ortungsnetzwerkes, die „Verifier" (Verifizierer) genannt wird, erzeugt eine Zufallsinformation, etwa in Form eines Bitstrings oder einer Integerzahl hinreichender Länge. Diese Zufallsinformation wird in den einschlägigen Arbeiten „Nonce" (for the *nonce* (engl.): für den augenblicklichen Zweck; *nonce* word (engl., ling.): Ad-hoc-Bildung) genannt. Der mobile Computer, der seinen aktuellen Aufenthaltsort nachweisen möchte, erzeugt basierend auf diesem Nonce eine Antwort (response), die er an den Verifier zurück schickt. Im einfachsten Fall besteht die Response nur aus dem unverschlüsselten Nonce.

Es konnten zwei Dimensionen gefunden werden, anhand derer sich verschiedene Varianten von Request-Response-Protokollen unterscheiden lassen:

- Wenn für den Transport beider Nachrichten – also sowohl den Request als auch die Response – das gleiche Medium (z.B. gleiche Funktechnologie oder Infrarotstrahlen) verwendet wird, sprechen wir von einem *symmetrischen* Protokoll. Es kann aber auch sinnvoll sein, bewusst unterschiedliche Medien für den Hin- und den Rückweg zu verwenden (z.B. Funk- und Ultraschallwellen, siehe [SSW03]), dann sprechen wir von einem *asymmetrischen* Protokoll.

- Weiter können laufzeit- und proximitätsbasierte Request-Response-Protokolle unterschieden werden. Laufzeitbasierten Verfahren nehmen eine maximale Transportgeschwindigkeit der Nachricht im verwendeten Medium an (z.B. annähernd Lichtgeschwindigkeit für Funkwellen). Wenn der Prover an einem Ort ist, der weiter vom Verifier entfernt ist, als der Ort, an dem er vorgibt zu sein, so wird er nicht in der Lage sein, eine Response zu erzeugen, die rechtzeitig beim Verifier eintrifft. In den meisten Fällen kommen Funkwellen zum Einsatz, so dass die Messung an Laufzeitunterschiede, die aus Entfernungsabweichungen in der Größenordnung von einigen wenigen Metern hohe Anforderungen an die Genauigkeit der Messungen stellen, da hier Zeitdifferenzen in der Größenordnungen von Nano-Sekunden (1 Nano-Sekunde = 10^{-9} *sec*) relevant sind. Es gibt deshalb auch die Idee, nicht die Laufzeit so berücksichtigen, sondern die Signalstärke, da mit zunehmender Entfernung vom Sender das Signal sich abschwächt. Ist der Prover also weiter vom Verifier entfernt als vorgegeben, so kann er das Signal des Verifiers nicht mehr empfangen oder sein Antwort-Signal erreicht den Prover nicht oder nicht mit ausreichender Stärke.

Sastry et al. [SSW03] beschreiben ein System samt zugehörigem Protokoll, mit dem ein mobiler Computer gegenüber einer als Verifier bezeichneten Basis-Station nachweisen kann, dass er sich nicht mehr als eine bestimmte Strecke von ihr entfernt aufhält. Die Autoren gehen davon aus, dass mobile Endgeräte nicht unbedingt die Ressourcen besitzen, um Verschlüsselungsverfahren zu verwenden, weshalb die Grundvariante ihres Protokolls ohne Verschlüsselung auskommt. Eine Besonderheit des Ansatzes ist es, dass zur Kommunikation Funkwellen sowie auch Ultraschall verwendet wird, es sich also um ein asymmetrisches Verfahren handelt. Ein Verifier deckt eine bestimmte kreisförmige Region R ab, innerhalb der er grundsätzlich die Anwesenheit von mobilen Computern bestätigen kann. Der Ablauf des Protokolls ist wie folgt:

- Der mobile Computer schickt über Funk eine Nachricht an den Verifier. Diese Nachricht enthält insbesondere den angeblichen Aufenthaltsort sowie die Bearbeitungszeit, die der mobile Computer benötigt, um ein vom Verifier empfangenes Signal zurück zu schicken.

- Anhand der Bearbeitungszeit berechnet der Verifier eine „Region of Acceptance" (ROA). Ist die Bearbeitungszeit angeblich 0, so entspricht diese ROA gerade R. Bei Bearbeitungszeiten größer 0 wird die ROA so verkleinert, dass selbst wenn die wirkliche Bearbeitungszeit doch 0 wäre der mobile Computer nicht außerhalb R gewesen sein kann.

- Der Verifier startet die Zeitmessung und schickt dann über Funk eine Zufallszahl (Nonce) an den mobilen Computer.

- Der mobile Computer schickt diese Zufallszahl zurück an den Verifier, aber nicht über Funk, sondern über Ultraschall.

- Sobald die Rückantwort beim Verifier eingetroffen ist, stoppt dieser die Zeitmessung. Er vergleicht, ob die empfangene Zufallszahl mit der verschickten übereinstimmt. Weiter überprüft er auch, ob die Laufzeit des Signals nicht die aus Hinweg (angegebene Entfernung geteilt durch Lichtgeschwindigkeit), Berechnungszeit und Rückweg (angegebene Entfernung geteilt durch Schallgeschwindigkeit) überschreitet. Hat die Übertragung länger gedauert, so befand sich der mobile Computer weiter entfernt als angegeben.

Es wird Ultraschall für die Kommunikation eingesetzt, weil sich Schallwellen deutlich langsamer fortbewegen als Funkwellen ($\approx 331\ m/sec$ gegenüber $\approx 3 \times 10^8\ m/sec$). Die vom mobilen Computer genannte Bearbeitungszeit wird als nicht vertrauenswürdig eingestuft, es muss also vorsichtshalber davon ausgegangen werden, dass diese tatsächlich 0 Sekunden betragen hat. Gleichzeitig muss aber der Radius der Akzeptanzregion (ROA) entsprechend der angeblichen Bearbeitungszeit verkleinert werden: bei einer angeblichen Bearbeitungszeit von 0.1 Sekunden wird der Radius um die Entfernung verkleinert, die mit Ultraschall in dieser Zeit überbrückt werden kann (ca. 33 m); die Zeitverzögerung durch die Funkübertragung innerhalb der Akzeptanzregion ist im Vergleich zur Schallübertragung vernachlässigbar.

Die Autoren legen auch Wert darauf, dass die Ultraschallübertragung nur für den letzten Kommunikationsschritt eingesetzt wird. Würde die Ultraschallübertragung schon für die Übermittelung der Zufallszahl vom Verifier zum mobilen Computer eingesetzt, so könnte ihrer Ansicht nach mit einem geeignetem Mikrofon das Ultraschallsignal aufgenommen werden und per Funk an einen beliebig weit entfernten mobilen Computer übertragen werden, der diese Zahl ebenfalls über Funk zurück schickt, so dass die langsame Übertragungsgeschwindigkeit der Ultraschallwellen nicht mehr zum Tragen kommt. Muss der mobile Computer über Ultraschall die Zufallszahl übertragen, könnte er einen Lautsprecher in der Nähe der Verifiers aufstellen, der eine über Funk übertragene Nachricht mit Ultraschall wiedergibt; dies ist nach Ansicht der Autoren ein wesentlich unwahrscheinlicherer Angriff. Das Protokoll wird von den Autoren „Echo-Protokoll" genannt, da der mobile Computer eine Zufallszahl vom Verifier empfangen und zurückschicken (reflektieren) muss.

In [WF03] wird ein anderes Request-Response-Protokoll beschrieben. Es handelt sich hierbei aber um ein symmetrisches Protokoll, da sowohl die Request- als auch die Response-Nachricht über Funkwellen versendet werden.

Vora und Nesterenko [VN06] beschreiben ein proximitätsbasiertes Request-Response-Protokoll. Ein besonderes Merkmal diesen Systems ist die Verwendung von sog. „Rejection-Verifiern" zusätzlich zu den „normalen" Verifiern. Es werden nämlich Szenarien betrachtet, in denen der Prover sich an einem Ort befindet, der an der Grenze zu der erlaubten Zone liegt, wo er noch in der Lage ist, eine zulässige Response zu erzeugen. Es werden deshalb Rejection-Verifier an Stellen installiert, an denen nur dann vom Prover die Response (die eigentlich nur für den „normalen" Verifier bestimmt ist) empfangen werden kann, wenn er sich schon außerhalb der zulässigen Zone befindet. Empfängt ein Rejection-Verifier eine Response, so entscheidet das System, dass der Verifier sich nicht in der erlaubten Zone befindet, auch wenn der oder die normalen Verifier eine einwandfreie Response erhalten.

Wullems et al. haben Mobilfunknetze nach dem GSM-Standard dahingehend untersucht, inwieweit integrierte Ortungsverfahren (siehe auch Abschnitt 3.2.5 (Seite 62)) gegen Spoofing anfällig sind [WLC03][Chr04]. Die einfache Zellortung, bei der als Ortung für den mobilen Computer der Standort der aktuell verwendeten Basis-Station angenommen wird, in die er gerade eingebucht ist, kann als einfache Form eines proximitätsbasierten Request-Response-Protokolls aufgefasst werden, da der mobile Computer in der Lage sein muss, Signale von der entsprechenden Basis-Station zu empfangen und auch an sie zu senden. Kann ein Endgerät mehrere GSM-Basis-Stationen empfangen, so bucht es sich in diejenige ein, zu der die beste Funkverbindung besteht. Es ist aber grundsätzlich möglich, dass die Firmware eines Endgeräts derart manipuliert ist, dass es sich in eine andere weiter entfernte Station einbucht. Zudem sind im GSM-Standard Entfernungen von bis zu 70 km zwischen Endgerät und Basis-Station möglich, so dass eine Berücksichtigung der Cell-ID alleine nur gegenüber Spoofing-Angriffen wirksam ist, wenn diese Granularität der Ortung ausreichend ist.

Weiter wird von Wullems et al. untersucht, inwiefern der Time-Advance-Wert (TA-Wert) von GSM herangezogen werden kann, um die Entfernung zwischen Endgerät und Basis-Station zuverlässig festzustellen. Ein Resultat von Wullems ist, dass mit GSM-TA nicht überprüft werden kann, ob ein mobiler Computer tatsächlich eine Distanz von weniger als 4.675 *m* zur Basis-Station hat.

3.3.7 Funktechnische Maßnahmen

In diesem Abschnitt sollen kurz einige Maßnahmen zur Vermeidung von Ortungsmanipulationen skizziert werden, die aus dem Gebiet der Funktechnik stammen und deshalb hier nicht weiter vertieft werden können.

Spoofing wird technischer aufwändiger, wenn die für ein Ortungssystem verwendeten Signale von auf verschiedenen Frequenzen ausgestrahlt werden, weil dann der Angreifer mehr als eine Frequenz stören, weiterleiten oder Signale auf verschiedenen Frequenzen erzeugen muss. Insofern ist das russische GLONASS-System (siehe Abschnitt 3.2.3 (Seite 58)) schwerer anzugreifen als GPS, da hier jeder Satellit auf einer eigenen Frequenz sendet [Bau92, 239], während sich bei GPS alle Satelliten eine Frequenz teilen.

Um das von einem einzelnen Sender in einem Ortungssystem verwendete Frequenzspektrum breiter zu machen, gibt es sog. „Frequenz-Spreizverfahren" (Spread Spectrum Techniques) [PSM82]. Ein solches Verfahren transformiert ein schmalbandiges Signal in ein breitbandiges Signal, so dass sich die Energie des Signals auf ein breiteres Frequenzband verteilt, wodurch das Signal auch „leiser" wird. Es gibt verschiedene Frequenz-Spreizverfahren, z.B. „Frequency-Hopping Spread Spectrum" (FHSS), oder „Direct Sequence Spread Spectrum" (DSSS). FHSS kommt auch bei dem dem in Abschnitt 2.3.5 (Seite 29) vorgestellten Bluetooth-Standard zum Einsatz, um die Datenübertragung robuster gegenüber schmalbandiger Inferenzstörungen zu machen.

Wenn der Empfänger der Ortungssignale mit mehreren Antennen ausgestattet ist, dann kann er erkennen, aus welcher Richtung ein Signal kommt [Sta07]. Dies kann für Plausibilitätskontrollen genutzt werden. Beispielsweise könnte ein einfacher Spoofing-Angriff daran erkannt werden, dass alle Signale aus der gleichen Richtung kommen, obwohl sich die Sender (z.B. Satelliten) an unterschiedlichen Positionen befinden müssten.

Es ist im Allgemeinen aufwändiger, in einem digitalen Funksignal einzelne Bits zu löschen als Bits zu setzen. Es gibt deshalb spezielle Kodierungsverfahren, die dies ausnutzen. Bei Manchester-Coding etwa wird jedes Bit der ursprünglichen Nachricht so auf zwei Bits abgebildet, dass ein Angreifer, der nur Bits setzen kann, keine sinnvolle Nachricht erzeugen kann [CBC07].

3.3.8 In GPS integrierte Anti-Spoofing-Mechanismen

Das US-amerikanische Satellitensystem GPS, welches bereits in Abschnitt 3.2.3 (Seite 55) behandelt wurde, ist das derzeit wohl bekanntes Ortungssystem. Dies liegt daran, dass es praktisch weltweit verfügbar ist und ohne Lizenzgebühren von zivilen Nutzern verwendet werden kann. Zudem basiert mit den KFZ-Navigationsanwendungen eine erfolgreicher mobiler Dienst auf GPS [Hei06][BIT07b]. In diesem Abschnitt soll deshalb kurz auf spezielle Anti-Spoofing-Mechanismen eingegangen werden, die in GPS eingebaut sind; es wird auch ein kurzer Ausblick auf Galileo gegeben (vgl. hierzu auch [PR05] [Küp07] [HWLW08]).

Alle der nominal 24 Satelliten von GPS senden auf den beiden Frequenzen $L1 = 1575.42$ MHz und $L2 = 1227.6$ MHz. Damit die einzelnen Signale noch unterscheidbar sind, kommt das Multiplexing-Verfahren „Code Division Multiple Access" (CDMA) zum Einsatz. GPS bietet zwei Ortungsdienste an [Bau92, 130ff]:

Standard Positioning Service (SPS): Dieser Dienst kann von kommerziellen Nutzern kostenlos verwendet werden und basiert auf dem sog. „Coarse Acquisition Code" (C/A-Code), der auf der Frequenz $L1$ ausgestrahlt wird.

Precise Positioning Service (PPS): Der PPS ist militärischen Nutzern vorbehalten und liefert eine höhere Genauigkeit. Er basiert auf dem „Precise Code" (P-Code), der auf beiden Frequenzen ausgesendet wird. Der P-Code hat eine viel höhere Chipping-Rate als der C/A-Code, weshalb er eine bessere Ortungsgenauigkeit ermöglicht.

Die zwei Codes transportieren beide die gleichen Inhalte, der etwa die Nummer des jeweiligen Satelliten (Space Vehicle Number, SVN) und Laufbahndaten beschreibt. Mit einem geheimen kryptografischen Schlüssel Y kann der P-Code von den Satelliten verschlüsselt werden. Das so erzeugte Chiffrat wird $P(Y)$-Code genannt. Nur autorisierte Nutzer haben Kenntnis von Y. Um den Schaden im Fall der Kompromittierung von Y zu begrenzen wird Y alle 24 h ausgetauscht (sog. „Rekeying"). Allerdings bedeutet heutzutage die Kenntnis von Y keinen Vorteil bzgl. der Ortungsgenauigkeit mehr, da es mittlerweile sog. *kinematic* oder *codeless Receiver* genannte GPS-Empfänger gibt, die auch ohne Y zu kennen die höhere Ortungsgenauigkeit erzielen. In Bezug auf die Vermeidung von Spoofing-Angriffen ist ein Nutzer des PPS aber besser gestellt, da um gefälschte Signale für diesen Dienst zu generieren der Angreifer auch Y kennen muss. Da Y allerdings ein symmetrischer Schlüssel ist bedeutet dies, dass sobald es einem Angreifer gelingt, nur einen GPS-Empfänger mit diesem Schlüssel in seine Gewalt zu bekommen und Y zu extrahieren das ganze System weltweit anfällig gegen Spoofing wird. Neben dem bereits erwähnten Rekeying wird deshalb spezielle manipulationssichere Hardware (*tamper-proof Hardware*) verwendet, die verhindern soll, dass selbst ein Angreifer mit physischem Zugriff auf einen GPS-Empfänger Y auslesen kann [CF03]. Da der Inhalt von $P(Y)$ bekannt ist – die gleiche Navigationsnachricht wird ja auch unverschlüsselt über SPS ausgestrahlt – kann Y prinzipiell mit sog. „Known-Plaintext"-Angriffen ermittelt werden.

Moderne GPS-Empfänger verfügen über eine Funktion, die „Receiver Autonomous Integrity Monitoring" (RAIM) genannt wird [Lan09]. RAIM wurde ursprünglich dazu entwickelt, Fehlfunktionen von Satelliten zu erkennen, wenn mehr als die vier unbedingt benötigten Satelliten sichtbar sind, also redundante Satellitensignale verfügbar sind.

Prinzipiell kann aber RAIM aber zum Erkennen von bestimmten Spoofing-Angriffen eingesetzt werden.

Wie GPS sind für das geplante Europäische Satellitenortungssystem „Galileo" verschiedene Ortungsdienste vorgesehen, die dadurch realisiert werden, dass Navigationsnachrichten auf verschiedenen Frequenzen ausgestrahlt werden [Eur03]. Die Namen dieser Dienste lauten „Open Service" (OS), „Safety of Life Service" (SOL), „Commercial Service" (CS) und „Public Regulated Service" (PRS). Sie unterscheiden sich durch die Garantien für die Genauigkeit und die Verfügbarkeit der Ortung, wobei nur der CS kostenlos verfügbar sein soll.

Die Dienste OS und SOL werden durch eine „Authentication Navigation Message" (ANM) genannte Methode gegen externes Spoofings geschützt. Diese ANM stellt im Prinzip eine digitale Signatur der Signale dar, für deren Überprüfung es ausreichend ist, einen öffentlich bekannten Schlüssel zu kennen.

3.4 Ortungsdatenschutz

Die technische Möglichkeit, durch die Ortung eines mobilen Computers ständig den aktuellen Aufenthaltsort einem Nutzers auf bis zu wenige Meter überwachten zu können, ruft unwillkürlich die Assoziation mit der Orwell'schen Dystopie des „Big Brother" hervor [Orw00]. Dass es tatsächlich entsprechende Bedenken der Nutzer beim Einsatz von Ortungstechnologien gibt, wurde durch einschlägige empirische Studien aufgezeigt, von denen einige im folgenden Abschnitt 3.4.1 beschrieben werden. Aufbauend auf einer Beschreibung verschiedener Missbrauchs-Szenarien in Abschnitt 3.4.4 (Seite 91) werden dann in Abschnitt 3.4.5 (Seite 94) verschiedene Schutzmaßnahmen vorgestellt, die auch gemäß einer neuartigen Klassifikation eingeteilt werden [Dec08e].

3.4.1 Empirie

In der Literatur finden sich einige empirische Studien, die die Datenschutzbedenken der Nutzer im Zusammenhang mit LBS untersucht haben:

- Im Rahmen einer 2002 von TNS EMNID durchgeführten Studie wurden $N = 623$ Internetnutzer zu verschiedenen Aspekten der Nutzung von Location Based Services befragt [EMi02]. Hierbei gaben 40 Prozent der Teilnehmer an, ihr Mobilfunktelefon abschaffen zu wollen, „[...] wenn durch LBS der Aufenthaltsort des Handybesitzers bestimmbar sei." Dieses Ergebnis ist insofern bemerkenswert, als dass eine zumindest ungefähre Ortung über die im Rahmen des Mobililtätsmanagements ohnehin notwendige Ermittlung der gerade verwendeten Funkzelle (Cell-ID) möglich ist, was dieser Teilnehmergruppe offensichtlich nicht bewusst war.

- In [DLA05] wird eine Studie beschrieben, deren Ziel die Erhebung des monetären Wertes von „Location Privacy" war: es wurde dazu vorgegeben, dass über einen Zeitraum von 28 Tagen rund um die Uhr mit dem Zellortungsverfahren der Aufenthaltsort von Teilnehmern an einer fiktiven Studie bestimmt werden würde[5]. Die Interessenten für die Teilnahme an dieser im studentischen Umfeld durchgeführten Studie sollten einen Geldbetrag nennen, für den sie bereit wären, an dieser Studie teilzunehmen; die n Teilnehmer mit den niedrigsten Geboten würden den Zuschlag erhalten. Es wurde also das Prinzip einer Auktion mit verdeckten Angeboten angewendet (sog. „Sealed Auction"), um von den Teilnehmern eine möglichst genaue Angabe ihrer Wertschätzung zu erhalten. Der Median der so ermittelten Geldbeträge unter den $N = 74$ Teilnehmern betrug 10 Britische Pfund, wobei Probanden mit mehr Reisetätigkeiten ihrer „Location Privacy" einen höheren Wert beimaßen.

- Barkhuus & Dey [BD03] befragten $N = 16$ Nutzer über ihre Einschätzung der Gefährlichkeit für die Privatsphäre von vier verschiedenen LBS-Diensten, wobei diese Dienste teilweise über einen Zeitraum von 5 Tagen verwendet werden konnten. Es handelte sich hierbei um jeweils zwei Dienste mit Fremdortung bzw. Selbstortung. Die Fremdortungsdienste wurden von den Probanden als wesentlich gefährlicher für die Privatsphäre eingeschätzt als die Selbstortungsdienste.

- In zwei weiteren Studien ($N_1 = 23$, $N_2 = 35$) fand Barkhuus heraus, dass die wahrgenommene Einschätzung der Gefährdung der „Location Privacy" vor der Benutzung der Dienste höher war als während der eigentlichen Nutzung [Bar04].

- Junglas & Spitzmüller untersuchen mit Hilfe eines Strukturgleichungsmodells, wie verschiedene Persönlichkeitseigenschaften die Absicht zur Nutzung von LBS beeinflussen [JS05, JS06]. Anhand einer unter $N = 470$ Probanden durchgeführten

---

[5]es war nicht die tatsächliche Realisierung der Ortung der Studienteilnehmer geplant oder möglich

Untersuchung kamen sie etwa zu dem Ergebnis, dass die wahrgenommene Nützlich-keit die Nutzungsabsicht am stärksten beeinflusst. Die Größen „wahrgenommene Privatsphäre", „wahrgenommenes Risiko" und „Vertrauen" beeinflussen die Nut-zungsabsicht in gleichem Maße, wenn auch schwächer als die wahrgenommene Nützlichkeit.

Der Verfasser war auch an der Durchführung einer Studie beteiligt, bei der ein Aspekt Ortungsdatenschutz war [Dec08e]: Hierbei wurden studentischen Nutzern der webge-stützten Lernplattform „Ilias" einige kurze Fragen im Zusammenhang mit der Nutzung von mobilen Endgeräten gestellt. Eine dieser Fragen bezog sich konkret auf die Angst der Probanden vor einer Ortung. Hierbei gaben 56 % der Befragten an, dass sie ihr mobiles Endgerät wie bisher verwenden würden, wenn es möglich wäre, sie anhand eines einge-schalteten Gerätes auf ca. 100 Meter genau zu orten; diese Frage wurde von $N = 604$ Teilnehmern beantwortet. Die restlichen Teilnehmer antworteten mit „abschaffen" (4 %), „öfter ausschalten" (33 %) und „nur zum Telefonieren einschalten" (7 %). Auch wie bei der oben erwähnten Emnid-Studie [EMi02] ist dieses Ergebnis bemerkenswert, da diese ungefähre Ortung für das Mobilitätsmanagement in zellularen Netzwerken wie Mobilfunknetzwerken technisch notwendig ist.

Eine weitere Frage dieser Studie beschäftigte sich mit der durchschnittlichen Zeit, in der die Teilnehmer ihr mobiles Endgerät eingeschaltet haben. Diese Frage wurde von $N = 606$ Probanden beantwortet: die durchschnittliche Aktivierungszeit war 18,6 Stunden/Tag, wobei 56 % der Teilnehmer angaben, ihr Endgerät rund um die Uhr eingeschaltet zu haben. Bedingt durch diese hohen Stand-By-Zeiten können Nutzer mobiler Endgeräte also über einen Großteil des Tages oder sogar rund um die Uhr geortet werden.

3.4.2 Überblick

Wie im vorangegangenen Abschnitt anhand einschlägiger empirischer Ergebnisse auf-gezeigt wurde, gibt es seitens der Nutzer Bedenken bei der Erhebung von Ortungsin-formationen. Es gibt auch zahlreiche Publikationen, die sich mit speziellen Ortungsda-tenschutzproblemen beschäftigen. In diesen werden einzelne Missbrauchsszenarien von Ortungsdaten beschrieben und entsprechende technische Maßnahmen entwickelt, um den jeweiligen Missbrauch zu verhindern. Diese Veröffentlichungen betrachten meist aber nur ein isoliertes Szenario. In diesem Unterkapitel wird deshalb ein Überblick über verschiedene Angriffs-Szenarien und technische Gegenmaßnahmen gegeben, wobei zunächst die entsprechenden Annahmen diskutiert werden. Es wird hierbei insbesondere eine Klassifikation verschiedener Missbrauchsszenarien und Gegenmaßnahmen entwickelt. Grundlage für das Unterkapitel bilden zwei Überblicks-Artikel [Dec07d][Dec08e] des Verfassers, die auch Basis für den entsprechenden Teil in einer Vorlesung waren [SS07b].

3.4.3 Annahmen

Im Folgenden wird davon ausgegangen, dass der ortsabhängige Dienst (LBS) von einem unabhängigen Provider angeboten wird, es sich also nicht um den Betreiber eines drahtlosen Kommunikationsnetzes (insbesondere Mobilfunknetz) handelt. Die Annahme unabhängiger Provider wird in vielen einschlägigen Publikationen getroffen und kann auch in Analogie zum drahtgebundenen Internet begründet werden, in dem die Dienste nicht von Kommunikationsunternehmen, sondern unabhängigen Drittanbietern bereitgestellt werden [DIMS07][SS07a]. Fast alle heutzutage populären Internetdienste (z.B. Suchmaschinen, Nachrichtenportale, eCommerce-Angebote, Community-Dienste) werden von Unternehmen betrieben, die keine Kommunikationsunternehmen sind, also deren Kerngeschäft nicht der Aufbau und Betrieb von Kommunikationsinfrastruktur ist.

Aus dieser Annahme folgt, dass die LBS-Provider keinen direkten Zugriff auf die Ortungsinformation eines mobilen Nutzers haben (wie ihn etwa der Betreiber eines Mobilfunknetzes hat, der zumindest über Zellortung den ungefähren Aufenthaltsort eines Nutzers ermitteln kann). Sie sind also darauf angewiesen, dass die Ortungsinformation vom Dienstnutzer selbst mitgeteilt wird (z.B. in Form eines Parameters im Dienstaufruf) oder sie die Berechtigung haben, die Ortungsinformation bei einer speziellen Stelle abzurufen (z.B. beim Mobilnetzbetreiber). Der LBS-Provider verfügt also nur über Ortungsinformationen, die ihm vom Dienstnutzer oder Netzbetreiber zur Verfügung gestellt wurden. Es wird also *nicht* der Fall betrachtet, dass ein Angreifer die Ortungsinformation ohne Wissen des mobilen Nutzers erhebt, etwa durch einen der folgenden Angriffe:

- Selbständige Ortung anhand der von einem mobilen Endgerät ausgestrahlten Funkwellen. Dieser Ansatz kann auch rein technisch durch die sog. „Spread Spectrum Technik" verhindert werden, bei der das Funksignal unter Verwendung eines geheimen Schlüssels moduliert wird, der zwischen Endgerät und Netzbetreiber vereinbart wird. Ohne Kenntnis dieses geheimen Schlüssels ist das Funksignal nicht vom Hintergrundrauschen unterscheidbar [FJKP95].

- Verstecken eines Peilsenders (z.B. in Form eines ortbaren mobilen Endgerätes) oder RFID-Tags in der Kleidung oder im Fahrzeug des Nutzers [SE09].

Weiter wird die Annahme getroffen, dass die Kommunikation zwischen allen beteiligten Parteien sicher ist, das also auch insbesondere die Kommunikation auf der Luftschnittstelle nicht abgehört werden kann, was etwa durch entsprechende Verschlüsselungsverfahren auf der Anwendungsebene erreicht werden kann. Ein Angreifer im Sinne der folgenden Betrachtung kann deshalb Ortungsinformationen nur dann erhalten, wenn er der Provider eines oder mehrerer LBS ist oder einen oder mehrere solche Provider kompromittiert hat.

3.4.4 Missbrauchs-Szenarien

Direktes und indirektes Ortungsdatenschutzproblem

Bei Ortungsinformationen handelt es sich um sensitive Daten, da sich durch ihre Kenntnis u.U. Rückschlüsse auf eine Person ziehen lassen [GG03]:

- Der Aufenthalt an einem bestimmten Ort kann politische Vorlieben aufdecken, wenn z.B. es sich bei diesem Ort um die Räumlichkeiten einer einschlägigen Organisation handelt.

- Ist bekannt, dass eine Person regelmäßig eine medizinische Versorgungseinrichtung (z.B. Krankenhaus, Praxisräumlichkeiten eines Spezialisten etwa für Diabetes-Erkrankungen) aufsucht, lässt die Rückschlüsse auf gesundheitliche Probleme zu.

- Anhand von Ortungsinformationen kann auch auf persönliche Bekanntschaften oder den Arbeitgeber geschlossen werden.

Die Kenntnis von Ortungsinformation durch einen Angreifer kann sich aber auch direkt nachteilig für einen Nutzer auswirken, wenn diese dazu verwendet wird, den Nutzer für einen Überfall abzufangen.

Ein Angriff liegt vor, wenn aus Ortungsinformationen mehr Informationen abgeleitet werden können, als der Nutzer bei der Freigabe seiner Ortungsdaten beabsichtigte. Diese zusätzlich gewonnene Information kann einer bestimmten Unsicherheit unterliegen, durch den Angriff wurde aber diese Unsicherheit reduziert.

Weiter kann unterschieden werden, ob die Ortungsinformation mit oder ohne Zeitbezug ist, da der Aufenthalt an bestimmten Orten evtl. nur unter Kenntnis des Zeitbezugs gewissen Rückschlüsse zulässt oder verdächtig ist. Wird ein Raum von verschiedenen Organisationen als Versammlungszimmer genutzt, so ist der Zeitbezug notwendig, um den Nutzer anhand der Ortungsinformation einer bestimmten politischen Gruppierung zuzuordnen. Der Aufenthalt in einem Einkaufszentrum außerhalb der gewöhnlichen Geschäftszeiten (z.B. Mitternacht) ist verdächtig, wenn der Nutzer nicht als Nachtwächter dort beschäftigt ist. Besonders verdächtig ist der Aufenthalt an einem Ort zu einem bestimmten Zeitpunkt, an dem dort ein Verbrechen verübt wurde. Es kann auch bedeutsam sein zu wissen, wie oft ein bestimmter Nutzer einen bestimmten Ort aufgesucht hat: wurde innerhalb eines Jahres eine Spezialklinik nur einmal aufgesucht so kann dies als Krankenbesuch gewertet werden, während regelmäßiges Aufsuchen dieser Einrichtung auf eine entsprechende Erkrankung des Nutzers schließen lassen.

Wie diese Überlegungen zeigen, kann die direkte Zuordnung von Ortungsinformationen zu einem bestimmten Nutzer dessen Privatsphäre beeinträchtigen. Vielen Arten von LBS können aber angeboten werden, ohne dass der jeweilige Provider die Identität des jeweiligen Nutzers kennt. Es liegt deshalb nahe, die Nutzeridentität durch ein Pseudonym [PK00] zu ersetzen, bevor eine Dienstanfrage an den Provider gestellt wird. Diese Pseudonymisierung muss durch einen vertrauenswürdigen Mediator vorgenommen werden. Wenn diese pseudonymisierte Anfrage noch nicht die benötigte Ortungsinformation beinhaltet, kann diese durch den Provider bei einem Ortungsdienst unter Nennung des Pseudonyms abgefragt werden. Es gibt verschiedene Arten von Pseudonymen, die weiter unten noch eingehender vorgestellt werden. Allerdings gibt es Szenarien, in denen anhand der Ortungsinformation auf die hinter einem Pseudonym stehende Identität geschlossen werden kann. Um diese beiden Fälle voneinander abzugrenzen wird bei Missbrauchsszenarien mit nicht-pseudonymisierten Ortungsdaten vom „direkten Ortungsdatenschutzproblem" gesprochen, bei Missbrauchsszenarien mit pseudonymisierten Ortungsdaten hingegen vom „indirekten Ortungsdatenschutzproblem". Im folgenden Unterabschnitt werden einige Angriffe aus pseudonymisierten Ortungsdaten diskutiert.

Das indirekte Ortungsdatenschutzproblem

Es gibt Szenarien mit pseudonymisierten Ortungsdaten, in denen unter Auswertung zusätzlicher externer Informationen auf die hinter dem Pseudonym stehende Identität geschlossen werden kann. In solch einem Fall kann das Pseudonym als „Quasi-Identifizierer" aufgefasst werden.

Im Falle der sog. „Restricted Space Identification" [GG03] kann alleine vom Aufenthalt an einem bestimmten Ort auf die Identität des Nutzers geschlossen werden. Solche Orte können etwa Wohnhäuser, private Grundstücke oder Bürozimmer sein. Befindet sich ein Nutzer etwa auf einem Privatgrundstück, dann könnte darauf geschlossen werden, dass es sich bei dem Nutzer um den Besitzer des Grundstückes handelt. Dieser Angriff kann daher auch als „Vorgartenangriff" bezeichnet werden [Dec07d]. Die externen Informationen für dieses Angriffsszenario sind etwa Kartenmaterial, Telefonbücher und Adressverzeichnisse. In [Kru07] wird ein Versuch beschrieben, bei dem von 172 Probanden für mehrere Tage die GPS-Ortung aufgezeichnet wurde. In 5% der Fälle konnte anhand dieser Daten auf die jeweilige Person geschlossen werden. Bei einem anderen Versuch konnten sogar 85% der Ortungsdaten eine Wohnungsadresse zugeordnet werden [HGXA06]; allerdings war es hier aufgrund des Versuchsaufbaus nicht möglich, die so ermittelten Adressen auch zu verifizieren.

Die zeitliche Abfolge verschiedener Aufenthaltsorte eines Nutzers kann auch ein Quasi-Identifizierer sein, z .B. wenn bekannt ist, über welche Strecke ein Nutzer jeden Werktag an seinen Arbeitsplatz pendelt [BWJ05]. In diesem Fall sprechen wir von einem „Pendler-Angriff".

Ein weiterer Angriff auf pseudonymisierte Ortungsdaten ist der Observationsangriff [GG03]. Hierbei kann der Angreifer bestimmte Orte überwachen und Nutzer erkennen, z.B. unter Verwendung von Kamerasystemen. Ist bekannt, dass Nutzer A zu einem bestimmten Zeitpunkt an Ort L war, und gibt es einen pseudonymisierten Nutzer, dessen Ortungsdaten den Aufenthalt an diesem Ort zu diesem Zeitpunkt beinhalten, so kann mit einer gewissen Wahrscheinlichkeit darauf geschlossen werden, dass hinter dem Pseudonym Nutzer A steht. Dieses Angriffsszenario erscheint insbesondere mit Hinblick auf die weite Verbreitung von technischen Einrichtungen, die der Überwachung oder automatischen Identifikation von KFZ und Menschen dienen, als relevant. In Großbritannien etwa sind Überwachungskameras weit verbreitet, ein Einwohner der Hauptstadt London soll statistisch gesehen täglich von 300 Überwachungskameras gefilmt werden [Die07]. Auch Systeme zur automatischen Erkennung der Nummernschilder von KFZ sind weit verbreitet [Hof11], etwa für Mautsysteme wie TollCollect (hier in Form der „Tollchecker" genannten Kontrollbrücken, von denen über 100 Stück an deutschen Autobahnen aufgestellt sind [Bor03]) oder zur Verkehrsüberwachung. Die EU-KFZ-Kennzeichen sind speziell darauf ausgelegt, eine leichte digitale Erfassung mit der sog. „Optical Character Recognition"-Technologie (OCR) zu ermöglichen [SH98]. Dies ist vor dem Hintergrund der weiten Verbreitung von Navigationslösungen für KFZ [Can06][GfK08], die als Basis für die Verbreitung von LBS gesehen werden können, bedenklich. Es gibt aber auch Systeme zur Gesichtserkennung von Passanten. Ein solches System wurde bereits vom Bundeskriminalamt für Fahndungszwecke evaluiert [BKA07][Lan07]. RFID-Tags stellen auch eine Gefahr dar, einen Nutzer zu orten, etwa wenn sie in Konsumgüter zur Unterstützung logistischer Vorgänge eingearbeitet sind, darüber hinaus aber noch aktiv bleiben, so dass ein Lesegerät den Aufenthalt eines Nutzers feststellen kann [Sch08].

Aber auch wenn ein solches System einen Nutzer nicht identifizieren, sondern nur bei einem Zweitkontakt wieder erkennen kann, so stellt dies eine Gefahr für die Pseudonymisierung dar: hierbei könnten verschiedene Pseudonyme eines Nutzers (z.B. Pseudonyme für verschiedene Sitzungen oder Diensttypen) zusammengeführt werden.

3.4.5 Schutzmaßnahmen

In diesem Abschnitt werden verschiedene technische Schutzmaßnahmen vorgestellt, die die erläuterten Missbrauchsszenarien von Ortungsinformation verhindern können.

Diese Schutzmaßnahmen können wie in Abbildung 3.4 dargestellt klassifiziert werden: auf der obersten Ebene wird zwischen Policy-Ansätzen, der Veränderung des Requests, der Erzeugung von Dummy-Requests und dem Wechsel des Providers unterschieden. Die Klasse „Veränderung des Requests" kann weiter unterteilt werden in Pseudonymisierung oder die bewusste Verschlechterung der Ortungsinformation. Es gibt verschiedene Formen der Pseudonymisierung, die bewusste Verschlechterung des Requests kann auch auf verschiedene Arten realisiert werden: es kann die Ortung ausgeblendet werden, also ein Funkloch simuliert werden. Die Reduktion der räumlichen Genauigkeit ist eine nahe liegende Maßnahme, es kann aber auch sinnvoll sein, zusätzlich oder ausschließlich

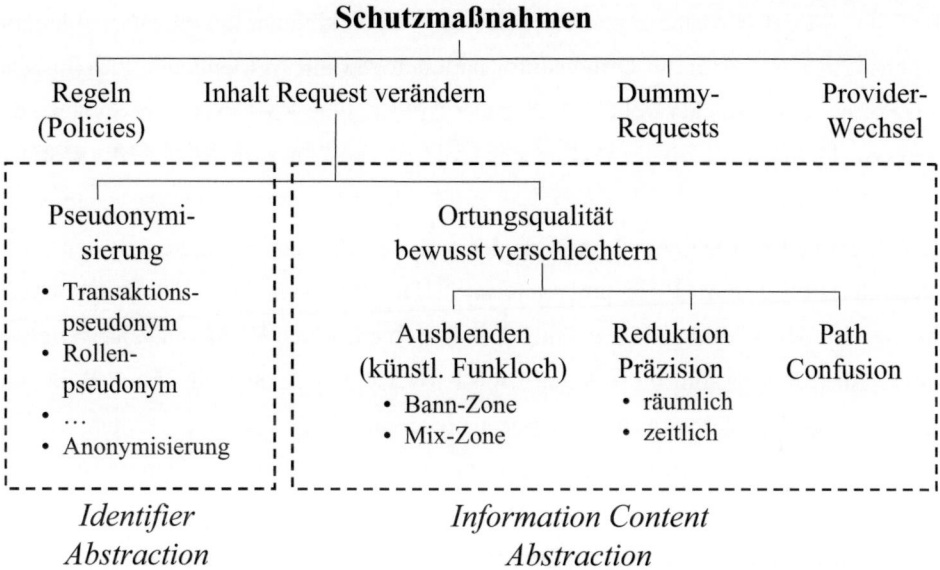

Abb. 3.4: Klassifikationsschema für verschiedene technische Maßnahmen für Ortungsdatenschutz [Dec08e]

die zeitliche Genauigkeit zu reduzieren; eine besondere Form ist letztendlich noch die Überkreuzung von Pfaden (Path Confusion).

Policy-Ansätze

Bei Policy-Ansätzen wird versucht, so genau wie möglich zu beschreiben, unter welchen Bedingungen ein LBS-Provider Ortungsinformationen einer bestimmten Güte von einem bestimmten Nutzer erhalten darf. Ein Beispiel für eine Regel wäre etwa, dass ein Provider an Wochentagen zwischen 8 und 18 Uhr höchstens alle 10 Minuten mit einer Auflösung von 100 Meter die Aufenthaltsort eines Nutzers abfragen darf, aber nur solange dieser sich in einem bestimmten Bundesland befindet. Ohne Policy-Ansätze wäre es u.U. auch notwendig, bei jeder Ortungsanfrage den Nutzer auf seinem mobilen Endgerät um eine explizite Zustimmung zu fragen, was insbesondere bei Diensten, die mehrere Ortungsanfragen über eine Sitzung hinweg benötigten, kaum zumutbar ist.

Meyles et al. [MFD03] schlagen einen Ansatz für Policies vor, bei dem Kontext-Parameter wie der Aufenthaltsort des Nutzers, die aktuelle Zeit, die Anwesenheit anderer Nutzer oder die Art der Dienstanfrage berücksichtigt werden können, um zu entscheiden, ob einem Provider Zugriff auf Ortungsinformationen gewährt werden kann. Ihre Sprache zur Formulierung solcher Policies verwendet APPEL, eine XML-basierten Sprache, die Teil des „Platform for Privacy Preferences Projects" des W3Cs ist (W3C P3P) [W3C11].

Langheinrich beschreibt ein System namens „pawS" (Privacy Awareness System), das ebenfalls auf P3P und APPEL aufbaut [Lan02]. Dieses System adressiert Anwendungen im Bereich des ubiquitous Computing, bei dem in einzelnen Räumen Dienste angeboten werden. Jeder Raum mit solchen Diensten verfügt auch über eine Funk-Bake, die ausstrahlt, welche Dienste mit welchen Anforderungen an Daten angeboten werden. Das mobile Endgerät des Nutzers delegiert diese Informationen an einen persönlichen Privacy-Proxy im stationären Internet. Dieser Proxy im vom Nutzer mit APPEL konfiguriert und kontaktiert die einzelnen Dienste, um deren Policy mit denen des Nutzers zu vergleichen. Es ist auch vorgesehen, dass ein Dienst verschiedene Policies hat, die dann aber zu unterschiedlichen Dienstgüten führen.

Die "Internet Engineering Task Force" (IETF) ist eine internationale Organisation, die nicht-bindende Standards für das Internet entwickelt. Sie verfügt u.a. über die Arbeitsgruppe „Geopriv", die sich mit den speziellen Datenschutzproblemen von LBS beschäftigt [Mül04][IET11]. Geopriv hat einen Vorschlag für ein XML-basiertes Datenformat ausgearbeitet, mit dem entsprechende Policies ausgedrückt werden können. Eine Policy besteht hierbei aus mehreren Regeln, wobei jede dieser Regeln aus den Teilen Bedingung, Aktion und Transformation besteht. Bei der Anfrage eines LBS nach Ortungsinformation wird zunächst überprüft, ob eine Bedingung greift. In der Bedingung wird dann genauer beschrieben, unter welchen Umständen dieser Zugriff gewährt werden darf. Im Transformations-Teil einer Regel kann beschrieben werden, ob die Ortungsinformation noch verändert werden soll, bevor sie an den LBS-Provider geschickt wird, z.B. ob die räumliche Genauigkeit reduziert werden soll.

Pseudonymisierung

Das Grundprinzip der Pseudonymisierung wurde bereits in Abschnitt 3.4.4 (Seite 91) erklärt, um die Unterscheidung in direktes und indirektes Datenschutzproblem einzufüh-

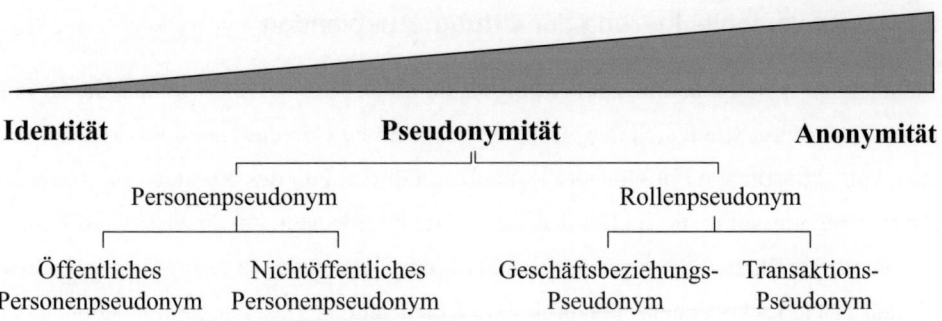

Abb. 3.5: „Anonymitätsstreifen" mit verschiedenen Formen von Pseudonymen (eigene Darstellung [BSD05] in Anlehnung an [FP04, 487])

ren. Es können verschiedene Formen von Pseudonymen unterschieden werden [PK00] [BSD05], die in Abbildung 3.5 dargestellt sind: Ein Pseudonym, das nur für einen bestimmten Zweck eingesetzt wird (z.B. Nutzung von LBS) wird Rollenpseudonym genannt. Weiter kann unterschieden werden, ob solch ein Rollenpseudonym nur für eine Transaktion oder eine (LBS-)Sitzung verwendet wird; ist dies der Fall, so ist das Rollenpseudonym ein Transaktionspseudonym, wobei die Transaktion üblicherweise mehrere Kommunikationsschritte umfasst. Ein Beziehungspseudonym liegt vor, wenn ein Rollenpseudonym für mehrere Transaktionen oder Sitzungen verwendet wird. Den Rollenpseudonymen stehen die Personenpseudonyme entgegen, ihre Nutzung ist nicht nur auf einen Zweck beschränkt. Ist öffentlich bekannt, welcher Nutzer hinter einem Personenpseudonym steht (z.B. e-Mail-Adresse, Telefonnummer), so spricht man von einem öffentlichen Personenpseudonym, andernfalls von einem nicht-öffentlichen Personenpseudonym. Öffentliche Personenpseudonyme dienen nicht dem Datenschutz sondern um den Umgang mit Kommunikationsmedien zu vereinfachen.

Die stärkste Form der Pseudonymität ist Anonymität: es handelt sich hierbei um ein Pseudonym, das nur für einen Kommunikationsschritt (z.B. ein Request-Response-Zyklus zwischen Dienstnutzer und Provider) verwendet wird. Das Pseudonym wird in diesem Fall also nur vom Mediator dazu verwendet, eine Dienstantwort (Response) der entsprechenden Dienstanfrage (Request) zuzuordnen. Je häufiger ein Pseudonym eingesetzt wird, desto größer ist die Gefahr, dass es aufgedeckt wird. Dies soll in Zeichnung 3.5 durch den keilförmigen Anonymitätsstreifen veranschaulicht werden.

Bewusste Verschlechterung der Ortung: Ausblenden

„Ausblenden" als Maßnahme zum Ortungsdatenschutz bedeutet, dass einfach die Ortung unterdrückt wird, wenn sich der Nutzer in bestimmten Gebieten befindet. Man könnte auch von „künstlichen Funklöchern" sprechen. Für den Fall des direkten Ortungsdatenschutzproblems sollte diese „Bann-Zonen" Orte überdecken, bei denen der Aufenthalt entsprechende Rückschlüsse auf personenbezogene Daten (etwa Interessen) zulässt. Bezogen auf das indirekte Datenschutzproblem können geeignet festgelegte Bann-Zonen den Vorgarten- und den Observations-Angriff verhindern. Für letzteres ist es aber erforderlich, dass die observierten Orte bekannt sind, es z.B. keine versteckten Kameras gibt.

Der naive Ansatz bei der Festlegung einer Bannzone wäre es, einen Kreis um den jeweiligen Ort zu ziehen. In diesem Fall könnte aber der Angreifer den Schwerpunkt des Kreises erraten, wenn er genug Beobachtungen hat, bei denen der mobile Nutzer am Rand des Kreises „verschwindet". Es wird deshalb folgendes Vorgehen vorgeschlagen [Kru07]: Zunächst wird ein Kreis mit dem jeweiligen Ort als Mittelpunkt gezeichnet; es wird dann zufällig ein weiterer Punkt innerhalb dieses Kreises gewählt, der den Mittelpunkt für den tatsächlichen Bann-Kreis darstellt.

„Mix-Zonen" sind ein Spezialfall von Bann-Zonen für pseudonymisierte Nutzer [BS03] [BS04]. Eine Mix-Zone wird von mehreren pseudonymisierten Nutzern geteilt. Wie in gewöhnlichen Bann-Zonen wird die Ortung unterdrückt, solange der Nutzer sich in ihnen aufhält. Beim Verlassen der Mix-Zone erhalten die Nutzer aber zusätzlich ein neues Pseudonym. Wenn die Mix-Zone von genügend Nutzern frequentiert wird, dann verliert der Angreifer so die Zuordnung zwischen den Pseudonymen, die in der Mix-Zone verschwinden, und den neuen Pseudonymen, die aus der Mix-Zone herauskommen. Die Idee der Mix-Zonen geht auf das Konzept der Chaum'schen Mix-Kaskaden zurück [Cha81][Ble00], bei denen e-Mail-Nachrichten über mehrere Anonymisierungs-Server geroutet werden, um Kommunikationsbeziehungen zwischen Absender und Empfänger zu verschleiern.

Bewusste Verschlechterung der Ortung: Reduktion der Präzision

Ein naheliegender Ansatz, vielen Ortungsdatenschutzproblemen zu begegnen, ist die bewusste Reduktion der räumlichen Genauigkeit der Ortung. Es gibt viele Beispiele für

LBS-Dienste, die nicht die von einer GPS-Ortung üblicherweise gelieferte Genauigkeit benötigen: so ist es für einen LBS-Dienst zur Bereitstellung einer ortsabhängigen Wettervorhersage ausreichend, wenn dem entsprechenden Provider eine Ortung übermittelt wird, die nur auf wenige Kilometer genau ist.

Einfache Verfahren, die räumliche Präzision der Ortung zu reduzieren, ist etwa das Aufaddieren von zufälligem Rauschen [Kru07] oder das Abschneiden/Runden der von der Ortung zurück gelieferten Koordinatenwerte. Die letzten beiden Möglichkeiten haben allerdings den Nachteil, dass die „Koordinatensprünge" Rückschlüsse zulassen: werden etwa alle Nachkommastellen abgeschnitten und springt der Wert einer Koordinate von „2" auf „3", so kann daraus geschlossen werden, dass der Nutzer gerade am Ort mit der Koordinate „3.0" angekommen ist. Bei der Rundungsmethode lässt die Beobachtung dieses Sprungs die Schlussfolgerung zu, dass der Nutzer gerade die „Rundungsgrenze" überschritten hat, z.B. bei kaufmännischem Runden für das betrachtete Zahlenbeispiel die Koordinate „2.5".

Neben der Reduktion der räumlichen Ortungspräzision kann es aber Szenarien geben, in denen (zusätzlich) die zeitliche Präzision der Ortung reduziert wird. Für das direkte Ortungsdatenschutzproblem ist dies etwa sinnvoll, wenn der Aufenthalt an bestimmten Orten nur zu bestimmten Zeiten verdächtig ist. Beim indirekten Ortungsdatenschutzproblem kann ein Observationsangriff verhindert werden, wenn in dem der Ortsinformation zugeordneten Zeitraum mehrere potenzielle Nutzer am observierten Ort waren, so dass kein Rückschluss mehr auf die Identität des pseudonymisierten Nutzers mehr möglich ist.

Räumliche und zeitliche Ortungspräzision sind orthogonal zueinander, wie auch in Abbildung 3.6 (Seite 101) dargestellt. Es lassen sich so etwa Beispiele für LBS-Dienste finden, bei denen eine höchstmögliche Präzision der Ortung wünschenswert ist, diese aber um mehrere Stunden oder sogar Wochen verzögert sein kann:

- Beispielsweise wird in [GG03] ein „Road Hazard Detection" genannter LBS beschrieben, bei dem in Kraftfahrzeuge integrierte Computer (etwa Bordcomputer) protokollieren, an welchen Orten es zu kritischem Fahrverhalten gekommen ist, z.B. Vollbremsungen, oder gefährliche Ausweichmanöver. Diese Orte werden dann ohne Zeitbezug etwa einmal im Monat von allen an dem Dienst teilnehmenden Fahrzeugen an den Dienstbetreiber (z.B. Verkehrsbehörde) übermittelt, die dann auswerten kann, ob es an bestimmten Orten eine Häufung protokollierter Ereignisse gibt, so dass der entsprechende Straßenabschnitt etwa verkehrsplanerisch überarbeitet werden kann (etwa zusätzliche Beschilderung oder geänderte Verkehrsführung).

- Denkbar wäre auch ein mobiler Blogging Dienst, mit dem ein Nutzer ein öffentlich einsehbares Webtagebuch führen kann, das zusätzlich noch den Ort anzeigt, an dem der jeweilige Eintrag erzeugt wurde, z.B. um touristische Attraktionen zu kommentieren. Ein hierfür erstellter Eintrag könnte durchaus um einige Stunden verzögert an den Dienstprovider weitergeleitet werden. Die Ortung des mobilen Nutzers, der einen Blogeintrag erstellt, soll aber möglichst genau sein.

- Weiter könnte es einen LBS geben, mit dem ein Nutzer nur am Erzeugungsort für andere Nutzer sichtbare virtuelle Botschaften hinterlegen kann („virtuelle Graffiti", z.B. [BG02]). Bei diesen Botschaften kann es sich etwa auch um Anmerkungen zu touristischen Attraktionen handeln. Für die meisten Fälle dürfte es bei diesem Dienst nicht notwendig sein, dass die Botschaften sofort für andere Nutzer verfügbar sind, die Nachrichten könnten also verzögert an den LBS-Dienst weitergeleitet werden.

- Allgemein ist eine zeitliche Verzögerung bei möglichst präziser Ortung immer dann möglich, wenn mit einem mobilen Endgerät Daten samt Ortsbezug erfasst werden sollen, diese Daten aber nicht zeitkritisch sind, also nicht sofort an den LBS-Provider übertragen werden müssen. Für ein innerbetriebliches Szenario wäre hier etwa ein Dienst denkbar, bei dem mobile Arbeiter im Feld Schadensmeldungen erfassen, für die auch noch der Schadensort festzuhalten ist.

Der gegenteilige Fall wäre ein LBS-Dienst, für den eine recht unpräzise Ortungsinformation ausreichend ist, bei dem die Ortungsinformation aber in Echtzeit vorliegen sollte. Ein Beispiel hierfür wäre ein Dienst der den Nutzer in Abhängigkeit von seinem Aufenthaltsort vor unmittelbar bevorstehenden Unwetterkatastrophen warnt [Fra01] oder ein mobile Advertising Dienst für zeitlich limitierte Angebote (z.B. Last-Minute) in einer bestimmten Region.

Zur Veranschaulichung sind in Abbildung 3.6 deshalb in Form einer Tabelle verschiedene Beispiele für LBS eingezeichnet.

Im Zusammenhang mit der Präzision von Ortungsinformation sollte noch beachtet werden, dass auch recht ungenaue Informationen eine Gefährdung darstellen können, wenn

Räumliche Ortungspräzision

	hoch	niedrig
Zeitliche Ortungspräzision — hoch	Turn-by-Turn-Online Navigation, POI-Finder, Touristenführer	Unwetter-Warnung, Werbung für zeitkritische Angebote
Zeitliche Ortungspräzision — niedrig	**Mobile Blogging, virtual Grafitti/Memo, Road Hazard Detection, mobile Datenerfassung**	Ortsabhängige Nachrichten, Wetter-Vorhersage

Abb. 3.6: Orthogonalität von räumlicher und zeitlicher Ortungspräzision [Dec08e]

sie nämlich einen Rückschluss darauf zulassen, wo der Nutzer sich *nicht* aufgehalten hat. Beispielsweise die Information, dass sich ein bestimmter Nutzer auf einem bestimmten Kontinent aufgehalten hat, ist relativ unpräzise, kann ihn aber dennoch in Schwierigkeiten bringen, wenn etwa für seinem Arbeitgeber im fraglichen Zeitraum eine Verpflichtung in einem Land wahrzunehmen hatte, welches sich *nicht* auf diesem Kontinent befindet.

k-Anonymität

Ein weiterer Ansatz der Präzisions-Reduktion ist die Berechnung einer sog. Cloak-Box (to cloak (engl.): verhüllen, verdecken). Bei diesem Ansatz erhält der LBS-Provider als Ortsangabe eine rechteckige Fläche übermittelt, die so berechnet ist, dass sie noch $k-1$ ($k \in \mathbb{N}, k > 1$) andere potenzielle Nutzer enthält [GG03]. Im weiteren wird dieses Konzept auf seine räumliche Dimension beschränkt erörtert, es ist aber auch möglich, die zeitliche Dimension zu berücksichtigen, also eine dreidimensionale Box zu verwenden. Diese zeitliche Dimension ist dann so lange, dass sich die geforderte Anzahl von insgesamt k potenziellen Nutzern im beschriebenen Rechteck aufgehalten hat.

Der erste Algorithmus für die Berechnung einer solchen Cloak-Box wurde von Gruteser & Grunwald angegeben [GG03]. Er basiert auf Quadtrees, einer Datenstruktur, die hauptsächlich als Indexdatenstruktur für mehrdimensionale Daten in Datenbanksystemen eingesetzt wird [Bil99, 334f]. Das Grundprinzip dieses Ansatzes ist es, das Referenzgebiet rekursiv in vier gleich große Quadranten aufzuteilen. Hierbei wird immer der Quadrant, in dem sich der aufrufende Nutzer befindet, wiederum in vier Quadranten aufgeteilt. Dies wird solange wiederholt, bis der resultierende Quadrant weniger als die geforderten k Nutzer enthält. Es wird dann zum vorherigen Quadrant zurückgesprungen, der als Ergebnis-Cloak-Box an dem LBS-Provider übermittelt wird. Gruteser & Grunwald haben diesen Algorithmus auch durch eine Verkehrssimulation mit realistischen Annahmen simuliert, als mobile Nutzer wurden also KFZ-Fahrer angenommen. Hierbei konnten für Gebiete mit einer hohen Verkehrsdichte Cloak-Boxen erzeugt werden, bei denen der Median der Abweichung 30 bis 65 Meter betrug.

Ein fortgeschrittener Algorithmus für das Problem der Berechnung von Cloak-Boxen wird in [GL05] beschrieben. Dieser Algorithmus wird „CliqueCloak" genannt, da er auf das graphentheoretische Problem der Bestimmung vollständiger Teilgraphen (sog. Cliquen) hinausläuft. Bei diesem Algorithmus kann jeder Nutzer für jeden Request auch noch die maximale Größe der Cloak-Box sowie einen bestimmten k-Wert fordern.

Es wird zunächst ein Graph erzeugt, in dem jeder Request als Knoten dargestellt ist; zwei Konten werden miteinander verbunden, wenn sie prinzipiell unter Berücksichtigung der vom jeweiligen Nutzer geforderten Mindestgenauigkeit zusammen in einer Cloakbox liegen könnten. Um eine zulässige Cloakbox zu finden, muss also eine Clique ermittelt werden.

Auch dieser Algorithmus wurde mit einer Verkehrssimulation evaluiert, wobei die mittle Größe der Cloakbox zufällig mit einem Mittelwert von 100 Metern erzeugt wurde, der k-Wert für jeden Request wurde auch durch einen Zufallsgenerator festgelegt, der ganzzahlige Werte zwischen 2 und 5 liefern konnte. Mit diesen Simulationen konnten für ca. 90 % der Nutzerrequests zulässige Cloakboxen bestimmt werden.

Bamba und Liu stellen mit „PrivacyGrid" ein Rahmenwerk vor, das u.a. drei Algorithmen zur Berechnung von Cloakboxen beschreibt [BL07]. Es wird hierbei nicht nur die gewünschte k-Anonymität des Nutzers berücksichtigt, sondern auch die l-Diversity. Neben diesen beiden Werten kann jeder einzelne Nutzer auch eine maximale vertikale, horizontale und zeitliche Ungenauigkeit spezifizieren, die die Cloakbox beinhalten darf. Der Namen des Frameworks rührt daher, dass über die Referenzfläche ein Gitter mit gleich großen Zellen gelegt wird. Die von den Algorithmen zurück gelieferten Cloak-Boxen bestehen immer aus benachbarten Gitterzellen. Der erste Algorithmus wird „QuadGrid"-Cloaking genannt, der mit einer „Hierarchical Grid Index" genannten Datenstruktur arbeitet. Über der Gitterfläche gibt es noch weitere Ebenen mit Gittern, die aber gröbere Zellen haben. Als oberste Ebene 0 wird eine Zelle angenommen, die die gesamte Referenzfläche umfasst. Die darunter liegende Ebene 1 unterteilt die Referenzfläche in vier gleich große Zellen, die in einem 2×2-Gitter angeordnet sind. Jede dieser vier Zellen wird als Elternzelle von wiederum vier Kinderzellen aufgefasst. Für jede Zelle der untersten Ebene wird die Anzahl der mobilen Nutzer und der statischen Objekte gespeichert.

Soll nun für den Request eines mobilen Nutzers eine Cloakbox berechnet werden, so wird zuerst die Zelle auf der untersten Ebene bestimmt, in der sich der Nutzer aufhält. Es wird dann überprüft, ob die Zelle schon genügend andere Nutzer und statische Objekte beinhaltet. Ist dies der Fall, kann sie direkt als Ergebnis an den LBS-Provider weitergeleitet werden. Wenn dies nicht zutrifft, dann wird eine horizontal oder vertikal benachbarte Zelle hinzugenommen; diese zusätzliche Zelle muss aber die gleiche Elternzelle haben wie die Zelle mit dem aufrufenden Nutzer. Sind auch unter Hinzunahme dieser Zelle die Anforderungen an den k- und den l-Wert nicht erfüllbar, dann wird die Elternzelle der Ausgangszelle betrachtet, der Algorithmus bewegt sich also eine Ebene nach oben. Auch hier wird zunächst überprüft, ob die Elternzelle k- und l-Wert erfüllt. Ist dies nicht der Fall, wird wieder eine Nachbarzelle hinzugenommen. Wenn so letztendlich eine geeignete Cloakbox ermittelt wurde, dann ist noch zu überprüfen, ob hierdurch die maximale horizontale und vertikale Abweichung nicht die vom Nutzer vorgegebenen Werte überschreiben. Ist dies der Fall, so muss das Ergebnis verworfen werden, es kann also keine geeignete Cloakbox ermittelt werden. Es gibt aber auch die Möglichkeit, für eine bestimmte Zeit zu warten. Wenn in dieser Zeitspanne genügend andere mobile Nutzer in der Umgebung des Aufrufers in Erscheinung treten, kann mit diesen doch noch eine zulässige Cloakbox berechnet werden.

Dieser Algorithmus ist zwar sehr schnell, bildet aber oftmals unnötig große Cloak-Boxen, da nur Nachbarzellen mit der gleichen Elternzelle hinzugenommen werden können. Es werden deshalb noch zwei weitere Algorithmen vorgeschlagen: der „Dynamic Bottom-Up-Grid-Cloaking"-Algorithmus hat diese Einschränkung nicht, es wird auch nicht die Hierarchie der Grid-Ebenen verwendet. Der Startzelle kann eine beliebige horizontale oder vertikale Nachbarzelle hinzugefügt werden, wenn von ihr alleine die

Anforderungen an die Werte k und l nicht erfüllt werden. Sind hiermit immer noch nicht diese Werte erfüllt, dann wird im nächsten Schritt die bisherige Cloakbox um eine benachbarte Zeile oder Spalte erweitert, so dass sich eine Cloakbox mit gleich vielen Zeilen und Spalten ergibt. Auch diese Cloakbox kann weiter erweitert werden, bis die gewüschten k- und l-Werte erfüllt werden.

Der „Dynamic Top-Down-Grid-Cloaking"-Algorithmus hingegen beginnt mit einer Cloakbox, die die komplette Referenzfläche umfasst und schneidet dann sukzessive Zeilen oder Spalten am Rand der Cloakbox ab, so dass die verbleibenden Zellen der Cloakbox immer noch eine rechteckige und zusammengehörige Fläche bilden. Dies wird so lange fortgeführt, bis die Cloakbox die geforderten k- und l-Werte nicht mehr erfüllt, es wird dann die Cloakbox der vorhergehenden Iteration als Ergebnis zurückgeliefert, soweit sie die maximale räumliche Ungenauigkeit erfüllt.

Der „Bottom-Up"- und der „Top-Down"-Algorithmus können auch kombiniert werden, dies nennen die Autoren „Hybrid Cloaking". Hierbei für jeden eingehend Request separat entschieden, ob entweder die „Bottom-Up"- oder die „Top-Down"-Variante verwendet werden soll. Es wird hierzu anhand einer Heuristik für beide Varianten die voraussichtlich benötigte Rechenzeit ermittelt und dann die Variante angewendet, deren so ermittelte Rechenzeit günstiger ist. Die Rechenzeit kann hierbei unter Berücksichtigung des geforderten k-Wertes, der durchschnittlichen Anzahl der Nutzer pro Zelle, sowie der Gittergröße und der maximalen räumlichen Abweichung berechnet werden.

Die vorgestellten Ansätze gehen von einer zentralen vertrauenswürdigen Drittpartei aus, die als Mediator zwischen mobilen Nutzern und Dienstprovider fungiert. Diese vertrauenswürdige Drittpartei stellt aber einen „Single Point of Failure" dar. Es gibt deshalb auch die Idee, die vom Mediator übernommenen Funktionen dezentral zu implementieren.

Chow et al. stellen ein Verfahren vor, bei dem die einzelnen mobilen Endgeräte direkt untereinander (Peer-to-Peer) in Form eines MANET (siehe Abschnitt 2.3.1 (Seite 18)) miteinander kommunizieren können [CML06]. Es wird davon ausgegangen, dass diese Endgeräte über ein Eigenortungsverfahren ihre Position bestimmen können. Der eigentliche Aufruf des LBS geschieht aber über ein Weitverkehrs-Infrastrukturnetzwerk. Über MANET-Kommunikation sucht der Dienstaufrufer die erforderliche Zahl von $k-1$ mobilen Endgeräten in seiner Umgebung; er sendet also eine entsprechende Nachricht an alle Endgeräte in seiner Reichweite, die ihrerseits diese Nachricht wiederum weiterreichen können (es gibt aber eine Obergrenze, wie oft eine Nachricht weiterleitet werden darf). Die einzelnen an diesem Protokoll beteiligten Endgeräte können auch jeweils über Eigenortung ihre Position feststellen, so dass die Abmessung der Cloakbox bestimmt werden kann. Der eigentliche Dienstaufruf unter Verwendung dieser Cloakbox wird dann nicht vom Aufrufer selbst vorgenommen, sondern von einem zufällig in seiner Umgebung erreichbaren mobilen Endgerät.

Es werden zwei grundsätzliche Modi zur Realisierung des Verfahrens beschrieben: bei der „On-Demand"-Variante wird mit der Berechnung der Cloak-Box erst dann begonnen, wenn ein mobiler Nutzer tatsächlich einen mobilen Dienst aufrufen möchte und dafür eine Cloak-Box benötigt. Demgegenüber steht die Variante, bei der ständig die Cloak-Boxen berechnet werden. Die On-Demand-Variante führt natürlich zu größeren Verzögerungen, bis die Cloakbox zur Verfügung steht, hat aber den Vorteil, dass weniger Kommunikationsoverhead entsteht.

Es stellt sich natürlich die Frage, was ein angemessener Wert für den Parameter k ist. Gruteser & Grunwald bezeichnen $k = 5$ als „[...] a fair level of anonymity" [GG03]. Der Mindestwert für k ist 2; dieser Wert ist prinzipiell ausreichend, wenn der Nutzer befürchtet, dass die Ortungsdaten in einem ordentlichem Gerichtsverfahren gegen ihn verwendet werden, da die Unschuldsvermutung „in dubio pro reo" gilt: wenn es noch mindestens einen anderen potenziellen Nutzer am Ort des Verbrechens zum fraglichen Zeitpunkt gab, kann eine Verurteilung nicht alleine aufgrund dieser Tatsache stattfinden.

Nachbearbeitung der Ergebnisse von Anfragen mit präzisionsreduzierten Ortungsdaten

Die Qualität der Ergebnisse eines LBS kann natürlich darunter leiden, wenn der Provider nur Ortungsdaten mit reduzierter Qualität erhält. Für einige Dienste kann daher der in [MCA06] beschriebene Ansatz sinnvoll sein, bei dem der Mediator oder eine Clientsoftware auf dem mobilen Endgerät selbst das Ergebnis unter Kenntnis der genauen Position verbessert. Dies ist z.B. für Dienste der Art POI-Finder denkbar, bei dem die Ergebnismenge POI in der gesamten Cloakbox erhält, aber für den Nutzer nur die Teilmenge der POI interessant ist, die sich in der Nähe seines tatsächlichen Aufenthaltsortes befindet.

Bewusste Verschlechterung der Ortung: Pfadverzweigungen

Ein weiterer Spezialfall der bewussten Verschlechterung von Ortungsinformationen ist „Path Confusion" [HG05]. Dieser Ansatz ist für LBS geeignet, die fortlaufende Ortungsdaten benötigen. Hierbei werden die Ortungsdaten zweier oder mehrerer sich aufeinander zubewegender mobiler Nutzer zufällig so manipuliert, dass der Angreifer nicht den Eindruck haben kann, als hätten sich deren Wege gekreuzt. Der Vorteil dieses Verfahrens ist, dass die Ortungsdaten nur für einige kurze Zeitabschnitte verfälscht werden müssen (nämlich dann, wenn für eine Annäherungssituation entschieden wird, dass ein „Kreuzungsmanöver" vorgetäuscht werden soll), außerhalb dieser Zeitabschnitte aber die unverfälschten Daten an den Provider weitergegeben werden können, so dass dieser die bestmögliche Dienstqualität liefern kann.

Dummy-Anfragen

Kido et al. schlagen als Maßnahme für Ortungsdatenschutz die Erzeugung von Dummy-Requests vor [KYS05a][KYS05b]: hierbei werden virtuelle Nutzer mitsamt Bewegungen simuliert, die dann Anfragen an einen LBS-Provider absetzen. Mit diesem Ansatz werden alle Angriffe auf pseudonymisierte Nutzer erschwert, weil der Angreifer in diesem Fall noch zusätzlich die echten von den simulierten Nutzern unterscheiden muss. Es sind sogar Fälle von nicht-pseudonymisierten Diensten denkbar, bei denen simulierte Requests sinnvoll sind, da der Nutzer so immer die Möglichkeit hat, einen vermeintlichen Aufenthalt an einem bestimmten Ort zu einer bestimmten Zeit auf einen Dummy zu schieben. Das von Kido et al. beschriebene System sieht sogar eine Erzeugung der Dummies auf dem mobilen Endgerät selbst vor, es wird deshalb eine spezielle Codierung vorgeschlagen, mit der sich die entsprechenden Datenmengen dann effizient über die drahtlose Anbindung übermitteln lassen.

Ein Problem des Dummy-Ansatzes ist die Übernahme von Kosten, falls der entsprechende Dienst nicht kostenlos angeboten wird. Prinzipiell könnte der LBS-Provider den Dienst für „virtuelle" Nutzer kostenlos anbieten, da ihm hierdurch kein Gewinn entgeht. Muss der LBS-Provider aber für die Bereitstellung seines Dienstes bei anderen Providern (sog. Whitelabel-Provider, z.B. für Kartenmaterial, Wetterdaten, POI-Datenbanken) Dienste einkaufen, die nicht über einen Pauschaltarif abgerechnet werden, so würden ihm durch die Bedienung der Dummy-Requests zusätzlich Kosten entstehen.

Provider-Wechsel

Ein in der einschlägigen Literatur bisher noch nicht betrachteter Ansatz ist der bewusste Wechsel des LBS-Providers innerhalb einer Sitzung in gewissen Zeitabständen (z.B. alle 60 Minuten den Navigationsdienst wechseln). Dieser Ansatz setzt aber voraus, dass es für den jeweiligen Dienst mehrere Provider gibt, die diesen in vergleichbarer Qualität liefern können. Durch diese Methode kann zum einen der Pendler-Angriff verhindert werden, für alle anderen Angriffe auf Pseudonyme wird der Schaden im Falle eines erfolgreichen Angriffes beschränkt, da der Angreifer den so „enttarnten" mobilen Nutzer jetzt nur noch über eine begrenzte Zeit hinweg verfolgen kann; dies gilt auch für nicht-pseudonymisierte Nutzer.

Die Rollen von Mediatoren

Für den Pseudonymisierungsansatz ist der Einsatz von Mediatoren wie bereits darge-stellt zwingend erforderlich. Somit erfordern auch die nur für pseudonymisierte Nutzer sinnvollen Ansätze (Mix-Zonen, Pfadüberkreuzung) einen Mediator. Dennoch sieht die Architektur entsprechender Systeme oftmals eine Mediator-Komponente vor. Dies kann etwa dadurch motiviert sein, mobile Endgeräten aufgrund ihrer beschränkten Ressourcen-ausstattung möglichst von Daten- und Rechenintensiven Aufgaben zu entlasten. Für die anderen Ansätze ist dies prinzipiell nicht notwendig:

- Ausblenden der Ortung: das Endgerät kann bei Kenntnis seiner eigenen Position selbst entscheiden, in bestimmten Bereichen („gefährlichen Orten") keine Ortungs-daten weiterzuleiten.

- Präzisions-Reduktion: Auch eine Reduktion der Präzision von Ortsinformationen kann das Endgerät selbst vornehmen. Soll die zeitliche Ortungspräzision reduziert werden, verzögert das Endgerät die Weiterleitung der Ortsinformation einfach entsprechend. In [CML06] ist ein oben näher beschriebener Ansatz zu finden, wie auch k-Anonymität ohne Mediator erreicht werden kann.

- Dummy-Erzeugung: Auch die Simulation mobiler Nutzer samt Erzeugung entspre-chender LBS-Requests kann auf einem mobilem Endgerät durchgeführt werden. Tatsächlich wird dies von dem weiter vorne auf Seite 106 beschriebenen System nach Kido et al. [KYS05b] umgesetzt.

- Policy-Ansätze: kennt das mobile Endgerät seine aktuelle Position (etwa Eigenortung) und ggf. weitere für die Formulierung einer Policy verwendeten Kontextparameter (z.B. Tageszeit, Wochentag), so kann es selbst entscheiden, ob Ortsinformationen an einen bestimmten LBS-Provider weitergeliefert werden sollen und ob vorher eine Reduktion der räumlichen und/oder zeitlichen Auflösung notwendig ist.

Für kommerzielle Ansätze stellt sich auch die Frage nach der Finanzierung des Mediators:

- Wird der Mediator von den LBS-Providern vergütet, so gerät der Mediator in eine finanzielle Abhängigkeit von den LBS-Providern. Es entsteht also ein Interessenskonflikt dahingehend, dass der Mediator seinem Geldgeber Daten vorenthalten muss, die für diesen vielleicht von Interesse sind.

- Kein Interessenkonflikt dieser Art entsteht, wenn der Mediator durch die Nutzer der LBS finanziert wird. Es stellt sich aber die Frage, ob die Nutzer für alle Anwendungsszenarien eine entsprechende Zahlungsbereitschaft haben.

- Idealerweise wird der Mediator von einer unabhängig finanzierten Partei betrieben, etwa einer staatlichen Einrichtung oder einer gemeinnützigen Organisation (etwa Datenschutzvereinigung). Eine staatliche Einrichtung ist als Betreiber aber nicht für Fälle geeignet, in denen auch Schutz vor möglicher behördlicher Auswertung von Ortsinformation gewünscht ist, z.B. im Rahmen von Strafverfolgung.

- Der Mediator kann auch vom Mobilfunk-Provider betrieben werden, falls für die jeweiligen Dienste ein Mobilfunknetz verwendet wird. Mit dem Netzbetreiber unterhält der Nutzer ohnehin eine Vertragsbeziehung. Der Netzbetreiber könnte den Betrieb des Pseudonymisierungsdienstes als zusätzlichen Mehrwert für seine Kunden anbieten. Zudem ist der Mobilfunkbetreiber ohnehin in der Lage, den Aufenthaltsort des Nutzers festzustellen. Dies ist für das sog. Mobilitätsmanagement sogar technisch erforderlich, um etwa Handover-Operationen durchzuführen oder mobil-terminierte Anrufe an den Nutzer in die entsprechende Funkzelle weiterleiten zu können.

3.5 Zusammenfassung

Ausgehend von einer Betrachtung des Begriffs "Kontext" im Sinne des Mobile Computings wurden verschiedene Ortungsverfahren vorgestellt, mit denen der aktuelle Aufenthaltsort eines mobilen Nutzers bzw. dessen Computers ermittelt werden kann. Diese Verfahren sind die technische Grundlage für die im nächsten Kapitel eingeführte ortsabhängige Zugriffskontrolle. Wenn Ortung für eine Zugriffskontrollentscheidung von einem Informationssystem verwendet wird, dann stellt dies naturgemäß die Frage, inwieweit die Ortung manipuliert werden kann. Deshalb wurden im vorliegenden Kapitel auch verschiedene Ansätze zur Vermeidung und Erkennung von Angriffen auf Ortungsverfahren beschrieben. Es wurde auch auf das Problem der *Location Privacy* eingegangen und hierbei insbesonders eine Klassifikation für verschiedene technische Schutzansätze eingeführt.

4 Zugriffskontrolle

In diesem Kapitel soll der Begriff der ortsabhängigen Zugriffkontrolle eingeführt werden. Hierzu ist es erforderlich, zunächst die traditionelle – also „ortsagnostische" oder „nicht ortsabhängige" – Zugriffskontrolle zu besprechen (Abschnitt 4.1). Dies beinhaltet insbesondere auch eine Behandlung der drei Grundformen von Zugriffskontrolle, nämlich DAC (Abschnitt 4.1.1 (Seite 116)), MAC (Abschnitt 4.1.2 (Seite 122)) und RBAC (Abschnitt 4.1.3 (Seite 127)).

Im Unterkapitel 4.2 (Seite 132) wird dann die ortsabhängige Zugriffskontrolle eingeführt. Es werden Anwendungsszenarien vorgestellt (Abschnitt 4.2.1 (Seite 133)), bevor dann ab Abschnitt 4.2.3 verschiedene generische und ab Abschnitt 4.2.6 verschiedene nicht-generische ortsabhängige Zugriffskontrollmodelle vorgestellt werden.

4.1 Traditionelle Zugriffskontrolle

Zugriffskontrolle (engl.: Access Control) im Sinne der Computersicherheit ist „[...] the process of mediating every request to resources and data maintened by a[n information] system and determining whether the request should be granted or denied" [dVPS03]. Wenn der Nutzer eines Informationssystems also eine bestimmte Operation auf einer bestimmten Ressource durchführen möchte, entscheidet die Zugriffskontrolle, ob diese Anfrage tatsächlich zugelassen oder abgelehnt werden soll [Ben06]. Fast alle modernen Informationssysteme, die für den Mehrnutzerbetrieb ausgelegt sind, verfügen über eine Form der Zugriffskontrolle. Eine Zugriffskontrollentscheidung (ja/nein) bezieht sich also immer auf ein „Access Control Triple" [SN04] bestehend aus „Subjekt", „Objekt" und „Operation":

- Als „Subjekt" wird in der Terminologie der Zugriffskontrolle von einer *aktiven Entität* eines Systems gesprochen, die eine bestimmte Operation auf einem bestimmten Objekt durchführen möchte [LHM84]. Subjekte sind menschliche Nutzer eines Informationssystems oder Computerprogramme, die im Auftrag von menschlichen

Nutzern Aufgaben ausführen. Ein Subjekt kann auch eine Gruppe von Nutzern sein (z.B. „Studierende", „Manager"), die quasi eine Abkürzung für mehrere Einzelsubjekte darstellt [San95].

- Das „Objekt" ist die *passive Entität* bei einem (beabsichtigten) Zugriff, auf der eine Operation ausgeführt werden soll. Objekte werden oft auch als „Ressource" bezeichnet. Beispiele für Objekte sind elektronische Dateien, Datenobjekte in Datenbanken (z.B. Tabellen, Spalten) oder Dienste (z.B. Web-Services). Es ist auch möglich, dass ein Subjekt für einzelne Zugriffsentscheidungen die Rolle eines Objektes hat: ein „Nutzerkonto" zum Zugriff auf ein Informationssystem ist üblicherweise ein Subjekt im Sinne der Zugriffskontrolle, da entschieden werden muss, welche Operationen mit diesem Nutzerkonto ausgeführt werden. Für administrative Arbeiten kann das Nutzerkonto aber auch ein Objekt werden, etwa wenn entschieden werden soll, ob ein Nutzer das Recht hat, die Operation „deaktivieren" oder „Passwort zurücksetzen" auf diesem Konto ausführen kann.

- Es kann mehrere mögliche Operationen geben, die auf einem Objekt ausgeführt werden. Handelt es sich bei dem Objekt um eine Datei, so sind Operationen wie „lesen", „schreiben", „anhängen" oder „löschen" denkbar; handelt es sich bei dem Objekt hingegen um einen Dienst (z.B. Webservice), so kann „ausführen" die einzige mögliche Operation sein. Die Menge der Operationen hängt also immer vom Typ des Objektes ab. Weiter können die Mengen der Operationen, die einzelne Subjekte auf dem gleichen Objekt ausführen dürfen, unterschiedlich sein.

Ein bestimmtes Objekt zusammen mit einer bestimmten Operation kann auch als „Berechtigung" (Permission) bezeichnet werden. Als Beispiel ist die Operation „Lesen" auf einer bestimmten Datei, die dann „Leseberechtigung" genannt wird.

Die Zugriffskontrolle kann auch formal durch eine Funktion „istErlaubt()" beschrieben werden:

$$istErlaubt(Subjekt, Objekt, Operation) \longrightarrow \{ja, nein\}$$

Für jedes als Parameter übergebene Triple liefert die Funktion also entweder „ja" („Access Granted") oder „nein" („Access Denied") zurück.

Es gibt noch den Ansatz, als zusätzlichen Eingabeparameter den Zweck (engl.: Purpose) für den gewünschten Zugriff anzugeben (Purpose-based Access Control, [BBL04]). Dies ist insbesondere dann von Belang, wenn mit der Zugriffskontrolle die Privatsphäre eines Nutzers geschützt werden soll. So könnte etwa eine Abfrage der e-Mail-Adresse für den Zweck der Zusendung von Werbematerial untersagt sein, während die gleiche Operation durch das gleiche Subjekt auf dem gleichen Objekt für den Zweck der Zusendung einer persönlichen Warnmitteilung gestattet sein könnte. Es besteht aber das Problem, wie festgestellt werden kann, ob der durch das Subjekt angegebene Zweck tatsächlich stimmt. [BBL04]

Weiter kann das Ergebnis der Zugriffskontrollentscheidung nicht nur „ja" oder „nein" zurückliefern, sondern auch eine Bedingung oder Auflage (engl.: Obligation), die erfüllt werden muss, damit der gewährte Zugriff tatsächlich durchgeführt werden kann; man könnte in diesem Fall also von einer Genehmigung unter Vorbehalt sprechen. Eine solche Obligation könnte *vor* dem eigentlich Zugriff zu erfüllen sein, etwa die Preisgabe zusätzlicher Information wie persönliche Profildaten für Marketingzwecke, um eine kostenlose Software zu beziehen. Es sind aber auch Fälle denkbar, in denen die Obligation *während* oder *nach* der Durchführung der genehmigten Operation zu erfüllen ist, z.B. wenn eine spezielle Information in ein Logfile zu schreiben ist. [PS04]

Ein spezielles Datenmodell, das die aktuelle Konfiguration einer Zugriffkontrolle beschreibt, wird *Zugriffskontrollmodell* (ZKM, engl.: Access Control Model) genannt. Solch ein Modell könnte etwa die Information beinhalten, dass das Subjekt „Alice" die Operation „lesen" auf der Datei „Gehaltstabelle.xls" (Objekt) ausführen darf, nicht aber die Operation „schreiben". [Eck06, 241ff] [FKC07]

Es können drei Grundformen von Zugriffskontrolle unterschieden werden:

- Discretionary Access Control (DAC, Abschnitt 4.1.1 (Seite 116))

- Mandatory Access Control (MAC, Abschnitt 4.1.2 (Seite 122))

- Role-Based Access Control (RBAC, Abschnitt 4.1.3 (Seite 127))

Diese Grundformen werden im Folgenden in jeweils eigenen Kapiteln dargestellt. Es sei noch darauf hingewiesen, dass die Unterscheidung von DAC, MAC und RBAC nicht als Klassifizierung im Sinne der Mathematik verstanden werden sollte (also als streng disjunktive Mengen), auch wenn dies die Beschreibungen in einigen einschlägigen Arbeiten nahe legt. RBAC etwa kann so konfiguriert werden, dass damit DAC oder MAC emuliert werden [OSM00], auch wenn dies nur aus theoretischer Sicht relevant ist. Weiter werden die verschiedenen Grundformen auch oftmals miteinander kombiniert.

ZKM sind eine spezielle Form von Sicherheitsmodellen. Die in solch einem Modell beschriebenen Sicherheitsregeln müssen durch geeignete Sicherheitsmechanismus durchgesetzt werden. Zur Veranschaulichung, wie ZKM im Zusammenhang mit anderen Konzepten aus dem Bereich der Computersicherheit stehen, ist in Abbildung 4.1 der sog. „Security-Stack" zu finden [Dec09a][Dec09e]: Er besteht aus den drei Ebenen „Sicherheitspolitiken" (Security Policies, oberste Ebene), „Sicherheitsmodelle" (Security Models, mittlere Ebene) und „Sicherheitsmechanismen" (Security Mechanisms, unterste Ebene). Hierbei stellen die Sicherheitspolitiken die höchste und die Sicherheitsmechanismen die niedrigste Abstraktionsebene dar.

Sicherheitspolitiken sind natürlichsprachliche Dokumente, die ausdrücken, was vom Betreiber eines Informationssystems als „Sicherheit" verstanden wird. Es können *interne* und *externe* Politiken unterschieden werden: interne Politiken werden von Angehörigen der Organisation selbst vorgegeben (z.B. Management, Betriebsrat), während externe Politiken von externen Stakeholdern wie Kunden, Lieferanten, Kooperations- und Geschäftspartnern, Beratern oder dem Gesetzgeber kommen. Beispiele für interne Politiken sind Regeln, Richtlinien, Dienstanweisungen oder Anforderungen von Fachabteilungen; für externe Politiken lassen sich Beispiele wie Gesetze, Kundenanforderungen oder Best-Practices von anderen Unternehmen angeben.

Die unter den Sicherheitspolitiken liegende Ebene sind die Sicherheitsmodelle; es handelt sich dabei um formale Modelle, die die natürlichsprachlichen Aussagen aus den Sicherheitspolitiken abbilden. ZKM sind *eine* Art von Sicherheitsmodellen; daneben gibt es aber auch noch Datenfluss-Modelle und Inferenzkontrollmodelle [DD79]. Sicherheitsmodelle sind die bekannteste Art von ZKM, so dass teilweise „Sicherheitsmodelle" mit „ZKM" gleichgesetzt werden. Weiter sind in Abbildung 4.1 noch die drei Grundformen – DAC, MAC und RBAC – angedeutet. Da ZKM bereits oben erklärt wurden, werden hier nur die beiden anderen Arten von Sicherheitsmodellen kurz erklärt:

- Informationsflussmodell dienen zur Untersuchung von Informationsflüssen zwischen verschiedenen Subjekten unabhängig von den Objekten, die diese Informationen tragen. Es sollen so zulässige und nicht zulässige Kanäle für Informationsaustausch erkannt werden [Den82, 265ff][Eck06, 275ff]. Zum Beispiel sollte es nicht möglich sein, dass Informationen mit der Klassifizierung „Top Secret" über Zwischenstationen letztendlich in ein System gelangen, das eine niedrigere Klassifizierung hat.

- Inferenzkontrolle soll verhindern, dass bei der Veröffentlichung anonymisierter Daten durch Ausnutzung externen Wissens oder mehrfach geschickt formulierter Anfragen die Anonymisierung aufgehoben werden kann [And01, 172ff][Eck06, 9]. Dieses Problem tritt insbesondere im Bereich der statistischen Datenbanken auf [CFMS94, 291ff]. Wird etwa eine Tabelle mit verschiedenen personenbezogenen Merkmalen (z.B. Name, Geburtsjahr, Anzahl Kinder, Einkommen) einer bestimmten Gruppe veröffentlicht, können auch bei der Entfernung des Merkmals „Name" u.U. einzelne Datensätze von einem Angreifer einer Person zugeordnet werden, z.B. wenn ihm bekannt ist, dass in der fraglichen Gruppe ein bestimmtes Geburtsjahr nur einmal auftaucht.

Der Begriff „Sicherheitsmodell" wird teilweise abweichend von unserem Verständnis als Architektur der Systemkomponenten, die im Zusammenhang mit Sicherheitsmechanismen stehen, verwendet, z.B. [Zen97, 46f] oder [Oak01, 10].

Die unterste Ebene sind die Sicherheitsmechanismen, mit denen die in den Sicherheitsmodellen gemachten Aussagen durchgesetzt werden sollen. Für die Realisierung der ZKM ist der „Referenz-Monitor" ein essentieller Mechanismus: Diese Komponente ist dafür zuständig zu entscheiden, ob ein bestimmter Zugriffswunsch durch ein Subjekt gewährt werden kann. Der Referenz-Monitor sollte nicht umgangen werden können, es muss also jeder Zugriff über ihn laufen (Gatekeeper-Ansatz). Außerdem sollte er nicht durch Nutzer manipulierbar sein (Tamper-Proofness). Da er auch gut auf Korrektheit getestet werden können sollte, sollte es sich um eine einfache und kleine Komponente handeln, die möglichst nicht über verschiedene übergeordnete Systemkomponenten verstreut ist. Eine weitere Funktion neben der Zugriffskontrolle, die der Referenz-Monitor auch übernehmen kann, ist die Aufzeichnung der erfolgten Zugriffsversuche („Auditing") [And72, 17].

Weitere Beispiele für Sicherheitsmechanismen sind Kryptografie zur Verschlüsselung von Daten oder zur Erzeugung von digitalen Signaturen [Sch96], um unberechtigte Manipulationen zu verhindern oder wenigstens zu erkennen. Da viele ZKM davon ausgehen, dass die Identität eines Subjektes bekannt ist, ist Authentifizierung – also die Feststellung der Identität eines Nutzers – ein weiterer wichtiger Mechanismus. Hierzu können etwa auch biometrische Maßnahmen zum Einsatz kommen. Für ortsabhängige Zugriffskontrolle ist insbesondere die Ortung ein wichtiger Mechanismus zur Durchsetzung von Sicherheit, weshalb in Abschnitt 3.2 (Seite 50) verschiedene Ansätze zur Ortung unter besonderer Berücksichtigung der Vermeidung von Manipulationen (Location Spoofing, Abschnitt 3.3 (Seite 64)) behandelt wurden. Vereinzelt gibt es Vorschläge für ortsabhängige Verschlüsselungsverfahren, bei denen die aktuelle Ortung eines mobilen Nutzers in den Schlüssel für die Ver- oder Entschlüsselung einfließt, z.B. [LC08] oder [SD03]. Als weitere Mechanismen sind Verfahren der Steganographie und Firewalls (im Sinne von Paketfiltern in Netzwerken) zu nennen; hier gibt es die Idee von Firewalls, die bestimmte Internet-Dienste in Abhängig des Aufenthaltsortes des Nutzers blockieren [AMMR09].

Es kann weiter unterschieden werden, ob diese Mechanismen als Soft- oder Hardware implementiert sind, wobei i.d.R. beide Formen möglich sind.

4.1.1 Discretionary Access Control

„Discretionary Access Control" (DAC) kann etwa mit „benutzerbestimmbarer Zugriffskontrolle" übersetzt werden. Die einzelnen Nutzer eines Systems können also Einfluss darauf nehmen, auf welche Objekte von welchen Subjekten mit welchen Operationen zugegriffen werden darf. Es wird die Identität des jeweiligen Nutzers ausgewertet, um zu entscheiden, welche Rechte gewährt werden können, weshalb DAC auch „Identity-based Access Control" genannt wird. DAC basiert auf dem Eigentümer-Prinzip , es wird also davon ausgegangen, dass ein Objekt einen oder mehrere Eigentümer hat. Erzeugt ein Nutzer etwa eine Datei, so ist er zunächst deren Eigentümer [FKC03, 35][Eck06, 245]. Er kann nach Belieben (engl.: at discretion) anderen Subjekten Berechtigungen für die Ausführung von Operationen auf diesem Objekt erteilen. Das Eigentümer-Prinzip stößt aber dann auf seine Grenzen, wenn es um Objekte geht, die nicht ohne weiteres einem Eigentümer zugeordnet werden können, etwa eine Datenbank in einem innerbetrieblichen Informationssystem, die von vielen Nutzern verwendet werden soll oder auch Dienste wie Webservices.

Es können verschiedene Arten von DAC unterschieden werden, je nachdem ob der Besitzer eines Objektes seine Rechte an einen anderen weitergeben kann (Liberal DAC) oder nicht (Strict DAC). Eine weitere Form liegt vor, wenn der Nutzer die Eigentümer-

Sicherheitspolitiken

Interne Politik	Externe Politik
Interne Regeln & Richtlinien, Anforderungen von internen Stakeholdern	*Gesetze, Anforderungen von Geschäftspartner, Best-Practices*

Sicherheitsmodelle

Datenfluss-modelle   **Zugriffskontrollmodelle**   **Inferenzkontroll-modelle**

MAC   RBAC   DAC

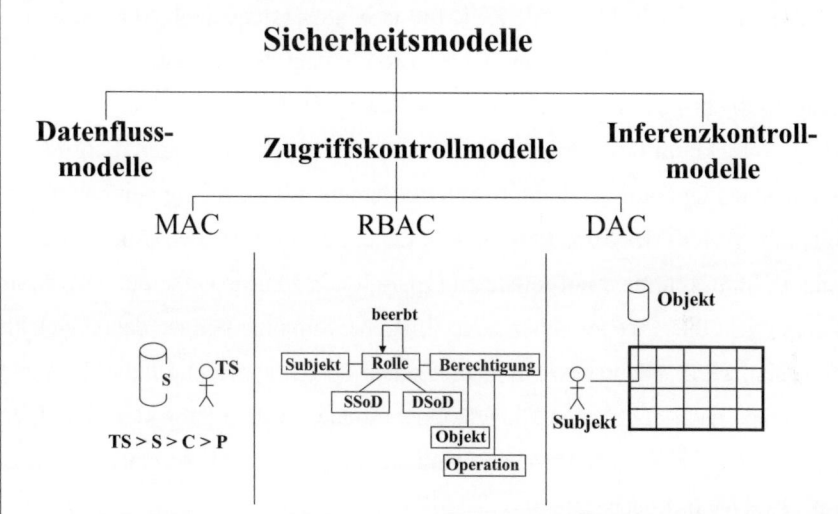

Sicherheitsmechanismen

Hardware Maßnahmen	Software Maßnahmen

Referenzmonitor, Kryptografie, Firewalls, tamperproof Hardware, Authentifizierung, Ortung, etc.

Abstraktionsebene

Abb. 4.1: Der „Security-Stack" [Dec09d]

schaft selbst weitergeben kann. Bei Liberal DAC kann weiter unterschieden werden, ob eine vom Besitzer des Objekts erhaltene Eigentümerschaft über eine oder mehrere Stufen weitergegeben werden kann (One-Level-Grant, Two-Level-Grant bzw. Multilevel-Grant) [FKC03, 122]. Weitere Unterscheidungsmerkmale sind, ob ein Objekt mehr als einen Besitzer haben kann und ob der Besitzer gewechselt werden kann. Bzgl. der Rücknahme von Rechten kann unterschieden werden, ob dies nur das Subjekt kann, welches das Recht dem jeweiligen Subjekt weitergegeben hat (Grant-Dependent-Revocation) oder ob auch andere Subjekte u.U. das Recht entziehen dürfen (Grant-Independent-Revocation) [SCFY96].

Das wohl prominenteste DAC-ZKM ist die Zugriffsmatrix (auch: Zugriffskontroll-matrix) [GD71][Lam74][HRU76]. Jede Zeile dieser Matrix (siehe auch Abbildung 4.2) repräsentiert ein Subjekt, jede Spalte ein Objekt. Ein Element dieser Matrix repräsentiert also ein Subjekt-Objekt-Paar. Dieses Element beinhaltet jetzt eine Aufzählung der Operationen, die das Subjekt auf dem Objekt ausführen darf, z.B. „Lesen" oder „Schreiben". Neben den einzelnen Operationen kann in einem Element auch ein Flag beinhaltet sein, das die Eigentümerschaft des Subjektes an dem Objekt anzeigt. Weiter können die einzelnen in einem Matrixelement aufgelisteten Operationen Markierungen tragen, wenn das jeweilige Subjekt diese weiter geben kann. Einzelne Subjekte können dabei auch als Objekt auftauchen, werden dann also mit einer eigenen Spalte repräsentiert; dies bedeutet, dass andere Subjekt das Recht haben können, Operationen auf dem Subjekt auszuführen. Je nachdem, ob sich die Rechte in der Matrix verändern können, wird von einer statischen bzw. dynamischen Matrix gesprochen.

Die Zugriffs-Matrix ist i.d.R. dünn besetzt und wird deshalb „[...] in practice [...] never explicitly represented." [PS04]. Sie wird technisch deshalb oft als Zugriffskontroll-Liste (Access Control List, ACL) [SdV01, 144], Capabilities Liste oder Autorisierungs-Tabelle umgesetzt. In Abbildung 4.2 ist die ACL für das Objekt „File 1" sowie die Capabilities-Liste für das Subjekt „Alice" angedeutet.

Bei Zugriffskontroll-Listen wird für jedes Objekt eine Liste geführt, in der beschrieben ist, welche Subjekte welche Rechte an diesem Objekt haben. Die Liste eines Objektes beinhaltet also die Einträge der jeweiligen Spalte der Zugriffs-Matrix. Dieses Prinzip wird etwa von gängigen Betriebssystemen für die Verwaltung der Dateiberechtigungen angewendet, während Capability-basierte Ansätze für Betriebssysteme nicht erfolgreich waren: Bei Unix und seinen Derivaten wird für jede Datei gespeichert, welche Rech-

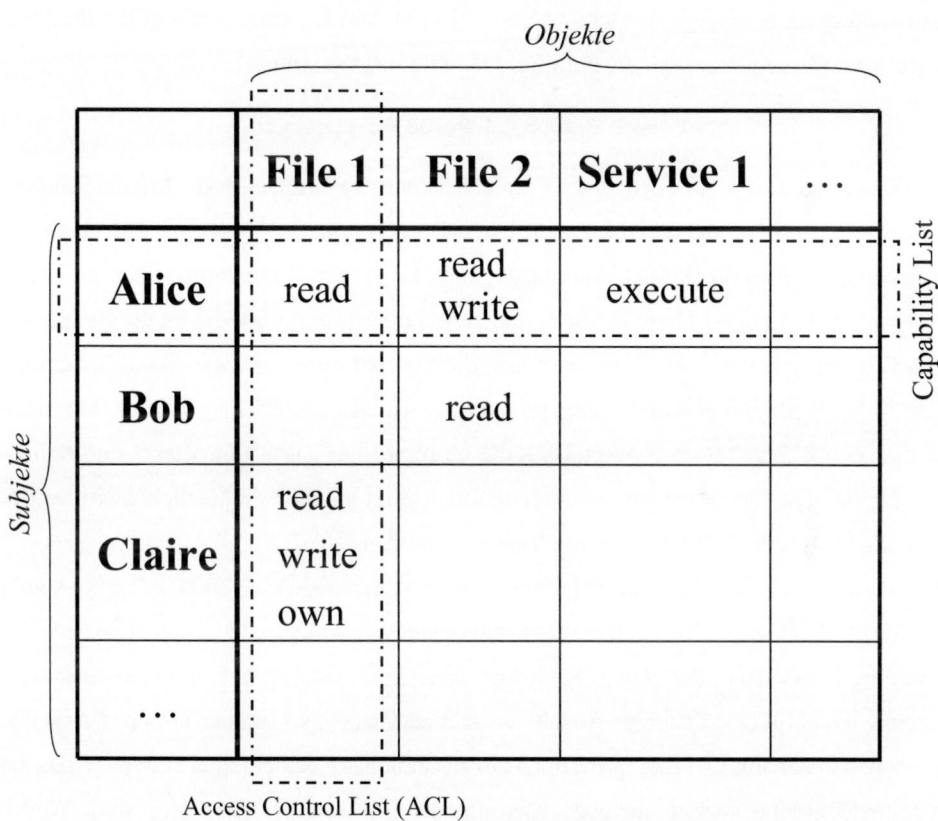

Abb. 4.2: Zugriffskontrollmatrix (eigene Darstellung in Anlehnung an [GD71][Lam74])

te der Besitzer, die Gruppe und die restlichen Nutzer (other, „Rest of World") haben [GM84][Dec09f]. In der Standard-Variante kann dabei jede Datei nur einen Besitzer haben und nur einer Gruppe zugehörig sein. Für Besitzer, Gruppe und „other" gibt es nun jeweils die drei Bits („Permission-Bits"), die für das Lese-, das Schreib- und das Ausführungsrecht stehen. Aus den englischen Abkürzungen für diese drei Bits – „User", „Group" und „Others" – ergibt sich auch der Name „UGO-Modell" für dieses ZKM [LRG06, 67]. Der Eintrag für eine einzelne Datei, wie er etwa mit dem Kommandozeilen-Befehl „ls -l" abgerufen werden kann, könnte zum Beispiel wie folgt aussehen[1]:

```
-rwxrw-r--  1 michael assi 5 2008-04-07 08:05 test.txt
```

Die Datei „test.txt" gehört dem Nutzer „michael" und der Gruppe „assi". Mit der Zeichenkette „-rwxrw-r--" werden die eigentlichen Berechtigungs-Bits dargestellt: das erste Zeichen kann etwa die Art der Datei anzeigen (z.B. „d" für Verzeichnisse, hier „-", da es sich um eine Standard-Datei handelt), die erste Dreiergruppe „rwx" gibt die Rechte für den Besitzer „michael" der Datei an, der in diesem Fall Lese- („r" wie „Read"), Schreib- („w" wie „Write") und Ausführungsrechte („x" wie „Execute") hat. Mit der folgenden Dreiergruppe „rw-" wird gezeigt, dass die Gruppe (hier „assi") nur Lese- und Schreibrechte hat. Die Dreiergruppe „r--" letztendlich zeigt an, dass die restlichen Nutzer des jeweiligen Systems nur Lese-Rechte haben. [Hek97, 12f]

Mit Access Control Lists gemäß dem Standard „POSIX-Draft 1003.1e" gibt es aber auch unter Unix-Betriebssystemen die Möglichkeit, für Nutzer und Gruppen jenseits des „Owning Users" bzw. der „Owning Group" Rechte zu verwalten. Es können zusätzlich Rechte-Tripel für eine beliebige Anzahl an „named Users" und „named Groups" vergeben werden. Mit der sog. „Maske" wird noch ein zusätzliches Rechte-Tripel verwaltet, das die maximalen Rechte anzeigt, die Nutzer jenseits der Gruppen „Owning User" und „World" erhalten können. Diese Maske wird als Rechte-Tripel für die „Owning Group" von Programmen verwendet, die über keine explizite ACL-Unterstützung verfügen. [Azu03]

Auch das Windows-Betriebssystem von Microsoft nutzt Zugriffskontroll-Listen. Eine ACL besteht hierbei u.a. aus mehreren *Access Control Entry (ACE)* genannten Einträgen. Solch ein ACE legt fest, welche Nutzer oder Gruppen ein Zugriffsrecht auf ein Objekt haben. Es wird hierbei im Gegensatz zu Unix zwischen mehreren Arten von

---

[1] „ls" steht für „list" und entspricht in etwa dem Befehl „dir" unter MS-DOS; die Option „-l" steht für „long format" und bewirkt, dass ausführliche Informationen (u.a. der Permission-Bit-Vektor) zu jeder Datei ausgegeben werden. [Hek97, 71-73]

Zugriffsrechten unterschieden: es gibt „AccessAllowed" aber auch „AccessDenied" zum expliziten Verbot eines Zugriffsrechts, wobei ein „AccessDenied" ein „AccessAllowed" überstimmt. Daneben gibt es mit „SystemAudit" noch die Anweisung zur Protokollierung von Zugriffen. Es gibt mehrere Typen von ACE, etwa für Dateien oder Drucker. ACE für Dateien erlauben etwa das Lesen oder Schreiben, aber auch das Anhängen oder die Änderung von Attribut-Informationen; die Vielfalt der Zugriffsrechte ist also größer als bei Unix. Die eigentlichen Zugriffsrechte sind in Form der Zugriffsmasken der ACE festgelegt [Zen97, 90ff].

Der zweite Ansatz zur Speicherung von Zugriffs-Matrizen sind die Capabilities-Listen. Hierbei wird für jedes Subjekt eine Liste verwaltet, die besagt, welche Operationen es auf welchen Objekten ausführen darf. Eine solche Capability-Liste entspricht also einer Zeile der Zugriffs-Matrix.

Capability-Listen können etwa in Form von Zertifikaten realisiert sein: es handelt sich dabei um ein digitales Dokument, mit dem dem Subjekt bescheinigt wird, dass es bestimmte Berechtigungen in einem System hat. Dieses Dokument ist vom Aussteller mit einer digitalen Signatur versehen, so dass das Subjekt dem Dokument keine weiteren Berechtigungen hinzufügen kann. [And01, 58f]

Zugriffskontroll-Listen eigenen sich für Anwendungsfälle, wenn oft für einzelne Objekte festgestellt werden muss, welche Nutzer auf ihnen Rechte haben und die Nutzer ihre Rechte selbst verwalten. Werden die Rechte zentral verwaltet, eigenen sie sich für datenorientierte Berechtigungen. Der umgekehrte Fall – also die Bestimmung aller Rechte eines Subjektes – ist ungünstiger, da hier alle Listen aller Objekte berücksichtigt werden müssen. Sie sind also weniger für den Fall geeignet, wenn es in einem System viele Nutzer gibt, die ständig wechseln. Verlässt ein Nutzer z.B. eine Organisation, so müssen alle Objekte daraufhin untersucht werden, ob sie noch einen ACL-Eintrag haben, der diesem Nutzer Rechte zugesteht. [And01, 55]

Capability-Listen hingegen sind dann von Vorteil, wenn festgestellt werden soll, welche Rechte ein Nutzer haben soll. Sie sind aber nachteilig für den umgekehrten Fall, wenn also oft herauszufinden ist, welche Nutzer Rechte an einem bestimmten Objekt haben. In verteilten Systemen ist der Capability-Ansatz von Vorteil, da hier eine Systemkomponente ohne Rückfrage bei anderen Komponenten einfach entscheiden kann, ob der Zugriff gewährt werden kann. Demgegenüber steht aber der Nachteil, dass es technisch oder praktisch schwierig sein kann, eine als Zertifikat ausgestellte Capability wieder zu entziehen. [And01, 58f][FKC03, 37f]

Der dritte Ansatz zur Implementierung von Zugriffs-Matrizen sind sog. Autorisierungs-Tabellen. Eine solche Tabelle besteht aus Tupeln mit drei Attributen. Jedes Tupel beschreibt eine Kombination von Nutzer, Objekt und Operation. Ein Tupel dieser Tabelle kann also immer auf ein Element der Zugriffs-Matrix abgebildet werden. Ist in einem Element der Zugriffs-Matrix mehr als nur eine Operation für das jeweilige Subjekt-Objekt-Paar kodiert, so finden sich in der Tabelle auch mehr als nur ein Tupel für das jeweilige Matrix-Element. [SdV01, 145]

4.1.2 Mandatory Access Control

"Mandatory Access Control" (MAC) kann mit „zwingend erforderlicher Zugriffskontrolle" oder „systembestimmter Zugriffskontrolle" übersetzt werden. Die Zugriffskontrolle basiert also nicht auf der Konfiguration durch einen Nutzern, sondern läuft für diesen weitgehend transparent im Hintergrund ab. MAC kann selbst durch einen Nutzer, der Besitzer einer Ressource ist oder direkt über „normale" Administrator-Rechte verfügt, nicht beeinflusst werden [Eck06, 245].

Das bekannteste MAC-Sicherheitsmodell ist das nach seinen Erfindern benannte Bell-LaPadula-Modell [BL76][Bel05]. Auch dieses Modell verwendet eine dynamische Zugriffskontrollmatrix. Die wesentliche Erweiterung ist aber die Verwendung einer geordneten Menge von Sicherheitsstufen, die Subjekten und Objekten zugeordnet werden können. Vom US-Militär werden etwa die Sicherheitsstufen „Top Secret", „Secret", „Confidential" und „Unclassified" verwendet, wobei „Top Secret" die höchste und „Unclassified" die niedrigste Stufe ist. Tatsächlich ist das Bell-LaPadula-Modell im Rahmen militärischer Forschung für die US-amerikanische Luftwaffe Anfang der 1970er Jahre entstanden.

Die Sicherheitsstufe, die einem Objekt zugeordnet wird, wird „Classification" genannt; auch Subjekten wird eine Sicherheitsstufe zugeordnet, hier ist von „Clearance" (engl.: Freigabe) die Rede. „Top Secret" als Klassifikation für ein Dokument (Objekt) wird z.B. dann vergeben, wenn dessen Kompromittierung den Verlust vieler Menschenleben zur Folge haben könnte [And01, 140f]. Wir betrachten hier nur den Fall, dass diese Sicherheitsstufenzuordnung nicht geändert werden kann, also die sog. *Tranquility-Eigenschaft* (tranquility, engl.: Ruhe, Gelassenheit) erfüllt ist.

Es gibt zwei Regeln, die zulässige Zugriffe erfüllen müssen:

- Die *Simple-Security-Regel* besagt, dass ein Subjekt ein Objekt nur dann lesen darf, wenn die Sicherheitsstufe des Objektes nicht höher als die des Subjektes ist. Diese Regel wird auch als „no-read-up"-Regel bezeichnet. Ein Mitarbeiter, der beispielsweise nur die Klassifikation „Confidential" besitzt, darf also nicht auf ein Objekt der Klasse „Secret" zugreifen.

- Die zweite Regel wird „ *-Property" oder „no-read-up"-Regel genannt: Diese Regel fordert, dass ein Subjekt nur dann Daten in Objekt schreiben darf, wenn die Objektklassifikation mindestens so hoch wie die Klassifikation des Subjektes ist. Ein „Top-Secret"-Mitarbeiter darf also keine Top-Secret-Daten, die er aufgrund der Simple-Security lesen darf, in ein „Unclassified"-Objekt kopieren. Hiermit soll verhindert werden, dass vertrauliche Informationen in weniger vertrauliche Objekte fließen, wo sie auch weniger vertraulichen Subjekten zugänglich sind.

Die beschriebene *-Property wird auch „liberal *-Property" genannt. Im Gegensatz zu ihr besagt die „strict *-Property", dass ein Subjekt nur dann in ein Objekt schreiben darf, wenn es genau gleich eingestuft ist. Diese „write-equal"-Regel soll verhindern, dass ein Subjekt wichtige Informationen einer höheren Sicherheitsstufe überschreibt oder verfälscht [FKC03, 126]. Außerdem kann ein Subjekt, wenn es Daten in ein Objekt höherer Sicherheitsstufe geschrieben hat, diese nicht mehr lesen (etwa zur Kontrolle), weshalb es zu „blinden" Schreibvorgängen kommt.

Das ebenfalls nach seinem Erfinder benannte BiBa-Modell kann als „umgedrehtes" Bell-LaPadula-Modell betrachtet werden. Es wurde nicht zur Gewährleistung von „Vertraulichkeit" entwickelt, sondern zur Gewährleistung von Integrität. Mit dem Einsatz des Biba-Modells soll verhindert werden, dass Objekte von Subjekten mit geringerem Sicherheitsniveau mit unzuverlässigen Daten „verunreinigt" werden [Bib76] [San93]. Der Nutzer eines medizinischen Systems zur Untersuchung soll etwa Zugriff auf alle Daten haben, aber nicht in der Lage sein, die Konfiguration des Systems zu ändern, obwohl er diese lesen kann. Wieder werden Subjekte und Objekte klassifiziert; die zu erfüllenden Regeln eines sicheren Systems sind aber genau umgekehrt zu denen des Bell-LaPadula-Systems:

- Die *„no-read-down"-Regel* besagt, dass ein Subjekt keine Daten aus einem Objekt mit geringerer Integritätsklasse lesen darf. In einem medizinischen System darf etwa das für die Steuerung des Mess-Sensors zuständige Modul keine Daten aus dem Modul lesen, das die Nutzereingaben verarbeitet.

- Die *„no-write-up"-Regel* besagt, dass ein Subjekt nur dann Schreibzugriff auf ein Objekt hat, wenn dieses Objekt keine höhere Integritätsklasse als das Subjekt hat. Das Mess-Sensor-Modul darf also Daten in das Nutzereingaben-Modul schreiben (sonst könnten die gewonnen Messwerte nicht abgelesen werden).

Das Bell-LaPadula und das Biba-Modell können kombiniert werden, um sowohl Vertraulich als auch Integrität zu erreichen. Es sollten hierbei aber für beide Fälle unterschiedliche Label für Sicherheitsstufen verwendet werden, also jeweils eine eigene Hierarchie an Sicherheitsstufen für Bell-LaPadula und Biba), weil sonst jedes Subjekt nur noch Objekte in einer Sicherheitsstufe lesen und schreiben kann [San93].

Das Chinese-Wall-Modell [BN89] ist ein ZKM, bei dem die MAC-Regeln in Abhängigkeit von der Historie vergangener Objektzugriffe eines Subjektes formuliert sind. Es wurde entwickelt, um die Ausnutzung von Insiderwissen durch Mitarbeiter in Beratungsunternehmen zu verhindern. Die kontrollierten Objekte werden hierbei in verschiedene Konfliktklassen eingeteilt, die z.B. Branchen entsprechen können. In der Originalarbeit werden in einem Beispiel hierfür die Konfliktklassen „Ölfirmen" und „Banken" verwendet. Jede Konfliktklasse wiederum gehören mehrere Firmen der jeweiligen Branche an, für die Objekte vom System verwaltet werden. Das Chinese-Wall-Modell soll nun verhindern, dass ein Nutzer nach dem Zugriff auf die Objekte einer Firma innerhalb einer Konfliktklasse noch Zugriff auf Objekte anderer Firmen derselben Konfliktklasse vornehmen kann. Hatte er also Zugriff auf ein Objekt von „Ölfirma 1", so kann er danach nicht Zugriff auf ein Objekt von „Ölfirma 2" erhalten; der Zugriff auf Objekte von Banken ist aber hiervon nicht eingeschränkt, soweit noch nicht auf Bankobjekte zugegriffen wurde. Man kann sich dieses Modell mit einer Mauer, die sich mit der Zugriffshistorie aufbaut, veranschaulichen, wodurch sich auch der Name des Modells erklärt. [Eck06, 263ff].

Der Einsatz von MAC-Modellen ist u.a. durch die von trojanischen Pferden ausgehenden Gefährdungen motiviert, also dass vertrauliche Daten ohne Wissens des Nutzers, mit dessen Rechten eine Applikation ausgeführt wird, kompromittiert werden, indem etwa vertrauliche Daten in ein Dokument kopiert werden, wo sie ungeschützt zugänglich sind. Es sollen aber auch Bedienungs- und Konfigurationsfehler verhindert oder abgefangen werden, z.B. versehentliche Freigabe einer Systemdatei mit Passwortinformationen durch den Administrator. Auch „Impersonation-Attacks" sollen vermieden werden, also dass es einem Subjekt gelingt, unrechtmäßig eine Identität anzunehmen, die ihm eigentlich nicht zusteht.

Ein weiterer Punkt ist die Einschränkung der Konsequenzen bei der Ausnutzung von Schwachstellen in Programmen (sog. „Exploits"), welche insbesondere bei mit C/C++ erstellten Programmen oft durch sog. *Buffer-Overflows* entstehen, also auf Programmier- fehler bei der dynamischen Speicherverwaltung zurückgehen. Diese sind insbesondere für Programme gefährlich, die Daten aus nicht vertrauenswürdigen Quellen verarbeiten (z.B. Programme zum Anzeigen von elektronischen Dokumenten und Multimedia-Dateien wie PDF-Viewer oder Wiedergabeprogramme für Audio- und Video-Dateien) oder Server- Programmen, also Programmen, die von externen Nutzern über das Internet angesprochen werden können. Wenn ein solches Programm mit einer entsprechenden Schwachstelle behaftet ist, dann kann ein Angreifer durch eine manipulierte Datei oder entsprechende Anfrage an den Server beliebigen Programmcode mit den Rechten der jeweiligen An- wendung ausführen. Dies ist auch deshalb problematisch, weil Serverprogramme (etwa Webserver) oftmals mit Administratorrechten laufen müssen, damit es etwa möglich ist, einen sog. privilegierten TCP/IP-Port (< 1024, z.B. 80 für HTTP-Webserver) zu öffnen. Anzeigeprogramme (z.B. ein Viewer für das PDF-Dateiformat) werden üblicherweise mit den Rechten eines Nutzers ausgeführt, könnten also im Falle eines Angriffs auf alle Dateien des jeweiligen Nutzers zugreifen und diese etwa über eine Internet-Verbindung weiterleiten. Besonders gefährlich sind sog. „Zero-Day-Exploits", also Angriffe, die eine Schwachstelle in einem Computerprogramm ausnutzen, die bisher noch nicht bekannt war; sie sind deshalb besonders gefährlich, weil dann die Hersteller der betreffenden Pro- gramme noch nicht die Gelegenheit hatte, vor dem eigentlichen Angriff Nachbesserungen (in Form von Patches oder Updates) zur Beseitigung des Schwachstelle bereitzustellen.

Mit einer Zugriffskontrolle gemäß MAC könnten nun Regeln festgelegt werden, die die Rechte solcher anfälligen Programme einschränkt: dem Webserver-Prozess könnte etwa untersagt werden, auf Dateien zuzugreifen, die außerhalb eines bestimmten Ver- zeichnisses liegen; zudem ist es für einen Webserver i.d.R. nicht notwendig, selbst eigene

Prozesse zu starten. Ein Anzeigeprogramm für elektronische Dokumente könnte durch MAC ebenfalls so eingeschränkt werden, dass es keine Internet-Verbindungen öffnen darf oder auf andere Verzeichnisse als auf die mit den elektronischen Dokumenten zugreifen darf. Die Zugriffskontrolle gemäß MAC wird also üblicherweise einer DAC nachgelagert, soll also dazu dienen, Unzulänglichkeiten von DAC wie Konfigurationsfehler oder die geringe Granularität abzufangen.

Des Bell-LaPadula- und das Biba-Modell sind Beispiele für Multilevel-MAC-Modelle, da hier eine Einteilung von Subjekten und Objekten anhand der Sicherheitsstufe vorgenommen wird. In multilateralen MAC-Modellen wird zusätzlich zu dieser horizontalen Klassifikation noch eine vertikale Klassifikation vorgenommen, z.B. anhand inhaltlicher oder organisatorischer Kriterien. Subjekte und Objekte könnten z.B. nach Themengebieten wie „Nukleartechnik" und „Kryptographie" klassifiziert sein. Für betriebliche Anwendungen sind hier eher Klassifizierungen anhand verschiedener Abteilungen, Projekte und Auftraggeber sinnvoll, da diese u.U. auch in Konkurrenz zueinander stehen [And01, 161ff].

Im Folgenden sollen noch einige Implementierungen von MAC kurz skizziert werden, da dieses Zugriffskontrollprinzip außerhalb des militärischen und geheimdienstlichen Bereichs weniger verbreitet ist, obwohl es mittlerweile auch Implementierungen für kommerzielle Anwendungen gibt. Ein Beispiel für die Umsetzung des MAC-Prinzips in der Praxis sind „Comparted Code Workstations" [And01, 148]: hier kann der Nutzer mit einer graphischen Nutzeroberfläche arbeiten, die verschiedene Dokumente in verschiedenen Fenstern anzeigt. Das Betriebssystem verhindert es, dass aus einem Fenster mit als „vertraulich" eingestufter Information über die Zwischenablage (Clipboard für „Copy & Paste") Informationen in ein Fenster übertragen werden, in dem ein Dokument der Klassifikation „nicht vertraulich" bearbeitet wird.

Auch gängige Datenbankmanagementsysteme (DBMS) wie *IBM DB2* oder *Oracle* bieten Sicherheitsmechanismen gemäß MAC [Pür07b][Dec09g]. So gibt es in DB2 ein „Label Based Access Control" (LBAC) genanntes Feature, mit dem einzelne Spalten oder Zeilen von Tabellen einer Sicherheitsstufe (Label) zugeordnet werden können [CRRO08, 81ff]. Auch den Nutzern können entsprechende Label zugeordnet werden. Die einzelnen Nutzer haben dann nur Zugriff auf die entsprechenden Daten, wenn sie auch ein hinreichend hohes Label haben. Ist dies nicht der Fall, werden entsprechende Datensätze einfach unterdrückt, also auf entsprechende Anfragen nicht als Element der Ergebnismenge zurückgeliefert.

Für Linux als Beispiel für ein aktuelles Betriebssystem gibt es mehrere Erweiterungen, die dem MAC-Ansatz folgen [Ott07]: eine dieser Erweiterungen ist „SELinux" (Security Enhanced Linux , [McC04][SEL11]). SELinux bietet u.a. einen „Type-Enforcement" genannten Schutzmechanismus. Hierbei wird Objekten ein Typ und Subjekten (Programmen) eine Domäne zugewiesen. Der „Security Server" als Bestandteil des Kernels entscheidet nun anhand von Regeln, ob ein Zugriff erlaubt wird oder nicht. Ein Webserver-Prozess könnte etwa der Domäne „httpd" angehören, der es durch Regeln explizit gestattet ist, auf Objekten vom Typ „httpdSysContent" Lese- und Schreiboperationen vorzunehmen. Die verfügbaren Rechte für entsprechende Spezifikationen in den Regel-Dateien sind hierbei viel feingranularer als die üblicherweise zur Verfügung stehenden, so kann etwa nur das Anhängen von Inhalten an eine Datei erlaubt werden [Sch06].

4.1.3 Role-based Access Control

Die grundlegende Idee von „Role-based Access Control" (RBAC) ist es, einzelnen Subjekten nicht direkt Berechtigungen zuzuweisen, sondern nur indirekt über sog. *Rollen*. Rollen entsprechen dabei Zuständigkeiten oder Aufgabenbeschreibungen innerhalb von Organisationen [ZZ08], z.B. „Abteilungsleiter" oder „Programmierer". Die Rolle Abteilungsleiter könnte hierbei die Berechtigung zur Genehmigung eines (elektronischen) Urlaubantrages oder zum Abruf bestimmter Finanzdaten beinhalten. Bei personellen Änderungen – z.B. Beförderung eines Programmierers zum Abteilungsleiter, Einstellung eines neuen Programmierers, Urlaubs- oder Krankheitsvertretung – ist es dann nicht mehr notwendig, den jeweiligen Nutzern einzelne Rechte zuzuweisen und zu entziehen, vielmehr ist es ausreichend, die Rollenzuweisung für das jeweilige Subjekt zu ändern. Der Administrationsaufwand bei der Verwendung von RBAC skaliert also bzgl. der Anzahl der zu verwaltenden Nutzer und Berechtigungen gut, da die Zahl der Rollen i.d.R. viel kleiner ist als die der Einzelberechtigungen.

Das *American National Standards Institute (ANSI)* verabschiedete im Februar 2004 mit „ANSI INCITS 359-2004" [FSG$^+$01] einen Standard für RBAC. Im Folgenden sollen die grundlegenden Konzepte von RBAC anhand dieses Standards beschrieben werden

[FKC03, 141ff] [LBB07]. Dieser Standard besteht zu einem aus einem Referenz-Modell, welches das Datenmodell (Mengen und Relationen) von RBAC beschreibt. Als zweiten Teil gibt es noch eine „Functional Specification", die administrative Funktionen für die Erzeugung und Wartung von RBAC beschreibt.

Es werden vier Komponenten des Datenmodells unterschieden:

Core RBAC: Diese Komponente beinhaltet die minimalen Konstrukte, auf die die anderen drei Komponenten aufbauen.

Hierarchical RBAC: Die in Core RBAC definierten Rollen werden um eine Vererbungshierarchie erweitert.

Static Separation of Duty: Mit dieser Komponente kann ausgedrückt werden, dass ein Nutzer nie bestimmte Rollen gleichzeitig zugewiesen bekommen darf.

Dynamic Separation of Duty: Hiermit kann ausgedrückt werden, dass ein Nutzer nie bestimmte Rollen innerhalb einer Sitzung gleichzeitig verwenden darf.

„Static Separation of Duty" (SSoD) und „Dynamic Separation of Duty" (DSoD) werden auch als „constrained RBAC" bezeichnet. Im Folgenden werden diese vier Komponenten vorgestellt. Die einzelnen Datenelemente von RBAC sind hierfür als UML-Diagramm in Zeichnung 4.3 dargestellt.

Core RBAC besteht aus den fünf Datenelementen Nutzer, Rollen, Objekte, Operationen und Berechtigungen. Einem Nutzer kann eine beliebige Anzahl dieser Rollen zugeordnet werden, eine Rolle wiederum kann einer beliebigen Anzahl an Nutzern zugeordnet werden. Mit einer Sitzung (Session) wird beschrieben, welche der ihm zugeordneten Rollen ein Nutzer für die Erledigung einer Aufgabe aktiviert hat. Der Begriff „Sitzung" sollte hierbei nicht mit einer Terminal- oder Netzwerk-Sitzung gleichgesetzt werden, sondern kann auch als mehrmonatige Workflow-Instanz interpretiert werden. Eine Berechtigung (Permission) ist die Erlaubnis, eine Operation auf einem oder mehreren der von RBAC geschützten Objekte durchzuführen. Bei diesen Objekten kann es sich um Dateien und Verzeichnisse oder Tabellen, Spalten von Tabellen oder einzelne Datensätze in Datenbanken handeln. Die Permissions sollten aber eher als „abstrakte Symbole" betrachtet werden, die von der jeweiligen Anwendung entsprechend zu interpretieren sind.

Hierarchical RBAC führt eine Vererbungsbeziehung auf der Menge der Rollen ein. Mit Vererbungsbeziehungen können etwa hierarchische Strukturen in Organisationen

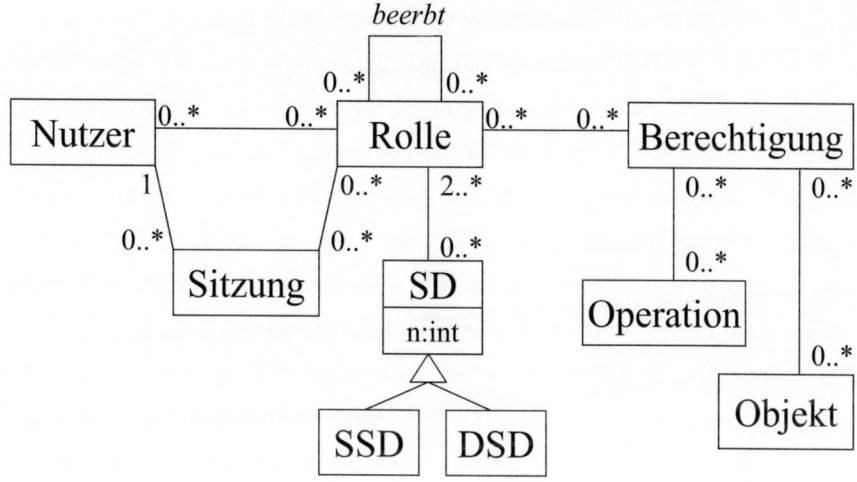

Abb. 4.3: RBAC-Datenmodell als UML-Klassendiagramm

nachgebildet werden, etwa der Art, dass ein Vorgesetzter auch alle Rechte seiner Untergebenen hat. Wenn eine Rolle $R1$ eine andere Rolle $R2$ beerbt, bedeutet dies, dass $R1$ alle Berechtigungen von Rolle $R2$ erbt; in RBAC-Sprechweise wird hierbei $R1$ als *Senior-Rolle* und $R2$ als *Junior-Rolle* bezeichnet. Es gibt aber noch andere Ansätze, eine Vererbungsbeziehung zwischen zwei Rollen zu interpretieren, etwa als Vererbung der einer Rolle zugeordneten Nutzer oder impliziten Mitaktivierung der Junior-Rollen [LBB07]. Formal ist die Rollenhierarchie hierbei als partielle Ordnung über die Mengen der Rollen definiert. Eine partielle Ordnung ist eine binäre Relation mit den drei Eigenschaften Reflexivität, Antisymmetrie und Transitivität. Reflexivität bedeutet, dass jede Rolle mit sich selbst in Relation steht, also ihre eigenen Permissions erbt. Aus der Antisymmetrie folgt die Identität von $R1$ und $R2$, wenn $R1$ von $R2$ und umgekehrt $R2$ auch von $R1$ erbt; mit dieser Eigenschaft sollen redundante Rollen vermieden werden. Wenn $R1$ von $R2$ und $R2$ von $R3$ erbt dann folgt aus der Transitivität, dass auch $R1$ von $R3$ erbt. Es wird weiter zwischen einer *allgemeinen* und einer *beschränkten* Rollen-Hierarchie unterschieden. Bei der allgemeinen Rollen-Hierarchie ist die partielle Ordnung, die die Vererbung beschreibt, nicht weiter eingeschränkt. Bei der beschränkten Rollen-Hierarchie hingegeben darf eine Rolle höchstens von *einer* Junior-Rolle erben, es ist also keine Mehrfach-Vererbung zulässig.

Die nächste Komponente ist „Static Separation of Duty" (SSoD), die auch „Authorization Time SoD" genannt wird. Eine SSoD-Beschränkung umfasst eine Teilmenge der Rollen mit mindestens zwei Rollen sowie eine natürliche Zahl n (Kardinalität) zwischen zwei und der Anzahl der Rollen in der Rollenteilmenge. Ein Nutzer darf nie mehr als n Rollen aus dieser Rollenmenge gleichzeitig haben. Hiermit kann etwa das „Vier-Augen-Prinzipien" realisiert werden, also die Vorgabe, dass bestimmte Aufgaben nicht von einer Person alleine ausgeführt werden dürfen, etwa um Betrug zu verhindern. Es könnte so etwa die Bedingung formuliert werden, dass ein Subjekt nie gleichzeitig die Rollen „Kassierer" und „Kassenprüfer" haben darf, da er sonst seine eigene Kassenabrechnung überprüfen und damit auch eine Unterschlagung verdecken könnte. Das n-Augen-Prinzip ($n \in \{4, 6, \dots\}$) kann aber auch eingesetzt werden, wenn angenommen wird, dass bei der Beteiligung mehrerer Personen mit höherer Wahrscheinlichkeit mögliche Fehler entdeckt werden.

Die „Dynamic Separation of Duty"-Beschränkung (DSoD, auch „Runtime SoD") besteht wie eine SSoD-Beschränkung aus einer Teilmenge der Rollen und einer Kardinalität. Allerdings besagt die Semantik hier, dass die Rollen sich innerhalb einer Sitzung ausschließen; es ist aber durchaus zulässig, einem Nutzer alle diese Rollen zuzuordnen, was bei SSoD nicht möglich wäre. Ein Konferenzverwaltungssystem für den Begutachtungsprozess einer wissenschaftlichen Tagung könnte etwa u.a. die Rollen „Autor" und „Gutachter" vorsehen. Ein Mitglied des Programmkomitees darf als Gutachter aber auch Beiträge auf der Konferenz einreichen, nur sollte dann sichergestellt sein, dass er nicht seinen eigenen Beitrag „begutachten" muss oder kann. Die Rollen „Autor" und „Gutachter" sollten also mit einer DSoD-Beschränkung versehen werden.

In [SCFY96] werden diese Komponenten auf vier zusammengehörige Referenz-Modelle verteilt: $RBAC_0$ entspricht hierbei Core RBAC. $RBAC_1$ und $RBAC_2$ erweitern unabhängig voneinander $RBAC_0$. $RBAC_1$ sieht zusätzlich Rollenhierarchien vor, während $RBAC_2$ Beschränkungen bzgl. der gleichzeitig einem Nutzer zuordenbaren Rollen beschreibt, also statische und dynamische Separation of Duties, aber auch eine Beschränkung der maximalen Anzahl von Nutzern, die eine Rolle haben kann. Dies ist auch in Abbildung 4.4 dargestellt, wobei der Pfeil zwischen den einzelnen Modellen für eine Vererbungsbeziehung steht. Entsprechend der auch für die Visualisierung der Rollenhierarchien

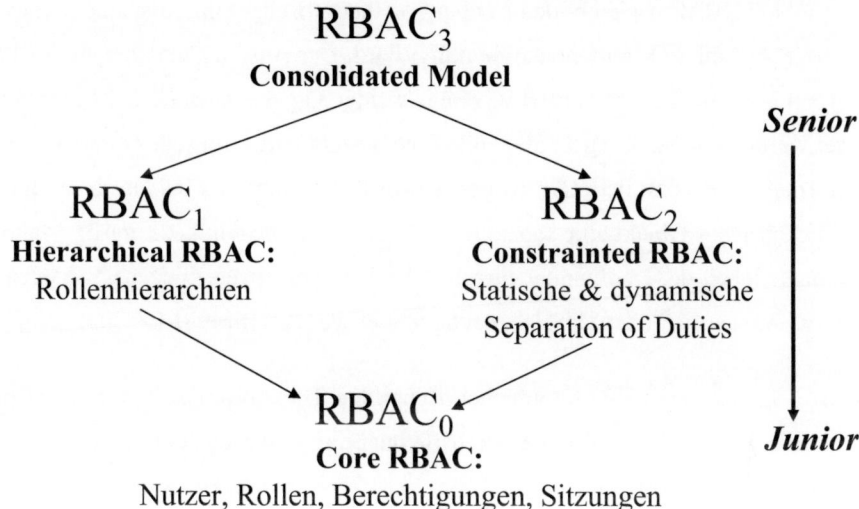

RBAC$_3$
Consolidated Model

Senior

RBAC$_1$
Hierarchical RBAC:
Rollenhierarchien

RBAC$_2$
Constrainted RBAC:
Statische & dynamische
Separation of Duties

RBAC$_0$
Core RBAC:
Nutzer, Rollen, Berechtigungen, Sitzungen

Junior

Abb. 4.4: RBAC 0 bis 3 (eigene Darstellung in Anlehnung an [SCFY96])

angewendeten RBAC-Konvention wird hierbei von unten nach oben vererbt, das mächtigste Modell – das konsolidierte RBAC-Modell – steht also an oberster Stelle.

Rollen im Sinne von RBAC mögen auf den ersten Blick dem Konzept der Gruppen aus DAC ähneln, da auch Gruppen mehrere Nutzer repräsentieren und Berechtigungen innehaben können [San95]. Gruppen sind jedoch mehr ein implementierungsspezifisches Konstrukt und unterliegen somit auch entsprechenden Einschränkungen. In Modellen mit Gruppen können den einzelnen Nutzern auch direkt Berechtigungen zugewiesen werden, also ohne den „Umweg" über eine Gruppe. Dies ist bei RBAC nicht möglich, hier kann ein Nutzer ausschließlich über Rollenmitgliedschaften Berechtigungen erlangen. Weiter sieht RABC die dynamische Erzeugung und das Löschen von Rollen vor, es gibt aber Implementierungen von Gruppen, bei denen es besondere Gruppen gibt, die nicht gelöscht werden können. Gruppen sollten aber nicht als in Konkurrenz zum Rollenkonzept stehend betrachtet werden. Ein weiterer Punkt ist, dass ein System oder der Nutzer Rollen oder die Rollenzugehörigkeit für begrenzte Zeiträume deaktivieren kann, was für Gruppen und Gruppenzugehörigkeiten nicht vorgesehen ist. [And01, 54] [JSSS01] [SdV01, 181] [FKC03, 53f]

Mit RBAC ist es möglich, sowohl DAC als auch MAC nachzubilden:

- DAC mit RBAC nachzubilden ist eher von theoretischem Interesse, da hierbei eine große Anzahl an Komponenten benötigt wird. Der Ansatz kann aber sinnvoll sein, wenn in einem System mit RBAC einige wenige Objekte nach DAC-Muster verwaltet werden sollen. Die grundlegende Idee besteht darin, für jedes Objekt mehrere normale und administrative Rollen sowie Permissions zu haben. Zum Beispiel wird für jedes Objekt eine spezielle Rolle benötigt, die den Lesezugriff erlaubt. In Abhängigkeit der Kardinalität einzelner Rollen können verschiedene Varianten von DAC wie „strict" oder „liberal" nachgebildet werden. [SM98][FKC03, 123ff]

- MAC lässt sich mit RBAC einfacher nachbilden: Hierzu werden eine eigene Rollenhierarchie für Schreib- und Lesezugriffe benötigt. In diesen Hierarchien gibt es für jede Sicherheitsstufe eine eigene Lese- bzw. Schreibrolle. Die Subjekte bekommen hierbei jeweils genau eine Schreib- und Leserolle zugeordnet, die ihrer Clearance entsprechen. Für jedes von MAC verwaltete Objekt gibt es jeweils eine Lese- und eine Schreib-Berechtigung, die genau einem Paar von Schreib- und Leserolle zugeordnet sind. [OSM00][FKC03, 125ff]

Aufgrund dieses Sachverhalts sollten die Grundformen DAC, MAC und RBAC nicht als Klassen im mathematischen Sinne betrachtet werden.

4.2 Ortsabhängige Zugriffskontrolle

Die Grundidee von ortsabhängiger Zugriffskontrolle (Location-Aware Access Control) ist es, dass eine Zugriffskontrollentscheidung den aktuellen Aufenthaltsort eines Subjektes berücksichtigen kann. Dieser Aufenthaltsort wird dabei meist über die Ortung (siehe Abschnitt 3.2 (Seite 50)) eines mobilen Computers gewonnen. Wenn der Parameter *Location* diesen Aufenthaltsort beschreibt, so kann dies wie folgt ausgedrückt werden:

$$istErlaubt(Subjekt, \ Objekt, \ Operation, \ \mathbf{Location}) \longrightarrow \{ja, \ nein\}$$

Im extremen Fall basiert die Zugriffskontrollentscheidung ausschließlich auf dem aktuellen Aufenthaltsort eines Subjekts, was dann *Location-based Authentication* genannt wird:

$$istErlaubt(Location) \longrightarrow \{ja, \ nein\}$$

Abb. 4.5: Motivationsszenarien für Ortseinschränkungen

Ein ortsabhängiges ZKM kann auch einzelne Zugriffsregeln enthalten, die keine Auswertung des Aufenthaltsortes erfordern.

In der einschlägigen Literatur finden sich mittlerweile einige Vorschläge von ortsabhängigen ZKM. Einen Überblick über diese wird ab Abschnitt 4.2.2 (Seite 140) gegeben. Zuvor befasst sich jedoch der folgende Abschnitt 4.2.1 mit Motivations- und Anwendungsszenarien für solche ZKM.

4.2.1 Motivations- und Anwendungsszenarien

Wie in Abbildung 4.5 dargestellt, können drei generische Szenarien (Motivationsszenarien) für den Einsatz ortsabhängiger Zugriffskontrolle unterschieden werden:

Gegenmaßnahmen für mobil-spezifische Sicherheitsprobleme: Die naheliegendste Motivation für den Einsatz ortsabhängiger Zugriffskontrolle ist die Begegnung spezifischer Sicherheitsprobleme, die sich aus der Mobilität der Computer und/oder der Verwendung drahtloser Datenkommunikation ergeben. Mobile Computer werden als persönliche Geräte häufig auf Reisen mitgeführt und verlassen damit die relativ geschützte Umgebung eines Firmengebäudes oder des Wohnraums. Es verwundert also nicht, dass viele mobile Computer verloren gehen oder gestohlen werden (z.B. [The01]). Auch ein kurzzeitiges „Ausleihen" eines mobilen Computers – das vom legitimen Besitzer u.U. gar nicht bemerkt wird – kann von einem Unbefugten genutzt werden, um auf geschützte Daten zuzugreifen. Ortsabhängige Zugriffskontrolle kann eingesetzt werden, damit in solch einem Fall der illegitime Besitzer des Computers diesen nicht zum Zugriff auf geschützte Objekte nutzen kann. Aber auch ohne dass der mobile Computer abhanden kommt können sensible Daten kompromittiert werden, nämlich wenn bei Verwendung durch den legitimen Nutzer an einem „öffentlichen Platz" ein anderer Nutzer diesem über die Schulter schaut (sog. „Shoulder Sniffing" oder „Over-The-Shoulder"-Attack).

Mobile Computing verwendet typischerweise drahtlose Datenübertragungsverfahren. Naturgemäß ist diese Form von Datenübertragung angreifbarer als herkömmliche kabelgebundene Datenübertragung, da der Zugriff auf das Medium „Luft" nicht so einfach wie auf Kabel mit baulichen Maßnahmen kontrolliert werden kann. Viele Techniken für die drahtlose Datenübertragung sind deshalb mit kryptografischen Verfahren gegen Belauschen (passiver Angriff) oder Manipulationen (aktiver Angriff) geschützt; allerdings sind diese Verfahren oft nicht aktiviert oder nach heutigem Stand der Technik nicht als sicher zu bewerten (z.B. [Arn04] und [BSI09, A-18ff] für WLAN, [Rüt07b] und [Sch07, 710] für GSM).

Compliance: Unter „Compliance" (Regeltreue) fassen wir Motivationsszenarien zusammen, die *nicht* für Mobile Computing spezifische Sicherheitsprobleme adressieren; es kann sich jedoch um spezifische Sicherheitsprobleme bei mobiler Arbeit (z.B. Vertriebstätigkeiten) handeln.

Bei mobiler Arbeit besteht häufig die Gefahr von Verwechslungen, z.B. wenn ein Techniker eine bestimmte technische Komponente zu warten hat, es aber in der unmittelbaren Umgebung viele weitere ähnlich aussehende Komponenten gibt. Wenn mobile Computer in Krankenhäuser für den mobilen Datenzugriff und Datenerfassung (neue Medikamente, medizinischer Bericht) am Bett des Patienten eingesetzt werden, kann eine Verwechslung eines Patienten sogar fatale Auswirkungen haben. Ortsabhängige Zugriffskontrolle kann hier verhindern, dass eine bestimmte Operation ausgeführt wird, wenn der Nutzer sich nicht an dem Ort befindet, wo diese Operation für den jeweiligen Datensatz plausibel wäre.

Bei bestimmten Lizenzen für die Nutzung von Software oder digitalen Inhalten wie e-Books, Audio- oder Videodateien kann es vom Lizenzgeber gewünscht sein, die Nutzung dieser Lizenz nur an bestimmten Orten zuzulassen. Dieses ortsabhängige *Digital Rights Management (DRM)* wurde bereits in Abschnitt 3.3.4 (Seite 73) bei der Behandlung von Hardware-basierten Anti-Spoofing-Ansätzen eingeführt. Eine ortsabhängige Zugriffskontrolle könnte dem Nutzer also einfach die zum Abspielen oder Ansehen notwendigen Berechtigungen entziehen, wenn er sich nicht in dem entsprechenden Gebiet befindet. Der Begriff „DRM" beinhaltet heutzutage aber auch die Verteilung oder Verwaltung von digitalen Lizenzen [RTM02]; da ortsabhängiges ZKM sich aber auf die Durchsetzung bestimmter Lizenzbestimmungen beschränkt, wird im Weiteren der Begriff „Lizenz-Enforcement" (to enforce, engl.: durchsetzen, erzwingen) verwendet.

Location Evidence wurde bereits in Abschnitt 3.3.1 (Seite 68) angesprochen: es werden darunter Anwendungsfälle von Ortungstechnologien zusammengefasst, bei denen ein Nutzer nachweisen muss, dass er tatsächlich einem bestimmten Ort aufgesucht hat (z.B. Nachtwächter, Inspekteur). Mit ortsabhängiger Zugriffskontrolle könnte etwa der Zugriff auf eine Funktion zur Protokollierung eines Arbeitsschrittes deaktiviert werden, wenn der Nutzer nicht am dafür erforderlichen Ort ist. Beispielsweise könnte dem mobilen Inspekteur nur dann erlaubt werden, den Bericht über den Zustand der zu wartenden Maschine auf seinem PDA einzugeben, wenn er sich in unmittelbarer Nähe dieser Maschine befindet.

Überwachte Tätigkeit bedeutet, dass bestimmte Berechtigungen nur dann gegeben werden, wenn sich der Nutzer an einem Ort befindet, wo davon ausgegangen wird, dass er diese Berechtigung unter Aufsicht (z.B. durch Erziehungsberechtigte [ASM07] oder Ausbilder [DP09]) durchführt.

Computertechnologie kann auch verwendet werden, um physische Zugangskontrollmechanismen wie Schlösser von Türen, Garagen oder Schränken zu steuern [EKP08] [DP09]. Die Bedienung eines solchen Schlosses sollte in Analogie zu herkömmlichen Schlössern nur dann möglich sein, wenn der entsprechende Nutzer sich in der unmittelbaren Nähe des jeweiligen Schlosses befindet. Für diesen Anwendungsfall wurde sogar ein spezielles ZKM vorgeschlagen [YL04].

Bei *ortsabhängiger Authentifizierung* wird ausschließlich anhand der Ortung für einen Benutzer entschieden, ob ein bestimmter Zugriff erlaubt werden soll oder nicht. Es wird also angenommen, dass wenn ein Nutzer es geschafft hat, an einen bestimmten Ort zu kommen, er auch legitimiert ist, diese Berechtigung zu haben. Ein solcher Ort könnte eine Hochsicherheitsabteilung in einer Firma sein: Personen, die diese betreten wollen, müssen die entsprechenden Türen aufschließen können bzw. Wachkontrollen passieren. Als weiteres Beispiel kann ein Freizeitpark betrachtet werden, der allen seine Besuchern bestimmte Informationsdienste kostenlos zur Verfügung stellen möchte; man kann dieses Anwendungsszenario allgemeiner anwenden, wenn es darum geht, für zuvor unbekannte Nutzer einen einmaligen Zugriff freizuschalten [Mic02]. Eine rein ortsabhängige Authentifizierung ist auch im Bezug auf die Anonymität der Nutzer von Vorteil, da so kein Nutzername verwendet werden muss. Es können also keine Nutzerprofile erstellt werden, an denen etwa eine Führungskraft erkennen könnte, dass bestimmte Mitarbeiter nie vor 10 Uhr zur Arbeit kommen, weil vor dieser Zeit keine Zugriff auf das Informationssystem mit ihren Nutzerkonten durchgeführt werden.

Interaktionsunterstützung: Ortsabhängige Zugriffskontrolle kann auch zur Adressierung von Anforderungen jenseits von Sicherheitsproblematiken eingesetzt werden, nämlich der Unterstützung der Interaktion zwischen dem Nutzer und dem mobilen Computer. Da mobile Computer typischerweise über eine eingeschränkte Nutzerschnittstelle verfügen (kleines Display mit geringer Auflösung und Farbtiefe; mühsame Dateneingabe über wenige Tasten), kommt diesem Aspekt gerade im Mobile Computing eine besondere Bedeutung zu. Wenn die Zugriffskontrolle bestimmte Bedienoptionen (z.B. Menü-Einträge, Buttons oder sonstige Widgets) oder Datensätze (z.B. in Tabellen) verbirgt, wenn der Nutzer sich nicht an einem Ort befindet, wo diese Elemente für ihn relevant sind, so kann dies die Interaktion mit dem mobilen Computer auf zwei Arten unterstützen: zum einen muss weniger auf der ohnehin eingeschränkten Displayfläche dargestellt werden; zum anderen wird die Anzahl der nötigen Interaktionsschritte (z.B. Anzahl der zu betätigenden Tasten) einschränkt, da irrelevante Bedien-Elemente (Widgets, Kurzform für „Window Gadget") nicht übersprungen werden müssen und die Notwendigkeit der Navigation ebenfalls reduziert wird.

Anwendungsszenarien aus der Literatur

Im Folgenden werden konkrete Anwendungsszenarien skizziert, mit denen Arbeiten aus dem wissenschaftlichen Bereich motiviert werden, die neue ortsabhängige ZKM vorstellen. Es wird hierbei immer angegeben, welche der generischen Motivationsszenarien aus dem vorherigen Abschnitt realisiert werden.

Das STRBAC-Modell [KN06] wird mit dem Beispiel motiviert, dass der Zugriff auf wichtige Dateien bei einer Bank nur stattfinden darf, wenn die Person sich innerhalb der Bank befindet. Da das Modell insbesondere auch auf die Formulierung zeitlicher Beschränkungen abzielt, wird weiter gefordert, dass dieser Zugriff nur zu den üblichen Arbeitszeiten stattfinden darf. Die ortsabhängige Zugriffskontrolle wird also für ortsabhängige Authentifizierung verwendet; hierdurch sollen die mobil-spezifischen Sicherheitsprobleme bis auf „Missbrauch Fernsteuerung" adressiert werden.

Liu et al. [LSL05] beschreiben eine Integration ortsabhängiger Zugriffskontrolle in ein sog. RADIUS-System (Remote Authentication Dial In User Service, System für Authentifizierung, Autorisierung und Abrechnung für Einwahlverbindungen in Computernetzwerken). Sie motivieren ihre Arbeit über das Beispiel eines Unterrichtsraumes, dessen Apparaturen (z.B. diverse Bildschirme) nur von anwesenden Benutzern verwendet werden dürfen; die ortsabhängige Zugriffskontrolle wird also für die Vermeidung des Missbrauchs einer Fernsteuerungsfunktion verwenden. Weiter dürfen bestimmte Daten nur an bestimmten Orten auf Bildschirmen dargestellt werden, z.B. die Noten der Studierenden dürfen nur im Büro des Dozenten auf einem Bildschirm dargestellt und bearbeitet werden. Das ZKM wird also auch dazu verwendet, um „Shoulder-Sniffing" zu vermeiden.

Das STARBAC-Modell [ASM07] wird u.a. mit dem Szenario motiviert, dass ein häusliches Informationssystem den Kindern nur dann erlauben sollte, Filme mit bestimmten Altersfreigaben abzuspielen, wenn dies in Räumen stattfindet, wo sie vermutlich unter elterlicher Kontrolle stehen (z.B. im gemeinsam genutzten Wohnzimmer). Die ortsabhängige ZKM wird also eingesetzt, um Compliance – genauer: die Überwachung einer Tätigkeit – zu gewährleisten.

GEO-RBAC wird anhand verschiedener Dienste für Kraftfahrer motiviert [BCDP05] [DBP07]. In Abhängigkeit der Rollen „Tourist", „Taxi-Fahrer" oder „Polizei" und dem aktuellen Aufenthaltsort stehen dem Nutzer verschiedene Informationen (z.B. Verkehrsbehinderungen wie Staus oder Unfälle, Straßenkarten, Sehenswürdigkeiten) in unterschiedlichen Qualitäten zur Verfügung. Dies kann dem Motivationsszenario „Lizenzmanagement" – also einem Unterpunkt von Compliance – zugeordnet werden.

In [WF03] wird das Beispiel der Verleihung oder Vermietung von technischer Ausrüstung genannt, z.B. Hochschulen, die Notebooks an Studierende verleihen. Hierbei soll aber gewährleistet sein, dass diese Geräte nur auf dem Campus eingesetzt werden. Hier kommt die ortsabhängige Zugriffskontrolle also auch wieder für das Lizenzmanagement zum Einsatz. Auch die Arbeit von Sastry et al. [SSW03] zur Vermeidung von Location-Spoofing wird mit einem ähnlichem Szenario motiviert (siehe auch Abschnitt 3.3.6 (Seite 80)): bestimmte elektronische Geräte sollen ihren Dienst einstellen, wenn sie außerhalb eines definierten Gebäudes gebracht werden.

Das LRBAC-Modell von [RKY06] wird u.a. mit dem Beispiel motiviert, dass ein Computer mit vertraulichen Informationen den Zugriff auf diese sperren sollte, wenn er sich an öffentlichen Plätzen befindet, weil dort die Gefahr für unberechtigte Zugriffe zu groß ist. LRBAC soll also eine Maßnahme gegen mobil-spezifische Sicherheitsprobleme sein.

In [DM96] werden als Beispiele für ortsabhängige ZKM Software-Funktionen genannt, die wegen Exportbeschränkungen nicht in allen Ländern verfügbar sein dürfen; auch dieser Anwendungsfall lässt sich dem Motivationsszenario Lizenz-Management aus dem Bereich „Compliance" zuordnen. Beispiele für solche Funktionen könnten etwa kryptografische Funktionen sein.

Kommerzielle Anwendungen

Es gibt bereits erste kommerzielle Produkte, die einfache Formen von ortsabhängiger Zugriffskontrolle umsetzen:

Die Firma *Garmin* ist ein Hersteller für mobile Navigationsgeräte, die vorrangig für den Einsatz in Kraftfahrzeugen ausgelegt sind. Einige dieser Geräte (z.B. nüvi-Serie) verfügen über eine „Garmin Lock" genannte Funktionalität: hierbei wird das jeweilige Gerät gesperrt, bis eine vierstellige Geheimzahl (PIN) eingegeben wird. Um diese PIN-Sperre zu ändern, muss das Gerät an einen vorher festgelegten Ort gebracht werden (z.B. Parkplatz vor dem Haus des Eigentümers). Der Hersteller geht also davon aus, dass der Nutzer sich leichter an diesen Ort erinnern kann als an die Geheimzahl [Gar07].

Diese Anwendung lässt sich auf das Motivationsszenario „Compliance: ortsabhängige Authentifizierung" abbilden.

Filme auf *Digital Versatile Disc (DVD)* können einen sog. „DVD Region Code" haben, so dass ein Abspielen nur im durch diesen Region-Code vorgegebenen Gebiet möglich ist. Die „Region 1" dieses Codes umfasst etwa die USA und Kanada, während Japan und Europa der „Region 2" zugeordnet sind. Technisch soll diese Beschränkung dadurch realisiert werden, dass die in den jeweiligen Regionen verkauften Abspielgeräte (DVD-Player für Anschluß an TV-Geräte, interne/externe DVD-Laufwerke zur Verwendung mit Personalcomputern) nur DVD der entsprechenden Region abspielen. Dies wird seitens der Filmwirtschaft u.a. damit begründet, dass in verschiedenen Ländern unterschiedliche jugendschutzrechtliche Vorschriften gelten. Zudem werden neu produzierte Spielfilme i.d.R. zuerst in Kinos aufgeführt, bevor diese als DVD veröffentlicht werden. Es soll also verhindert werden, dass ein in Land A bereits auf DVD veröffentlichter Spielfilmtitel nach Land B exportiert wird, wenn in Land B dieser Titel noch in Kinos aufgeführt wird, weil dies das Ergebnis der Kinoverwertung beeinträchtigen könnte. Obwohl dieses Feature gemäß der entsprechenden Standards für Abspielgeräte verpflichtend vorgeschrieben ist, sind viele Geräte verfügbar, die diesen Code ignorieren. [HL00] [And01, 430ff] [DGK02]

Für die iOS-Plattform ist eine mobile Anwendung für "Video on Demand" des TV-Senders "RTL" verfügbar [iTu11], mit dem auf Inhalte nur dann zugegriffen werden kann, wenn sich der Nutzer in den Ländern Deutschland, Österreich und Schweiz aufhält. Um diesen Aufenthaltsort zu überprüfen greift die Anwendung auf die integrierte Ortungsfunktion des Endgeräts zurück (z.B. GPS beim iPhone). [Gol10]

In [GW98] wird berichtet, dass Anbieter verschlüsselter Rundfunkprogramme in den USA den Standort der zur Entschlüsselung notwendigen Set-Top-Box über die Festnetz-Telefonnummer des Abonnenten bestimmen. Ein Rückruf der Set-Top-Box ist ohnehin mindestens einmal pro Abrechnungsperiode notwendig, damit diese den zur Entschlüsselung benötigten kryptografischen Schlüssel abrufen kann. Es soll also gewährleistet werden, dass die Box nicht außerhalb bestimmter Regionen verwendet wird.

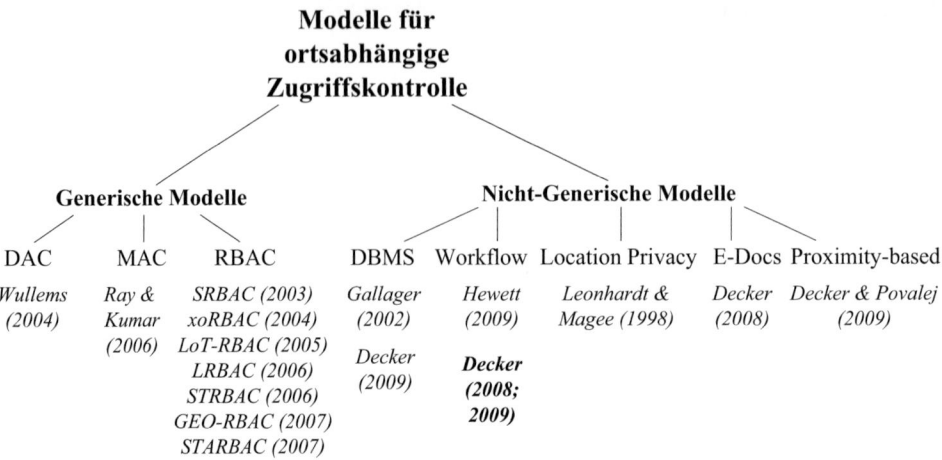

Abb. 4.6: Klassifikationsübersicht von ortsabhängigen Zugriffskontrollmodellen

4.2.2 Überblick Ortsabhängige Zugriffskontrollmodelle

Die sich diesem Abschnitt anschließende Vorstellung verschiedener in der akademischen Literatur gefundener ortsabhängiger ZKM ist gemäß dem in Abbildung 4.6 dargestellten Klassifikationsschema aufgebaut:

- Es werden zunächst generische Modelle vorgestellt, also Modelle, die unabhängig von einem bestimmten Anwendungszweck entwickelt wurde. Diese Modelle werden weiter anhand der drei Grundformen DAC, MAC und RBAC untergliedert.

- Die nicht-generischen Modelle wurden für einen bestimmten Anwendungszweck entwickelt, etwa Datenbank-Management-Systeme, Workflow-Management-Systeme, die Gewährleistung von Location Privacy oder die Verwaltung von elektronischen Dokumenten.

Insgesamt zeigt sich, dass es sich beim überwiegenden Teil der ortsabhängigen ZKM um Erweiterungen von RBAC handelt. Obwohl DAC der vorherrschende Ansatz für Zugriffskontrolle in der Praxis ist, konnte hier nur ein generisches Modell identifiziert werden. Der folgende Überblick ist auch in Form eines Survey-Artikels veröffentlicht worden [Dec09e].

4.2.3 Ortsabhängige DAC-Modelle

Das einzige uns bekannte generische DAC-ZKM mit Ortsabhängigkeit geht auf Wullems et al. zurück [WLC03][Chr04]; von dieser Autoren-Gruppe wurde bereits ein Verfahren zur Vermeidung von Location-Spoofing in Abschnitt 3.3.6 (Seite 80) vorgestellt. Das Modell ist eine Erweiterung der Zugriffskontroll-Listen (Access Control List, ACL): an jedes Objekt ist eine ACL gebunden, die aus *ACL Entries (ACLE)* besteht. Ein ACLE ist eine Liste der Operationen, die ein bestimmtes Subjekt auf dem Objekt durchführen darf. Um dieses Modell ortsbewusst zu machen, wird die Möglichkeit eingeführt, Orts-einschränkungen für die Verbindungen zwischen ACLE und Operation zu definieren. Die Ortseinschränkungen sind über Polygone definiert.

Im Unterkapitel 4.2.6 (Seite 147) über nichtgenerische Modelle wird noch ein ortsab-hängiges DAC-ZKM für Datenbankmanagementsysteme (DBMS) vorgestellt [Gal02]. Weiter wird [Dec09f] ein DAC-Modell auf Basis der Unix-Permission-Bits skizziert, welches ebenfalls in Unterkapitel 4.2.6 vorgestellt wird.

4.2.4 Ortsabhängige MAC-Modelle

Ray und Kumar beschreiben in [RK06] ein ortsbewusstes MAC-Modell. Die grundlegen-de Idee ist, nicht nur – wie in herkömmlichen MAC-Modellen – Subjekten und Objekten eine Sicherheitsstufe zuzuweisen, sondern auch Orten, welche hierarchisch gegliedert sind. Wenn Ort A (etwa ein Gebäude) die Sicherheitsstufe „Vertraulich" hat, dann dürfen in A enthaltene Orte (z.B. ein Raum in diesem Gebäude als Ort B) keine niedrigere Sicherheitsstufe haben; eine höhere Sicherheitsstufe ist aber möglich. Ein Nutzer darf nur dann einen Ort betreten, wenn seine eigene Sicherheitsstufe mindest so hoch wie die des Ortes ist.

Es wird das Szenario beschrieben, dass ein Nutzer (Anfrager) den Aufenthaltsort eines anderen Nutzers (Zielnutzer) abfragen möchte. Hat der Zielnutzer eine höhere Sicherheitsstufe als der abfragende Nutzer, so kann diese Abfrage nicht beantwortet werden. Das einfache Verweigern einer Antwort würde aber u.U. dem Anfrager es erlauben, Rückschlüsse auf den Aufenthaltsort oder dessen Tätigkeit zu ziehen. Es wird deshalb das Konzept des *sichtbaren Ortes* eingeführt: ein sichtbarer Ort hat eine Sicherheitsstufe, die nicht die des Anfragers übersteigt, und beinhaltet den tatsächlichen Aufenthaltsort des Zielnutzers. Gleichzeitig muss ein solcher sichtbarer Ort minimal sein, dass heißt, es darf keinen anderen Ort geben, der ebenfalls eine dem Anfrager entsprechende Sicherheitsstufe hat und den Aufenthaltsort des Zielnutzers beinhaltet.

Das Modell wird durch die Unterscheidung von Nutzern und Subjekten weiter ausgebaut. Ein Nutzer darf nur eine Sitzung als Subjekt starten, wenn er sich an einem Ort befindet, dessen Sicherheitsstufe nicht niedriger als die des Subjekts ist. Gleichzeitig ist auch dem Nutzer eine Sicherheitsstufe zugeordnet; der Aufenthaltsort eines Nutzers ist im Gegensatz zu einem Subjekt nicht an eine Sicherheitsstufe gebunden. Die Sicherheitsstufe der Nutzer darf nicht niedriger sein als die eines von ihm ausgeführten Subjekts.

Weiter beschreibt das Modell auch Objekte, denen ein Ort und eine Sicherheitsstufe zugeordnet sind. Es wird gefordert, dass ein Objekt nur an einem Ort aufbewahrt oder gespeichert werden darf, der keine niedrigere Sicherheitsstufe hat. Letztendlich gibt es auch Operationen, die allerdings auf „Schreiben" und „Lesen" beschränkt sind. Jede Operation wird mit zulässigen Orten für Subjekte als auch Objekten in Verbindung gesetzt, d.h. die jeweilige Operation darf nur ausgeführt werden, wenn sich sowohl Subjekt als auch Objekt an diesen so beschriebenen Orten befinden.

Die Bedingung, dass innerhalb eines Ortes kein Ort mit niedrigerer Sicherheitsstufe liegen darf, erscheint nicht sinnvoll, da es in der Praxis Fälle gibt, in denen dies nicht zutritt, etwa bei Enklaven: So lag West-Berlin zur Zeit des kalten Krieges vollständig im Staatsgebiet der DDR und hatte aus Sicht der Mitgliedsstaaten des Warschauer Paktes wohl eine niedrigere Sicherheitsstufe als das Staatsgebiet der DDR. In Analogie hierzu wird ein Staat dem Grundstück einer feindlichen Botschaft auch eine geringere Sicherheitsstufe zuweisen als dem Territorium, das die Botschaft umgibt.

In [Dec09g] wurde ein weiteres ortsabhängiges MAC-Modell vorgestellt. Dieses Modell ist aber speziell für *Datenbankmanagementsysteme (DBMS)* geeignet und wird deshalb in Abschnitt 4.2.6 (Seite 147) vorgestellt.

4.2.5 Ortsabhängige RBAC

Die meisten ortsabhängigen ZKM basieren auf RBAC. Vermutlich ist die damit zu begründen, dass diese Modelle von Autoren aus dem Bereich der Zugriffskontrollmodellierung kommen, wo RBAC als derzeit modernster Ansatz favorisiert wird. Ein wesentliches Un-

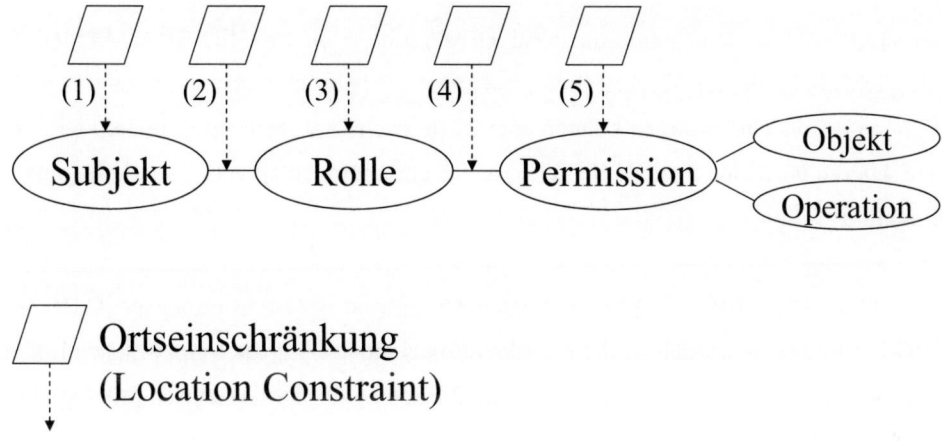

Abb. 4.7: Ortseinschränkungen in RBAC-Modellen

terscheidungsmerkmal dieser Modelle sind die Komponenten, die im jeweiligen Modell ortsbewusst sind; dies wird auch in Abbildung 4.7 dargestellt.

In GEO-RBAC [BCDP05][DBP07][BDBB08] gibt es die Möglichkeit, eine Rolle an einen Ort zu binden. In Abhängigkeit des Aufenthaltsortes wird also eine komplette Rolle mit allen daran hängenden Berechtigungen ungeachtet des Subjekts, dem diese Rolle zugewiesen wurde, ein- und ausgeschaltet. Als Beispiel nennen die Autoren die Rolle „Taxifahrer Mailand", die nur dann eingeschaltet werden kann, wenn sich der Nutzer im Gebiet dieser Stadt befindet. Diese Rolle kann es dem Inhaber etwa erlauben, auf ein Verkehrsinformationssystem zuzugreifen. In Abbildung 4.7 ist diese Art der Ortseinschränkungen mit der Nr. 3 gekennzeichnet.

Eine Besonderheit von GEO-RBAC ist die Unterscheidung von Rollenschemata und Rolleninstanzen. Jede Rolle ist eine Instanz genau eines Rollenschemas. Ortseinschränkungen können sowohl an Schemata als auch an Instanzen gebunden werden. Ein Rollenschema beinhaltet auch eine Abbildungsfunktion, um eine Ortung auf eine logische Position gemäß dem verwendeten Ortstyp abbilden zu können. Als Ortsmodell verwendet GEO-RBAC das der *Geographic Markup Language* (GML, [LBTR04]). Es wird weiter eine entsprechende XML-basierte Sprache („XGEO-RBAC") vorgeschlagen, mit der GEO-RBAC-Modellinstanzen ausgetauscht werden können.

Im STARBAC-Modell (Spatio-temporal RBAC) gibt es wie im GEO-RBAC-Modell die Möglichkeit, Rollen in Abhängigkeit des Nutzerortes ein- und auszuschalten [ASM07]. Neben Ortseinschränkungen können auch Zeiteinschränkungen für Orte definiert werden. Hierzu wird eine formale Sprache zur Beschreibung entsprechender Bedingungen eingeführt.

Die Abkürzung „SRBAC" steht für „Spatial Role-Based Access Control Model" [HO03] [HO06]. In diesem Modell ist die Zuordnungsbeziehung (Assoziation) zwischen Rollen und Berechtigungen ortsabhängig, was in Abbildung 4.7 der Ortseinschränkung Nr. 4 entspricht. Es werden also nur einzelne Berechtigungen für einzelne Rollen in Abhängigkeit des Orts ein- und ausgeschaltet, aber nicht ganze Rolle. Als Beispiel kann die Rolle „Krankenpfleger" betrachtet werden: einzelne Berechtigungen, die dieser Rolle zugewiesen, sind, wie etwa der Zugriff auf das Krankenhausinformationssystem, könnten an den Aufenthalt innerhalb des Krankenhausgebäudes gebunden sein, während die Berechtigung zum Zugriff auf ein Glossar mit medizinischen Fachbegriffen ohne Ortseinschränkung sein könnte. Der Zugriff auf das Krankenhausinformationssystem könnte auch der Rolle „Arzt" zugewiesen sein, hier allerdings ohne eine Ortseinschränkung.

Die Autoren verwenden auch ein einfaches Ortsmodell, das von Zellortung in einem zellular aufgebauten Netzwerk ausgeht. Bei der Vererbung von Rollen gibt es zwei Modi, wie mit Ortsrestriktionen umgegangen wird: zum einen können die Ortsrestriktionen bei der Vererbung einfach übernommen werden; zum anderen gibt es auch die Möglichkeit, bei der Vererbung neue Ortsbeschränkungen anzugeben. Die vererbten Permissions stehen dann nur an den bei der Vererbung spezifizieren Orten zur Verfügung. Auch Separation of Duties können ortsabhängig definiert werden: es kann ausgeschlossen werden, dass ein Nutzer an einem Ort bestimmte Rollen ausführen kann oder innerhalb einer Sitzung ausführt.

LoT-RBAC von Chandran und Joshi steht für „Location and Time-based RBAC" [CJ05]. Das Ortsmodell unterscheidet zwischen logischen Orten (Ortsklassen) und physischen Orten (Instanzen von Orten) und sieht auch relative Orte vor, mit deren Hilfe z.B. alle Fahrzeuge innerhalb eines bestimmten Radius beschrieben werden können. Wie der Name des Modells nahe legt, können einzelne RBAC-Komponenten neben räumlichen auch an zeitliche Restriktionen gebunden werden. Solche Restriktionen können an folgende RBAC-Komponenten gebunden werden: Nutzer-Rollen-Zuordnung, Rollen-Permission-Zuordnung (wie bei SRBAC) sowie an die Rollen selbst (wie bei GEO-RBAC); in Abbildung 4.7 entspricht dies den Einschränkungen 2, 3 und 4. In Abhängigkeit der Restriktionen kann eine Rolle eingeschaltet werden (wenn sich der Nutzer z.B. an dem entsprechenden Ort befindet), er hat dann die Möglichkeit, die Rolle zu aktivieren. Es wird auch ein Formalismus beschrieben, mit dem in Abhängigkeit von Zeit- und Ortsbedingungen sog. „Trigger" definiert werden können, um die beschränkbaren RBAC-Entitäten ein- und auszuschalten.

Im xoRBAC-Modell [SN04] können Ortsbeschränkungen den Berechtigungen selbst zugewiesen werden, also den Entitäten, die Operation und Objekt kapseln. In Abbildung 4.7 ist dieser Fall mit Nr. 5 beschrieben abgebildet. Eine solche Einschränkung wird also ohne Rücksicht auf die Rolle oder das Subjekt außerhalb bestimmter Bereiche deaktiviert. Das xoRBAC-Modell ist nicht auf den Kontextparameter „Aufenthaltsort des Nutzers" beschränkt, sondern kann auch andere Kontextparameter berücksichtigen. In [SN04] wird ein systematisches Vorgehen zur Gewinnung von solchen Context-Constraints gegeben.

Von Ray & Toahchoodee wurde das STRBAC-Modell vorgeschlagen [RT07a]. Die Buchstaben „ST" in diesem Namen stehen für „spatio-temporal", das Modell ist also nicht nur ortsabhängig, sondern kann auch Einschränkungen bzgl. der aktuellen Uhrzeit abbilden. In diesem Modell können die Rollen selbst (Nr. 3 in Abb. 4.7) aber auch die Rollen-Permission-Zuordnungen (Nr. 4 in Abb. 4.7) ortsabhängig gemacht werden.
  Das Modell unterscheidet vier verschiedene Arten von SSoD:

- Bei der *schwachen SSoD* können zwei Rollen aus der gleichen Ausschlussmenge nicht einem Subjekt zur selben Zeit am selben Ort zugewiesen sein.

- Bei der *starken zeitlichen Form von SSoD* können zwei oder mehr Rollen aus der gleichen Ausschlussmenge einem Nutzer für den gleichen Ort und für jede Zeit zugewiesen werden.

- Bei der *starken räumlichen Form von SSoD* können zwei Rollen aus der gleichen Ausschlussmenge nicht zur gleichen Zeit an irgendeinem Ort zugewiesen werden.

- Bei der *starken SSoD* letztendlich können zwei Rollen aus einer Ausschlussmenge nicht einem Nutzer zugeordnet werden, egal zu welcher Zeit und unabhängig vom Ort.

Analog hierzu gibt es vier Formen von DSoD. Es werden auch vier Formen von Rollenverbung unterschieden, je nachdem ob keine Einschränkungen, die Orts- und/oder die Zeiteinschränkung vererbt werden.

Ein weiteres auf RBAC basierendes ZKM ist das LRBAC-Modell (Location-Aware RBAC) [RKY06]. In diesem Modell sind wieder die Rollen ortsabhängig. Mit dem LRBAC-Modell kann auch festgelegt werden, an welchem Ort sich ein Subjekt befinden muss, damit es eine Rolle zugewiesen bekommen kann. Als Beispiel hierfür wird die Rolle „Konferenzbesucher" genannt, die nur dann einem Nutzer gewiesen werden kann, wenn dieser sich im Empfangsbereich einer Konferenz befindet. Ein weiteres Beispiel ist die Rolle für die Staatsbürgerschaft eines bestimmten Landes, die einem Subjekt nur dann zugewiesen werden kann, wenn er sich gerade im Territorium oder innerhalb einer Botschaft dieses Landes befindet.

Eine andere Arbeit von der Gruppe um Ray macht einen Vorschlag für die ortsabhängige Delegation von Rechten in RBAC-Modellen [RT08]. Delegation im Sinne von Zugriffskontrolle bedeutet, dass ein delegierendes Subjekt bestimmte Berechtigungen für eine beschränkte Zeitspanne an ein anderes Subjekt (Delegierter) überträgt. Im Ansatz von Ray werden ganze Rollen an andere Subjekte delegiert, wobei aber die delegierten Rechte an bestimmte Orte oder Zeiten gebunden sein können. Als Beispiel wird ein Laborleiter genannt, der seine Rolle „Supervisor" (engl.: Aufseher) auf Studierende übertragen kann (z.B. studentische Hilfskräfte). Diese Delegation kann aber so eingeschränkt werden, dass das studentische Subjekt diese Rolle nur innerhalb eines bestimmten Bereichs des Labors verwenden kann.

In [Dec09a] wird ein RBAC-basiertes ZKM für mobile Workflows beschrieben, mit dem für alle in Zeichnung 4.7 eingezeichneten Stellen Ortseinschränkungen definiert werden können. Es wird hierbei aber darauf hingewiesen, dass dies nur ein hohes Maß an Flexibilität ermöglichen soll, und es keinesfalls bedeuten soll, dass für ein gegebenes Anwendungsszenario an mehr als an einer oder zwei Stellen Ortseinschränkungen definiert werden.

4.2.6 Nichtgenerische ortsabhängige Zugriffskontrollmodelle

Im vorliegenden Unterabschnitt werden nicht-generische ZKM vorgestellt, die also für einen speziellen Anwendungsfall entwickelt wurden.

DAC-Modell für Datenbanksysteme

Im folgenden Abschnitt werden spezielle ortsabhängige ZKM für Datenbanksysteme (DBS) vorgestellt, wobei das erste dem DAC-Ansatz und das zweite dem MAC-Ansatz folgt.

Unter einem Datenbanksystem (DBS) versteht man „[...] den Teil eines (Computer-ge-stützten) Informationssystems [...], der sich mit der Beschreibung der vorhanden Daten, ihrer Verwaltung sowie dem Umgang mit und dem Zugriff zu ihnen befasst." [SS83, 7]. Motivation für die Entwicklung von DBS war die Bestrebung, insbesondere bei daten-intensiven Anwendungen die Daten getrennt vom eigentlichen Anwendungsprogramm zu verwalten. Einer der Vorteile dieses Vorgehens ist, dass so auch verschiedene Anwen-dungsprogramme mit denselben Daten arbeiten können. DBS stellen die Funktionalitäten für die effiziente Verwaltung (Erzeugung, Abfragen, Änderungen) von großen Mengen von strukturierten Daten bereit, so dass die Entwickler des jeweiligen Anwendungspro-gramms nicht eigene Implementierungen dieser Funktionen erstellen müssen.

Das heutzutage vorherrschende Paradigma für Datenbanken ist das relationale Daten-modell [Cod70]. Stark vereinfach ausgedrückt besteht eine relationale Datenbank aus zweidimensionalen Tabellen (Relationen), wobei jede Tabellenspalte einen bestimmten Datentyp (z.B. *Integer* für Ganzzahlen oder *Varchar* für Zeichenketten) vorgibt. Die einzelnen Datensätze (Records) sind Zeilen (Tupel) in diesen Tabellen. Ein *Primär-schlüssel* ist eine Teilmenge der Spalten einer Tabelle, deren Werte für eine Zeile immer identifizierend ist, d.h. es kann nicht mehr als eine Tabellenzeile mit einem bestimmten Primärschlüssel-Wert geben. Bei einer sog. *Fremdschlüssel-Beziehungen* referenzieren Spalten einer Tabelle den Primärschlüssel einer Tabelle. Beispielsweise könnte festge-legt sein, dass die Spalte „Abteilungsnummer" einer Tabelle „Personal", deren Tupel jeweils einen Personaldatensatz repräsentieren, immer Werte enthalten müssen, die in einer weiteren Tabelle mit den einzelnen Abteilungen der Primärschlüssel ist.

Mittlerweile gibt es mit der *Structured Query Language (SQL, [Tür03])* eine standar-disierte Sprache für relationale DBMS. Anders als der Name vermuten lässt, können mit dieser nicht nur Anfragen (engl.: Queries) an die Datenbank formuliert werden, sondern auch Schema-Informationen verwaltet (z.B. Erzeugung neuer Tabellen mit dem Befehl „Create", hinzufügen oder Entfernen von Spalten zu Tabellen mit dem „Alter"-Befehl) und Datensätze eingefügt („Insert"-Befehl)sowie gelöscht („Delete"-Befehl) werden. Weiter beinhaltet SQL die beiden Befehle „Grant" und „Revoke", mit denen eine DAC-Zugriffskontrolle gesteuert werden kann [Tür03][KKH05].

In [Gal02] wird vorgeschlagen, die im SQL-92-Standard beschriebenen Statements „Grant" und „Revoke" so zu erweitern, dass auch räumliche Bedingungen berücksichtigt werden können. Mit dem Grant-Statement können einem Nutzer bestimmte Rechte an einem Datenbankobjekt zugewiesen werden, z.B. „Select" und „Modify", um die Records einer bestimmten Datenbanktabelle zu lesen und zu ändern [EN04, 732ff]. Es handelt sich also um einen DAC-Ansatz. Als Beispiel wird etwa folgendes Statement genannt:

```
GRANT select ON account TO Bill INSIDE A
```

Der Nutzer „Bill" erhält also das Recht, select-Kommandos (lesender Zugriff) auf der Tabelle „account" auszuführen, allerdings nur, wenn er sich am mit „A" beschriebenen Ort befindet.

MAC-Modell für Datenbanksysteme

Das MAC-basierte ortsabhängige ZKM für DBS wurde in [Dec09g] vorgestellt. Wie bereits in Abschnitt 4.1.2 (Seite 122) erwähnt, gibt es mittlerweile bei kommerziellen Datenbanken wie *Oracle* [Pür07b] oder *IBM DB2* [CRRO08, 81ff] Unterstützung für eine MAC-basierte Zugriffskontrolle; diese ist allerdings nicht ortsabhängig. Auch für die Open-Source-Datenbank PostgreSQL [Blu07] gibt es mit „SE-PostgreSQL" (SE: Security Enhanced) eine MAC-Erweiterung, wobei diese Implementierung allerdings nur auf SELinux lauffähig ist [SE-08].

Die grundlegende Idee des Modells ist die Möglichkeit, einzelne Zeilen einer Tabelle mit Ortseinschränkungen versehen zu können, so dass auf einzelne Datensätze außerhalb bestimmter Orte nicht mehr zugegriffen werden kann. Da es sich um ein MAC-Modell handelt, werden die Ortseinschränkungen ohne explizite Konfiguration des Nutzers oder auch des Administrators automatisch beim Erzeugen eines Datensatzes mittels des CREATE-Befehls erzeugt. Der Datensatz „merkt sich" also quasi, wo er erzeugt wurde.

Es werden zwei Formen von Ortseinschränkungen unterschieden:

Direkte Ortseinschränkungen: Eine direkte Ortseinschränkung weist einer Tabellenzeile einen Ort (beschrieben durch ein Polygon) zu. Nur wenn der aktuelle Nutzer sich innerhalb dieses Polygons befindet, wird der Zugriff erlaubt.

Indirekte Ortseinschränkungen: Bei dieser Form wird einer einzelnen Tabellenzeile *kein* konkreter Ort zugewiesen, sondern eine Sicherheitsstufe. Bei weiteren Zugriffen wird der aktuelle Ort des Nutzers dann darauf hin überprüft, ob er dieser Sicherheitsstufe genügt, bevor ein Zugriff tatsächlich gewährt wird.

Eine Tabelle kann *entweder* direkte *oder* indirekte Ortscheinschränkungen verwenden, nicht aber beide Formen gleichzeitig. Auch muss nicht jede Tabelle in einer Datenbank Ortseinschränkungen verwenden.

Wird wegen einer nicht erfüllten Ortseinschränkung ein lesender Zugriff (Select-Statement) verweigert, so werden die entsprechenden Zeilen einfach nicht zurückgegeben; für den Nutzer sieht es also so aus, als wären die Zeilen nicht in der jeweiligen Tabelle vorhanden. Beim Versuch Zeilen zu löschen oder zu ändern (mit dem Update- bzw. Delete-Statement), deren Ortseinschränkung nicht erfüllt wird, wird der entsprechende Befehl mit einer Fehlermeldung abgebrochen.

Gemäß dem MAC-Prinzip soll die Ortseinschränkung automatisch beim Anlegen des Datensatzes mittels dem Insert-Statement erzeugt werden. Für direkte Ortseinschränkungen erfordert dies, dass für die Referenzfläche (z.B. die ganze Erdoberfläche oder das Land, in dem mit mobilen Computern auf die Datenbank zugegriffen werden soll) Teilflächen in Form von Polygonen definiert sind; diese Teilflächen sind jeweils genau einer sog. Ortsklasse zugeordnet. Die einzelnen Polygone werden auch als Ortsinstanzen bezeichnet. Das Prinzip der Unterscheidung von Ortsklassen und -instanzen findet sich auch in der *Geographic Markup Language (GML)* mit den „Feature Types" und „Features" [LBTR04] oder dem LoT-RBAC-Modell [CJ05] mit der Unterscheidung von logischen und physischen Orten. Alle Ortsinstanzen, die zur gleichen Ortsklasse gehören, sind paarweise disjunkt, überschneiden sich also nicht.

Eine einzelne Tabelle kann für direkte Ortseinschränkungen konfiguriert werden, indem sie auf eine bestimmte Ortsklasse zeigt. Wird ein neuer Datensatz in diese Tabelle eingefügt, dann wird ermittelt, welche Ortsinstanz der vorgegebenen Ortsklasse den aktuellen

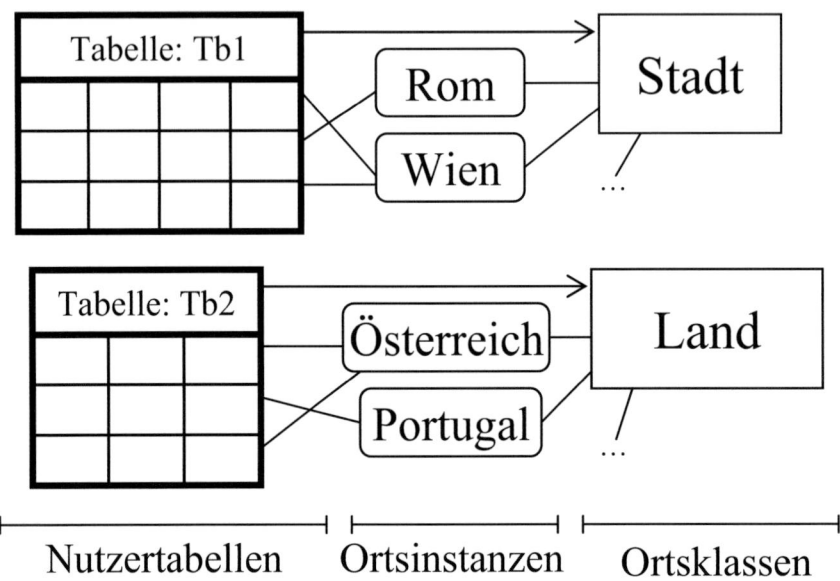

Abb. 4.8: Tabellen mit direkten Ortseinschränkungen [Dec09g]

Aufenthaltsort des Nutzers überdeckt. Diese Ortsinstanz wird dann als Ortseinschränkung für den neu angelegten Datensatz verwendet. Da die Instanzen einer Ortsklasse immer disjunkt sind, wird so höchstens eine Ortsinstanz ermittelt. Für den Fall, dass es keine Ortsinstanz der Ortsklasse gibt, die den aktuellen Aufenthaltsort des Nutzers abdeckt, wird keine Ortseinschränkung erzeugt.

In Abbildung 4.8 sind zwei Tabellen mit direkten Ortseinschränkungen skizziert: Das Ortsmodell besteht aus den beiden Ortsklassen „Stadt" und „Land". Als Beispiele für Ortsinstanzen von „Stadt" sind „Rom" und „Wien" eingezeichnet, als Beispiele für Ortsinstanzen von „Land" gibt es die Ortsinstanzen „Österreich" und „Portugal". Tabelle 1 zeigt auf die Ortsklasse „Stadt", beim Einfügen eines neuen Datensatzes soll eine Ortsinstanz dieser Klasse als Ortseinschränkung für diesen Datensatz abgeleitet werden; Tabelle 2 zeigt auf „Land", so dass den einzelnen Datensätzen Ortseinschränkungen zugewiesen sind, die Ländern entsprechen.

Zur Verwendung indirekter Ortseinschränkungen müssen den einzelnen Orten Sicherheitslabel entsprechend von verschiedenen Klassen von Sicherheitslabeln zugewiesen werden. Eine solche Klasse könnte für eine bestimmte Produkt-Kategorie stehen. Bestimmte Länder könnten etwa bzgl. der Produktkategorie „Halbleitertechnik" als nicht vertrauenswürdig eingestuft werden, da hier Industrie-Spionage durch Konkurrenten zu befürchten ist oder in diesen Ländern kein zuverlässiges Rechtssystem etabliert ist. Die ortsabhängige Zugriffskontrolle sorgt also dafür, dass auf höher eingestuften Daten bzgl. dieser Sicherheitsklasse nicht in diesem Land zugegriffen werden kann. Das gleiche Land könnte aber bzgl. einer anderen Produktkategorie wie „Petrochemische Erzeugnisse" als hoch vertrauenswürdig eingestuft sein, etwa weil keine Konkurrenzunternehmen aus dieser Branche dort ansässig sind.

In [Dec09g] wird auch skizziert, wie dieses ZKM unter Anwendung von Datenbank-Triggern und Stored Procedures realisiert werden kann. Da Trigger für das Select-Statement weder im SQL-Standard [Tür03] noch beim verwendeten Open-Source-DBMS „PostgreSQL" [Blu07] unterstützt werden, wird zur Nachbildung von Select-Triggern der proprietäre Rewrite-Mechanismus von PostgreSQL verwendet. Hiermit können dann Select-Statements unterdrückt werden, die Datensätze zurückliefern würden, deren Ortseinschränkungen dem aktuellen Aufenthaltsort des Nutzers nicht genügen.

Workflow-Management-Systeme

In Kapitel 6 (Seite 181) wird ein ZKM vorgestellt, welches speziell für die Definition von Ortseinschränkungen für mobilen Geschäftsprozessen ausgelegt ist [Dec08a] [Dec08b] [Dec09b]. Mit diesem Modell können insbesondere Regeln definiert werden, bei denen der konkrete Ort erst zur Laufzeit des Prozesses bestimmt werden kann.

Es gibt auch ein ZKM von Hewett [HK09], das die Definition von Ortseinschränkungen für Prozessmodelle erlaubt (siehe auch Kapitel 6.9.1 auf Seite 247 und Kapitel 7.6 auf Seite 268). Diese Ortseinschränkungen sind aber nur ein Nebenaspekt dieses ZKM; so ist nur eine Form von einfachen Ortseinschränkungen möglich und es gibt auch kein explizites Ortsmodell.

Location Privacy

Das Problem der Location Privacy (Ortungsdatenschutz, [Dec08e]) wurde bereits in Abschnitt 3.4 (Seite 87) angesprochen. Es geht um spezielle Datenschutzprobleme, die bei der Erhebung und Verarbeitung von Ortungsdaten eines mobilen Nutzers auftreten können. Einer der Ansätze, diesem Problem zu begegnen, waren Policy-Ansätze (siehe Abschnitt 3.4.5 (Seite 95)).

Leonhardt und Magee schlagen eine Erweiterung der Access-Control-Matrix nach Lampson (DAC-Modell) vor, so dass damit auch ortsbewusste Regeln definiert werden können, die bestimmen, welche Nutzer an welchen Orten die Ortung von anderen Nutzern abfragen dürfen [Leo98, 135ff][LM98]. Ihrer Ansicht nach ist ein wesentlicher Mangel herkömmlicher Sicherheitsmodelle, dass diese nur ein einziges Ziel-Objekt berücksichtigen können. Bei Behandlung von Ortungsinformation kann aber sowohl ein geortetes Objekt als auch der Ort das Zielobjekt sein. Sie schlagen deshalb eine Erweiterung vor, mit der einzelne Regeln mehr als nur ein Subjekt oder ein Objekt haben können. So lässt sich dann zum Beispiel eine Regel formulieren, nach der das Subjekt „Joe" das Recht „testForCollocation" bzgl. den Objekten „Nutzer Fred" und „Schulgebäude" hat: „Joe" darf also erfahren, ob sich Fred in seiner Nähe aufhält, aber nur innerhalb des Schulgebäudes.

Elektronische Dokumente

In [Dec08d] und [DSO10] wird ein DAC-basiertes ZKM für ortsabhängige elektronische Dokumente skizziert. Die Grundidee ist es, mittels Dokumenten, die nur an bestimmten Orten sichtbar sind, verschiedene Szenarien für mobile Anwendungen abbilden zu können. Eine Instanz eines solchen Dokuments ist genau einer Dokumentenklasse zugeordnet. Die Zuordnung zu Dokumentenklassen ist zur Filterung der sichtbaren Dokumente notwendig (z.B. könnten nur Dokumente der Klasse „PersonalReminder" angezeigt werden) sowie zur Festlegung der Standard-Berechtigungen. Über die Standard-Berechtigungen wird bestimmt, welche Einzelberechtigungen für eine Dokumenteninstanz unmittelbar nach der Erzeugung dieser vorhanden sind; da es sich aber um einen DAC-Ansatz handelt, können diese Standard-Rechte von Nutzern mit dem entsprechenden Recht beliebig geändert werden. In Abhängigkeit der Dokumentenklasse wird auch festgelegt, wie groß der Bereich um den virtuellen Ort eines Dokuments ist, an dem es für einzelne Subjekte oder Gruppen von Subjekten sichtbar ist. So kann der Radius, innerhalb dessen ein Dokument sichtbar ist, eine Größenordnung im Bereich von wenigen Metern bis zu mehreren Kilometern haben.

Durch eine entsprechende Anpassung der Konfiguration der Default-Berechtigungen der jeweiligen Dokumentenklasse können unterschiedliche Szenarien für LBS realisiert werden:

- Mit einem nur für seinen Erzeuger sichtbaren Dokument kann ein persönlicher Erinnerungsdienst realisiert werden, der bspw. beim Verlassen der Wohnung über eine Nachricht den Nutzer daran erinnert, seinen Regenschirm mitzunehmen. Ein System für diese Anwendung ist der „CybreMinder" [DA00a].

- Wikis sind webgestützte Informationssammlungen, die aus einzelnen miteinander verlinkten Seiten bestehen. Durch ein entsprechendes Berechtigungssystem und eine einfache Bedienung soll eine möglichst große Anzahl an Nutzern ohne großen Aufwand Wissen in ein Wiki eintragen können [O'L08]. Es gibt auch ortsabhängige Wikis, bei denen die einzelnen Seiten nur an bestimmten Orten sichtbar sind, z.B. um Informationen direkt an Sehenswürdigkeiten zu hinterlegen [SLB+07]. Mit ortsabhängigen Dokumenten lässt sich auch dieser Spezialfall von LBS nachbilden, indem die Standardrechte sowohl das Lesen als auch das Schreiben für jeden Nutzer oder eine große Nutzergruppe zulassen.

- Unter Graffiti versteht man Schriftzüge, die von hierzu nicht unbedingt berechtigten Einzelpersonen an Flächen (z.B. Mauern, Verteilerkästen) im öffentlichen Raum angebracht wurden [Bec04]. Bei virtuellem Graffiti handelt es sich um elektronische Dokumente, die ein Nutzer an einem bestimmten Ort anlegt (z.B. um auf eine interessante Sehenswürdigkeit hinzuweisen) und die andere Nutzer nur dann angezeigt bekommen, wenn sie sich an diesem Ort befinden [BG02]. Im Gegensatz zu der Wiki-Anwendung hat hierbei nur der erzeugende Nutzer Schreibrechte an dem Dokument, etwa um nachträglich den Text zu ändern. Es kann aber auch Administratoren geben, die Schreibrechte haben, um etwa missbräuchliche Graffitis (z.B. mit obszönen Texten) zu löschen.

- Die bisher aufgeführten Anwendungen sind eher dem Endnutzerbereich zuzuordnen, es sind aber auch Geschäftsanwendungen auf Basis ortsabhängiger Dokumente denkbar: Beispielsweise könnten Zusteller eines Lieferdienstes Nachrichten vor Ort bei verschiedenen Kunden hinterlegen, die Hinweise für Kollegen bzgl. schwer auffindbarer Adressen oder gefährlicher Haustiere enthalten.

In [Dec09f] wird diese Idee ortsbewusster Dokumente auf das Standard-Berechtigungs-modell von Unix-Systemen (siehe Abschnitt 4.1.1 (Seite 118)) übertragen.

Proximitäts-basierte Zugriffskontrolle für RFID-Ortung

In [DP09] wurde auch ein ZKM entwickelt, das speziell für RFID-basierte Ortungsver-fahren ausgelegt ist. Ortungsverfahren, die auf der RFID-Technologie basieren, wurden bereits in Abschnitt 3.2.4 (Seite 61) besprochen. RFID-Tags sind über Funk auslesbare Etiketten, die z.B. zur Identifikation von Transportgütern verwendet werden können [MTS08]. Sie sind insbesondere nur über eine beschränkte Distanz mit einem RFID-Lesegerät auslesbar, welche bei passiven RFID-Tags – also Tags ohne eigene Energiever-sorgung – im Bereich von einigen wenigen Zentimetern liegt. Aktive RFID-Tags verfügen über eine eigene Energieversorgung (i.d.R. über integrierte Batterie), so dass sie über Ent-fernungen in der Größenordnung von mehreren Metern ausgelesen werden können. Diese beschränkte Distanz für das Auslesen kann für die Realisierung von Ortungssystemen verwendet werden (z.B. „Landmarc" [NLLP03]).

Die Grundidee des ZKM für RFID-Ortung ist es deshalb, nicht von absoluten Ortungs-daten auszugehen, sondern von relativen, d.h. es werden Zugriffsregeln in Abhängigkeit der Proximität zwischen dem Subjekt und dem Objekt definiert: eine bestimmte Berechti-gung wird also nur dann erlaubt, wenn über RFID-Hardware festgestellt werden kann, dass Subjekt und Objekt sich in Auslesereichweite befinden. Hierbei kann entweder das Subjekt mit dem RFID-Tag und das Objekt mit dem RFID-Lesegerät ausgestattet sein oder umgekehrt, also das Subjekt mit dem RFID-Lesegerät und das Objekt mit dem RFID-Tag. Die so ermittelte Ortung kann auch als *relative Ortung* bezeichnet werden, da es hierbei nicht auf die absoluten Koordinaten des Subjektes ankommt, sondern ob es sich innerhalb einer bestimmten Maximalentfernung zum Objekt befindet.

Als Beispiel wird das Anwendungsszenario betrachtet, bei dem mit einem mobilen Computer eine mobile Maschine (z.B. LCD-Projektor, Kopierer, Beatmungsmaschine) ferngesteuert werden kann. Es soll garantiert werden, dass eine Fernsteuerung nur dann vorgenommen werden kann, wenn sich der mobile Computer in unmittelbarer Nähe zu der mobilen Maschine befindet. Die eigentliche Kontrollinformation für die Fernsteuerung wird aber über ein drahtloses Netzwerk transportiert (z.B. WLAN), das eine viel weitere Reichweite hat. Es kommt deshalb eine RFID-basierte Proximitätskontrolle zum Einsatz, bei der der mobile Computer mit einem RFID-Lesegerät ausgestattet ist und die mobile Maschine mit einem RFID-Tag. Nur wenn das Lesegerät im mobilen Computer den RFID-Tag für die Maschine erkennen kann, wird die Fernsteuerung erlaubt. Es ist aber auch der umgekehrte Fall bzgl. der Hardware-Ausstattung denkbar: die mobile Maschine könnte mit einem RFID-Lesegerät ausgestattet sein, während die mobilen Computer einen RFID-Tag haben. Für jede Zugriffskontrollregel müssen die beteiligten Entitäten (also Subjekt und Objekt) eine komplementäre RFID-Hardware-Austattung haben.

Das Modell unterstützt auch Regelungen, nach denen bestimmte Entitäten *nicht* in der Nähe des Subjekts sein dürfen, wenn ein Zugriff gewährt werden soll. So kann die Aktivierung einer mobilen Maschine verboten sein, wenn die Proximität von mit RFID-Tags markierten Behältern mit leicht entflammbaren Substanzen erkannt wird. Aber auch ein Nutzer, der einen RFID-Tag trägt, kann mit seiner Anwesenheit eine bestimmte Operation verhindern, z.B. der Zugriff auf ein Dokument mit Aufgabenstellungen für eine bevorstehende Prüfung, wenn ein Studierender sich in der Nähe aufhält.

4.2.7 Zugriffskontrolle für geographische Daten

Es gibt auch spezielle ZKM für geographische Karten oder Satellitenbilder. Die Entwicklung dieser Modelle wird damit motiviert, dass auch solche geographischen Daten sensible Informationen enthalten können; z.B. könnten terroristische Anschläge mit solchen Daten geplant werden, um etwa die genaue Lage von zu sabotierenden Infrastruktureinrichten wie Kraftwerken oder Versorgungsleitungen in Erfahrung zu bringen. Weiter könnten Einbrecher anhand von Satellitenbildern Wohnanwesen identifizieren, die für einen Einbruch gut geeignet sind.

Mit solchen Überlegungen werden speziell für geographische Daten ausgelegte ZKM wie etwa die von [AC04], [BBC+04] oder [SM06] motiviert. Diese Modelle erlauben etwa die Formulierung von Regeln, welche Subjekte (Einzelnutzer oder Gruppen) welche Ausschnitte einer Karte bis zu welchem Detailierungsgrad (Maßstab, Art der darzustellenden Objekte) lesen dürfen. *Geographische Informationssysteme (GIS, [Bil99])* unterstützen oft verschiedene übereinander gelegte Einzelkarten (sog. Layer), die thematisch zusammengehörige Objekte enthalten. Ein solcher Layer könnte etwa alle Rohrleitungen für die Frischwasserversorgung beinhalten. Die verschiedenen Layer können weitgehend unabhängig voneinander ein- und ausgeblendet werden [Bau08]. Ein Berechtigungs-modell für Geo-Daten könnte auch den Zugriff auf bestimmte Layer beschränken; so könnte etwa der Layer, der die Lage aller Atomkraftwerke in einem Land enthält, nur von Mitarbeitern einer entsprechenden Behörde eingesehen werden dürfen. Aber auch der schreibende Zugriff kann mit solchen Modellen kontrolliert werden; z.B. soll nicht jedes Subjekt die Berechtigung haben, neue Objekte (z.B. Straßen) einzuzeichnen oder bestehende zu verändern.

Diese Klasse von ZKM wird hier erwähnt, weil wie bei ortsabhängiger Zugriffskontrolle ein geographischer Ort für die Zugriffskontrollentscheidung ausgewertet wird. Dieser Ort ist hierbei aber der vom Nutzer gewünschte Kartenausschnitt, während bei ortsabhängiger Zugriffskontrolle es sich um den von einem Ortungssystem ermittelten Aufenthaltsort eines mobilen Computers handelt. Weiter handelt es sich bei den von den ZKM für geographische Daten kontrollieren Operation um spezielle Operationen für solche Daten, z.B. „Darstellung im Maßstab 1:10", „Layer mit Kernkraftwerken einblenden" oder „Kartenausschnitt darstellen".

5 Mobile Prozesse und Workflows

Das vorliegende Kapitel beschäftigt sich mit mobilen Geschäftsprozessen und Workflows. Hierzu werden zunächst konventionelle – d.h. nicht-mobile oder stationäre – Geschäftsprozesse betrachtet (Abschnitt 5.1). In Abschnitt 5.2 (Seite 160) werden dann hierauf aufbauend mobile Geschäftsprozesse eingeführt. *Workflow Managementsysteme (WfMS)* sind spezielle Informationssysteme, die u.a. für die Ausführung von Geschäftsprozessen ausgelegt sind. Speziell für mobile Geschäftsprozesse aufgelegte WfMS („m-WfMS") werden in Abschnitt 5.3.2 (Seite 165) betrachtet. Abschnitt 5.4 (Seite 175) befasst sich mit speziellen Zugriffskontrollmodellen für Workflow Managementsysteme.

5.1 Konventionelle Prozesse und Workflows

Diese Arbeit greift auf den Prozessbegriff nach [Obe96, 14f] zurück, laut dem ein Prozess eine Menge von teilgeordneten Aktivitäten zur Erreichung eines bestimmten Ziels. Hierbei können die Aktivitäten manuell (d.h. ohne Computerunterstützung), vollständig automatisiert oder teilautomatisiert durchgeführt werden. Ein Prozess ist ein Geschäftsprozess (engl.: Business Process), wenn er innerhalb eines oder mehrerer Unternehmens durchgeführt wird. Im Weiteren wird aber keine Unterscheidung zwischen „Prozessen" und „Geschäftsprozessen" vorgenommen, weshalb die kürzere Form „Prozess" verwendet wird. Bei den „Abhängigkeiten" zwischen den Aktivitäten des Prozesses kann es sich etwa um einfache Reihenfolge-Beziehungen handeln, aber auch optionale, wiederholte oder nebenläufig ausgeführte Aktivitäten sind möglich [vdAtHKB03]; die tatsächlich verfügbaren Abhängigkeitsbeziehungen werden meist durch den verwendeten (grafischen) Formalismus zur Beschreibung eines Prozesses eingeschränkt.

Prozesse können noch bzgl. des Strukturierungsgrades unterschieden werden: es gibt strukturierte, teilstrukturierte und unstrukturierte Prozesse [Obe96, 19f][RS04, 25]. Weiter sei noch erwähnt, dass die einzelnen Aktivitäten eines Prozesses üblicherweise von verschiedenen Akteuren ausgeführt werden.

In der Literatur wird das Konzept des Prozesses in diesem Sinne häufig mit einem der folgenden Beispiele veranschaulicht:

- Bearbeitung einer Warenbestellung durch einen Kunden mit Aktivitäten wie „Überprüfung der Bestellung", „Bestätigung Eingang der Bestellung", „Versand Waren", „Erstellung Rechnung" und „Verbuchung Eingang Rechnungsbetrag" [RS04, 24][Obe05]. Auch die Warenbeschaffung in einer Organisation ist ein gutes Beispiel für einen Prozess [BE01b].

- Bearbeitung einer bei einer Versicherungsgesellschaft eingegangenen Schadensmeldung mit Aktivitäten wie „Erfassung Schadensmeldung", „Begutachtung Zeugenaussagen", „Überprüfung der Versicherungsvertrags", „Bewertung des Schadens", „Einholung von Gutachten" und „Entscheidung" [vdAtHKB03][DSBW+06].

- Buchung einer Reise bestehend aus verschiedenen Dienstleistungen mit Aktivitäten wie „Reservierung Hotel", „Buchung Flug" und „Erstellung Bestätigungsschreiben" [CLOS09].

- Durchführung einer Dienstreise inkl. Genehmigung der Dienstreise und anschließender Abrechnung [Buß95][WBK03].

Allen diesen Beispiel-Prozessen ist gemein, dass hierbei im Wesentlichen Daten (z.B. elektronische Dokumente) zwischen den beteiligten Akteuren auszutauschen sind, weshalb sie sich auch gut zur Automatisierung durch ein IT-System eignen. Es sei deshalb darauf hingewiesen, dass Prozesse auch ganz ohne Computerunterstützung durchgeführt werden können, z.B. die Fließfertigung eines industriellen Produkts.

Workflows und Workflow Managementsysteme

Ein *Workflow* ist ein Prozess oder der zusammenhängende Teil eines Prozesses, der von einem Informationssystem automatisiert wird [GHS95] [All00, 15] [RS04, 28]. Wenn bei der Abwicklung einer Kundenbestellung die ersten beiden Aktivitäten „Auftragserfassung" und „Überprüfung" ohne IT-Unterstützung – also rein Papier-gebunden – durchgeführt werden, danach der Auftrag aber mit einem Computer erfasst wird, so dass die weiteren Aktivitäten bis zum Abschluss des Prozesses (z.B. Kommissionierung,

Erstellung Rechnung, Versand) IT-gestützt durchgeführt werden, so ist der Teilprozess, der mit der Computer-Erfassung beginnt, ein Workflow.

Ein Informationssystem, das speziell für die Unterstützung von Workflows ausgelegt ist, wird als *Workflow Managementsystem (WfMS)* bezeichnet. Da im Normalfall die Aktivitäten eines Workflows von unterschiedlichen Akteuren ausgeführt werden, sind WfMS somit ein Spezialfall von „computergestützter Gruppenarbeit" (Computer Supported Cooperative Work, CSCW, [Obe96, 53f]). Nur für Spezialfälle ist es sinnvoll, alle Aktivitäten eines Workflows von dem selben Akteur ausführen zu lassen, z.B. für Wiedervorlage-Workflows oder zur Erzeugung von e-Learning-Artefakten durch eine „Desktop-Workflow-Engine" [OPS07] [Pan07, 149ff].

Ein modernes WfMS unterstützt die folgenden Funktionen [Obe96, 67ff]:

- Definition des Workflow-Schemas durch grafische Werkzeuge wie Editoren für Prozessgraphen in Darstellungen wie Aktivitätsdiagrammen aus der UML [Boc03], Petri-Netzen [vdA98b] oder Ereignisgesteuerten Prozessketten (EPK, [Sch02]); (siehe [LK06] für einen Vergleich verschiedenen grafischer Notationen zur Prozessmodellierung).

- Simulation und Analyse, um etwa inhaltliche Fehler zu finden oder Aussagen über die Auslastung einzelner Akteure zu machen.

- Steuerung und Überwachung von Workflow-Instanzen.

- Bereitstellung von Schnittstellen zu anderen Informationssystemen, etwa Datenbankmanagementsysteme (DBMS).

- Planung und Initiierung von Workflow-Instanzen, was u.a. die Zuordnung von Aktivitätsinstanzen zu einzelnen Akteuren beinhaltet.

- Bereitstellung von Informationen für administrative Zwecke (z.B. aktuelle Auslastung von Ressourcen und Akteuren, Laufzeit einzelner Workflow-Instanzen) und operative Akteure, wobei hier insbesondere die Liste der aktuell zu erledigten Workflow-Aktivitäten zu nennen ist; bzgl. dieser Arbeitsliste ist zu unterscheiden, ob der Akteur eine dort angezeigte Aktivitätsinstanz zwingend ausführen muss (etwa weil er diese exklusiv von einem Manager oder dem System zugewiesen bekommen hat) oder ob Aktivitätsinstanzen mehreren Nutzern in ihren Arbeitslisten angeboten werden, bis einer dieser sich selbst für die Ausführung der Aktivitätsinstanz entscheidet.

Von Bedeutung für die weiteren Ausführungen ist noch die Unterscheidung zwischen der Schema- und Instanzen-Ebene von Prozessen und deren Aktivitäten. Der Prozesstyp und die zugehörige Aktivitätstypen bilden hierbei die Schema-Ebene, während die Prozessinstanz und die zugehörigen Aktivitätsinstanzen die Instanzen-Ebene bilden (Abbildung 5.1). Die Schema-Ebene wird zur Entwurfszeit definiert, während die Instanzen-Ebene erst zur Laufzeit definiert werden kann. Prozesstypen fungieren hierbei als Schablone für konkrete Prozessinstanzen, die auch „Case" (engl. für: Fall, [vdA98a],[WBK03]) genannt werden. Ein Beispiel für einen Prozesstyp wäre „Bearbeitung Kundenauftrag" mit zugehörigen Prozessinstanzen wie z.B. „Kundenauftrag von Firma A, erteilt am 12.12.2010 um 10:11 Uhr" und „Kundenauftrag von Firma B, erteilt am 23.01.2011 um 16:04 Uhr". [WfM99, 10][Dec08b].

Auch bezüglich der einzelnen Aktivitäten kann eine Schema- und Instanzen-Ebene unterschieden werden: zu einem Prozesstyp gehört mindestens ein Aktivitätstyp, und zu einer Prozessinstanz gehört mindestens eine Prozessinstanz. Wie die in der Abbildung eingetragenen Kardinalitäten aussagen, gehört ein Aktivitätstyp bzw. eine Aktivitätsinstanz zu höchstens einem Prozesstyp bzw. einer Prozessinstanz. Selbst wenn verschiedene Prozesstypen auf konzeptueller Ebene identische Aktivitätstypen haben (z.B. „Bericht schreiben" für die beiden Prozesstypen „Abwicklung Bestellung" und „Abwicklung Reparaturauftrag"), werden diese als unterschiedliche Aktivitätstypen modelliert. Für den Begriff „Aktivitätsinstanz" wird in der Literatur auch der Begriff „Work-Item" verwendet [RS04, 38].

5.2 Mobile Prozesse

Unter einem „mobilen Prozesstyp" wird ein Prozesstyp verstanden, bei dem davon ausgegangen wird, dass zumindest einzelne Aktivitätsinstanzen mit *mobilen Computern* abgearbeitet werden [Dec08b] [DSKO09] [DCO$^+$10]. Zum Begriff „mobiler Computer" sei hierbei auf die Ausführungen in Abschnitt 2.2 (Seite 12) verwiesen. Bei den mobilen Computern, die für mobile Prozesstypen verwendet werden müssen, handelt es sich um mobile Computer im engeren Sinne, es kann sich dabei also nicht etwa um RFID-Tags oder Smartcards handeln. Die Mobilität des Computers bedeutet nicht auto-

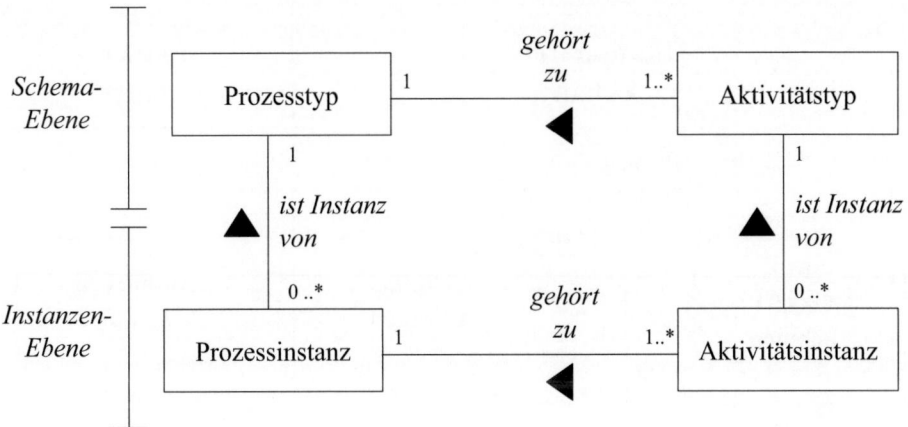

Abb. 5.1: Schema- und Instanzen-Ebene von Prozessen und zugehörigen Aktivitäten als UML-Klassendiagramm, wobei die schwarzen Dreiecke die Leserichtung der jeweiligen Assoziationen angeben

matisch, dass auch die Möglichkeit zur drahtlosen Datenkommunikation vorliegt. Mobile Prozesstypen können gemäß dieser Definition noch danach weiter unterschieden werden, ob alle Prozessinstanzen mindestens eine mobile Aktivität enthalten oder ob es auch Prozessinstanzen geben kann, in denen keine einzige mobile Aktivität vorkommt.

Diese Definition deckt sich im Prinzip mit der in [PT07] zu findenden, nach der „[...] the term mobile [...] processes [...] refers to any business process which is (partly or completely) executed mobile and thus can not be fully supported by the use of stationary IT. [...]" Während unsere Definition nur erfordert, dass *einzelne* Aktivitäten „mobil" sind, verlangt eine andere Definition in [PR07a] sogar dass „[...] *most* of the human interaction is done using mobile devices."

Um das Konzept eines mobilen Prozesses zu verdeutlichen, ist in Abbildung 5.2 als Beispiel der mobile Prozess „technischer Kundendienst" in der Notation eines UML-Aktivitätsdiagramms [Kec05, 215ff] dargestellt. Im Beispiel-Diagramm wird auf das UML-Konstrukt der Aktivitätsbereiche („Swimlanes") zurückgegriffen, um die stationären und die nicht-stationären Aktivitäten voneinander zu trennen. Der linke Aktivitätsbereich ist mit „Stationärer Akteur" beschriftet und umfasst folglich alle Aktivitäten, die mit herkömmlichen stationären Computern innerhalb der Firmenbüros durchgeführt

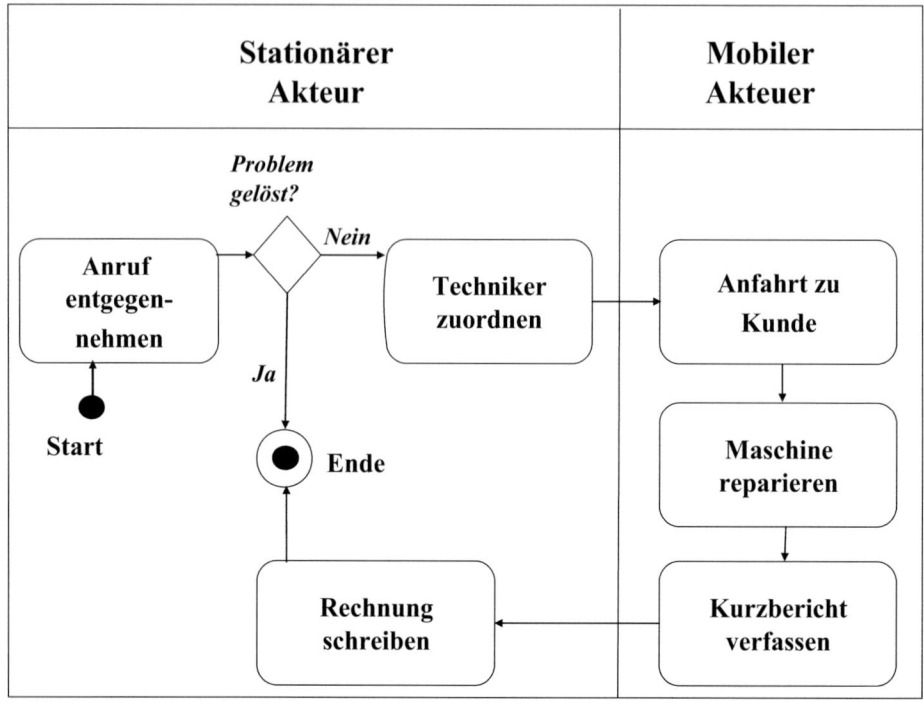

Abb. 5.2: Beispiel für einen mobilen Prozess als UML-Aktivitätsdiagramm mit Aktivitätsbereichen

werden. Aktivitäten, die von mobilen Service-Technikern unterwegs oder vor Ort bei Kunden mit PDA durchgeführt werden, sind dem rechten Aktivitätsbereich zugeordnet.

Die erste Aktivität befasst sich mit der Entgegennahme des Anrufs eines Kunden, der von einem Problem mit einer technischen Anlage (z.B. Maschine) berichtet („Anruf entgegennehmen"). Wenn sich dieses Problem im Rahmen des Telefongesprächs klären lässt (z.B. weil nur eine Fehlbedienung der Maschine vorlag), ist diese Prozessinstanz damit schon beendet, ohne dass eine Aktivität mobil ausgeführt werden musste; in diesem Fall wird dem Kunden auch keine Rechnung gestellt. Ist das Problem aber schwerwiegender, so ist der Besuch eines Technikers vor Ort beim Kunden erforderlich. Hierzu wird stationär die Aktivität „Techniker zuordnen" ausgeführt, so dass ein mobiler Service-Techniker den Auftrag erhält, die technische Anlage beim Kunden zu besuchen. Die darauf folgenden drei Aktivitäten werden unter Verwendung mobiler Computer durchgeführt: während „Anfahrt zu Kunde" unterstützt ein GPS-gestütztes Navigationsgerät den

Techniker, das Firmengelände des Kundens zu finden. Bei der Reparatur der Maschine kann der Techniker aktuelle Dokumentation (z.B. Handbücher, Datenblätter) und die Service-Historie der Maschine (z.B. in der Vergangenheit durchgeführte Reparaturen, Wartungen und Modifikationen) mit seinem mobilem Computer abfragen („Maschine reparieren"). Unmittelbar nach der Reparatur – noch vor der Weiter- oder Rückfahrt – hat der Techniker die Aktivität „Kurzbericht verfassen" auszuführen; dieser Bericht wird in den mobilen Computer eingegeben und ist damit sofort im Backend-System der Firma sichtbar, so dass mit der Durchführung weiterer Aktivitäten nicht darauf gewartet werden muss, bis der Techniker entsprechende Belege bei seiner Rückkehr in der Firma abgegeben hat und diese erfasst wurden. Der Bericht soll nur vor Ort beim Kunden verfasst werden, damit der Techniker keine Einzelheiten oder gar den ganzen Bericht vergisst. Die letzte Aktivität „Rechnung schreiben" wird wieder stationär ausgeführt. Es handelt sich um einen mobilen Prozess, aber nicht in allen Prozessinstanzen ist der Einsatz eines mobilen Computers erforderlich, nämlich dann, wenn sich das Problem des Kunden direkt am Telefon lösen lässt.

Analog zu dieser Definition von mobiler Prozess ist ein mobiler Workflow ein Prozess oder der zusammenhängende Teil eines Prozesses, der von einem Informationssystem automatisiert wird und bei dem mindestens ein Aktivitätstyp mit einem mobilem Computer abgearbeitet wird. Dies impliziert, dass ein mobiles WfMS die Abarbeitung von Aktivitäten mit mobilen Computern unterstützen muss, indem es etwa Workflow-Clients für mobile Computer beinhaltet. Solche m-WfMS werden im folgenden Unterkapitel vorgestellt.

5.3 Mobile WfMS

5.3.1 Konventionelle WfMS

Der vorliegende Abschnitt soll eine Übersicht über WfMS aus dem Bereich der Forschung geben, die speziell für die Unterstützung mobiler Workflows ausgelegt sind (sog. *mobile WfMS* oder *m-WfMS*). Für die Beschreibung und Klassifikation dieser Systeme wird das von der *Workflow Management Coalition* (WfMC, [SM96]) vorgeschlagene Referenzmodell verwendet, welches deshalb zunächst kurz vorgestellt wird. Dieses Referenzmodell beschreibt die verschiedenen Funktionen und Schnittstellen eines WfMS

[WfM95] [Hol04] [wfm11]. In Abbildung 5.3 ist die Grobarchitektur dieses Model abgebildet, wobei aber die Zuordnung einzelner Komponenten zu „Fortgeschrittenes m-WfMS" und „Einfaches m-WfMS" für den Spezialfall von m-WfMS ergänzt wurde [DKK$^+$10]. Das Model umfasst die folgenden Komponenten:

Workflow Enactment Service: Diese Komponente beinhaltet eine oder mehrere Workflow-Engines (WFE) zur Erzeugung, Ausführung und Verwaltung von Workflow-Instanzen.

Process Definition Tools: Mit diesen Werkzeugen werden die Schemata der Workflow-Instanzen spezifiziert. Bei modernen WfMS handelt es sich dabei i.d.R. um grafische Werkzeuge, z.B. Editoren für Petri-Netze oder BPMN-Diagramme.

Client Apps & Worklist Handler: Diese Komponente dient den Akteuren zur Ausführung der ihnen zugeteilten Aktivitätsinstanzen. In typischen Implementierungen beinhaltet dies die Darstellung der zu erledigenden Aufgaben in Form einer „Aufgabenliste". Beim Aufrufen einer Aktivitätsinstanz können diese Komponenten auch die benötigten Dokumente und Daten bereitstellen.

Tool Agent/Invoked Applications: Über den Tool-Agent können externe Software-Systeme integriert werden, falls etwa ein WfMS Zugriff auf eine spezielle Datenbank oder ein ERP-System benötigt.

Other Workflow Enactment Services: Mit dieser Komponente wird vorgesehen, dass auch externe WfMS an das betrachtete WfMS angeschlossen werden können, etwa zur verteilten Bearbeitung von Workflow-Instanzen.

Administration & Monitoring Tools: Diese Werkzeuge dienen zur Konfiguration und Überwachung des WfMS.

Ein Ansatz der Klassifikation von WfMS ist die Unterscheidung von verschiedenen „Generationen" [SB96, 288ff]:

- WfMS der *ersten Generation* besitzen kein explizites Prozessmodell und unterstützen deshalb oftmals nur einen einzigen Prozesstyp oder eine Familie von verwandten Prozesstypen. Diese Generation wird deswegen auch als „hard wired" (engl.: festverdrahtet) bezeichnet.

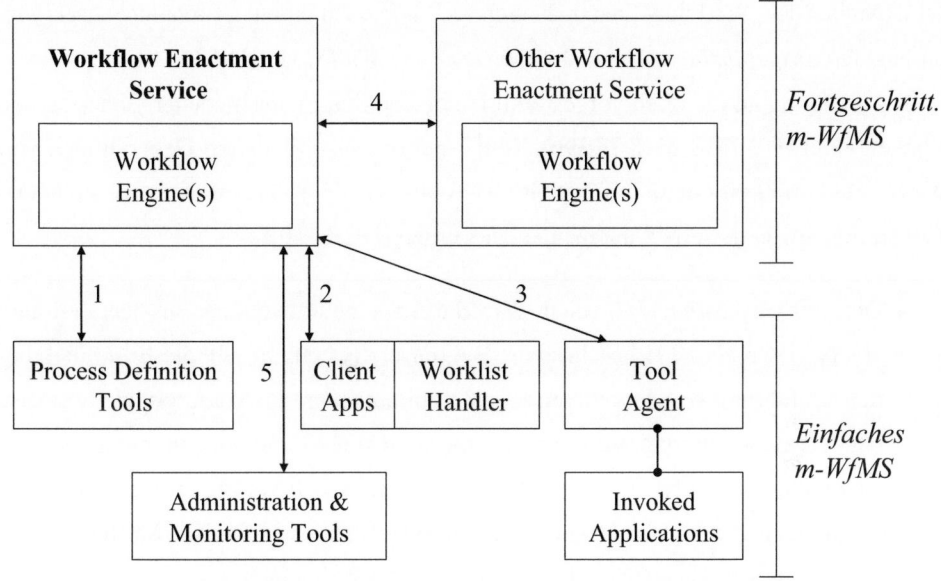

Abb. 5.3: WfMS-Referenzmodell für WfMS [DKK+10]

- Bei der *zweiten Generation* gibt es hingegen ein explizites Prozessmodell. Erst Systeme dieser Generation entsprechen dem heutigen Verständnis von WfMS.

- Die *dritte Generation* zeichnet sich durch den Einsatz von *Datenbankmanagementsystemen (DBMS)* aus, die etwa zur Speicherung von Prozessinstanzen, der zugehörigen Daten und Prozessdefinitionen eingesetzt werden.

- WfMS der *vierten Generation* grenzen sich durch Umsetzung des Client-Server-Prinzips, Trennung der einzelnen Dienste und Unterstützung von Interoperabilität zwischen mehreren WfMS von den vorangegangen Generationen ab.

5.3.2 Definition und Klassifikation von mobilen WfMS

Ein m-WfMS liegt vor, wenn mindestens eine der durch das WfMC-Referenzmodell beschriebenen funktionalen Komponenten auf einem mobilen Computer ausgeführt werden kann [DKK+10]. Bei *einfachen m-WfMS (simple m-WfMS)* handelt es sich bei dieser Komponente *nicht* um Workflow-Engines des „Workflow Enactment Services";

wird nämlich der „Workflow Enactment Service" auf einem mobilen Computer ausgeführt, so liegt ein *fortgeschrittenes m-WfMS (advanced m-WfMS)* vor [DKK⁺10].

In Anlehnung an die oben vorgestellte Unterscheidung verschiedener Generationen konventioneller WfMS nach [SB96, 288ff] und die verschiedenen Generationen von Mobilfunkverfahren (siehe 2.3.2 (Seite 21) oder [GG07]) können auch verschiedene Generationen von m-WfMS unterschieden werden [DKK⁺10]:

- Die *erste Generation (1G)* von m-WfMS werden in Publikationen aus dem Zeitraum von ca. 1995 bis 2001 beschrieben. Bei diesen Systemen steht die Ermöglichung der Ausführung von Aktivitäten durch mobile Akteure im Vordergrund. Teilweise handelt es sich hierbei nur um konventionelle WfMS, die um eine mobile Client-Anwendung erweitert wurden, als die dafür notwendigen Technologien (mobile Computer und drahtlose Datenübertragung) verfügbar wurden. Die Vertreter dieser Generation werden auch als *klassische m-WfMS* bezeichnet.

- Bei m-WfMS der *zweiten Generation (2G)* stehen mehr technische Aspekte wie die Einbindung von maschinenausführbaren Aktivitäten (z.B. Webservices) im Vordergrund. Es kommen verstärkt Standards aus dem Bereich der *Service-Orientierten Architekturen* (SOA, [DJMZ05]) zum Einsatz, die typischerweise auf der „Extensible Markup Language" (XML, [Zis00]) basieren, etwa Webservices [Bet01][Cer02] samt der „Webservice Description Language" (WSDL) zur Beschreibung der Schnittstellen, SOAP oder die „Web Services Business Process Execution Language" (BPEL, [Sta05b][Org07]), eine Sprache zur Orchestration von Webservice-Aufrufen zur Implementierung von Prozessen. Diese Systeme werden in ab ca. 2003 erschienen Publikationen beschrieben und werden von uns *moderne m-WfMS* genannt.

- Die *dritte Generation* (3G) von m-WfMS sind zukünftige Systeme, die es derzeit noch nicht gibt. Wünschenswert wären aber eine Rückbesinnung auf die Unterstützung menschlicher Akteure sowie mobil-spezifische Verwaltungswerkzeuge, die insbesondere die Definition von Workflow-Schemata mit mobil-spezifischen Attributen (z.B. zulässiger Aufenthaltsort des Nutzers, Anforderungen an Qualität drahtlose Datenkommunikation oder Fähigkeiten/Ressourcen/Peripherie des mobilen Computers) unterstützen.

Für die vorliegende Arbeit haben die 1G-Systeme die größte Relevanz, weshalb auf einige typische Vertreter dieser im Folgenden besonders eingegangen wird. Diese Betrachtung von m-WfMS beschränkte sich auf Systeme, die in der wissenschaftlichen Literatur beschrieben wurden. Am Institut AIFB wurde auch eine entsprechende Untersuchung bzgl. kommerzieller m-WfMS durchgeführt [Bar10]. Diese Arbeit konnte aber keine wesentlichen mobilspezifischen Funktionalitäten solcher WfMS identifizieren, weshalb auf diese Systeme in der vorliegenden Arbeit nicht weiter eingegangen werden soll.

5.3.3 m-WfMS der ersten Generation

Die im Rahmen dieses Unterkapitels beschriebenen m-WfMS der ersten Generation mögen aus heutiger Sicht teilweise etwas antiquiert wirken. Jedoch eignen sich diese Systeme gut, um mobil-spezifische Funktionen von WfMS zu beschreiben. Bei Systemen der zweiten Generation stehen hingegen die eingesetzten SOA-Technologien im Vordergrund, und auch erscheinen durch menschliche Akteure auszuführende Aktivitäten nur ein wenig berücksichtigter Spezialfall zu sein.

In [AGK+95][AGK+96] beschreiben Alonso et al. eine Erweiterung des kommerziellen WfMS *FlowMark* der Firma IBM, um mobile Clients für die Abarbeitung von Aktivitäten zu unterstützen. Sie gehen dabei hauptsächlich auf die Unterstützung sog. *geplanter Verbindungsabbrüche* durch die mobilen Clients ein, also wenn der Endnutzer manuell die drahtlose Netzwerkverbindung beenden möchte. Im Gegensatz dazu wäre etwa ein plötzliches „Funkloch" ein *ungeplanter Verbindungsabbruch*.

Auf den mobilen Computern steht eine Client-Anwendung zur Verfügung, die mit dem zentralen Server über eine drahtlose Datenanbindung kommuniziert. Wenn diese Verbindung abgebaut werden soll, signalisiert dies der Nutzer zuvor dem System. Er kann sich dann bestimmte Aktivitäten sperren lassen, die dadurch aus den Arbeitslisten anderer Nutzer verschwinden. Die für die Bearbeitung dieser Aktivitäten benötigten Daten werden vor dem Verbindungsabbau heruntergeladen. Wird nach der Offline-Phase die Verbindung wieder aufgebaut, werden die abgearbeiteten Aktivitäten zum Server übermittelt.

Durch die Mobilität der Clientrechner kann auch der Fall auftreten, dass diese sich zu verschiedenen Backend-Servern verbinden, weshalb kurz eine Kommunikation zwischen verschiedenen Backend-Servern angesprochen wird. Es wird auch darauf hingewiesen, dass beim Sperren von Aktivitäten überprüft werden sollte, ob die zur Abarbeitung notwendigen Applikationen lokal auf dem mobilen Endgerät zur Verfügung stehen.

Einzelne Aktivitäten können eine Zeitfrist haben, bis zur der sie abgearbeitet werden müssen. Sollte ein mobiler Nutzer solch eine Aktivität für sich sperren und die Frist während des Verbindungsabbau ablaufen, so wird die Aktivität einem anderen Nutzer zugeteilt. Verbindet sich danach der ursprüngliche Nutzer wieder beim System und überträgt Arbeitsergebnisse, so werden diese verworfen. Als alternativer Ansatz wird erwähnt, dass bei überschrittener Frist gewartet wird, bis der jeweilige Client sich wieder beim System meldet und dann sofort die Aktivität entsperrt wird, damit sie einem anderen Nutzer zugeordnet werden kann. Hierdurch wird vermieden, dass eine Aktivität von mehreren Anwendern bearbeitet wird.

Neben der Sperrung einzelner Aktivitäten wird auch noch die Idee angedeutet, die partielle Ordnung der Aktivitäten eines Prozesses auszuwerten, damit ein Nutzer mehrere direkt aufeinander folgende Aktivitäten einer Prozessinstanz sperren kann.

Jing et al. [JHH+00] beschreiben *WHAM* (Workflow Enhancements for Mobility), ein auf *IBM MQSeries* (Nachfolgeprodukt von *FlowMark*) aufbauendes m-WfMS, das speziell für die Nutzung mit mobilen Clients angepasst wurde. Neben Verbindungsabbrüchen adressiert ihr System auch die Beweglichkeit der Akteure. Die Zuordnung der einzelnen Aktivitäten auf die Akteure wird zweistufig vorgenommen: Es ist auf dem stationären Backend als sog. „Global Resource Management" (GRM) implementiert und auf den mobilen Endgeräten als „Local Resource Management" (LRM). Für das GRM werden in einer speziellen Backend-Datenbank die aktuellen Aufenthaltsorte der Akteure – soweit bekannt – gespeichert. Als Ortungsverfahren wird eine Eigenortung mittels GPS angedeutet, die mobilen Clients übermitteln also ihre Position selbst an das Backend, wenn sie verbunden sind. Wenn sich innerhalb einer bestimmten Anzahl von Offline-Phasen diese Ortung für einen Client immer innerhalb eines bestimmten abgegrenzten Gebiets (sog. „Deviation Bound", engl. für „Abweichungsgrenze") befunden hat, wird der Client als „steady Resource" eingestuft, andernfalls als „unsteady". Die Berechnung der „Deviation Bound" ist Ergebnis einer nicht genauer erklärten Berechnung; es wird nur erwähnt, dass Faktoren wie Arbeitsbelastung, Fristen und Prioritäten der Aufgaben hierbei eine Rolle spielen. Anhand der Klassifizierung in „steady" bzw. „unsteady" gibt es zwei

Verfahren, wie einzelnen Akteuren Aktivitäten zugeordnet werden: bei der optimistischen Zuordnung wird dem mobilen Akteur eine Aktivität zugeordnet, auch wenn er gerade offline ist, bei der pessimistischen Zuordnung hingegen wird dem Akteur nur dann eine Aktivität zugeordnet, wenn er gerade mit dem Backend eine Verbindung hat. Für als „steady" eingeordnete Akteure wird das optimistische Zuordnungsverfahren eingesetzt, für „unsteady" Akteure hingegen das pessimistische. Bei der Zuordnung der Aktivitäten wird auch deren aktueller Aufenthaltsort berücksichtigt, so dass die Anfahrtswege der Akteure zu ihren Einsatzorten minimiert werden.

Das LRM ist auf dem mobilen Client implementiert. Es nimmt eine Filterung und Sortierung der vom Server zugewiesenen Aktivitäten vor. Hierbei wird z.B. die vom Nutzer abgefahrene Route berücksichtigt oder welche Ausrüstung (z.B. Werkzeuge) er mit sich führt. Falls für die Bearbeitung einer Aktivität auf einem mobilen Computer spezielle Anwendungen vom WfMS aufgerufen werden müssen, können die Entwickler dieser Anwendungen aufbauend auf Schablonen eigene Filteralgorithmen vorgeben.

Eine weitere Besonderheit des Systems ist, dass die Liste der durchzuführenden Aktivitäten nicht nur in der herkömmlichen Form einer Tabelle angezeigt werden kann, sondern auch in Form einer Landkarte, in der die Aktivitäten den Orten zugeordnet sind, an denen sie auszuführen sind.

In [JHS$^+$99] wird weiter beschrieben, dass Workflowdaten (z.B. zu überarbeitende Dokumente) in ihrer Größe reduziert werden können, um den eingeschränkten Datenraten bei drahtloser Datenkommunikation gerecht zu werden. Dies ist aber vorrangig für Raster-Bilddaten (z.B. eingescannte Dokumente, Bitmaps) möglich. Es wird hierbei zwischen einer „Background Prefetching Strategie" und einer „Online Fetching Strategie" unterschieden: Beim Prefetching werden die Daten für eine Aufgabe im Voraus auf das mobile Endgerät geladen; sobald dies abgeschlossen ist wird die entsprechende Aktivität für den Akteur reserviert. Hierbei können auch verschiedene Verfahren zum Einsatz kommen, welche Daten wann heruntergeladen werden, z.B. bei geringer verfügbarer Datenrate werden zuerst kleine Daten von geringer Größe heruntergeladen. Bei der „Online Fetching Strategie" werden die Daten heruntergeladen, wenn der Nutzer die entsprechende Aktivität abarbeitet. Er kann hierbei aber entscheiden, inwieweit die Qualität der Daten reduziert werden soll. Sollten beim Prefetching Daten mit reduzierter Qualität heruntergeladen worden sein, kann der Nutzer sich auch entscheiden, diese erneut in besserer Qualität anzufordern.

Die von WHAM gebotene Funktion der Darstellung einzelner auszuführender Aktivitäten an ihrem Ausführungsort durch die Client-Anwendung wird auch in den Arbeiten von [dLvdAtH08] und [BP05] aufgegriffen. Allerdings ist in diesen beiden Arbeiten die Darstellung der räumlichen Nähe der Ausführungsorte verschiedener Aktivitätsinstanzen der Arbeitsliste eines Akteurs nur ein Spezialfall. Darüber hinaus können auch abstraktere Distanzmaße verwendet werden, um die „räumliche Nähe" von Aktivitäten zu visualisieren, etwa die benötigten Ressourcen oder Kompetenzen.

Domingos et al. [DMPD99] beschreiben ein WfMS, bei dem die Kommunikation zwischen dem mobilen Client und den stationären Komponenten über Messaging-orientierte Kanäle realisiert ist. Messaging-Kanäle sind nicht gemäß dem für Internet-Kommunikation vorherrschenden Paradigma synchroner Kommunikation nach dem Muster „Request-and-Response"-Muster (anfragende Komponente blockiert, bis Anfrage eingetroffen ist) implementiert, sondern erlauben die asynchrone Kommunikation („Fire-and-Forget"), bei der die Middleware vorübergehend nicht zustellbare Nachrichten speichert, so dass diese nicht verloren gehen [Cha04, 77ff]. Diese Kommunikationsform eignet sich gut für über drahtlose Datenkommunikation verbundene Komponenten, da es hierbei oft zu ungeplanten Verbindungsabbrüchen kommt [HGM04] [DB07] [Dec07a] [DB08].

So werden etwa Änderungen des Zustands von Workflow-Instanzen über diese Kanäle kommuniziert. Zur Zuordnung von Aktivitäten zu mobilen Nutzern werden ein „offenes" und ein „geschlossenes" Verfahren beschrieben. Das geschlossene Verfahren ist für Szenarien gedacht, in denen eine verlässliche Konnektivität der mobilen Client an das zentrale System besteht, z.B. während einer morgendlichen Einsatzbesprechung im Hauptquartier. Hier kann ein „Planer" genannter Nutzer des Workflow-Systems den einzelnen mobilen Nutzern Aktivitäten zuweisen, die dann auch entsprechend gesperrt werden. Diese Sperre verfällt aber, wenn der mobile Client sie nicht durch eine periodisch abzusetzende Nachricht erneuert; die Dauer einer solchen Periode ist in Abhängigkeit der jeweiligen Aktivität frei konfigurierbar. Wenn ein mobiler Client eine Aktualisierung für eine Aktivitätsinstanz schickt, für die er aber keine Sperre mehr besitzt, muss der Planer manuell entscheiden, ob das Ergebnis verworfen wird oder ob die Daten in den Workflow integriert werden. Jeder Planer verfügt über einen eigenen Messaging-Kanal, über den er mit den mobilen Client zu Koordinationszwecken kommunizieren kann.

Ein anderer Ansatz, mit Workflow-Systemen den spezifischen Herausforderungen mobiler Client zu begegnen, ist die verteilte Ausführung des Workflows („Distributed Workflows"). Die Verteilung bezieht sich hier aber speziell auf den Enactment Service, der die Steuerung des Workflows überwacht, nicht auf die Verteilung der einzelnen Komponenten des Systems auf verschiedene physische Rechner, was für WfMS den Standard-Fall darstellt, da zumindest die Worklist-Handler der einzelnen Akteuren auf verschiedenen Arbeitsplatzrechnern laufen. Die Grundidee ist, dass auf dem mobilen Computer auch Teile eines Workflows ausgeführt werden können, wenn keine Konnektivität zu einer zentralen Workflow-Engine gegeben ist. Der Ursprung der meisten Arbeiten zum Thema verteilte Workflows liegt aber im Bereich organisationsübergreifender Prozesse. Verschiedene Ansätze der verteilten Ausführung von Workflows werden in [Sch05] beschrieben.

Von Davis et al. wird mit „Commune" ein WfMS vorgestellt, das den Ansatz verteilter Workflows verfolgt, um damit ein gewisses Maß an Autonomie im Bezug auf Konnektivität zu erreichen [DSBW+06]. Umgesetzt wird dies mit sog. „Mini-Workflows": es handelte sich hierbei um Teile eines Workflows, die vom mobilen Computer selbst ausgeführt werden können. Der Teil des Workflows, der auf einer stationären Workflow-Engine ausgeführt wird, wird als „Outer Workflow" bezeichnet und ist über „Proxy-Aktivitäten" mit den Mini-Workflows verbunden. Ein Mini-Workflow ist immer genau einem Akteur (bzw. dessen mobilem Computer) sowie einem Outer Workflow zugeordnet. Die Gesamtheit von Mini-Workflow und Outer-Workflow wird als „Master-Workflow" bezeichnet. Weitere mobil-spezifische Features von Commune sind eine Zuordnung der Aktivitäten zu den Akteuren aufgrund von Kontext-Parametern wie im Kalender eingetragenen Terminen, Aufenthaltsort oder Telefonie-Status (z.B. Presence-Information „vorübergehend abwesend" des VoIP-Clients). Jede Aktivitätsinstanz kann zudem mit einer Deadline versehen sein und wird an einen anderen Akteur weitergegeben, wenn ein mobiler Akteur sie innerhalb dieser Zeit nicht erledigt hat.

Ein weiterer Ansatz, den mobil-spezifischen Herausforderungen von WfMS zu begegnen, sind Software-Agenten. Software-Agenten sind definiert als Software-Module, die autonom im Auftrag eines Nutzers handeln können und über einen gewissen Grad an Intelligenz verfügen [Gen94][Wan03, 26]. Bei mobilen Software-Agenten liegt Code-Mobilität vor, d.h. der Agent kann sich zwischen verschiedenen Laufzeitumgebungen (sog. Agenten-Plattformen) auf verschiedenen physikalischen Rechner bewegen. Agenten-basierte Software-Systeme weisen gewisse Vorteile auf, die für Mobile Computing vor-teilhaft sind [SSPE04].

Stromer und Knorr [SK01] beschreiben mit dem AWA/PDA-System ein agentenbasier-tes WfMS, bei dem einzelne Workflow-Aktivitäten auf mobilen Computern (PDA) ausge-führt werden können. Ihr Ansatz sieht mehrere Typen von Agenten vor: eine Instanz eines Workflow-Agenten repräsentiert eine Workflow-Instanz. Für jede Workflow-Beschreibung gibt es einen Prozess-Agenten. Die einzelnen zu erledigenden Aktivitätsinstanzen werden durch sog. Task-Agenten repräsentiert, wobei „Task" hierbei als Synonym für „Aktivität" aufgefasst werden kann. Eine Task-Agenten-Instanz kapselt auch alle für die Erledigung der benötigten Aktivität notwendigen Daten. Die Task-Agenten werden vom Workflow-Agenten erzeugt, der hierzu seinen Status an einen Prozess-Agenten übergibt, um eine Liste der Aktivitäten zu erhalten, die zunächst auszuführen sind. Um zu ermitteln, wer für die Ausführung einer Aktivität in Frage kommt, wendet sich der Task-Agent an den Worklist-Agent, der alle Nutzer des Workflow-Systems und deren Rollen kennt. Hat der Task-Agent so einen Akteur gewählt, migriert er auf dessen Endgerät, wo der Personal-Agent die eigentliche Nutzerinteraktion durchführt, z.B. die Abfrage von Nutzereingaben über die grafische Benutzerschnittstelle. Bis auf diesen persönlichen Agenten sind alle Agenten mobil. Der Task-Agent kann so auf einen mobilen Computer migrieren, womit der Nutzer auch ohne Konnektivität eine Aktivität bearbeiten kann.

5.3.4 m-WfMS der zweiten Generation

Mobile WfMS der zweiten Generation zeichnen sich insbesondere dadurch aus, dass die Nutzung von SOA-Technologien im Vordergrund steht. Im Folgenden wird eine Auswahl solcher Systeme vorgestellt:

Pajunen et al. entwickelten ein m-WfMS, bei der eine Workflow-Engine auf dem mobilen Computer ausgeführt wird [PC07] [PCG07], es handelt sich also um ein fortgeschrit-tenes m-WfMS. Diese WFE kann eigenständig BPEL-Prozesse ausführen. Damit sie auch als Endpunkt eines Webservice-Aufrufes angesprochen werden kann, gibt es auf dem mobilen Computer eine sog. Connector-Anwendung, die ständig die Verbindung zu einer Gateway-Anwendung auf einem stationären Computer offen hält. Eingehende

HTTP-Requests werden dann vom Gateway an den Connector weiter geleitet. Es werden insbesondere auch Kommunikationsprotokolle unterstützt, die für drahtlose Datenübertragung verwendet werden, z.B. SMS, MMS oder Bluetooth. Eine weitere Besonderheit ist die Integration von mobil-spezifischen Anwendungen, wie z.B. das persönliche Telefonbuch auf dem mobilen Computer.

Im Rahmen des DEMAC-Projektes („Distributed Environment for Mobility-Aware Computing") wurde ebenfalls ein System entwickelt, mit dem mobile Prozesse durch eine Workflow-Engine auf mobilen Computers ausgeführt werden können [KZL06] [KZL07]. Diese Workflow-Engine ist modular aufgebaut, damit durch eine entsprechende Konfiguration den Ressourcen und der Peripherie-Ausstattung der mobilen Computer entsprochen werden kann. Zur Beschreibung der Workflows wurde eine eigene XML-basierte Beschreibungssprache (DEMAC Process Description Language, DPDL) entwickelt. Die DEMAC-Middleware unterstützt insbesondere die Migration von Workflow-Instanzen, z.B. wenn ein mobiler Computer die dafür benötigten Dienstaufrufe nicht selbst vornehmen kann. Um der hohen Dynamik der Ausführungsumgebung bei mobilen Workflows gerecht zu werden, unterstützt DEMAC auch die späte Bindung von Dienstaufrufen, da zum Zeitpunkt der Definition des Workflow-Schemas oder des Starts einer Workflow-Instanz nicht immer bekannt sein kann, welche Dienstimplementierungen zur Laufzeit tatsächlich zur Verfügung stehen werden. Weil beim Einsatz mobiler Computer typischerweise unterschiedliche Kommunikationsprotokolle zum Einsatz kommen können (z.B. Bluetooth, IrDA), gibt es eine Abstraktionsschicht für die Kommunikationsschicht, die auch ein eigenes Adressierungsschema beinhaltet. Weiter gibt es in der Architektur einen „Context Service", so dass bei der Workflow-Abarbeitung für das jeweilige Szenario relevante Kontextparameter ausgewertet und berücksichtigt werden können.

Sliver (engl.: Splitter) ist eine mit Java realisierte Workflow-Engine zur Ausführung von BPEL-Prozessen, die speziell dafür entwickelt wurde, auf mobilen Computern ausgeführt zu werden [HHGR06] [HGR07]. Sie wurde deshalb mit der *Java MicroEdition (Java ME, [Pfe07])*, die für die Programmierung mobiler Computer ausgelegt ist, anstelle der konventionellen *Java StandardEdition (Java SE, [RSS01])* für Desktop PC implementiert und benötigt daher nur wenig Ressourcen (z.B. Speicherplatz). Weiter berücksichtigt diese Implementierung auch die typischerweise unzuverlässigen Netzwerkverbindungen in mobilen Szenarien. Während herkömmliche BPEL-Implementierungen fast ausschließlich mit TCP/IP-basierten Protokollen (v.a. HTTP) arbeiten, kann Sliver auch andere Protokolle verwenden, z.B. SMS um eingehende Nachrichten zu empfangen, da mobile Computer in den heute üblichen Konfigurationen von drahtlosen Zugangsnetzen nicht über TCP/IP von außen erreicht werden können. Im Rahmen der Arbeit an Sliver wurden auch einige Erweiterungen für BPEL entwickelt, etwa mehrfach verwendbare Partner-Links oder Mechanismen für Gruppenkommunikation.

In [CL04] wird das BPEL-basierte System „PerCollab" beschrieben, mit dem Aktivitäten auch mit mobilen Computern abgearbeitet werden können. Eine wichtige Komponente dieser Architektur ist der „Interaction Controller", über den eine zentrale BPEL-WFE den Endnutzer über verschieden Kanäle (z.B. SMS oder Instant Messaging) erreichen kann. Dieser Interaction Controller kann auch Kontext-Informationen bzgl. des Nutzers auswerten (z.B. Aufenthaltsort, Präferenzen, Konnektivität oder aktuelle Aktivität), um den aktuell geeignetsten Kommunikationskanal auszuwählen. Die Kommunikation kann hierbei sowohl nach dem Request-Response-Muster erfolgen wie auch über asynchrone Notifikationen. PerCollab beinhaltet auch eine *xBPEL* genannte Erweiterung von BPEL, damit auch Aktivitäten speziell für menschliche Nutzer definiert werden können. Die Entwicklung einer eigenen BPEL-Erweiterung für die Definition menschlicher Aktivitäten muss auch vor dem Hintergrund gesehen, dass zum damaligen Zeitpunkt (2004) die BPEL-Erweiterungen „WS-HumanTask" [Ash07a] und „BPEL4People" [Ash07b] noch nicht verfügbar waren.

In [SKH07] wird der Entwurf eines BPEL-basierten Workflow-Systems für mobile Szenarien auf Basis von „mobilen Webservices" beschrieben. Ein solcher mobiler Webservice kann seine Laufzeitumgebung ändern und auf einen anderen Rechner migrieren, wobei die Zustandsinformation erhalten bleibt. Diese Migration kann sogar eine Änderung der Implementierungsplattform (z.B. Programmiersprache) beinhalten. Ein BPEL-Prozess soll durch die Migration der von ihm aufgerufenen Webservices für die Abarbeitung der einzelnen Aktivitäten an die Kontextsituation des mobilen Nutzers angepasst werden. Beispielsweise könnte ein Webservice auf einen Rechner migrieren, von wo aus er besser vom aktuellen Aufenthaltsort des Nutzers erreichbar ist oder der mehr Ressourcen bietet.

Es gibt auch SOA-basierte m-WfMS, die für infrastrukturlose Netzwerke, bei denen die Daten also über mehre mobile Computer hinweg ausgetauscht werden (MANETs, siehe 2.3.1 (Seite 18)), ausgelegt sind, z.B. CiAN („Collaboration in Ad Hoc Networks", [SRG08]). Da es in diesem System entsprechend der MANET-Idee keine zentrale Instanz zur Koordinierung der Workflow-Instanzen gibt (Orchestrierung), werden die Workflow-Instanzen von den einzelnen mobilen Computern dezentral choreographiert. Alle Aktivitäten in CiAN können über SOAP-Aufrufe ausgeführt werden. Da die Kommunikationsverbindungen zwischen den einzelnen Computers in einem MANET unzuverlässig sind, wird für die Kommunikation mit dem Publish-Subscribe-Ansatz ein asynchroner Ansatz gewählt. Ein Datenaustausch zwischen zwei Computern findet nur statt, während sich diese zueinander in Funkreichweite befinden. Da für CiAN Funktechniken aus der IEEE 802.11-Familie verwendet werden (siehe 2.3.4 (Seite 27)), ist diese Funkreichweite in der Größenordnung von ca. 100 Metern. Um den sich ständig ändernden Bedingungen von mobilen Computern gerecht zu werden, können Transitionen zwischen Aktivitäten bei der Beschreibung von Workflow-Schemata mit Kontext-Bedingungen versehen werden. Als Beispiel für solch eine Kontext-Bedingung wird die momentane Fortbewegungsgeschwindigkeit eines mobilen Computers genannt. Die Aktivität, auf die eine solche Transition zeigt, kann also nur ausgeführt werden, wenn die aktuelle Geschwindigkeit des mobilen Computers in einem bestimmten Bereich liegt.

Ein weiteres Beispiel für ein m-WfMS für mobile Computer ist *Follow Me* [CBL+06]. Dieses System basiert auf dem OSGi-Standard (*Open Services Gateway Initiative* für modulare Java-Programme) und verwendet eine eigene „pvPDL" genannte XML-basierte Sprache zur Beschreibung von Prozessen. Hierbei können auch Kontext-Bedingungen definiert werden, die erfüllt sein müssen, damit eine bestimmte Aktivität gestartet werden kann. Für die Definition der Kontext-Bedingungen wird die semantische Abfragesprache RDQL („Resource Description Framework Query Language") verwendet.

5.4 Zugriffskontrollmodelle für Workflows

Im vorangegangen Kapitel wurde bereits die Bedeutung von Zugriffskontrollmodelle (ZKM) erklärt (Kapitel 4.1 ab Seite 111) sowie eingehend auf ortsabhängige ZKM eingegangen (Kapitel 4.2 ab Seite 132). Nachdem im vorliegenden Kapitel die benötigten

Grundlagen des Worfklow-Managements eingeführt wurden, können nun spezielle ZKM für prozessorientierte Informationssysteme und WfMS behandelt werden. Es wird sich dabei zeigen, dass diese jedoch keine mobil-spezifischen Aspekte berücksichtigen.

Das *Workflow Authorization Model (WAM)* basiert auf sog. *Authorization Templates (AT)* und zielt auf die Synchronisation der erteilten Autorisierungen mit dem Workflow ab, d.h. ein Akteur soll nur solange Berechtigungen haben, wie er die auch tatsächlich für die Abarbeitung einer Aktivität benötigt [AH96][HA99]. Die AT geben hierbei an, welche Nutzer auf welchen Datenobjekten (spezifiziert über den Typ) welche Rechte haben; weiter kann noch eine Einschränkung der Zugriffszeit spezifiziert werden. Diese AT werden dann einzelnen Aktivitätstypen zugeordnet.

Wainer et al. stellen ein auf RBAC basierendes Sicherheitsmodell für Workflow-Systeme vor [WBK03]. Es besteht aus den beiden Komponenten *W0-RBAC* und *W1-RBAC*. *W0-RBAC* erweitert RBAC (siehe 4.1.3 (Seite 127)) um die Entität „Case" für eine Workflow-Instanz und „Organizational Unit" zur Beschreibung der Aufbau-Organisation. Mit entsprechenden Relationen kann ausgedrückt werden, zu welcher Organisationseinheit (z.B. Abteilung einer Firma) ein Nutzer gehört („Member"), wer der Leiter einer Organisationseinheit ist („Head") und wie die Organisationseinheiten verschachtelt sind („include"). Mit der dreiwertigen Relation „Doer" kann gespeichert werden, welcher Nutzer welche Berechtigung für eine Workflow-Instanz benutzt hat.

Die Implementierung des Modells sieht die Formulierung von Einschränkungen mittels einer Programmiersprache für logische Programmierung vor (etwa Prolog), mit denen unzulässige Zustände ausgedrückt werden können. Mit diesen Regeln können sowohl statische als auch dynamische Beschränkungen definiert werden. Eine statische Beschränkung wäre etwa die statische „Separation of Duties", die fordert, dass ein Nutzer nicht gleichzeitig zwei bestimmte Rollen haben darf. Die dynamischen Beschränkungen beziehen sich auf einzelne Workflow-Instanzen, können also aussagen, dass innerhalb einer Workflow-Instanz ein Nutzer nicht gleichzeitig zwei bestimmte Rollen ausführen darf. Es kann auch „Binding of Duties" ausgedrückt werden, also dass ein Nutzer, wenn er eine bestimmte Aufgabe innerhalb einer Workflow-Instanz erledigt hat, auch eine bestimmte andere Aufgabe erledigen muss. Weiter können sogar sog. *Inter-Case-Constraints* ausgedrückt werden, also Regeln, die mehrere Workflow-Instanzen berücksichtigen. So kann etwa beschränkt werden, in wie vielen Workflow-Instanzen ein Nutzer ein bestimmtes Privileg nutzen darf. Als weiteres Beispiel wird auch „Reciprocal Separation of Duties" genannt: Wenn Nutzer A einen Genehmigungsworkflow gestartet hat (z.B. Antrag auf Genehmigung Urlaub) und Nutzer B die Aufgabe hatten, über den Antrag zu entscheiden, dann darf A nicht die Rolle des Entscheiders für eine andere Instanz dieses Workflow-Typs ausführen, der von B gestartet wurde. Die Beschränkungen können auch im Bezug auf die Organisationsstruktur formuliert werden: so kann gefordert werden, dass eine bestimmte Aktivität innerhalb einer Workflow-Instanz von jemandem ausgeführt wird, der der gleichen Abteilung zugeordnet ist wie der Akteur einer anderen Aktivität; oder es kann gefordert werden, dass ein bestimmter Akteur der Vorgesetzte eines anderen Akteurs innerhalb einer Workflow-Instanz ist, was insbesondere für Genehmigungsworkflows nahe liegend ist.

W1-RBAC erweitert *W0-RBAC* um die Fähigkeit zur Ausnahmebehandlung durch das kontrollierte Überschreiben von Regeln. Dies wird mit dem Beispiel motiviert, dass ausnahmsweise von einer „Binding-of-Duties"-Regel abgewichen werden kann, wenn der entsprechende Akteur gerade nicht verfügbar ist (z.B. wegen Urlaub oder Krankheit), der Ablauf des Workflows aber dadurch nicht verzögert werden soll. Hierdurch können die einzelnen Constraints mit einer Priorität versehen werden. Als Erweiterungen von *W0-RBAC* kann die Relation „Doer" (engl., von „to do", der Macher) noch um ein Attribut erweitert werden, mit dem ausgedrückt werden kann, um die wievielte Ausführung einer Aktivität innerhalb einer Workflow-Instanz es sich handelte.

Casati et al. beschreiben in [CCF01], wie unter Verwendung von aktiven Datenbanken Autorisierungsregeln für Workflows im WIDE-System realisiert werden können. Aktive Datenbanken erlauben es, Regeln zu formulieren, die beim Eintreten bestimmter Ereignisse (etwa Einfügen eines Datensatzes oder Verstreichen einer bestimmten Zeitspanne) automatisch ausgeführt werden können, soweit bestimmte Bedingungen erfüllt sind [DGG95][EN04, 756ff]. Hierbei kommen sog. „ECA-Regeln (Event-Condition-Action) zum Einsatz: wenn ein bestimmtes Ereignis (Event) eintritt (z.B. Einfügen eines neuen Datensatzes in eine Tabelle), dann wird eine Bedingung (Condition) ausgewertet; ergibt die Auswertung dieser Bedingung „true", dann wird die festgelegte Aktion (Action) ausgeführt.

Im System von Casati et al. sind den Akteuren Rollen und Ebenen (Level) zugeordnet, welche wiederum einzelnen Aufgabentypen zugeordnet sind. Es werden folgende spezifischen Arten von Beschränkungen bei der Ausführung von Workflows unterstützt: Separation of Duties, Binding of Duties, Restricted Task Execution (eine Rolle darf nur innerhalb einer bestimmten Zeitspanne eine Aufgabe ausführen), Cooperation (es kann eine Mindestanzahl an Rollen vorgegeben werden, die einem Workflow zugeordnet werden können, bevor er gestartet werden kann) und Inhibition (eine Workflow-Instanz kann für eine bestimmte Zeitspanne für alle Akteure gesperrt werden). Eine solche Beschränkung wird durch entsprechende ECA-Regeln in der Datenbank realisiert. Für „Binding of Duties" beispielsweise sieht dies wie folgt aus: die entsprechende Regel wird ausgeführt, wenn für eine Workflow-Instanz der ausführende Akteur aktualisiert wird. Im Bedingungteil der Regel wird dann überprüft, ob es sich um eine bestimmte Aktivität handelt, für die Binding of Duties erforderlich ist. Ist dies der Fall, so wird ein Eintrag in dieser Tabelle erzeugt, der eine andere Aktivität dem jeweiligen Akteur zwingend zuweist.

In [BFA99] wird ein Ansatz beschrieben, wie anhand logischer Programmierung Zugriffsbeschränkungen für Workflowsysteme formuliert werden können. Dieses Modell wird nach den Anfangsbuchstaben der Autorennamen von Dritten als „BFA-Modell" bezeichnet [Bot01, 71]. Die dabei vorgeschlagene Beschreibungssprache ist aber nicht für Endnutzer gedacht. Mit ihr lässt sich ausdrücken, welche Nutzer oder Rollen welche Aktivitäten eines Prozesstyps ausführen können. Die Autoren beschreiben auch einen Algorithmus, mit dem Rollen-Aktivitäten-Zuordnungen ermittelt werden können und behandeln die Konsistenzprüfung der Regeln. Für die Rollen gibt es eine partielle Ordnung. Zusätzlich zu dieser globalen Ordnung kann für einen einzelnen Aufgabentyp aber auch eine lokale Ordnung definiert werden; diese beschreibt dann, mit welcher Rolle vorzugsweise die jeweilige Aktivität ausgeführt werden sollen. Es können Regeln formuliert werden, die auswerten, wie oft eine bestimmte Aktivität von einer bestimmten Rolle oder einem bestimmten Akteur ausgeführt wurde; so könnte etwa beschränkt werden, dass ein Nutzer eine bestimmte Aktivität innerhalb einer Workflow-Instanz nicht mehr als n-mal ausführen darf. Durch Bezugnahme auf die Rollenhierarchie kann etwa gefordert werden, dass eine bestimmte Aktivität nur von einem Akteur ausgeführt werden darf, der eine höhere Rolle hat als der Akteur, der eine andere Aktivität ausgeführt hat. Es wird zwischen statischen, dynamischen und hybriden Beschränkungen unterschieden: die statischen Beschränkungen können schon vor der Ausführung einer Workflow-Instanz ausgewertet werden (z.B. während des Entwurfs von Zugriffsregeln), bei den dynamischen ist dies erst während der Ausführung möglich; eine hybride Beschränkung kann schon vor dem Start einer Workflow-Instanz teilweise ausgewertet werden.

Thomas und Sandhu schlagen ein Modell für „Tasked-based Authorization Control" (TBAC) vor [TS97]. Sie bezeichnen ihr Modell als „aktives Sicherheitsmodell", da einzelne Berechtigungen in Abhängigkeit des Fortschritts von Prozessen erteilt und entzogen werden können. Einem Akteur soll also nur für den Zeitraum eine Berechtigung erteilt werden, in der er diese auch tatsächlich benötigt. Die einzelnen Berechtigungen sind auch mit einem Zähler versehen, so dass Berechtigungen „verbraucht" werden können und einem Akteur nicht beliebig oft zur Verfügung stehen. Das Modell sieht es auch vor, Autorisierungen für einzelne Tasks (Aktivitätstypen) vorübergehend zu deaktivieren.

In [KPF01] wird ein Zugriffskontrollmechanismus für organisationsübergreifende Work-flows beschrieben. Der Mechanismus basiert auf Rollen, wobei die einzelnen kooperieren-den Organisationen ihre internen Rollen auf eine einheitliche Rollen-Domäne abbilden müssen. Bei der Entscheidung über Zugriffsrechte wird auch der Kontext des jeweiligen Akteurs berücksichtigt, also welche Aktivität er gerade ausführen möchte. Die Abbildung der einzelnen Rollen auf Aktivitäten ist in Form einer Zugriffskontrollliste kodiert. Für die einzelnen Aktivitäten ist dann in Form einer Capabilities-Liste abgelegt, welche Operationen sie auf einzelnen Datenfeldern ausführen dürfen.

Eine andere Arbeit dieser Gruppe befasst sich mit der Realisierung eines WfMS, welches verschiedene Sicherheitsstufen unterstützt („Multilevel-WfMS", [KFS+99]). Die Nutzer des WfMS sowie die Daten und die beteiligten Unternehmen werden hierbei verschiedenen Sicherheitsstufen zugeordnet. Es handelt sich also um einen Ansatz, der das Prinzip der *Mandatory Access Control (MAC)* verfolgt, welches in Abschnitt (4.1.2 (Seite 122)) vorgestellt wurde.

In der Arbeit von Botha und Eloff wird das Konzept der *Confliktion Entities* eingeführt, um Regeln für Zugriffskontrollentscheidungen in WfMS abzuleiten. Es werden vier

Arten von Entitäten unterschieden, die zueinander im Konflikt stehen können: Nutzer, Rollen, Aktivitäten und Nutzer. Die Autoren zeigen, dass einzelne verbal formulierte Geschäftsregeln auf verschiedene dieser Entitäten bezogen werden können. Weiter führen sie das an RBAC-Sessions angelehnte Konzept der „WSession" (Workflow-Session) ein, mit der eine Verbindung zwischen diesen vier Entitäten geschaffen werden kann. [BE01a] [BE01b]

Das *HyPr&A*-Modell von Podgayetskaya wurde speziell für Prozesse in der öffentlichen Verwaltung (e-Government) entwickelt [Pod05][PS05]. Es basiert auf RBAC sowie auf dem Task-Rollen-Modell. Aktivitäten werden hierbei den Rollen sowie Subjekt-Rollen-Paaren zugeordnet. Weiter werden auch die einzelnen Objekte unterschieden, die für eine Prozessinstanz relevant sind.

In [Buß95] wird die *Policy Resolution Language (PRL)* eingeführt. Die Entwicklung einer neuen Sprache zu Spezifikation von Zugriffskontrollregeln für WfMS wird damit begründet, dass die herkömmlichen ZKM (z.B. Zugriffskontrollmatrix, RBAC) die besonderen Anforderungen von WfMS nicht erfüllen können. Die PRL basiert auf Prädikaten, deren Auswertung ergibt, ob der aktuelle Nutzer die jeweilige Aktivität für eine bestimmte Workflow-Instanz ausführen darf oder nicht. Hierbei kann auch die Organisationsstruktur der jeweiligen Unternehmung (z.B. ist Nutzer Vorgesetzter eines anderen Nutzers) sowie der Inhalt der Workflow-Instanz (z.B. Höhe des Geldbetrag, über den entschieden werden soll) ausgewertet werden.

6 Visuelle Darstellung ortsabhängiger Zugriffskontrollregeln für mobile Prozesse

Gegenstand des vorliegenden Kapitels ist die Einführung einer Notation für die Beschreibung von ortsabhängigen Zugriffskontrollregeln für mobile Prozesse mit Aktivitätsdiagrammen aus der *Unified Modeling Language (UML)*. Beim Zeichnen eines Prozessmodells sollen also auch *Ortseinschränkungen (OE)* für Aktivitäten ausgedrückt werden können, die Aussagen darüber machen, an welchem Ort sich ein Akteur befinden muss, um die Aktivität auszuführen. Es werden zunächst in Abschnitt 6.1 (Seite 181) die benötigten Bestandteile der UML vorgestellt. Aufbauend hierauf wird in Abschnitt 6.2 zunächst ein Ortsmodell eingeführt. Darauf hin wird dann der Begriff der *Ortseinschränkungen (Location Constraints)* in Abschnitt 6.3 (Seite 193) eingeführt; dies beinhaltet insbesondere eine Diskussion der verschiedenen Arten von Ortseinschränkungen. Da es sich bei UML-Aktivitätsdiagrammen (UML-AD) um eine grafische Notation handelt wird in Abschnitt 6.4 (Seite 201) beschrieben, wie diese Ortseinschränkungen visuell dargestellt werden können. Danach befasst sich Abschnitt 6.5 (Seite 216) mit Aktivitäten, die mehrere OE haben; ein Schwerpunkt hierbei sind verschiedene Arten von Anomalien, die auftreten können. Die Verwendung dieser Notation wird mit Beispielen in Abschnitt 6.6 (Seite 232) demonstriert. Abschnitt 6.7 (Seite 238) befasst sich mit dem Ansatz, zur Laufzeit einer Prozessinstanz für *andere* Prozessinstanzen Ortseinschränkungen zu erzeugen. Abschnitt 6.8 (Seite 241) stellt dann vor, wie die für Aktivitätsdiagramme eingeführten Konzepte auf Anwendungsfalldiagramme aus der UML übertragen werden können. In Abschnitt 6.9 (Seite 243) wird noch eine Abgrenzung zu anderen Ansätzen zur grafischen Modellierung von mobilen Prozessen und Mobilität allgemein vorgenommen.

6.1 Die Unified Modelling Language (UML)

Die *Unified Modeling Language (UML)* der *Object Management Group (OMG)* ist eine „[...] visual language for specifying, constructing, and documenting the artifacts of

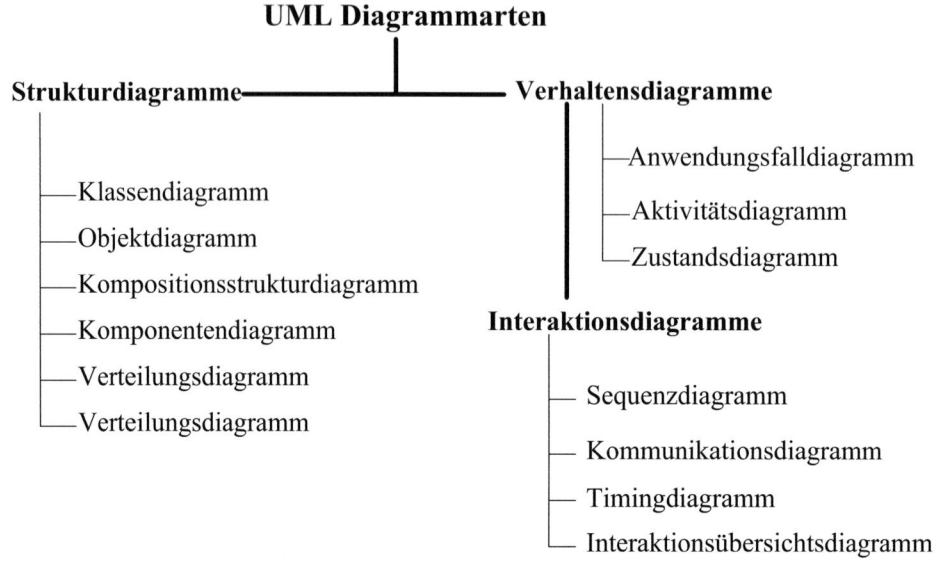

Abb. 6.1: Übersicht UML-Diagrammarten (eigene Darstellung in Anlehnung an [Kec05, 20])

systems. It is a general-purpose modeling language that can be used with all major object and component methods, and that can be applied to all application domains (e.g., health, finance, telecom, aerospace) and implementation platforms (e.g., J[ava]EE, .NET) [. . .]" [Obj07a, 9].

Sie entstand durch die Zusammenführung von mehreren zuvor getrennt entwickelten Beschreibungsmethoden für Software, nämlich der *Object Modeling Technique (OMT)* von James Rumbaugh und der Methode nach Gardy Booch im Jahr 1995; ein Jahr später kam noch *Object-Oriented Software Engineering* von Ivar Jacobson hinzu. Die Version 1.0 der UML wurde 1997 veröffentlicht, die Version 2.0 im Jahr 2004 [BHK04, 12ff][Kec05, 16ff]. In der vorliegenden Arbeit wird die zur Zeit der Niederschrift aktuelle Version 2.1 der UML verwendet.

Die Version 2.x der UML [Obj07a][Obj07b] enthält 13 Diagrammarten, welche auf oberster Ebene in Struktur- und Verhaltensdiagramme unterschieden werden können (siehe Abbildung 6.1). Verhaltensdiagramme haben noch Interaktionsdiagramme als weitere Untergruppe.

Neben *UML-Aktivitätsdiagrammen (UML-AD)* gibt es noch zahlreiche weitere grafische Notationen für Prozessdiagramme, z.B. Petri-Netze oder Ereignisgesteuerte Prozessketten (EPK), siehe [LK06] und [Whi04] für einen Vergleich verschiedener Prozessmodellierungssprachen. UML-AD haben gegenüber anderen gebräuchlichen Prozessmodellierungssprachen jedoch folgende Vorteile:

- Diese Notation findet in der industriellen Praxis eine weite Anwendung.

- Neben Aktivitätsdiagrammen bietet die UML noch weitere Diagrammtypen, mit denen andere relevante Aspekte dargestellt werden. So werden etwa UML-Klassendiagramme zur Darstellung des Ortsmodells verwendet.

- Mit den Diagrammtypen der UML jenseits AD können auch andere Aspekte bei der Entwicklung von Software-Systemen für mobile Aktivitäten beschrieben werden; dies bietet die Möglichkeit, das Konzept der Ortseinschränkungen auf andere Diagrammtypen zu übertragen. Einige Ansätze in diese Richtung werden in Abschnitt 6.9.2 (Seite 252) genannt.

- Die UML verfügt über ein explizites Metamodel, mit dem Erweiterungen formuliert werden können.

- UML-AD verwenden eine geringe Anzahl von Symbolen, womit sie leicht zu erlernen sind und es nicht schwierig ist, intuitive Symbole für eigene Notationen zu finden.

Aufgrund dieser Vorteile wurde für das Ziel des vorliegenden Kapitels – die Definition von Ortseinschränkungen für Prozessgraphen – UML-AD gewählt. Die folgenden beiden Abschnitte widmen sich der für die vorliegende Arbeit wichtigsten Diagrammarten, nämlich Klassen- und Aktivitätsdiagrammen.

6.1.1 UML-Klassendiagramme

Klassendiagramme werden im vorliegenden Abschnitt für die konzeptionelle Modellierung des Datenmodells zur Beschreibung des Ortsmodells benötigt; dieses Modell wird in Abschnitt 6.2.2 (Seite 190) eingeführt.

Für Generalisierungsgruppen (mehrere Klassen, die von derselben Klasse direkt erben) wird die Darstellung mit einem gemeinsamen Generalisierungspfeil („shared target style") für die Darstellung der Vererbungshierarchie verwendet. Die dargestellten Generalisierungen sind vom Typ „disjoint", so dass jede Instanz der gemeinsamen Superklasse gleichzeitig höchstens Instanz einer der Subklassen sein kann.

Abstrakte Klassen können nicht direkt instanziiert werden, sondern dienen nur als Superklasse für die Vererbung. In UML werden sie durch die Verwendung einer kursiven Schrift für den Klassennamen gekennzeichnet oder durch die Verwendung des Stereotyps «abstract». Der besseren Lesbarkeit wegen werden in der vorliegenden Arbeit abweichend hiervon abstrakte Klassen durch einen Bezeichner (Klassennamen) gekennzeichnet, der mit einem zusätzlichen „A" (für „Abstrakt") beginnt, z.B. „AKlasse" oder „AOrt". Nicht abstrakte Klassen werden auch als *konkrete Klassen* bezeichnet. Es ist auch möglich, dass eine Klasse, die eine abstrakte Klasse beerbt, wiederum abstrakt ist; um aber eine Instanz einer abstrakten Klasse zu erhalten ist eine konkrete Klassen notwendig, die direkt oder indirekt von dieser erbt.

Eine Assoziationsbeziehungen mit einer Kardinalität größer als 1 (z.B. "1..∗", "2..4") kann geordnet sein, was durch die Beschriftung mit „{ordered}" dargestellt wird. Dies bedeutet, dass die Reihenfolge der assoziierten Instanzen relevant ist.

In Abbildung 6.2 ist ein Beispiel für ein Klassendiagramm dargestellt: Die abstrakte Superklasse *AKlasse1* wird von den beiden Klassen *Klasse2* und *Klasse3* beerbt. Eine weitere Klasse namens *Klasse4* befindet sich außerhalb dieser Vererbungshierarchie, steht aber in Assoziation zu *Klasse3*. Weiter kann eine Instanz von *Klasse4* mit keiner, einer oder beliebig vielen Instanzen von *Klasse3* in Assoziation stehen, was durch die Kardinalität „0..∗" ausgedrückt wird. Eine Instanz von *Klasse3* wiederum steht immer mit genau drei Instanzen von *Klasse4* in Assoziation, wobei die Reihenfolge dieser drei Instanzen nicht vertauscht werden darf, da das entsprechende Assoziationsende mit „{ordered}" beschriftet ist. Diese Assoziation ist mit „gehörtZu" beschriftet, wobei das neben dieser Beschriftung stehende schwarze Dreieck die Leserichtung angibt. Das zu *Klasse3* gehörende Assoziationsende trägt noch den Bezeichner *NameRolle*; mit Rollennamen kann angegeben werde, welche Rolle eine der beteiligten Klassen in einer Assoziationsbeziehung spielt. In Abbildung 6.2 ist zudem dargestellt, wie zusammengehörige Klassen zu einem Paket zusammengefasst werden können: die Klassen 1 bis 3 sind einem Paket mit Namen *Paket 1* zugeordnet. Die zum Paket gehörenden Klassen werden durch ein Rechteck eingeschlossen, welches eine „Lasche" in einer der Ecken besitzt; diese Lasche ist mit dem Namen des Pakets beschriftet.

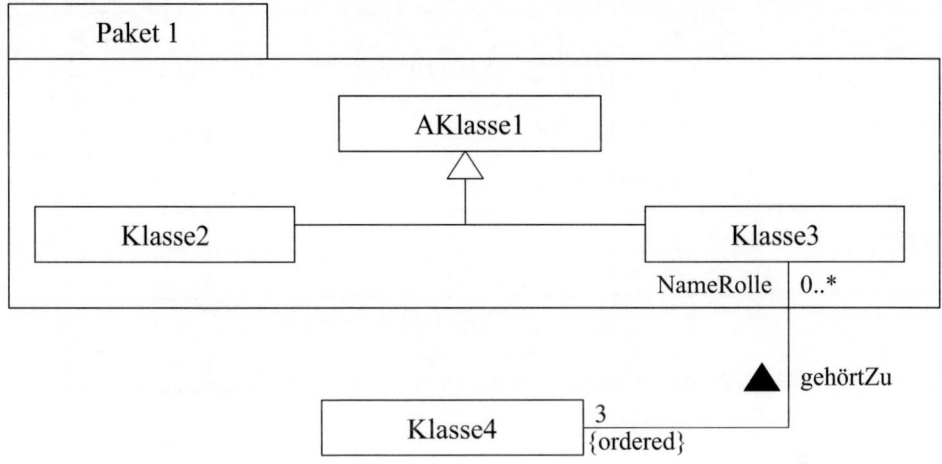

Abb. 6.2: Beispiel für ein UML-Klassendiagramm

UML-Klassendiagramme beinhalten noch weitere Konzepte, z.B. Assoziationen mit mehr als zwei beteiligten Klassen, Stereotypen für die Darstellungen von bestimmten Abhängigkeitsbeziehungen zwischen Klassen, Templates für generische oder parametrisierbare Klassen [Kec05, 215ff]. Diese werden für die vorliegende Arbeit aber nicht benötigt, so dass sie hier nicht vorgestellt werden.

6.1.2 UML-Aktivitätsdiagramme

Die Grundidee von *UML-Aktivitätsdiagrammen (AD)* ist die Darstellung einzelner Aktivitäten als Rechtecke mit abgerundeten Ecken, die durch Pfeile miteinander verbunden sind, um den Kontrollfluss darzustellen [EFHT05]. In Abbildung 6.3 ist ein Beispiel für solch ein AD zu finden: Nach der ersten Aktivität wird durch das Diamanten-Symbol ($\lozenge$) eine Verzweigung dargestellt: der Kontrollfluss kann *entweder* den Zweig mit den beiden Aktivitäten 2 und 3 folgen, *oder* den Zweig mit Aktivität 4; es können aber *nicht* beide Zweige für dieselbe Prozessinstanz ausgeführt werden. Mit einer sog. *Guard Condition* (Überwachungsbedingung) kann explizit notiert werden, welche Bedingungen erfüllt sein müssen, damit ein bestimmter Zweig abgearbeitet werden kann. Es können auch noch die Bedingungen für die Auswahl einer der Optionen bei einer Verzweigung textuell annotiert werden, worauf im Beispiel aber verzichtet wird. Die beiden Aktivitäten 2 und 3 gehören zu einem Aktivitätsbereich („Swimlane"), der mit „extern" beschriftet

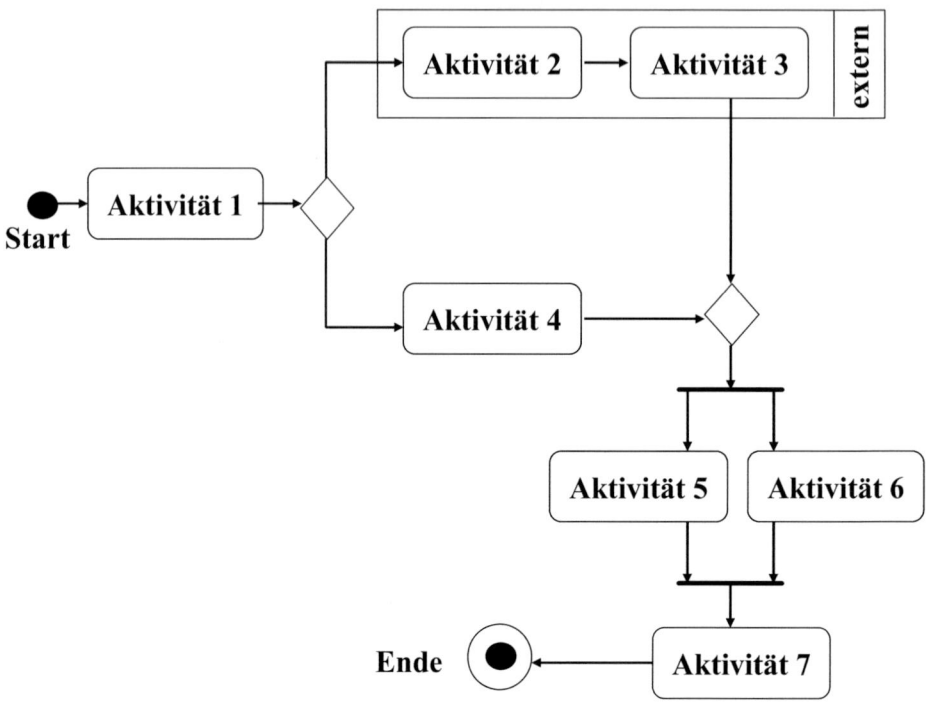

Abb. 6.3: Beispiel für ein UML-Aktivitätsdiagramm

ist; hiermit soll ausgedrückt werden, dass diese beiden Aktivitäten von einem nicht zur prozessausführenden Organisation gehörenden Akteur ausgeführt werden. Nach dem zweiten Diamanten-Symbol folgt eine zum Kontrollflusspfeil senkrecht stehende Linie, welche die parallele Ausführung der folgenden Aktivitäten anzeigt: die beiden Aktivitäten 5 und 6 können also gleichzeitig ausgeführt werden. Mit der zweiten senkrecht stehenden Linie endet der Bereich der Aktivitäten mit paralleler Ausführung, auf den die letzte Aktivität mit der Nr. 7 folgt.

Seit der Version 2 verfügen UML-AD über eine an Petri-Netze [Obe96, 98ff] angelehnte Token-Semantik: für eine Prozessinstanz wird hierbei eine Marke (engl.: Token) angenommen. Die Ausführung einer Aktivität kann erst dann starten, wenn auf allen eingehenden Pfeilen dieser Aktivität mindestens eine Marke vorhanden ist. Beginnt die Ausführung der Aktivität, so wird von jedem eingehenden Pfeil eine Marke entfernt („konsumiert"). Für Kanten können auch ganzzahlige Gewichte größer als eins festgelegt werden, so dass ein Pfeil mindestens die Anzahl dieser Gewichte als Marken enthalten muss. Nach Ausführung der Aktivität fügt diese jedem ausgehenden Pfeil eine Marke hinzu. Eine eingehendere Behandlung von Petri-Netzen wird noch in Kapitel 8.1 (Seite 271) gegeben.

UML-Aktivitätsdiagramme beinhalten noch weitere Konzepte, z.B. Darstellung des Austauschs von Objekten zwischen Aktivitäten mit Objektknoten, Signale, Formulierung von Vor- und Nachbedingungen, Schleifen- und Bedingungsknoten, Unterbrechungsbereiche, die aber für die folgende Darstellung nicht relevant sind und deshalb hier nicht behandelt werden.

6.2 Ortsmodell

Ein Ortsmodell ist ein spezielles Datenmodell zur Beschreibung von ortsbezogenen Daten [BD05]. Naturgemäß ist für ein ortsabhängiges Zugriffskontrollmodell auch ein solches Ortsmodell notwendig, damit die Ortsinformationen für die einzelnen Zugriffsregeln abgebildet werden können.

6.2.1 Anforderungen

Der Zweck des vorliegenden Abschnittes ist es, die Anforderungen für das Ortsmodell zu beschreiben. Es wird hierbei von einem zweidimensionalen kartesischen Koordinatensystem ausgegangen. Die Erweiterung des Modells auf drei Dimensionen ist aber trivial. Drei Dimensionen könnten etwa bei mobilen In-Door-Anwendungen notwendig werden, wenn z.B. verschiedene Stockwerke in einem Gebäude unterschieden werden müssen, weil eine Ortseinschränkung nur in einem bestimmten Stockwerk (z.B. dem Sitz der Geschäftsführung) die Ausführung einer Aktivität erlaubt.

Das Ortsmodell sollte Orte sowohl geographisch als auch symbolisch beschreiben können. Die geographische Beschreibung (z.B. Koordinaten der Eckpunkte eines Ortes) ist notwendig, damit zur Laufzeit das Informationssystem überprüfen kann, ob sich der Nutzer tatsächlich an einem zulässigen Ort für die Ausführung einer Aktivität aufhält. Symbolische Orte – also Bezeichner wie z.B. *BUILDING1* oder *AREA51* – sind notwendig, damit diese in einem Prozessgraph einfach annotiert werden können. Auch für die Suche aus einer Liste mit bereits definierten Orten ist es wichtig, symbolische

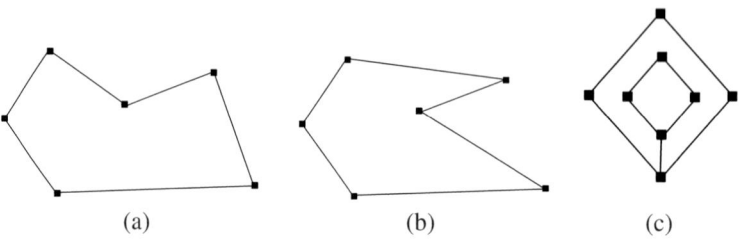

(a)   (b)   (c)

Abb. 6.4: Verschiedene Polygone

Bezeichner zu haben, um diese in einer Textliste darstellen zu können. Die symbolischen und geographischen Orte müssen aber jederzeit ineinander abbildbar sein.

Geographische Orte sollten über Kreise und Polygone definiert werden können. Ein Polygon ist ein Vieleck, das über eine geordnete Menge von mindestens drei Punkten definiert wird; die Fläche eines Polygons darf nicht leer sein. Die Reihenfolge der Punkte ist wichtig, da man im allgemeinen Fall durch eine unterschiedliche Reihenfolge der Punkte auch unterschiedliche Polygone erhält. Das gegenseitige Überschneiden der Linien desselben Polygons ist nicht erlaubt, es soll sich also um sog. „einfache Polygone" [Tou89] handeln. Zulässig ist es aber, wenn zwei oder mehr Punkte eines Polygons übereinander liegen, womit es sich nur um „schwach einfache Polygone" handelt. Da wir nach oben hin keine Beschränkung der Anzahl der Polygonpunkte machen, kann mit einem Polygon prinzipiell jede beliebige Fläche mit beliebiger Genauigkeit angenähert werden.

In Abbildung 6.4 sind drei Polygone abgebildet: die Polygone *a* und *b* bestehen aus der gleichen Punktemenge, wobei der Polygonzug diese aber in unterschiedlichen Reihenfolgen verbindet. Bei Polygon *c* handelt es sich um ein sog. *Doughnut-Polygon*, also einem Kreis, der in der Mitte ein Loch hat. Die Linie, die den inneren und den äußeren Kreis miteinander verbindet, besteht aus zwei Linien, deren Anfangs- und Endpunkte jeweils übereinander liegen. Da sich somit keine Linien schneiden, ist *c* ein *einfaches Polygon*; es liegen aber Punkte genau übereinander, so dass so dass es sich nur um ein *schwach-einfaches Polygon* handelt.

Für andere Zwecke kann es zweckmäßiger sein, geographische Orte als Kreis über den Mittelpunkt und den Radius zu definieren. Zwar kann auch ein Kreis mit einem

Polygon beliebig angenähert werden, jedoch ist die Beschreibung einer Fläche über drei Fließkommawerte (Abszissen- und Ordinatenwert des Mittelpunkts sowie Radius) wesentlich kompakter und übersichtlicher.

Für als Polygone beschriebene Orte soll es eine Schema-Ebene geben. Jedes konkrete Polygon soll genau einem Objekt der Schema-Ebene zugeordnet sein. Dieser Dualismus von „Objekten" und „Typen" ist einer der Grundpfeiler der *Objektorientierten Programmierung (OOP, [CY91], [Mey97, 60ff])* und auch in der *„Geographic Markup Language " (GML)* in Form von „Features" (Instanzen) und „Feature-Typen" (Typen oder Klassen der Schema-Ebene) zu finden [LBTR04][Bur06]. In gängigen „geographischen Informationssystemen" (GIS, [Bil99, 4ff][SABK02], z.B. [Ope11]) findet sich diese Unterscheidung auch in Form von Ebenen ("Layern"), die zusammengehörige Objekte beinhalten (z.B. alle Gebäude, alle Rasenflächen oder unterirdisch verlegten Leitungen). Diese Layer können unabhängig voneinander ein- und ausgeblendet werden, so dass nur die gewünschten Objekte sichtbar sind.

Das Ortsmodell sollte aber auch Regeln unterstützen, bei denen der Quell- und der Zielort nicht identisch sein müssen, also Regeln der Art „wenn Aktivität A_0 an Ort X ausgeführt wurde, dann soll Aktivität A_1 an Ort Y ausgeführt werden", wobei die beiden Orte X und Y nicht identisch sein müssen. Um mit dem Ortsmodell diese Art von Regeln abbilden zu können, werden Zuordnungslisten benötigt, die aus Paaren von Quell- und Zielort bestehen. Für einzelne Einträge in der Zuordnungsliste ist es jedoch möglich, dass Quell- und Zielort übereinstimmen.

Es kann Aktivitäten geben, die je nach Akteur nur an bestimmten Orten ausgeführt werden dürfen. Solche persönlichen Orte bezeichnen wir als *Platzhalter-Ort*. Ein Beispiel für solche Orte sind etwa private Wohnsitze oder einem Angestellten individuell zugeordnete Gebiete, in denen er seine Arbeit üblicherweise zu verrichten hat, z.B. ein Verkaufsbezirk, der persönliche Büroraum oder das Heimatland. Ortseinschränkungen sollen auch mit solchen Orten definiert werden können, so dass bestimmte Aktivitäten nur im persönlichen Verkaufsbezirk oder auch am persönlichen Wohnort erlaubt sind. Diese Ortseinschränkungen können aber folglich erst zur Laufzeit in konkrete geographische

Orte aufgelöst werden, weil hierfür bekannt sein muss, welcher Akteur die Aktivität ausführt. [Dec08f]

Im folgenden Abschnitt wird ein Ortsmodell eingeführt, das alle diese Anforderungen erfüllt.

6.2.2 Beschreibung des Modells

In Abbildung 6.5 sind die zentralen Teile des Ortsmodells als UML-Klassendiagramm dargestellt. Die dabei dargestellten Klassen sind entweder dem Paket *LocCoreModel* oder *GeomModel* zugeordnet.

Wir beschreiben zuerst das obere Paket *LocCoreModel*: Die zentrale Klasse in diesem Diagramm ist *ALocConstraint*. Es handelt sich hierbei um eine abstrakte Klasse, die eine direkte OE repräsentiert. Diese Klasse wird von den beiden konkreten Klassen *PolygonLC* und *CircleLC* beerbt; eine konkrete *Location Constraint* wird also entweder durch ein Polygon oder einen Kreis beschrieben. Jedes Polygon wird zu genau einem Ortstyp zugeordnet, deshalb steht die Klasse *PolygonLC* in Assoziation mit der Klasse *LocType*.

Die restlichen Klassen gehören zum Teilmodell für die Beschreibung von Geometrien, welche mit dem Paket *GeomModel* zusammengefasst sind. Wiederum gibt es mit *AGeomArea* eine abstrakte Klasse, von der zwei konkrete (also nicht-abstrakte Klassen) abgeleitet werden, nämlich *PolygonArea* und *CircleArea*. Es können also geometrische Flächen über Polygone und Kreise beschrieben werden; diese Klassen sind über Assoziationen den jeweiligen Subklassen von *AGeomLC* zugeordnet: eine Instanz von *PolygonLC* ist immer mit genau einer Instanz von *PolygonArea* assoziiert, die das jeweilige Polygon beschreibt; analog hierzu steht jede Instanz von *CircleArea* mit genau einer Instanz der Klasse *CircleArea* in Assoziation. Der Radius eines Kreises wird durch ein entsprechendes Attribut der Klasse *CircleArea* beschrieben; weiter steht jede *CircleArea*-Instanz mit genau einem geometrischem Punkt (*Point*) in Assoziation, der den Mittelpunkt des Kreises repräsentiert. Auch *PolygonArea* steht mit der Klasse *Point* in Verbindung; allerdings müssen es mindestens drei Punkte sein, die ein Polygon definieren. Wie bereits erwähnt, ist bei der Definition von Polygonen die Erhaltung der Reihenfolge der Punkte wichtig, deshalb ist das entsprechende Assoziationsende mit *ordered* gekennzeichnet.

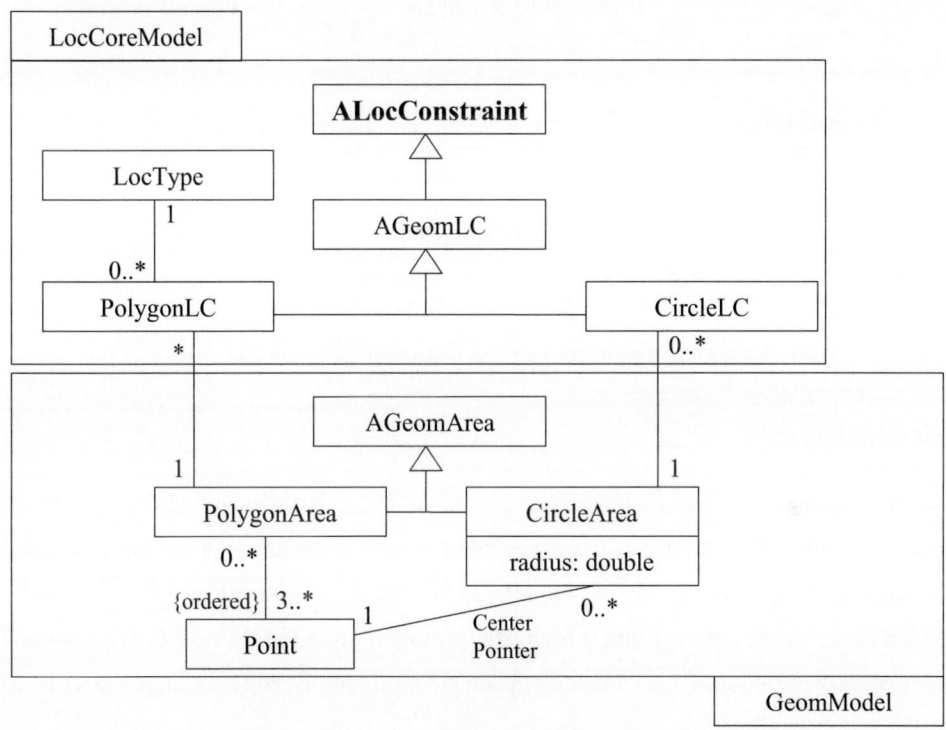

Abb. 6.5: Ortsmodell

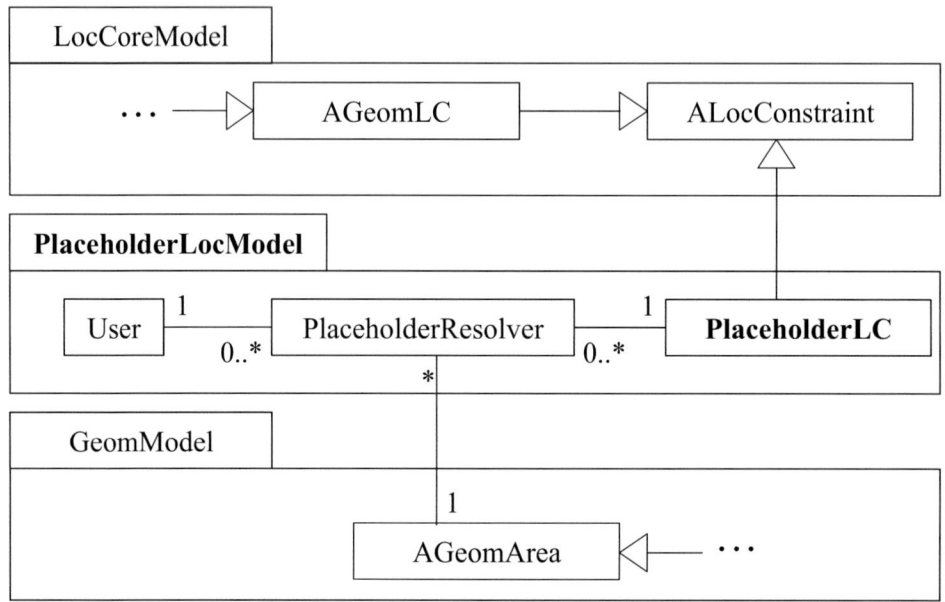

Abb. 6.6: Paket *PlaceholderLocModel* des Ortsmodells für Platzhalter-Orte

Platzhalterorte

Für die Realisierung von Platzhalterorten – also Orten, deren konkrete Geometrie zur Laufzeit in Abhängigkeit des jeweiligen Akteurs aufgelöst werden – gibt es im Ortsmodell ein eigenes Paket *PlaceholderLocModel*. Dieses Paket ist in Abbildung 6.6 dargestellt, wobei noch Ausschnitte aus den beiden bereits eingeführten Paketen *LocCoreModel* und *GeomModel* (Abbildung 6.5) wiedergegeben sind, um den Bezug zu Klassen aus diesen Paketen darzustellen.

Die Klasse *PlaceholderLC* (engl.: Platzhalter-Ortseinschränkung) ist eine Subklasse von *ALocConstraint* aus dem Kernmodell. Anstelle einer geometrischen Ortseinschränkung (*AGeomLC*) in Form einer Instanz der Klasse *PolygonLC* oder *CircleLC* kann also auch eine Instanz der Klasse *PlaceholderLC* verwendet werden, um eine direkte Ortseinschränkung zu definieren. Spätestens zur Ausführung der entsprechenden Aktivitätsinstanz ist es dann aber erforderlich, aus dem Platzhalter in Abhängigkeit des aktuellen Nutzers einen konkreten Ort abzuleiten. Für die Modellierung dieser Nutzer gibt es im Paket *PlaceholderLocModel* die Klasse *User*. Die Instanzen der Klasse *PlaceholderResolver* dienen nun dazu, Instanzen-Paare von *User* und *PlaceholderLC* auf

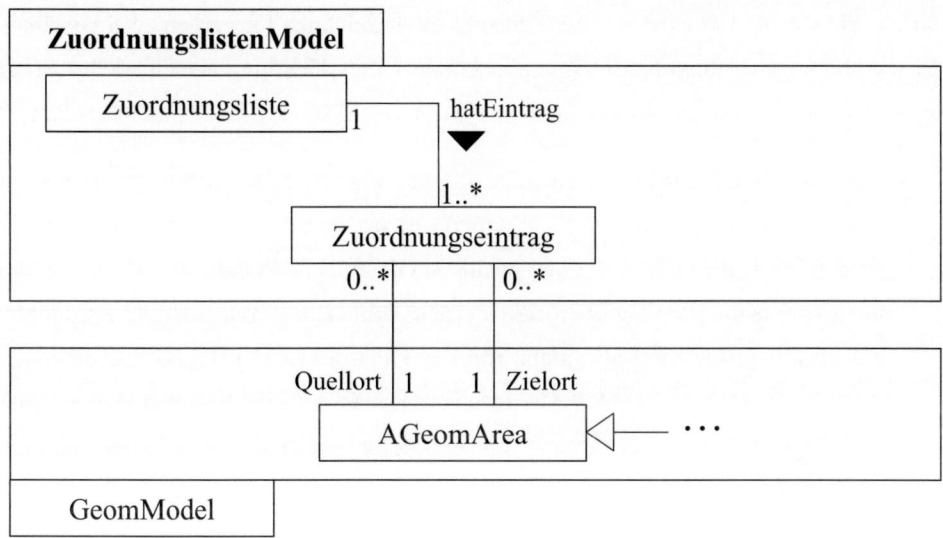

Abb. 6.7: Paket des Ortsmodells für Zuordnungslisten

Instanzen von *AGeomArea* abzubilden. Zwar kann die Klasse *AGeomArea* als abstrakte Klasse selbst keine Instanzen haben, aber sie hat die beiden konkreten Unterklassen *PolygonLC* und *CircleLC*. Jedes Objekt vom Typ *PlaceholderResolver* steht in Assoziation zu einer Instanz vom Typ *User*, zu einem *PlaceholderLC*-Objekt und zu einer *AGeomArea*-Instanz.

Zuordnungslisten

Mit Abbildung 6.7 wird das Paket des Ortsmodells eingeführt, welches Zuordnungslisten beinhaltet. Eine Zordnungsliste steht in Assoziation zu mindestens einem *Zuordnungseintrag*, wobei ein solcher Eintrag nicht von mehreren Zuordnungslisten verwendet werden kann. Weiter steht ein Zuordnungseintrag in Assoziation mit zwei genau Objekten vom Typ *AGeomArea*, hinter welchen sich Polygone oder Kreise verbergen können. Diese beiden Flächen repräsentieren den Quell- und den Zielort des jeweiligen Eintrags.

6.3 Ortseinschränkungen

Eine Ortseinschränkung (OE, engl.: Location Constraint ist eine Aussage darüber, an welchen Orten eine oder mehrere Aktivitäten in einem mobilen Prozess *gestartet* werden dürfen. Ein solcher Ort wird als „Ausführungsort" bezeichnet. Es werden zwei voneinander unabhängige (orthogonale) Dimensionen zur Unterscheidung verschiedener Arten von OE unterschieden, nämlich *positive* und *negative* OE sowie *direkte* und *indirekte* OE:

- Eine *positive OE* macht eine Aussage darüber, wo eine Aktivität ausgeführt werden *muss*, während eine *negative OE* einen Ort beschreibt, wo eine Aktivität *nicht* ausgeführt werden *darf*. Bei einer positiven OE sind alle Punkte im Ortsmodell, die nicht vom definierten Ort überdeckt werden, keine zulässigen Ausführungspunkte; bei negativen OE sind alle nicht von der OE überdeckten Punkte automatisch zulässige Ausführungspunkte. Die Idee von negativen Berichtigungen, die explizite Verbote anstelle expliziter Erlaubnisse definieren, findet sich auch in der Literatur, z.B. [MA01].

- Eine *direkte OE* wird zur Entwurfszeit festgelegt, d.h. die konkreten geometrischen Orten stehen schon vor dem Start der einzelnen Prozessinstanzen fest. Bei *indirekten* OE hingegen kann der konkrete geometrische Ort, an dem eine Aktivität ausgeführt werden muss oder nicht ausgeführt werden darf, erst zur Laufzeit des Prozesses ermittelt werden. Um die konkreten Orte zur Laufzeit abzuleiten oder abzufragen, wird bei indirekten OE nur festgelegt, wie diese Information gewonnen wird.

Die OE wird nur für den Start der Aktivität überprüft. Wird etwa während der Bearbeitung einer Aktivität der zulässige Ort verlassen (z.B. bei Start der Aktivität als Beifahrer in einem KFZ), dann wird die Aktivität *nicht* unterbrochen. Diese Überprüfung der Aktivität nur zu Beginn ist in der Literatur für ZKM üblich; es gibt aber einzelne Arbeiten, die eine "kontinuierliche Zugriffskontrolle" vorschlagen, z.B. [DBS08]. Da bei der Prozessmodellierung auf feinster Granularitätsebene meist Aktivitäten definiert werden, die vom Akteur im Regelfall am Stück abgearbeitet werden sollten (z.B. Ausfüllen eines Formulars), beschränkt sich die Dauer einer Aktivität oftmals auf wenige Minuten.

In der vorliegenden Arbeit werden drei Arten von Quellen für konkrete Ortsinformationen zur Laufzeit für indirekte OE unterschieden:

- Bei der *manuellen Definition* wird die OE zur Laufzeit von einem menschlichen Nutzer (Operator) spezifiziert. Dies kann etwa durch den Nutzer geschehen, der die Prozessinstanz erzeugt, z.B. ein Callcenter-Agent, der einen Kundenauftrag für eine Vor-Ort-Reparatur entgegen genommen hat und mit der Erzeugung der

entsprechenden Instanz im WfMS auch gleich die Zielregion für die vor Ort auszuführenden Aktivitäten festlegt. Es ist aber auch denkbar, dass diese OE in einer
späteren Aktivität der Prozessinstanz spezifiziert werden.

- Anstelle durch manuelle Definition können indirekte OE auch aufgelöst werden,
  indem auf ein anderes externes Informationssystem zurückgegriffen wird, z.B. eine
  Kundendatenbank, die aus den gespeicherten Besuchs- oder Wohnanschriften der
  Kunden geographische Orte ableiten kann. Der Begriff „Extern" bezieht sich hierbei
  auf das prozessausführende System, z.B. ein m-WfMS (siehe 5.1 (Seite 158)).

- Eine weiterer Ansatz sind *Ortsregeln*, bei denen die konkreten Orte in Abhängigkeit
  der tatsächlichen Ausführungsorte anderer Aktivitäten abgeleitet werden. Im nächsten Unterabschnitt 6.3.1 (Seite 196) werden verschiedene Formen von Ortsregeln
  vorgestellt.

Die ersten beiden Formen von indirekten OE werden auch als *externe OE* bezeichnet,
weil die konkreten Ortsinformationen nicht direkt aus dem Prozessmodell (Prozessgraph)
entnommen werden können. Nur im Fall der Ortsregeln sind alle Informationen im
Prozessmodell selbst enthalten, weshalb diese auch als *interne OE* bezeichnet werden. In
Abbildung 6.8 sind diese verschiedenen Arten von Ortseinschränkungen in Form eines
Klassifikationsbaums dargestellt [DCO+10].

In Abbildung 6.9 findet sich eine informelle Darstellung in Anlehnung an elementare
Petri-Netz [Obe96, 98ff], um den Unterschied zwischen direkten und indirekten OE zu
veranschaulichen [Dec08a][Dec09a][Dec11b]:

Das dargestellte Petri-Netz hat vier Transitionen (Rechtecke), welche die Aktivitäten
repräsentieren, die für die Durchführung eines Kundendiensteinsatzes abgearbeitet werden müssen. Gestrichelte Linien dienen nur für die Zuordnung von OE und nicht für die
Definition des Kontrollflusses im Petri-Netz. Die beiden Aktivitäten (Transitionen) „Auftrag erzeugen" und „Rechnung erstellen" haben direkte OE, die durch mit der jeweiligen
Ortsangabe beschriftete Parallelogramme dargestellt werden: Aufträge können nur in
einem der Call-Center der Firma erzeugt werden, wo die Anrufe der Kunden entgegen
genommen werden; das Erstellen der Rechnung am Ende des Prozesses kann nur in der
Hauptniederlassung durchgeführt werden. Diese direkten OE gelten für alle Instanzen des

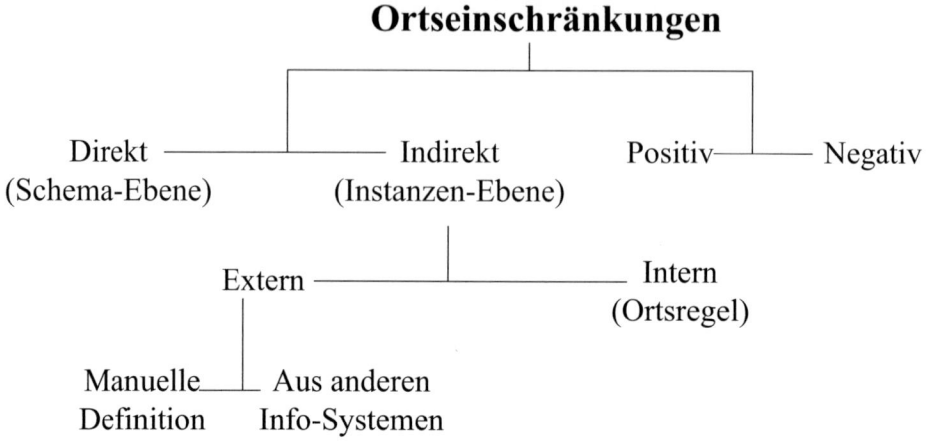

Abb. 6.8: Verschiedene Arten Ortseinschränkungen [DCO⁺10]

dargestellten Prozesses, da die mit den OE versehenen Transitionen von allen Instanzen durchlaufen werden müssen.

Im dargestellten Netz enthalten zwei Stellen Marken (schwarze Punkte in Kreisen), wobei jede Marke eine Prozessinstanz (also unterschiedliche Kundenaufträge) repräsentiert. Da die Marken sich in unterschiedlichen Stellen befinden, haben beide Prozessinstanzen einen unterschiedlichen Status. Beide Marken sind mit einer gestrichelten Linie mit der Aktivität „Auftrag abarbeiten" verbunden, weil diese Aktivität vor Ort bei einem Kunden ausgeführt werden muss. Die gestrichelte Verbindungslinie ist wiederum mit einer Ortsangabe verbunden („Kaiserstraße, Karlsruhe" bzw. „Ludwigstraße, München"), die eine indirekte OE darstellt. Durch die Verbindung einer Prozessinstanz in Form einer Marke mit einem Ort wird dargestellt, dass diese Orte individuell für jede Ortsinstanz festgelegt werden können. Dies kann frühestens bei der Erzeugung der jeweiligen Prozessinstanz durchgeführt werden.

6.3.1 Ortsregeln

Ortsregeln wurden im letzten Abschnitt als eine Form von indirekten Ortseinschränkungen eingeführt. Während bei den anderen beiden vorgestellten Formen von indirekten OE die Informationen über die konkreten geographischen Orte zur Laufzeit nicht im Prozessmodell definiert werden, können alleine anhand der Informationen in einer Ortsregel

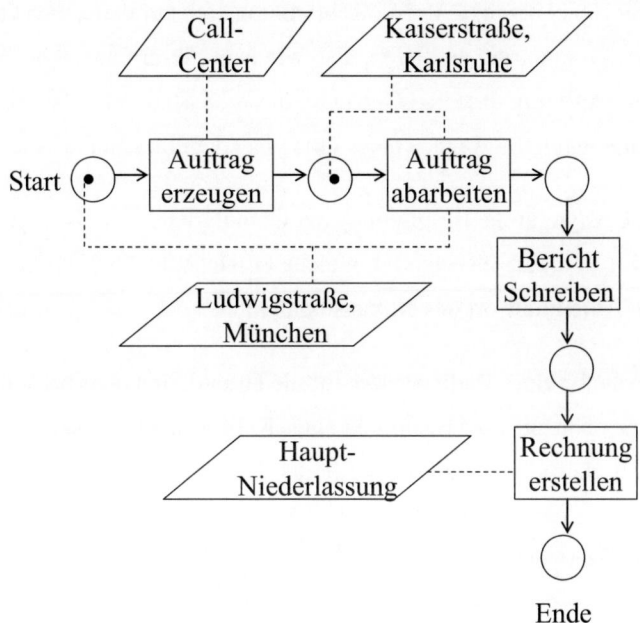

Abb. 6.9: Petri-Netz mit direkten und indirekten Ortseinschränkungen [Dec09a]

die konkreten Orte zur Laufzeit bestimmt werden. Die Grundidee ist, dass hierfür der tatsächliche Ausführungsort einer vorangegangenen Aktivität (der sog. *Quellaktivität*, engl.: Trigger-Activity)Quellaktivität ausgewertet wird. Als *Zielaktivität* (engl.: Target Activity) wird die Aktivität bezeichnet, für die die eigentliche OE zur Laufzeit erzeugt werden sollen. Der Ausführungsort der Quellaktivität wird im Folgenden als *Quellort* bezeichnet, während der Ort für die OE der Zielaktivität als *Zielort* bezeichnet wird.

Es gibt zwei voneinander unabhängige (orthogonale) Dimensionen, um verschiedene Arten von Ortsregeln zu bilden:

- Eine Ortsregel kann entweder positive oder negative OE erzeugen. Die entsprechenden Ortsregeln werden daher auch als *positive Ortsregeln* oder *negative Ortsregeln* bezeichnet.

- Die konkrete Ortseinschränkung, die durch die Ausführung der Regeln für die Zielaktivität erzeugt wird, kann als Zielort den Ort zum Gegenstand haben, an dem auch die Quellaktivität ausgeführt wurde (selber Ort); Quell- und Zielort können aber auch ungleich sein.

Soll die von der Regel erzeugte Ortseinschränkung sich auf denselben Ort beziehen, so ist die Frage der Granularität zu klären, also wie weit dieser Ort reicht – handelt es sich z.B. um denselben Raum, dasselbe Gebäude, dieselbe Stadt oder dasselbe Land? Diese Granularität kann durch die Angabe eines Ortstyps oder eines Radius spezifiziert werden:

- Wird ein Ortstyp für die Bestimmung der Granularität einer Ortsregel herangezogen, so wird zur Laufzeit ausgewertet, welche Ortsinstanz des jeweiligen Ortstyps den aktuellen Aufenthaltsort des Nutzers beinhaltet.

- Bei der Angabe eines Radiuswertes für die Granularität des Ortes wird die aktuelle Position des Nutzers als Mittelpunkt eines Kreises angenommen. Der Radius dieses Kreises ist eben der spezifizierte Radius. Dieses Verfahren ist dann von Vorteil, wenn eine Zerlegung der Referenzfläche in disjunkte Ortsinstanzen zu aufwändig oder nicht sinnvoll wäre.

Bei Verwendung eines Ortstyps für die Bestimmung der Granularität kann der Fall auftreten, dass keine Instanz gefunden werden kann, die den Aufenthaltsort des Nutzers beinhaltet. Dies ist darin begründet, dass bei der Definition des Ortsmodells nicht gefordert wurde, dass die Vereinigung aller Ortsinstanzen eines Ortstyps die komplette Referenzfläche ausfüllen. Als Beispiel hierfür kann der Ortstyp „Land" (im Sinne von „Nation") im Zusammenhang mit der komplette Erdoberfläche als Referenzfläche genannt werden. Nicht alle Punkte auf der Erdoberfläche können einer Nation zugeordnet werden, da z.B. Meeresflächen hochheitsfrei sind. Ein weiteres Beispiel ist der Ortstyp „Stadt", wenn als Referenzfläche das komplette Gebiet der *Bundesrepublik Deutschland* betrachtet wird: nicht jeder Punkt in der BRD kann einer Stadt zugeordnet werden (z.B. ländliche Gebiete oder Dorfgemeinden ohne Stadtrecht). Als Beispiel für einen Ortstyp, dessen Instanzen die Referenzfläche vollständig ausfüllen, kann der Ortstyp „Stadtteile" genannt werden, wenn das Referenzgebiet genau der Fläche einer Stadt entspricht: jeder Punkt innerhalb der Stadtfläche ist genau einer Ortsinstanz vom Typ „Stadtteil" zugeordnet. Sollte sich ein Punkt genau auf einer Grenzlinie zweier benachbarter Polygone befinden, so wird es dem Polygon zugeordnet, dessen Bezeichner gemäß der alphabetischen Reihenfolge an früherer Stelle steht.

Wenn für die Ausführung einer Ortsregel kein Zielort bestimmt werden kann, so wird die entsprechende Regel einfach ignoriert. Um diesen Fall zu vermeiden kann der

Modellierer einen Ortstyp wählen, der eine exhaustive Klassifikation der Referenzfläche oder wenigstens des zulässigen Ausführungsgebietes der Zielaktivität bietet, da der Ausführungsort der Quellaktivität selbst wieder durch eine direkte Ortseinschränkung beschränkt sein kann.

Die Ungleichheit von Quell- und Zielort bedeutet *nicht*, dass diese Orte keine gemeinsamen Punkte haben dürfen. Dieser Fall kann dann eintreten, wenn Quell- und Zielort Instanzen von unterschiedlichen Ortstypen sind, da es zulässig ist, dass Ortsinstanzen unterschiedlicher Ortstypen sich überschneiden dürfen. Nur innerhalb eines Ortstyps ist es nicht zulässig, dass einzelne Instanzen gemeinsame Punkte haben. Als Beispiel könnte man hier etwa die Ortstypen „Stadt" und „Landkreis" betrachten. Beispielsweise ist „Landkreis Karlsruhe" eine Instanz des Typs „Landkreis" und „Bruchsal" eine Instanz des Ortstyps „Stadt". Da die Stadt Bruchsal im Landkreis Karlsruhe liegt, überschneiden sich diese beiden Ortsinstanzen, genauer: das die Stadtgrenze von Bruchsal beschreibende Polygon ist vollkommen im Polygon für „Landkreis Karlsruhe" enthalten.

Wenn eine Ortsregel einen anderen Ort als den Ausführungsort der Quellaktivität für die Zielaktivität festlegt, so wird eine Abbildung benötigt, in der festgelegt wird, welcher Quellort auf welchen Zielort abgebildet wird. Eine solche Zuordnungsvorschrift wird als *Zuordnungsliste* bezeichnet. Mit solchen Zuordnungslisten können etwa Geschäftsregeln in der Form von „wenn Aktivität A_1 an Ort X ausgeführt wird, dann muss Aktivität A_2 an Ort Y ausgeführt werden". Hierbei sollte A_2 eine Aktivität sein, die nach Aktivität A_1 ausgeführt wird. Es lassen sich also gut Regeln bzgl. regionaler Zuständigkeiten mit Zuordnungslisten abbilden, wenn z.B. für Aufträge/Kunden in einem bestimmten Gebiet (z.B. Landkreis, Bundesland oder firmeninterne Gebiete) die Niederlassung in einer bestimmten Stadt zuständig ist.

Bei negativen Zuordnungslisten ergibt sich aus dem Quellort ein Zielort, an dem die Zielaktivität nicht ausgeführt werden darf. Ein Beispiel für solch eine Regel könnte sein, dass wenn im Rahmen der Ausführung der Quellaktivität sensible Daten in einem bestimmten Land erfasst wurden, weitere Aktivitäten der Prozessinstanz, die sich mit der Bearbeitung dieser Daten befassen, nicht in einem bestimmten anderen Land ausgeführt werden dürfen, weil zwischen beiden Ländern eine feindliche Beziehung besteht. Es könnte auch beabsichtigt sein, dass verschiedene Aktivitäten von Akteuren ausgeführt werden, die sich nicht gegenseitig kennen, so dass evtl. Fehler nicht gegenseitig vertuscht werden.

6.3.2 Abgrenzung zu Constraint-based Workflows

In der einschlägigen Literatur finden sich auch Arbeiten zum Thema „Constraint-Based Workflow Modelling" (CBWM, z.B. [SOS05], [PSSvdA07] oder [vdAPS09]), was sich von der Benennung her ähnlich zu Ortseinschränkungen anhört. Es handelt sich hierbei jedoch um Einschränkungen bzgl. der Ablaufreihenfolge der Aktivitäten des Prozesses und *nicht* um Einschränkungen über den Aufenthaltsort oder andere kontextuelle Parameter, die erfüllt sein müssen, damit ein Akteur eine Prozessaktivität ausführen darf. Für diese Art von Einschränkungen wird deshalb in [WB03] auch der Begriff *Order Constraints* verwendet.

Diese Arbeiten werden durch den Wunsch nach mehr Flexibilität bei der Abarbeitung von Prozessinstanzen motiviert, z.B. um Ausnahmefällen, besonderen Kundenwünschen oder auch nur der allgemeinen Fortentwicklung eines Prozesses gerecht zu werden. Bei herkömmlicher Prozessmodellierung (etwa mit Aktivitätsdiagrammen oder Petri-Netzen) wird der mögliche Kontrollfluss des Prozesses durch „lokale Bedingungen" eingeschränkt, also durch Aussagen, welche Aktivität direkt vor oder nach einer anderen gegebenen Aktivität durchgeführt werden muss oder kann. Bei CBWM hingegen werden typischerweise „globale Bedingungen" definiert, die beispielsweise besagen, dass eine bestimmte Aktivität *irgendwann* vor einer anderen Aktivität ausgeführt werden muss und nicht nach einer anderen Aktivität ausgeführt werden darf; alle Prozessinstanzen, die diese Regeln nicht verletzten, sind zulässig. CBWM ist also deklarativ ausgelegt, während herkömmliche Prozessbeschreibungssprachen einen proceduralen Ansatz verfolgen. Andere möglichen Formen von Bedingungen wären, dass eine bestimmte Aktivität ausgeführt werden muss, wenn eine bestimmte andere Aktivität ausgeführt wird; oder dass eine bestimmte Aktivität mindestens n Mal ausgeführt werden muss (und höchstens m Mal ausgeführt werden darf), wobei aber keine Aussage getroffen wird, ob diese Ausführungen vor oder nach der Ausführung von anderen Aktivitäten stattfinden muss. Eine weitere Möglichkeit ist es, explizit bestimmte Aktivitätsfolgen auszuschließen, womit aber alle anderen Aktivitätsfolgen zulässig sind.

6.4 Grafische Darstellung von Ortseinschränkungen in Aktivitätsdiagrammen

Ziel des vorliegenden Unterkapitels ist es, für die in Abschnitt 6.3 (Seite 193) einführten Arten von Ortseinschränkungen grafische Darstellungen zur Erweiterung von UML-AD zu beschreiben. Hierbei werden zuerst direkte OE (Abschnitt 6.4.1) behandelt. Bei den indirekten OE werden zunächst Ortsregeln (Abschnitt 6.4.2), Zuordnungslisten (Abschnitt 6.4.3) und dann noch weitere Formen von indirekten OE (Abschnitt 6.4.4) behandelt. Verschiedene abgekürzte Notationen werden in Abschnitt 6.4.5 vorgestellt. Abschließend wird noch die Funktion von OE als Schicht zwischen Prozessgraph und Ortsmodell skizziert (Abschnitt 6.4.6) und eine zusammenfassende Übersicht über alle eingeführten Arten von OE gegeben (Abschnitt 6.4.7).

6.4.1 Direkte Ortseinschränkungen

In Abbildung 6.10 ist die grafische Repräsentation für einfache direkte OE dargestellt:

- Die Ortsinstanz wird durch ein Parallelogramm dargestellt, das den Bezeichner (Namen) der jeweiligen Ortsinstanz enthält. Im jeweiligen Ortsmodell muss ein Ort mit diesem Bezeichner definiert sein.

- Dieses Parallelogramm ist mit einem gestrichelten Pfeil mit der Aktivität verbunden, wobei der Pfeil in Richtung der Aktivität zeigt. Die hierbei verwendete Pfeilspitze ist ausgefüllt.

- Die gestrichelte Pfeillinie wird durch ein Kreissymbol überdeckt, welches ein Gleich- oder Ungleichheitszeichen enthält. Das Kreissymbol sollte idealerweise auf halber Strecke der Linie angebracht sein. Gleichheitszeichen stehen für positive OE (Abbildung 6.10a), während Ungleichheitszeichen für negative OE (Abbildung 6.10b) stehen.

- Bei der zweiten direkten OE (Abbildung 6.10b) wird anstelle einer Ortsinstanz der Platzhalterort *Wohnort* verwendet; der Platzhalterort ist an der Einbettung in die Zeichen ${...} zu erkennen. Diese Notation wurde in Anlehnung an ein Konstrukt zum Zugriff auf Variablenwerte der Programmiersprache der Unix-Shell „Bash" [NR05, 68ff] gewählt.

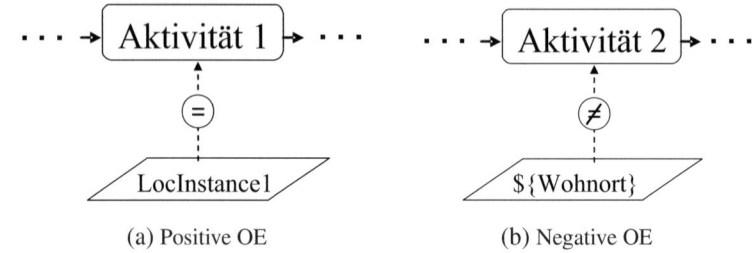

(a) Positive OE   (b) Negative OE

Abb. 6.10: Visualisierung einfacher direkter OE

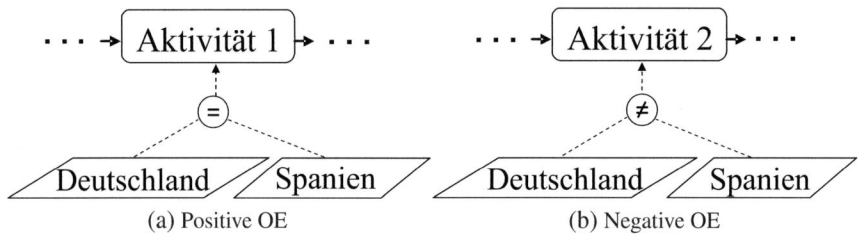

(a) Positive OE   (b) Negative OE

Abb. 6.11: Direkte Ortseinschränkungen mit multiplen Orten

Die Aktivität einer direkten OE wird auch als Zielaktivität bezeichnet. Es ist möglich, dass eine einzelne direkte OE mehrere Orte definiert, was in Abbildung 6.11 für den positiven und den negativen Fall dargestellt ist:

- *Aktivität 1* in Abbildung 6.11a ist Ziel einer positiven OE mit den beiden Ortsinstanzen „Deutschland" und „Spanien". Dies bedeutet, dass die Aktivität in einem der beiden Länder stattfinden darf, aber sonst in keinem anderen Land wie etwa Frankreich.

- In Abbildung 6.11b hat *Aktivität 2* eine negative OE mit zwei Orten, nämlich wieder "Deutschland" und "Spanien". Da es sich um eine negative Einschränkung handelt, ist die Bedeutung jetzt, dass die Zielaktivität *weder* in Deutschland *noch* in Spanien ausgeführt werden darf, aber an jedem Ort außerhalb dieser beiden Länder, etwa Frankreich.

Bei einer positiven direkten OE kann sich das zulässige Gebiet für die Ausführung einer Aktivität nur vergrößern, wenn weitere Orte der OE hinzugefügt werden. Sollte einer der Orte der OE in einem anderen Ort enthalten sein, so stellt dies eine Redundanz dar; es ist also möglich, dass einer positiven und direkten OE ein weiterer Ort hinzugefügt wird, ohne dass sich das zulässige Gebiet für diese Aktivität vergrößert. Dies ist etwa dann der Fall, wenn die OE schon „Deutschland" beinhaltet, und dann noch „Stuttgart" hinzugefügt wird. Solche Redundanzen und weitere Anomalien werden in Abschnitt 6.5.2 (Seite 219) weiter unten im vorliegenden Kapitel behandelt.

Bei einer negativen direkten OE hingegen verkleinert sich das zulässige Gebiet für eine Aktivität mit der Hinzunahme weiterer Orte, soweit der neu hinzugefügte Ort nicht vollständig von den bereits vorhandenen Orten abgedeckt wird.

Werden zwei Ortsinstanzen mit getrennten positiven OE für dieselbe Aktivität definiert, so bedeutet dies, dass beide OE *gleichzeitig* erfüllt werden müssen. Für das in Abbildung 6.11a dargestellte Beispiel würde dies bedeuten, dass der Akteur sich gleichzeitig in Deutschland und Spanien aufhalten muss, was nicht möglich ist und einen Widerspruch darstellt. Solche Anomalien werden in Kapitel 6.5.2 (Seite 219ff) noch genauer behandelt.

6.4.2 Ortsregeln

Ortsregeln (OR) sind eine Form von indirekten Ortseinschränkungen. Die Grundidee ist es, anhand des Ausführungsorts der Quell-Aktivität eine konkrete OE für eine Ziel-Aktivität zu bestimmen. Alle Angaben für die Ableitung der konkreten OE sind in der OR enthalten, weshalb diese auch als *direkte OE* bezeichnet werden. Im vorliegenden Abschnitt wird die graphische Darstellung von OR mit demselben Ort behandelt; OR mit verschiedenen Orten für Quell- und Zielaktivität werden in Folgeabschnitt 6.4.4 (Seite 208) eingeführt. Eine weitere Form von indirekten OE – nämlich externe OE – werden im Abschnitt 6.4.4 eingeführt.

In Abbildung 6.12 ist der Grundaufbau einer Ortsregel dargestellt: hierbei ist Aktivität *A1* die Quellaktivität und Aktivität *A2* die Zielaktivität. Die Quell- und die Zielaktivität sind durch das UML-Anmerkungskonstrukt gekennzeichnet. Ein gestrichelter Pfeil zeigt von der Quell- auf die Zielaktivität ; dieser Pfeil beeinflusst in keiner Weise den Kontrollfluss des Prozesses, kann also keine Marken befördern. Auf dem Pfeil der OR ist ein Kreissymbol zu finden, das den Modus der Regel angibt: ist ein Gleichheitszeichen im Kreis zu finden, so handelt es sich um eine *positive OR*, die positive OE erzeugt.

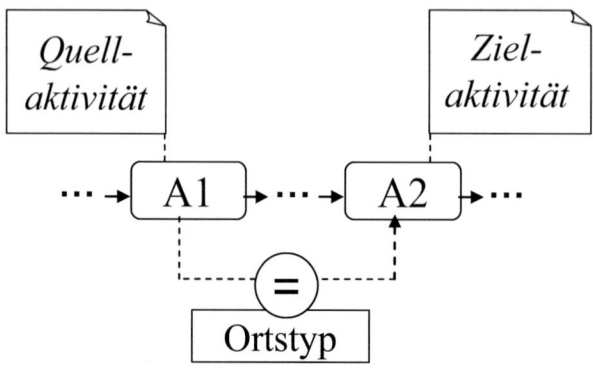

Abb. 6.12: Grundaufbau einer Ortsregel

Bei einem Ungleichheitszeichen im Kreis handelt es sich um eine *negative OR*, die zur Laufzeit erzeugten konkreten OE sind also negativ.

An den Kreis der OR ist ein Viereck angedockt, welches den Bezeichner eines Ortstyps enthält. Zu Beginn der Ausführung der Quellaktivität wird ausgewertet, welche Ortsinstanz des genannten Ortstyps den aktuellen Aufenthaltsort des jeweiligen Nutzers enthält. Diese Ortsinstanz wird dann als konkrete OE der Zielaktivität hinzugefügt. Gibt es keine Ortsinstanz des spezifizierten Ortstyps, die den Aufenthaltsort des Nutzers beinhaltet, so wird keine konkrete OE erzeugt. Anstelle eines Ortstyps kann auch ein Radius (z.B. „100 m" oder „3 km") in diesem Viereck spezifiziert werden. Die konkrete OE für die Zielaktivität ist in diesem Fall dann ein Kreis mit dem genannten Radius, der als Mittelpunkt den aktuellen Aufenthaltsort des Nutzers beim Start der Ausführung der Quellaktivität hat. Durch die Angabe des Ortstyps oder des Radius wird also die Granularität der OR festgelegt.

Positive Ortsregeln spezifizieren in Anlehnung an „Binding of Duties" eine Ortsbindung (Binding of same location) für die Ziel- und Quellaktivität, während negative Ortsregeln in Anlehnung an „Separation of Duties" eine Ortstrennung (Prohibition of same location) für die Ziel- und Quellaktivität vornehmen. „Binding of Duties" und „Separation of Duties" wurden als spezifische Merkmale prozessbewusster ZKM in Kapitel 5.4 (Seite 175) behandelt.

In Abbildung 6.13 sind zwei Beispiele für OR gegeben: Die OR in Abbildung 6.13a hat *A1* als Quell- und *A2* als Zielaktivität. Es handelt sich um eine positive Regel, deren

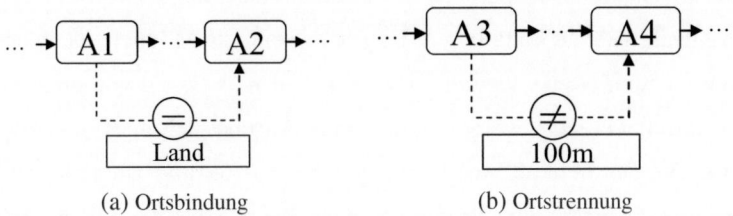

(a) Ortsbindung   (b) Ortstrennung

Abb. 6.13: Beispiele für Ortsregeln

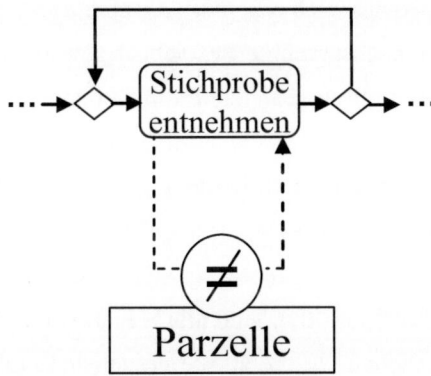

Abb. 6.14: Beispiel für rekursive Ortsregel

Granularität durch den Ortstyp *Stadt* definiert wird. Die Zielaktivität *A2* soll also nur in dem Land ausgeführt werden können, in der auch die Quellaktivität *A2* gestartet wurde.

Bei der OR in Abbildung 6.13b mit *A3* als Quell- und *A4* als Zielaktivität wird die Granularität mit einem Radius definiert. Es handelt sich um eine negative OR, so dass die Aktivität *A4* nicht an einem Ort ausgeführt werden darf, der im Umkreis von 100 Metern vom Ausführungsort von *A3* liegt.

In Abbildung 6.14 ist ein Beispiel für eine rekursive OR gegeben, bei der also Quell- und Zielaktivität identisch sind. Dies ist nur dann sinnvoll, wenn diese Aktivität innerhalb einer Prozessinstanz mehrfach durchlaufen werden kann; im dargestellten Beispiel ist dies gegeben, da die Aktivität im Rumpf einer Schleife enthalten ist. Es handelt sich um eine negative OR, also kann die Aktivität „Stichprobe entnehmen" in jeder Parzelle nur einmal durchgeführt werden. Die durch diese OR erzeugten konkreten OE sammeln sich also an der Zielaktivität.

Wird eine OR mehrfach ausgeführt, so ist es nicht unbedingt erwünscht, beliebig viele OE für die Zielaktivität zu kumulieren. Es gibt deshalb die Möglichkeit zu spezifizieren, dass nur die n ersten oder n letzten OE (mit $n \in \mathbb{N}, n \geq 1$), die von einer OR für eine bestimmte Aktivität erzeugt werden, gültig sind. Anschaulich gesprochen wird so eine kontrollierte „Vergesslichkeit" realisiert. Für die Ausführung zur Laufzeit ist es also ausreichend, nur die ersten bzw. letzten n von der Regel erzeugten OE zu speichern. Die Visualisierung wird durch Verwendung der Attribute *first<n>* bzw. *last<n>* am Ende des auf die Aktivität zeigenden Pfeils vorgenommen, wobei das n durch den entsprechenden Zahlenwert ersetzt wird, so dass sich z.B. *first<3>* oder *last<1>* ergibt. Es wurden mit *first* und *last* bewusst englischsprachige Bezeichner gewählt, damit die Notation ohne Modifikationen auch für englischsprachige Publikationen verwendbar ist. Sowohl bei Verwendung von *first<n>* als auch *last<n>* gibt es nur n Speicherplätze für jedes Paar von Ortsregel und betroffener Aktivität. Bei *first<n>* ändert jeder dieser Speicherplätze nach seiner ersten Belegung mit einer konkreten OE nicht mehr seinen Inhalt; bei *last<n>* hingegen entspricht die Verwaltung dieser Speicherplätze dem Prinzip „First in, First out" (FIFO-Prinzip, [RSS93, 180ff]): sind alle n Plätze mit OE belegt, so wird beim Hinzufügen einer zusätzlichen OE die älteste gespeicherte OE aus der Liste entfernt, bevor die neue OE eingefügt wird. Ist eine Aktivität das Ziel mehrerer Ortsregeln, so beeinflussen sich die first-/last-Attribute nicht gegenseitig; die OE für eine Aktivität werden also für jede einzelne Regel separat verwaltet.

In Abbildung 6.15 sind zwei Fragmente von Prozessmodellen zu finden, die diese beiden Attribute verwenden:

- Das linke Fragment entspricht dem Beispiel aus Abbildung 6.14; durch das zusätzlich Attribut *last<5>* „merkt" sich die Aktivität aber nur die letzten fünf Parzellen, an denen Stichproben genommen wurde. Wurden nach Entnahme einer Stichprobe in einer Parzelle P in fünf anderen Parzellen Stichproben entnommen, so ist es wieder möglich, in P eine Stichprobe zu entnehmen.

- Im linken Fragment gibt es zwei Ortsregeln mit unterschiedlichen Quellaktivitäten, welche beide dieselbe Zielaktivität *Activity 3* haben. Beide OR können OE vom Ortstyp „Halle" (z.B. verschiedene Lagerhallen auf einem Firmengelände) erzeugen. Die von *Activity 1* ausgehende OR hat als Attribut *first<3>*, während die von *Activity 2* ausgehende OR als Attribut *last<5>* hat. Für *Activity 3* als Zielaktivität

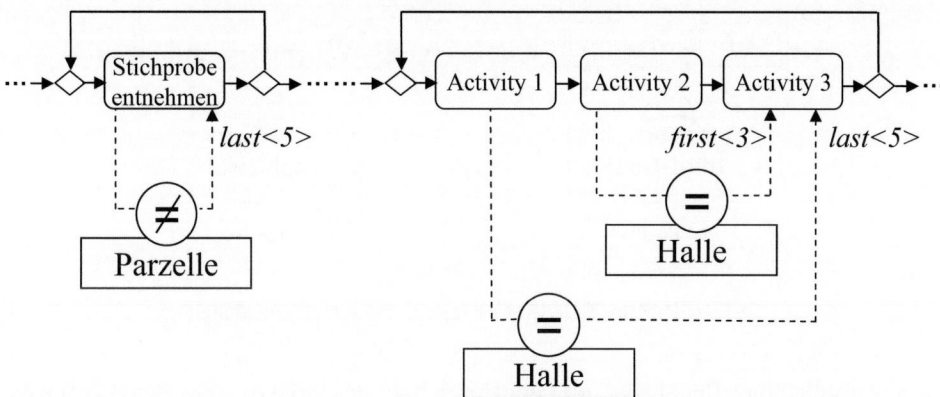

Abb. 6.15: Ortsregeln mit First- und Last-Attributen

dieser beiden OR werden aber zwei voneinander unabhängige Listen mit OE verwaltet.

In Abschnitt 6.4.5 (Seite 211) weiter unten wird eine Notationsform vorgestellt, bei der *eine* OR *mehrere* Zielaktivitäten haben kann. Da die Attribute *First* und *Last* aber an den Pfeilen zu den Zielaktivitäten und nicht am Kreissymbol der OR angebracht ist, ist es möglich, unterschiedliche First- und Last-Attribute für die einzelnen Zielaktivitäten einer OR zu spezifizieren.

6.4.3 Ortsregeln mit Zuordnungslisten

Zuordnungslisten werden für Ortsregeln benötigt, bei denen der Quell- und Zielort unterschiedlich sein können. Zwei solche OR sind in Abbildung 6.16 dargestellt: die Darstellung entspricht grundsätzlich der für die bereits vorgestellten Ortsregeln, jedoch gibt es zwei Unterschiede:

- Anstelle von Gleichheitszeichen für positive OE werden Implikationspfeile ($\Rightarrow$) verwendet, weil angedeutet werden soll, dass ein Ort einen anderen impliziert. Für negative OE ist dieser Pfeil durchgestrichen. Die Regel in Abbildung 6.16a mit den Aktivitäten *A1* und *A2* erzeugt also positive OE, während Regel in Abbildung 6.16b mit den Aktivitäten *A3* und *A4* negative OE erzeugt.

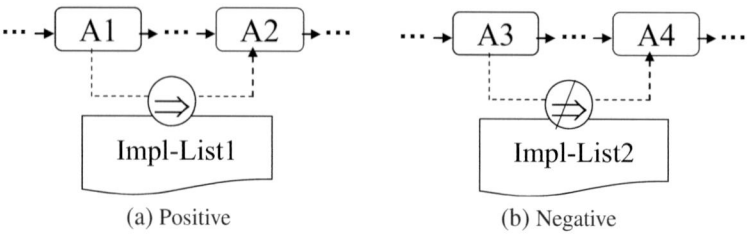

(a) Positive   (b) Negative

Abb. 6.16: Beispiele für Ortsregeln mit Zuordnungslisten

- Anstelle eines Rechtecks mit dem Bezeichner des Ortstyps oder der Angabe des Radius wird ein Listensymbol – dargestellt durch ein Rechteck, dessen untere Kante wellenförmig ist – verwendet. Dieses Listensymbol trägt den Bezeichner der Zuordnungsliste. Durch die Wellenlinie soll angedeutet werden, dass das Listendokument an anderer Stelle fortgesetzt wird.

Die Zuordnungsliste als Abbildung von Quell- auf Zielorten muss an anderer Stelle im Modell definiert sein, was aber auch rein textuell geschehen kann. Alle Quellorte innerhalb der Liste müssen dabei paarweise disjunkt sein, damit immer eindeutig bestimmt werden kann, welcher Eintrag für einen bestimmten Ausführungsort zum Tragen kommen soll. Zwischen den Paaren verschiedener Zielorte darf es aber zu Überschneidungen kommen; es ist sogar zulässig, dass einzelne Zielorte mehrfach auftauchen. Für einen Eintrag können auch Quell- und Zielort identisch sein, was aber eine Ausnahme sein sollte.

Ein Beispiel für solch eine Liste ist in Tabelle 6.1 zu finden: es werden hierbei einzelne Länder jeweils einer Firmenniederlassung in einer bestimmten Stadt zugeordnet. Für einen neuen Auftrag kann so anhand des Ursprunglandes einfach festgestellt werden, in welcher Firmenniederlassung er bearbeitet werden soll. Der Auftrag enthält dann eine entsprechende OE. Da in einigen Ländern das Auftragsaufkommen gering ist, werden Aufträge aus diesen Ländern in einem Nachbarland bearbeitet, weil es nicht rentabel wäre, in solchen Ländern eine eigene Niederlassung zu betreiben.

6.4.4 Weitere indirekte Ortseinschränkungen

Neben Ortsregeln werden noch zwei weitere Arten von indirekten OE betrachtet. Diese OE sind aber nur Angaben, wo die konkrete OE zur Laufzeit abgefragt werden soll; die

Tab. 6.1: Beispiel für eine Zuordnungsliste

Quellort	Zielort
Deutschland	Frankfurt a.M.
Frankreich	Frankfurt a.M.
U.K.	Liverpool
Spanien	Sevilla
Portugal	Sevilla

zur Berechnung der konkreten OE benötigten Informationen sind also *nicht* im annotierten Prozessmodell enthalten, weshalb diese auch als *externe OE* bezeichnet werden.

Zunächst wird der Fall betrachtet, bei dem die konkrete OE zur Laufzeit aus einem *externen Informationssystem* abgefragt wird. Ein Beispiel für ein solches Informationssystem könnte etwa ein *Customer Relationship Management*-System (CRM, [HBD06][Bul08, 33ff]) sein, in dem u.a. auch die Anschriften der einzelnen Kunden hinterlegt sind, so dass dieses System OE für Aktivitäten errechnen kann, die vor Ort bei einem Kunden durchgeführt werden müssen. So kann z.B. erzwungen werden, dass die Aktivität „Reparaturbericht schreiben" nur direkt nach der Reparatur noch auf dem entsprechenden Grundstück abgearbeitet wird, so dass diese Aktivität nicht später nachgeholt wird, wenn der Techniker vielleicht schon einige Details wieder vergessen hat. Eine andere Form von Informationssystemen, die konkrete Ortsbeschränkungen liefern könnten, sind „Geographische Informationssysteme" (GIS, [Bil99, 4ff]).

Die grafische Darstellung für diese Art von OE ist in Abbildung 6.17 wiedergegeben: im oberen Fragment wird die externe OE von einem CRM-System geliefert. Das Komponenten-Symbol für das CRM-System beinhaltet neben dessen Bezeichner „CRM" auch einen Kreis mit dem Modus, so dass sich erkennen lässt, ob mit dieser OE positive oder negative OE erzeugt werden. Von Aktivität *A1* führt ein gestrichelter Pfeil zu dem Komponenten-Symbol: dies bedeutet, dass während des Ausführung von *A1* die Ermittlung der konkreten OE durch dieses System erfolgen muss. In Analogie zu OR wird diese auslösende Aktivität auch Quellaktivität (Trigger-Activity) genannt. Vom Komponenten-Symbol aus führt ein gestrichelter Pfeil zu Aktivität *A2*, um die Zielaktivität (Target

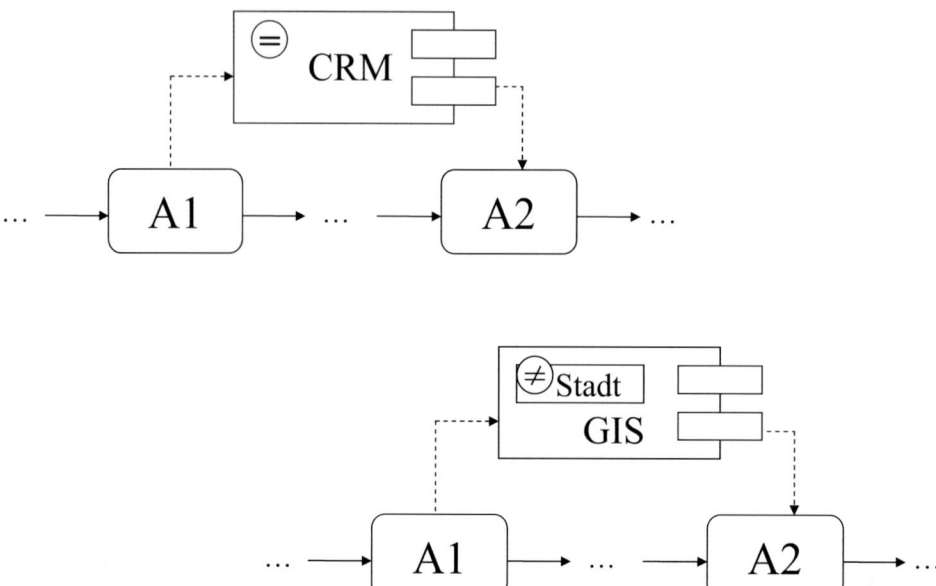

Abb. 6.17: Indirekte Ortseinschränkungen durch externe Systeme

Activity) zu kennzeichnen, für die die konkrete OE durch die indirekte und externe OE erzeugt wird.

Im unteren Teil von Abbildung 6.17 findet sich noch ein Beispiel-Fragment mit einer externen OE: dieses Mal handelt es sich um eine GIS-Komponente, die eine negative OE zu liefern hat. Das Beispiel zeigt auch, dass der Ortstyp mit angegeben werden kann. Im dargestellten Beispiel wird die GIS-Komponente also nur Ortsinstanzen vom Typ „Stadt" als negative OE zurückliefern.

Das für das externe Softwaresystem verwendete Symbol („Viereck mit zwei Kontakten an einer kurzen Seite") ist das Symbol für Software- und Systemkomponenten aus den Komponentendiagrammen den UML 1.x [RJB99, 95].

Als andere Form von externen und damit auch indirekten OE wurde in Abschnitt 6.3 (Seite 193) die Möglichkeit erwähnt, dass ein menschlicher Akteur (Operator) zur Laufzeit die OE definieren muss. Hierbei könnte es sich etwa um einen leitenden Angestellten handeln, der zur Laufzeit für einzelne Aktivitätsinstanzen festlegt, an welchen Orten diese ausgeführt werden müssen oder nicht dürfen. In Abbildung 6.18 ist die grafische

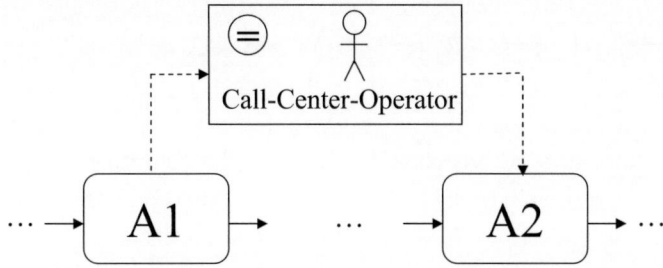

Abb. 6.18: Indirekte Ortseinschränkungen durch externen Akteur

Notation für diese Art von OE dargestellt: sie entspricht im Prinzip der Notation für externe Software-Systeme als Lieferant für eine konkrete OE zur Laufzeit. Anstelle des Komponentensymbols wird allerdings ein einfaches Rechteck verwendet, das neben einem Bezeichner für den Akteur ein Symbol für einen menschlichen Akteur beinhaltet. Der auf das Rechteck zeigende gestrichelte Pfeil gibt an, bei der Ausführung welcher Aktivität der menschliche Akteur die OE festlegen muss. In Analogie zu den OE durch externe Systeme kann auch der Ortstyp der erzeugten OE angegeben werden.

Das für den menschlichen Akteur verwendete Symbol („kleines Männchen") ist aus *UML-Usecase-Diagrammen* entlehnt, wo dieses Symbol einzelne Akteure oder Nutzerollen darstellt (siehe Abschnitt 6.8 (Seite 241) und [Obj07b, 587]).

6.4.5 Abgekürzte Schreibweisen

Ziel des vorliegenden Abschnitts ist es, abgekürzte oder kompakte Notationsformen für OE und OR einzuführen, bei der sich mehrere Aktivitäten eine OE oder OR „teilen".

Für eine direkte OE gibt es die Möglichkeit, dass diese mehrere Aktivitäten einschränkt, wenn für mehrere Aktivitäten dieselbe OE definiert werden soll. Ein Beispiel hierfür ist in Abbildung 6.19 zu finden:

- In Abbildung 6.19a dieser Zeichnung ist ein Prozessfragment dargestellt, bei dem die beiden Aktivitäten *A1* und *A2* dieselbe direkte OE haben, die die Ausführung auf das Stadtgebiet von Karlsruhe beschränken.

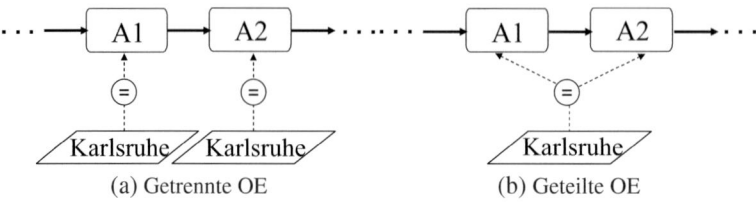

(a) Getrennte OE   (b) Geteilte OE

Abb. 6.19: Direkte Ortseinschränkung für mehrere Aktivitäten

- In Abbildung 6.19b gibt es nur eine die Ausführung auf Karlsruhe beschränkende OE, die aber auf beide Aktivitäten zeigt.

Diese abgekürzte Schreibweise kann auch für mehr als zwei Aktivitäten verwendet werden. Es ist auch nicht erforderlich, dass die eingeschränkten Aktivitäten wie im Beispiel direkt aufeinander folgen.

An dieser Stelle sei darauf hingewiesen, dass mehrere Aktivitäten mit einem Aktivitätsbereich zusammengefasst werden können (siehe Abbildung 6.24b auf Seite 219), welchem *eine* OE hinzugefügt wird. Hiermit würde auch das Ziel erreicht, mehrere Aktivitäten mit einer OE zu versehen. Die Notationsform von einer OE mit mehreren Aktivitäten kann aber vor allem dann nützlich sein, wenn die Aktivitäten nicht direkt aufeinander folgen oder im Prozessgraph so angeordnet sind, dass es schwierig ist, einen Aktivitätsbereich zu definieren.

Es ist auch möglich, dass eine einzelne Ortsregel mehrere Quell- und/oder Zielaktivitäten hat. Ein entsprechendes Beispiel ist in Abbildung 6.20 dargestellt: die Ortsregel in diesem Diagramm-Fragment hat zwei Quellaktivitäten (*A1* und *A2*) und zwei Zielaktivitäten (*A3* und *A4*). Die Regel wird ausgeführt, wenn mit der Ausführung von entweder *A1* oder *A2* begonnen wird; allgemein wird eine OR mit mehreren Quellaktivitäten durch die Ausführung *einer* der Zielaktivitäten gestartet. Kann bei der Auswertung der Regel eine konkrete OE ermittelt werden, so wird diese *allen* Zielaktivitäten zugewiesen; im dargestellten Beispiel würde ein durch die OR ermittelter Ort also den beiden Aktivitäten *A3* und *A4* zugeordnet. Auch dies kann verallgemeinert werden: hat eine OR mehrere Zielaktivitäten, so werden von der OR erzeugte konkrete OE *allen* Zielaktivitäten zugewiesen. Ortsregeln mit mehreren Quell- und/oder Zielaktivitäten sind also eine kompakte Schreibweise für OR mit jeweils nur einer Quell- und Zielaktivität zwischen allen Paaren

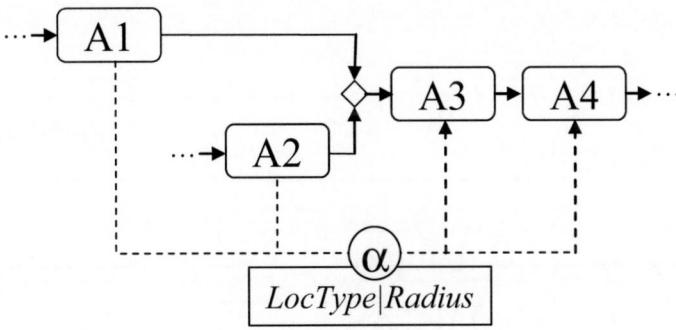

Abb. 6.20: Ortsregeln mit mehreren Quell- und Zielaktivitäten

von Quell- und Zielaktivitäten der kompakten Schreibweise. Im dargestellten Beispiel könnte die verwendete OR durch vier einfache OR ersetzt werden – nämlich *(A1, A3)*, *(A1, A4)*, *(A2, A3)* und *(A2, A4)* mit *(Quellaktivität, Zielaktivität)* –, ohne die Semantik des Prozessfragments zu verändert.

Auch externe OE können mehrere Quell- und/oder Zielaktivitäten haben, wie etwa die in Abbildung 6.21 dargestellte OE, bei der aus einem *Datenbankmanagementsysteme (DBMS)* zur Laufzeit die konkrete OE abgefragt wird, die dann den beiden Zielaktivitäten „Vorbesichtigung" und „Installation" zugewiesen wird.

6.4.6 Ortseinschränkungen als Schicht zwischen Prozess- und Ortsmodell

Nach Einführung der graphischen Notation für die verschiedenen Arten von Ortseinschränkungen kann jetzt mit Abbildung 6.22 („Drei-Schichten-Modell") der Zusammenhang zwischen Standard-Prozessmodell, Ortseinschränkungen und Ortsmodell veranschaulicht werden [CD10]:

- Die oberste Schicht ist der Prozessgraph, dargestellt mit Standard-Aktivitätsdiagrammen aus der UML.

- Die nächste Schicht unterhalb des Prozessgraphs beinhaltet die verschiedenen Ortseinschränkungen.

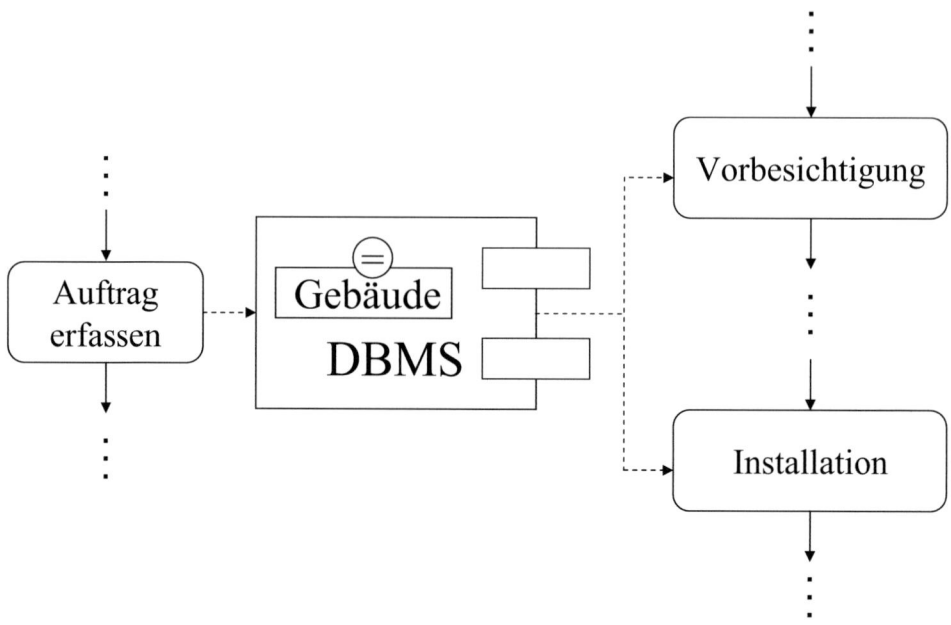

Abb. 6.21: Externe Ortsregel mit mehreren Zielaktivitäten

- Das Ortsmodell mit Ortsinstanzen und Ortstypen ist in der untersten Schicht zu finden.

Das Drei-Schichten-Modell zeigt, dass OE als mittlere Schicht die Verbindung zwischen dem Prozessgraph und dem Ortsmodell herstellen: Direkte OE referenzieren eine Ortsinstanz aus dem Ortsmodell, während Ortsregeln auf einen Ortstyp zeigen, der die Granularität festlegt. Nicht dargestellt sind Ortsregeln, die Zuordnungslisten verwenden.

6.4.7 Zusammenfassende Darstellung

Zum Abschluss des vorliegenden Unterkapitels, in dem für die verschiedenen Arten von Ortseinschränkungen grafische Notationen eingeführt wurden, sollen mit Abbildung 6.23 noch ein zusammenfassender Überblick gegeben werden. In der Abbildung ist eine Tabelle mit vier Zeilen und zwei Spalten zu finden; jede Zelle beinhaltet ein typisches Notationsbeispiel für die jeweilige Art von OE. In der linken Spalte sind jeweils positive OE und der rechte Spalte jeweils negative OE zu finden. Jede Zeile ist einem Typ von OE gewidmet:

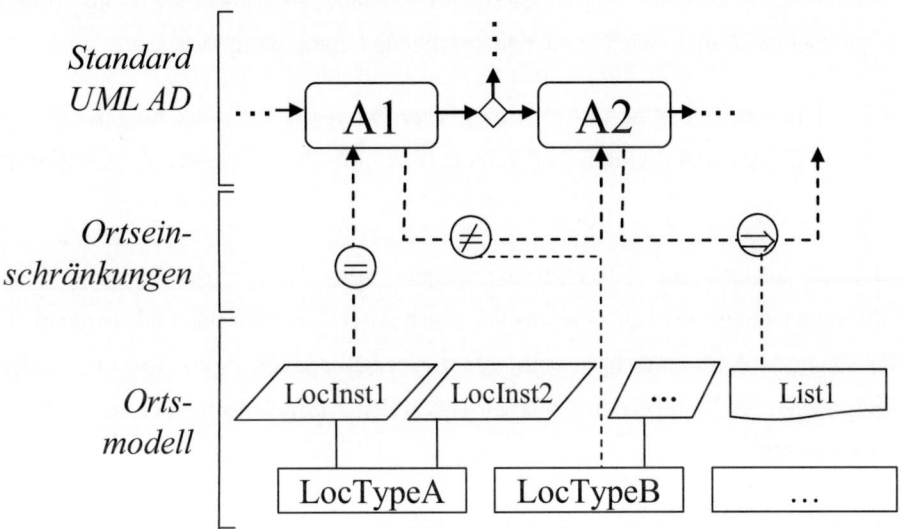

Abb. 6.22: Drei-Schichten-Modell: Ortseinschränkungen als Schicht zwischen Prozess- und Ortsmodell [CD10]

- In der obersten Zeile sind zwei *direkte OE* abgebildet; die konkreten Orte – im
  Beispiel „Peking" und „Deutschland" – werden also schon zum Entwurfszeitpunkt
  festgelegt. Die restlichen drei Zeilen der Tabellen zeigen verschiedene Arten von
  indirekten OE, bei denen die konkreten OE also erst zur Laufzeit der Prozessinstanz
  bestimmt werden.

- In der zweiten Zeile sind *externe OE* dargestellt: die positive in der linken Spalte
  definiert einen externen Akteur („Disponent"), der zur Laufzeit die konkrete OE
  spezifizieren muss; für die negative OE ist ein externes System dargestellt. Bei der
  negativen OE wird die Option genutzt, noch zusätzlich die Granularität der OE
  anzugeben, nämlich über die Spezifikation des Ortstyps „Region".

- Die letzten beiden Zeilen der Tabellen enthalten *Ortsregeln*, wobei die vorletzte
  Zeile Regeln enthält, bei denen der Quell- und der Zielort identisch sind, also
  eine Ortsbindung (positiver Fall) oder Ortstrennung (negativer Fall) vorgenommen
  wird. Bei der Ortsbindung ist die Granularität über die Angabe eines Ortstyps –

nämlich „Bundesland" – spezifiziert; dies hätte aber auch über eine Radius-Angabe geschehen können, wie für die nebenstehende Ortstrennungsregel.

- Die letzte Zeile enthält Ortsregeln mit *Zuordnungslisten*. Diese Regeln erzeugen also OE, bei denen Quell- und Zielort nicht notwendigerweise übereinstimmen müssen.

Mit der Verschachtelung der Beschriftung der letzten drei Zeilen in der Tabelle wird auch der Zusammenhang zwischen den verschiedenen Arten von indirekten OE verdeutlicht.

Die folgende Auflistung beschreibt für die verschiedenen Arten von OE, welche obligatorischen und optionalen Angaben neben den Aktivitäten bei der Spezifikation vorgesehen sind:

Direkte OE: Eine Ortsinstanz oder ein Platzhalterort.

Ortsregel, selber Ort: Ortstyp oder Radius zur Spezifikation der Granularität; optional: Attribute *first<n>* bzw. *last<n>* auf den Pfeilen von der OR zu den Zielaktivitäten.

Ortsregel, anderer Ort: Wie bei Ortsregeln mit demselben Ort, aber anstelle Ortstyp oder Radius wird der Bezeichner einer Zuordnungsliste angegeben; optional: Attribute *first<n>* bzw. *last<n>*.

Externe OE, Softwaresystem: Bezeichner des externen Softwaresystems; optional: Granularität der OE über Ortstyp oder Radius.

Externe OE, Akteuer: Bezeichner der Rolle des Akteurs; optional: Granularität der OE über Ortstyp oder Radius.

Für jedes Konstrukt ist darüber hinaus der Modus – also ob es sich um eine positive oder negative OE handelt oder ob positive oder negative OE erzeugt werden – festzulegen.

6.5 Aktivitäten mit mehreren Ortseinschränkungen

6.5.1 Grundformen

Eine einzelne Aktivität kann mehrere Ortseinschränkungen haben. Hierbei können die folgenden drei Fälle unterschieden werden:

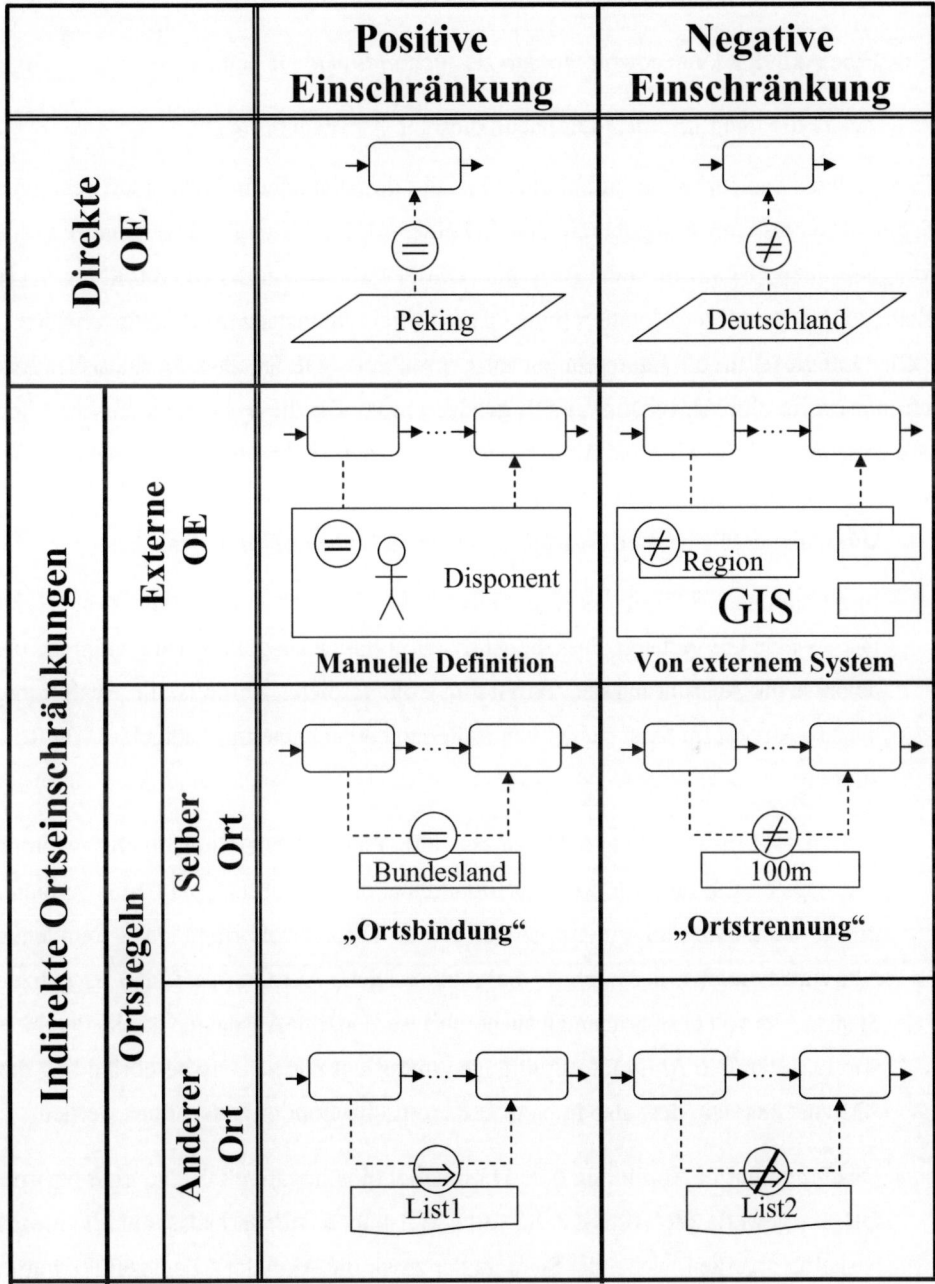

Abb. 6.23: Zusammenfassende Darstellung der verschiedenen Arten von Ortseinschränkungen als Tabelle

- Im einfachsten Fall ist die Aktivität Ziel mehrerer *direkter* OE.

- Eine Aktivität kann sowohl *direkte* als auch *indirekte* OE haben.

- Zwei oder mehr *indirekte* OE haben dieselbe Aktivität als Ziel.

Eine Aktivität kann entweder unmittelbar Ziel der direkten oder indirekten OE sein, oder einem Aktivitätsbereich angehören, der Ziel einer OE ist. Es zeigen also mehrere Pfeile von getrennten OE auf dieselbe Aktivität. Dieser Fall ist von der in Abbildung 6.11a (Seite 202) dargestellten Notation (eine OE mit zwei Ortsinstanzen) zu unterscheiden.

Die Grundregel für die Interpretation solcher multiplen OE ist, dass ein zulässiger Ausführungsort für eine Aktivität *allen* OE genügen muss, die diese Aktivität einschränken. Durch mehrere OE für einzelne Aktivitäten kann es auch zu Anomalien kommen, was im vorliegenden Unterkapitel behandelt wird.

In Abbildung 6.24 sind vier Prozessfragmente als Beispiele zu finden:

- In Abbildung 6.24a gibt es eine Aktivität *A1*, die Ziel von zwei direkten OE ist. Die positive OE verlangt, dass die Aktivität in Italien ausgeführt wird, während die negative die Ausführung der Aktivität in Rom verbietet. Somit ist die Ausführung dieser Aktivität im Staatsgebiet von Italien mit Ausnahme im Stadtgebiet von Rom zulässig.

- Aktivität *A1* in Abbildung 6.24b ist ebenfalls Ziel von zwei direkten OE: während eine negative OE für diese Aktivität unmittelbar die Ausführung in London verbietet, gibt es noch einen mit einer positiven OE an U.K. (Großbritannien) gebundenen Aktivitätsbereichs, der auch *A1* beinhaltet. Diese Aktivität darf also im ganzen Staatsgebiet von Großbritannien ausgeführt werden, mit Ausnahme des Stadtgebiets von London. Die Aktivität *A2* hingegen unterliegt nur der Ortsbeschränkung des Aktivitätsbereich, darf also in ganz U.K. (einschl. London) ausgeführt werden.

- Das Fragment in Abbildung 6.24c beinhaltet eine negative OR und eine positive OE, die jeweils die Aktivität *A2* zum Ziel haben. *A2* darf also nur in Europa ausgeführt werden, wobei die Stadt, in der zuvor die Aktivität *A1* ausgeführt wurde, ausgenommen ist.

- In Abbildung 6.24d ist die Aktivität *A3* Ziel von zwei OR. Die erste OR verbietet, dass *A3* in derselben Stadt ausgeführt wurde, wo zuvor auch *A1* ausgeführt wurde.

Mit der zweiten OR wird gefordert, dass diese Aktivität im selben Land wie zuvor Aktivität *A2* ausgeführt wird.

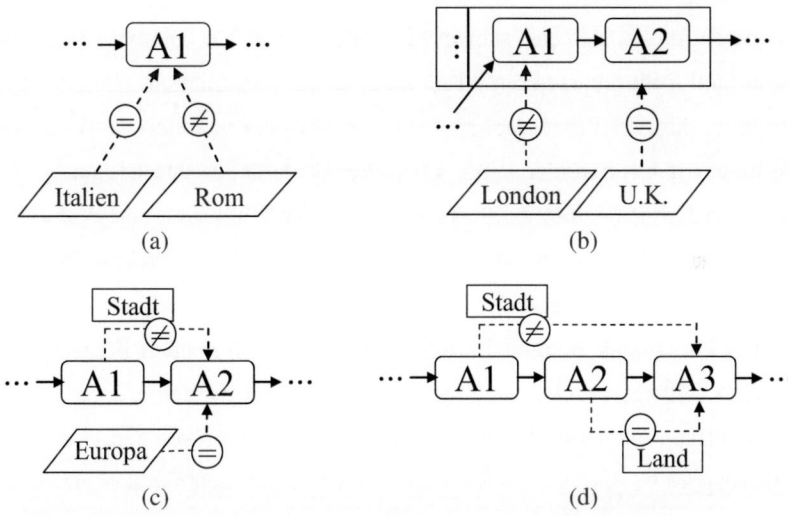

Abb. 6.24: Beispiele für Aktivitäten mit mehreren Ortseinschränkungen

6.5.2 Anomalien mit direkten Ortseinschränkungen

Unter Anomalien werden *unerwünschte Modellierungssituationen* bei der Anwendung von OE verstanden. In der vorliegenden Arbeit werden zwei Arten von Anomalien unterschieden [CD10] [Dec10b]:

- Bei *Redundanzen* kann zumindest eine OE entfernt werden, ohne dass sich der zulässige Ort für eine Aktivität ändert. Eine redundante OE kann etwa dadurch entstehen, dass bei einer Überarbeitung des Modells an eine Aktivität eine weitere positive OE angefügt wird, die den Ort der alten OE komplett beinhaltet, und dabei vergessen wird, die ursprüngliche OE zu entfernen. Als alternative Bezeichnung könnten diese Anomalien auch als "effektlos" bezeichnet werden.

- Bei *Widersprüchen* gibt es keinen zulässigen Ort für eine Aktivität, die Aktivität kann also nirgends ausgeführt werden. Dies ist etwa dann der Fall, wenn alle Orte, die über positive OE als Ausführungsorte für eine Aktivität vorgegeben sind, von einem Ort beinhaltet werden, der über eine negative OE an dieselbe Aktivität gebunden ist.

Widersprüche stellen also eine schwerwiegendere Form von Anomalien als Redundanzen dar. Während Redundanzen das Modell nur unnötig aufblähen, können Widersprüche dazu führen, dass der Prozessablauf bei einer Aktivität blockiert, weil kein Akteur sich jemals an einem Ort befinden kann, wo er die Aktivität ausführen kann.

Neben der Unterscheidung von Anomalien in Redundanzen und Widersprüche kann auch betrachtet werden, ob die Anomalie bei jedem möglichen Prozessablauf zum Tragen kommt oder nur bei einigen. Es können deshalb *potenzielle* und *sichere* Anomalien unterschieden. Ob eine potenzielle Anomalie tatsächlich in einer Prozessinstanz auftritt kann davon abhängen, welche bedingten Pfade gewählt werden, welche Reihenfolge für die Abarbeitung von parallelen Aktivitäten auftritt oder an welchen Orten die Quellorte von OR ausgeführt werden. Bei Redundanzen/Widersprüchen und potenziellen/sicheren Anomalien handelt es sich um zwei orthogonale Klassifizierungskriterien.

In Abbildung 6.25 ist ein kleiner Beispiel-Prozess mit zwei Anomalien abgebildet:

- Aktivität *A1* hat zwei direkte und positive OE, die die Ausführung der Aktivität auf Paris bzw. Frankreich binden. Es handelt sich hierbei um eine Redundanz, da Paris vollkommen in Frankreich liegt; würde die OE mit Paris entfernt, so ändern sich die zulässigen Orte für keine Aktivität aller möglichen Prozessinstanzen.

- Aktivität *A2* ist wiederum das Ziel von zwei direkten OE. Die positive OE bindet die Ausführung der Aktivität auf das Stadtgebiet von Houston, während die negative OE die Ausführung der Aktivität im Gebiet der USA untersagt. Da aber Houston als einziger zulässiger Ausführungsort vollständig in den USA liegen, gibt es keinen einzigen Ort, an dem die Aktivität *A2* aufgeführt werden könnte. Somit liegt ein Widerspruch vor. Diese Anomalie kommt aber nur dann zum Tragen, wenn bei der Prozessausführung bei der Entscheidung nach Aktivität *A1* der obere Zweig gewählt wird; wird hingegen der untere Zweig mit *A3* gewählt, dann tritt dieser Widerspruch nicht zu Tage, da *A2* dann nie mehr für diese Prozessinstanz erreicht werden kann.

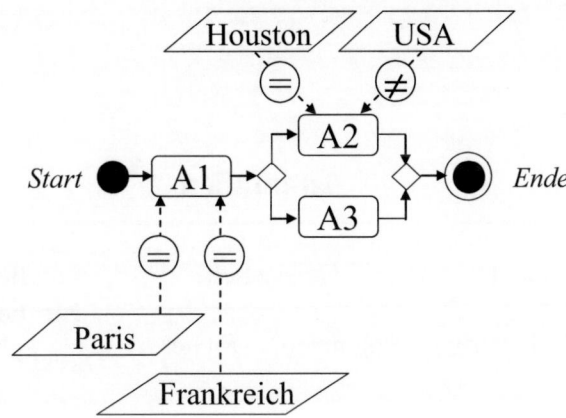

Abb. 6.25: Prozess mit zwei Anomalien

Anomalien können auch mit indirekten OE auftreten, worauf im Folgeabschnitt 6.5.3 eingegangen wird. Die Klassifikation verschiedener Arten von Anomalien ist in Abbildung 6.26 als Baum dargestellt [Dec10b]:

- Bezüglich des Schweregrades werden die Kategorien „Redundanz" und „Widerspruch" unterschieden.

- Potenzielle und sichere Anomalien werden unter „Gewissheit" zusammen gefasst, wobei bei potenziellen Anomalien weiter unterschieden werden kann, ob die Unsicherheit vom Ausführungsort einer Aktivität oder der gewählten Aktivitätsfolge – also vom Kontrollfluss – abhängt.

- Als letztes Kriterium kann die Art der beteiligten OE unterschieden werden: eine Anomalie kann sich aus der Beteiligung von nur direkten, nur indirekten oder beiden Arten von OE ergeben. Wenn nur direkte oder nur indirekte OE beteiligt sind, kann man auch von *homogenen* OE sprechen, ansonsten von *heterogenen* OE.

Zum Fall der *potenziellen Anomalien* ist noch anzumerken, dass eine potenzielle Anomalie gleichzeitig orts- und kontrollflussabhängig sein kann. Hierfür ist ein Beispiel in Abbildung 6.27 dargestellt: für Aktivität "A2" liegt ein potenzieller Widerspruch vor, z.B. wenn die Quellaktivität der Ortsregel (A1) in einer Stadt außerhalb Europas ausgeführt

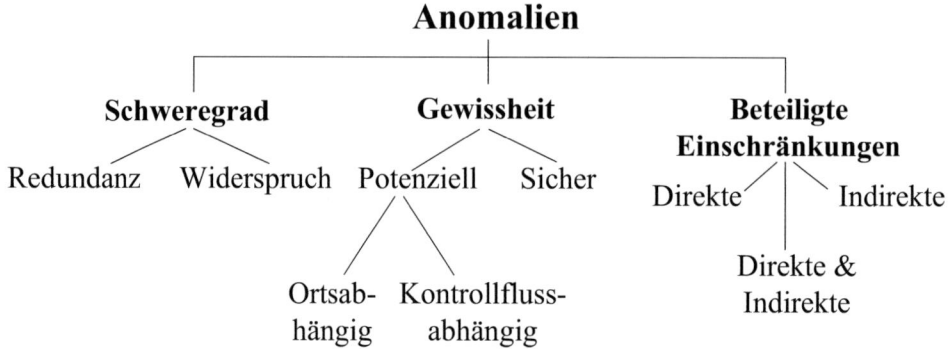

Abb. 6.26: Verschiedene Arten von Anomalien als Baum [Dec10b]

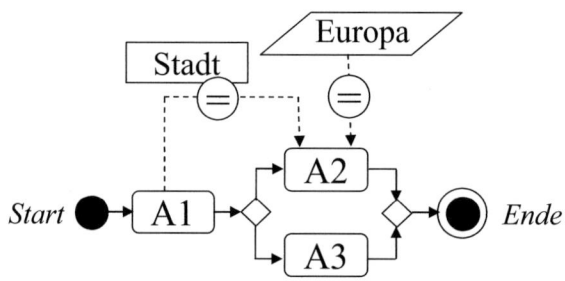

Abb. 6.27: Beispiel für eine "doppelt potenzielle" Anomalie

wird, weil dann A2 gleichzeitig in Europa und einer außereuropäischen Stadt ausgeführt werden müsste. Es kann aber auch sein, dass der Prozessverlauf über die Aktivität "A3" geht, für die überhaupt keine OE definiert sind, so dass der evtl. für A2 vorliegende Widerspruch nicht zum Tragen kommt.

Es werden zunächst die einzelnen Fälle betrachtet, die auftreten können, wenn eine Aktivität Ziel von genau zwei *direkten* OE ist. Hierzu ist im oberen Teil von Abbildung 6.28 eine Aktivität mit zwei generischen direkten OE dargestellt: für den Modus der OE werden die beiden Platzhalter α und β verwendet mit $\alpha, \beta \in \{=, \neq\}$. Weiter werden im unteren Teil der Abbildung für die von den beiden generischen OE verwendeten Ortsinstanzen *L1* und *L2* drei mögliche Fälle skizziert:

- *L1* und *L2* können keine gemeinsamen Punkte haben. In diesem Fall gilt das Prädikat *disjoint(L1, L2)*.

- *L1* und *L2* haben mindestens einen gemeinsamen Punkt, der entweder nur in *L1* oder nur in *L2* enthalten ist. Dieser Fall wird durch das Prädikat *overlap(L1, L2)* beschrieben.

- Einer der beiden Orte (in der Abbildung *L2*) ist komplett im anderen Ort *L1* enthalten, was auch mit *subset(L2, L1)* ausgedrückt werden kann. Dieses Prädikat ist nicht symmetrisch: der enthaltene Ort muss als erstes Argument genannt werden.

Diese drei Fälle schließen sich gegenseitig aus. Anstelle für einzelne Ortsinstanzen (Polygone) können die folgenden Betrachtungen auch für die Vereinigungsmengen von getrennten Ortsinstanzen durchgeführt werden, *L*1 könnte also für die Vereinigungsmenge von "Spanien" und "Deutschland" stehen. Der Fall, dass von *L1* und *L2* derselbe Ort beschrieben wird, wird weiter unten noch behandelt.

Es gibt insgesamt vier verschiedene Kombinationen, die beiden Platzhalter α und β mit „=" und „$\neq$" zu belegen. Für jede dieser Kombinationen sind dann wiederum die vier möglichen Beziehungen zwischen den beiden Orten *L1* und *L2* zu betrachten. Zunächst wird die Kombination $(\alpha, \beta) = (\text{„} = \text{"}, \text{„} = \text{"})$ untersucht:

disjoint(L1, L2): Es handelt sich um einen Widerspruch, da die Aktivität an zwei Orten ausgeführt werden müsste, die keine gemeinsame Schnittmenge haben.

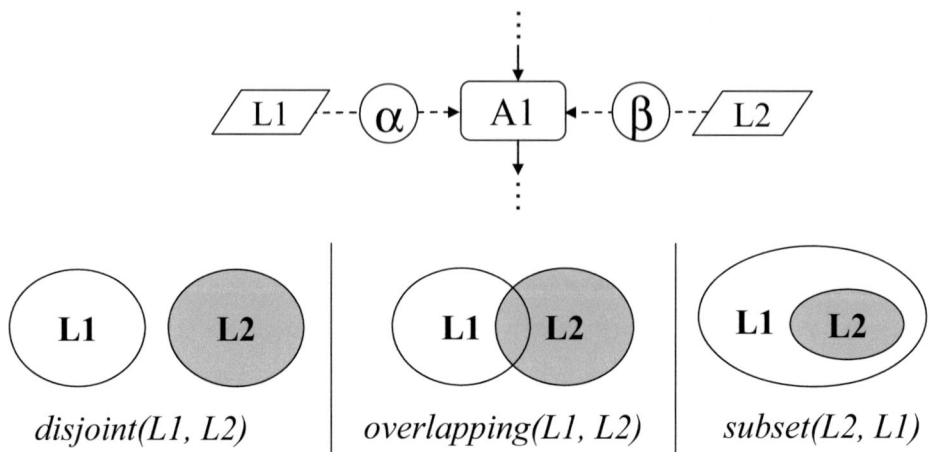

disjoint(L1, L2) | *overlapping(L1, L2)* | *subset(L2, L1)*

Abb. 6.28: Aktivität mit zwei generischen direkten OE (oben) und verschiedene Prädikate zwischen zwei Flächen (unten)

subset(L1, L2): In diesem Fall kann die Aktivität nur an *L1* aufgeführt werden; die OE mit dem übergeordneten Ort *L2* ist redundant. Wenn eine Aktivität an der Vereinigungsmenge von zwei getrennten Orten ausgeführt werden soll, dann muss dies wie in Abbildung 6.11 (Seite 202) dargestellt werden.

subset(L2, L1): In Analogie zum vorherigen Fall ist hier die OE mit *L1* redundant.

overlap(L1, L2): Dieser Fall stellt keine Anomalie dar. Der zulässige Ausführungsort für die Aktivität ergibt sich aus der Schnittmenge von *L1* und *L2*.

Als nächstes betrachten wir die Kombination mit einer positiven und einer negativen Ortsregel, nämlich $(\alpha, \beta) = (\text{„} = \text{“}, \text{„} \neq \text{“})$:

disjoint(L1, L2): Haben die beiden Orte *L1* und *L2* keine gemeinsamen Punkte, dann ist die negative OE redundant. Die Aktivität könnte ohnehin nur an *L1* ausgeführt werden, so dass das Verbot von *L2* nicht erforderlich ist.

subset(L1, L2): In diesem Fall kann die Aktivität nur an Ort *L1* ausgeführt werden, der aber vollständig im „verbotenen Ort" *L2* liegt; es liegt also ein Widerspruch vor.

subset(L2, L1): Der „verbotene Ort" *L2* ist vollständig im zulässigen Ort *L1* enthalten. Anschaulich gesprochen wird *L2* aus *L1* ausgeschnitten, um den effektiven zulässigen Ort zu erhalten. Es liegt aber keine Anomalie vor.

overlap(L1, L2): *L1* und *L2* haben einige gemeinsamen Punkte. Vom erlaubten Ort *L1* wird die verbotenen Schnittmenge entfernt, um den effektiv zulässigen Ort zu erhalten, welcher aber nicht leer ist. Somit gibt es auch in diesem Fall keine Anomalie.

Die zur gerade betrachteten Kombination symmetrische Belegung $(\alpha, \beta) = („ \neq ", „ = ")$ liefert die gleichen Ergebnisse, nur dass der Fall *subset(L2, L1)* jetzt einen Widerspruch darstellt und bei *subset(L1, L2)* keine Anomalie vorliegt.

Die letzte Kombination ist $(\alpha, \beta) = („ \neq ", „ \neq ")$:

disjoint(L1, L2): In diesem Fall liegt keine Anomalie vor: es werden zwei verbotene Orte definiert, die aber keine gemeinsamen Punkte haben, so dass keine Redundanz vorliegt. Zulässig sind alle Punkte, die nicht in einem der beiden Orten liegen.

subset(L1, L2): Der „verbotene Ort" *L1* ist vollständig im ebenfalls verbotenen Ort *L2* enthalten, so dass eine Redundanz vorliegt. Die OE mit *L1* könnte also entfernt werden, ohne dass sich etwas an der Aussage des Models ändert.

subset(L2, L1): In diesem Fall ist in Analogie zu *subset(L1, L2)* die OE mit mit der Ortsinstanz *L2* redundant.

overlap(L1, L2): Die beiden verbotenen Orte überlappen sich nur teilweise, so dass keine Anomalie vorliegt.

Es kann noch der Fall berücksichtigt werden, dass *L1* und *L2* den exakt selben Ort bzw. Punktmenge (bei Vereinigung von zwei getrennten Ortsinstanzen) beschreiben. Für einen Ortstyp kann es zwar nicht zwei verschiedene Ortsinstanzen geben, die sich auch noch teilweise überschneiden, aber für zwei verschiedene Ortstypen wäre es möglich, unter verschiedenen Bezeichnern zwei Ortsinstanzen zu definieren, die den selben Ort beschreiben. In diesem Fall liegt für die beiden Kombinationen $(\alpha, \beta) = („ = ", „ = ")$ und $(\alpha, \beta) = („ \neq ", „ \neq ")$ eine Redundanz vor, für die beiden anderen Kombinationen $(\alpha, \beta) = („ = ", „ \neq ")$ und $(\alpha, \beta) = („ \neq ", „ = ")$ hingegen liegt ein Widerspruch vor.

Die sich im Folgeabschnitt anschließende Betrachtung von Anomalien mit indirekten OE greift auf die gerade durchgeführte Betrachtung von Anomalien mit rein direkten OE zurück.

6.5.3 Anomalien mit indirekten OE

Es können auch Anomalien auftreten, wenn unter den multiplen OE, die den zulässigen Ausführungsort für eine Aktivität beschränken, eine oder mehrere indirekte OE sind. Hierfür sind zwei Beispiele in Abbildung 6.29 dargestellt:

- Im linken Prozess gibt es eine Ortsregel mit Aktivität *A* als Quell- und Aktivität *B* als Zielaktivität. Aktivität *B* hat auch eine direkte OE, die die Ausführung auf das Gebiet der USA beschränkt. Wird Aktivität *A* in einer europäischen Stadt ausgeführt, so wird eine entsprechende positive OE für Aktivität *B* erzeugt. Da eine europäische Stadt nie in den USA liegen kann, liegt ein Widerspruch vor. Es handelt sich aber um einen potenziellen Widerspruch, da es auch möglich ist, dass *A* nicht in einer europäischen Stadt ausgeführt wird (z.B. in einem Dorf in Europa oder einer Stadt in Asien), so dass diese Regel keine OE erzeugt, wodurch auch keine Anomalie auftritt.

- Im rechten Prozess gibt es zwei parallele Sequenzen von Aktivitäten. Die Aktivität *A2* in der oberen Sequenz fungiert als Quellaktivität für eine Ortsregel, die wiederum „EuropeanCities" als Ortstyp hat. Ziel dieser Ortsregel ist *B2* in der unteren Sequenz, wobei diese Aktivität noch eine direkte OE hat, die die Ausführung auf die USA beschränkt. Ob es zu einer Anomalie kommt hängt jetzt nicht nur davon ab, ob *A2* tatsächlich in einer europäischen Stadt gestartet wird, sondern auch, welche der beiden Aktivitäten *A2* oder *B2* zuerst ausgeführt wird. Wird mit der Ausführung von *B2* nämlich begonnen, bevor die Ausführung von *A2* gestartet wird, dann erhält *B2* die widersprüchliche OE erst zu einem Zeitpunkt, wo sie nicht mehr ausgewertet werden kann, und folglich auch keine Anomalie bewirken kann. Dieser Effekt tritt auch ein, wenn die beiden Aktivitäten *A2* und *B2* gleichzeitig gestartet werden, da die OE nur zu Beginn der Aktivität überprüft wird.

Eine weitere Anomalie mit indirekten OE sind OR mit von der Quellaktivität aus unerreichbaren Zielaktivitäten. Es handelt sich also um eine Redundanz, da nach der Ausfüh-

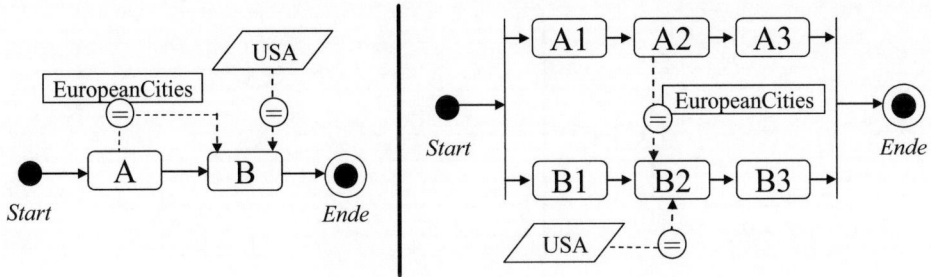

Abb. 6.29: Beispiele für Anomalien mit indirekten OE

rung der Quellaktivität mit Erzeugung der konkreten OE für die entsprechende Zielaktivität diese nicht mehr erreicht werden kann. Im Unterschied zu den weiteren in diesem Unterkapitel betrachteten Anomalien ist in diesem Fall nur eine einzige OR beteiligt. Ein einfaches Beispiel für diesen Fall ist in Abbildung 6.30 zu finden.

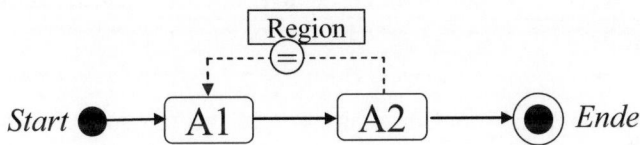

Abb. 6.30: Ortsregel mit unerreichbarer Zielaktivität

Zunächst wird der Fall betrachtet, dass eine Aktivität eine direkte und eine indirekte OE hat (siehe Abbildung 6.31 links): Um eine Aussage über möglichen Anomalien zu machen, müssen jetzt *alle* Ortsinstanzen des Ortstyp, der von der betreffenden Ortsregel verwendet wird oder alle möglichen Zielorte der entsprechenden Zuordnungsliste berücksichtigt werden.

Anomalien mit einer direkten OE

Für die folgende Betrachtung werden noch einige Variablen benötigt:

- Die Gesamtanzahl der Ortsinstanzen x wird mit N beschrieben ($N \in \mathbb{N}, N \geq 1$).

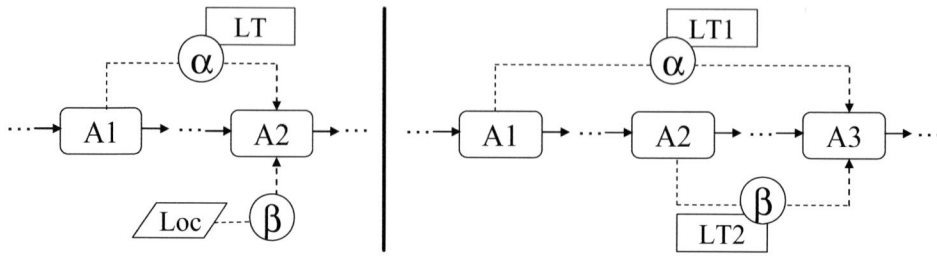

Abb. 6.31: Aktivität mit einer (links) bzw. zwei (rechts) generischen indirekten OE

- D steht für die Anzahl der Orte x, für die *disjoint(Loc, x)* gilt. Mit D werden also die Orte gezählt, die keinen einzigen gemeinsamen Punkt mit *Loc* haben.

- $S1$ steht für die Anzahl der Orte x, für die *subset(Loc, x)* gilt. Die "feste" Ortsinstanz *Loc* wird also von einer Instanz x vom Typ *LT* überdeckt. Da zwei Instanzen x und y, die zum selbem Ortstyp *LT* gehören, laut Ortsmodell keine gemeinsamen Punkte haben dürfen, kann es höchstens eine solche Instanz x geben, der Maximalwert für $S1$ ist also 1.

- $S2$ steht für die Anzahl der Orte x mit *subset(x, Loc)*, die somit vollständig innerhalb von *Loc* liegen. Im Gegensatz zu $S1$ kann es mehrere x von *LT* geben, die von derselben Ortsinstanz *Loc* überdeckt werden, so dass $S2$ auch größere Werte als 1 annehmen kann.

- $\mathcal{O}$ steht für die Anzahl der Orte x, die mit *Loc* einige gemeinsame und einige nicht gemeinsame Punkte haben, für die also *overlap(Loc, x)* gilt.

Die Variablen D, $S1$, $S2$ und $\mathcal{O}$ können jeweils natürliche Zahlen größer oder gleich 0 annehmen: D, $S1$, $S2$, $\mathcal{O} \in \mathbb{N}_0$. Der Fall, dass eine Ortsinstanz x deckungsgleich mit *Loc* ist, wird vorerst vernachlässig, so dass für jeden der N Orte des Ortstyps genau einer der vier Fälle zutrifft. Es gilt also:

$$N = D + S1 + S2 + \mathcal{O}$$

Für die Belegung $(\alpha, \beta) = (\text{„} = \text{“}, \text{„} = \text{“})$ gilt dann folgendes:

- Wenn $D > 0$ gilt, dann liegt ein potenzieller Widerspruch vor, der nämlich genau dann eintritt, wenn die Aktivität $A1$ innerhalb der Ortsinstanz x von LT ausgeführt wurde, die disjunkt mit Loc ist. Wenn sogar $D = N$ gilt, also alle Ortsinstanzen x außerhalb von Loc liegen, dann liegt ein sicherer Widerspruch vor.

- $S1 > 0$ und $S2 > 0$ bedeuten, dass zumindest eine potenzielle Redundanz vorliegt, da einige Ortsinstanzen x vollständig innerhalb von Loc liegen. Für $S2 = N$ liegt eine sichere Redundanz vor. $S1$ kann – wie oben erläutert – höchstens den Wert 1 annehmen. Für $S1 = 1$ kann es aber noch $N - 1$ weitere Ortsinstanzen x von LT geben, die Loc *nicht* überdecken; es liegt also weiter eine potenzielle Redundanz vor.

- Wenn $\mathcal{O} > 0$ bedeutet dies, dass zumindest eine Ortsinstaz x teilweise mit Loc Überscheidungen hat. Dies stellt aber keine Anomalie dar.

Für diese und die folgenden drei Belegungen gilt aber, dass eine sichere Anomalie durch den Kontrollfluss (z.B. bedingte Zweige) in eine potenzielle Anomalie verwandelt werden kann, wenn nämlich die an der Anomalie beteiligte Quellaktivität nicht in jeder Prozessinstanz vor der Zielaktivität ausgeführt wird – falls diese beide Aktivitäten in der Prozessinstanz überhaupt ausgeführt werden.

Als zweite Belegung wird wieder $(\alpha, \beta) = („ = ", „ \neq ")$ betrachtet:

- Wenn $D > 0$ ist, so bedeutet dies, dass zumindest eine potenzielle Redundanz vorliegt. Sind alle x disjunkt zu Loc – gilt also $D = N$ –, dann liegt eine sichere Redundanz vor.

- Bei $S1 = 1$ liegt kein Widerspruch vor: hier liegt der verbotene Ort Loc vollständig innerhalb einer Instanz x.

- Gilt $S2 > 0$, so liegt eine potenzieller Widerspruch vor; bei $S2 = N$ – wenn also alle Instanzen x vollständig in Loc enthalten sind – liegt sogar ein sicherer Widerspruch vor.

- Wenn es eine oder mehrere Überlappungen gibt ($\mathcal{O} > 0$), dann impliziert dies keine Anomalie.

Da die dritte Belegung $(\alpha, \beta) = (\text{„} \neq \text{“}, \text{„} = \text{“})$ symmetrisch zu der zweiten ist, werden hier die Fälle nicht explizit aufgelistet. Entsprechend der Symmetrie ist bei $S2 > 0$ jetzt ein potenzieller Widerspruch gegeben.

Die letzte zu betrachtende Belegung ist $(\alpha, \beta) = (\text{„} \neq \text{“}, \text{„} \neq \text{“})$:

- Wenn es ein oder mehrere x gibt, die disjunkt zu Loc sind, so bedeutet dies, dass beide Orte nicht zulässig sind. Es liegt also keine Anomalie vor.

- Auch bei $S1 = 1$ liegt nur eine Redundanz, aber kein Widerspruch vor. Der verbotene Ort Loc liegt hier vollständig innerhalb einer ebenfalls verbotenen Ortsinstanz x, so dass Loc weggelassen werden könnte, ohne dass sich etwas an der Aussage des Modells ändert.

- Mit $S2 > 0$ liegt eine verbotene Ortsinstanz x vollständig innerhalb der ebenfalls verbotenen Ortsinstanz Loc, so dass eine Redundanz vorliegt. Diese Redundant ist für $0 < S2 < N$ eine potenzielle, für $S2 = N$ eine sichere.

- Auch bei Ortsinstanzen x, die sich mit Loc überlappen, liegt keine Anomalie vor. Der Bereich der Schnittmenge ist damit lediglich mit einem „doppeltem Verbot" belegt.

Für den Fall, dass eine Instanz x des Ortstyps LT Deckungsgleich mit loc ist, ergeben sich für die erste und letzte Belegung – also $(\text{„} = \text{“}, \text{„} = \text{“})$ und $(\text{„} \neq \text{“}, \text{„} \neq \text{“})$ – potenzielle Anomalien, für die beiden anderen Belegungen ein potenzieller Widerspruch. Wegen der Vorgabe für das Ortsmodell, dass zwei zum selben Ortstyp gehörende Ortsinstanzen nie gemeinsame Punkte haben dürfen, kann es nicht mehr als eine Ortsinstanz x geben, die Deckungsgleich mit loc ist. Gehört loc auch zum Ortstyp LT, dann kann der Fall der Deckungsgleichheit nicht auftreten.

Anomalien mit zwei direkten OE

Im rechten Teil der Abbildung 6.31 ist der Fall dargestellt, dass zwei Ortsregeln mit unterschiedlichen Quellaktivitäten dieselbe Zielaktivität haben. Prinzipiell kann dies wie die vorangegangene Konfiguration mit jeweils einer direkten und einer indirekten OE untersucht werden. Da beide OE jetzt aber mehrere Orte repräsentieren, wird zur

Beschreibung der Orte der zweiten OE mit Modus β eine weitere Variable benötigt, für die y gewählt wird. Die Anzahl der möglichen Ortsinstanzen der zweiten Regel wird mit M bezeichnet ($M \in \mathbb{N}, M > 0$). Für jede der vier möglichen Belegungen von (α, β) sind jetzt also alle $N \times M$ möglichen Kombinationen der Ortsinstanzen der beiden OE zu betrachten. Es muss auch die Berechnung von D, $S1$, $S2$ und $\mathcal{O}$ angepasst werden:

- D steht jetzt für die Anzahl der Ortspaare, für die *disjoint(x,y)* gilt.

- $S1$ zählt die Anzahl der Ortspaare mit *subset(y,x)*, $S2$ zählt entsprechend den symmetrischen Fall *subset(x,y)*.

- $\mathcal{O}$ letztendlich ist die Anzahl der Ortspaare, für die das Prädikat *overlap(x,y)* gilt.

Die Betrachtung der einzelnen Unterfälle für die vier Belegungen kann jetzt analog erfolgen: Für die Belegung $(\alpha, \beta) = ($„$=$ “,„$=$ “$)$ etwa bedeutet $D > 0$ immer noch das Vorliegen eines potenziellen Widerspruchs, da zumindest eine Ortsinstanz der ersten und der zweiten indirekten OE vollständig disjunkt sind. Ein sicherer Widerspruch liegt aber nicht schon dann vor, wenn $D = N$ gilt, sondern erst mit $D = N \times M$.

6.5.4 Zuordnungslisten

Wenn eine oder zwei indirekte OE beteiligt sind, so muss es sich hierbei nicht um Ortsregeln mit Ortsgleichheit handeln, sondern die indirekten OE können auch mit Zuordnungslisten arbeiten. In diesem Fall kann das vorgestellte Verfahren zur Überprüfung auf Anomalien prinzipiell auch angewendet werden. Da eine Zuordnungsliste aber einen Ort mehrfach als Quellort enthalten kann, sollten mehrfache Quellorte in der Zuordnungsliste vor der eigentlichen Analyse zunächst entfernt werden. Weiter gilt die Einschränkung, dass $S1$ keinen größeren Wert als 1 annehmen kann, nicht mehr, da sich Quellorte im Gegensatz zu Instanzen eines gegebenen Ortstyps gegenseitig überschneiden dürfen.

6.5.5 Aktivitäten mit mehr als zwei OE

Ist eine Aktivität Ziel von $k > 2$ Ortseinschränkungen, so sind die oben beschrieben Fallbetrachtungen für alle Paare von OE aus diese Menge von OE durchzuführen. Eine Aktivität kann auch als Mitglied eines Aktivitätsbereichs Ziel von OE werden. Die Anzahl

m der möglichen (ungeordneten) Paare bei k Elementen kann mit der folgenden Formel aus der Kombinatorik [GKP94, 156] berechnet werden:

$$m = \binom{k}{2} = \frac{k!}{2! \cdot (k-2)!} = \frac{k \cdot (k-1)}{2}$$

Für beispielsweise $k = 3$ ergibt dies $m = 3$, für $k = 4$ ist $m = 6$.

6.6 Beispiel-Prozesse

Zur Veranschaulichung des Einsatzes der in diesem Kapitel eingeführten Notation werden im Folgenden zwei zusammenhängende Szenarien beschrieben, nämlich „Vor-Ort-Kundendienst" und „Umzug von Industrie-Anlagen".

6.6.1 Vor-Ort-Kundendienst

Der zuerst betrachtete Prozess befasst sich mit der Entsendung von Servicetechnikern, um vor Ort bei einem Kunden Wartungsarbeiten an einer technischen Anlage (z.B. Gebäudetechnik wie Heizung oder Klima-Anlage, Produktionsmaschinen) vorzunehmen [Dec09h]. Es wird davon ausgegangen, dass die betrachtete Firma ein größeres Gebiet (z.B. Süddeutschland) bedient und mehrere Niederlassungen mit verschiedenen Funktionen unterhält. Das von der Firma bediente Gebiet ist in mehrere „Distrikte" unterteilt, wobei jeder Punkt im Servicegebiet zu genau einem Distrikt gehört. In jedem Distrikt gibt es mindestens eine Niederlassung der Firma.

Das Aktivitätsdiagramm für diesen Prozess ist in Abbildung 6.32 zu finden. Zunächst wird der Grundprozess im Einzelnen beschrieben, bevor die verschiedenen OE behandelt werden:

- Die erste Aktivität ist „Kundenanruf", die darin besteht, den Anruf eines Kunden entgegen zu nehmen, der wegen technischen Problemen mit der Anlage einen Techniker bestellt.

- Hierauf folgt die Aktivität „Disposition", bei der festgelegt wird, welche mobilen Akteure den Kunden aufsuchen sollen.

- Als erste vor Ort beim Kunden durchzuführende Aktivität wird „Inspektion" ausgeführt. Hierbei wird die defekte Maschine untersucht um zu erfassen, ob bestimmte Ersatzteile oder Spezialisten für die Reparatur benötigt werden.

- Der eigentlichen Reparatur ist die nächste Aktivität mit dem Namen „Vor-Ort-Reparatur" gewidmet.

- Es ist möglich, dass nicht alle Reparaturarbeiten vor Ort durchgeführt werden können, weil hierfür etwa spezielle Werkzeuge oder Diagnosegeräte benötigt werden, die nicht mobil sind. In diesem Fall werden während der Aktivität „Vor-Ort-Reparatur" einzelne Komponenten der Maschine demontiert, um sie anschließend zur Reparatur in eine der Werkstätten der Firma zu bringen. Für diese Reparatur gibt es die Aktivität „Werkstattreparatur", die optional nach der Aktivität „Vor-Ort-Reparatur" ausgeführt werden kann. Nach der Reparatur in der Werkstatt folgt wieder die Aktivität „Vor-Ort-Reparatur", in deren Rahmen die demontierte Komponente wieder in die Maschine eingebaut wird. Es ist möglich, dass diese beiden Aktivitäten mehrfach hintereinander ausgeführt werden, etwa wenn zunächst eine Komponente demontiert und in der Werkstatt repariert wird, sich aber nach dem Einbau herausstellt, dass noch eine weitere Komponente einen Defekt hat, der ebenfalls nur in der Werkstatt repariert werden kann.

- Nach der letzten Ausführung der Aktivität „Vor-Ort-Reparatur" folgt schließlich die Aktivität „Nachbereitung": Gegenstand dieser Nachbereitung ist u.a. die Rechnungserstellung, die Neubestellung von für die Reparatur verbrauchten Ersatzteilen und eine Evaluation zur Qualitätssicherung.

Dieser Prozess wurde um die folgenden Ortseinschränkungen erweitert:

- Die Entgegennahme des Kundenanrufes soll nur in einem der Call-Center der Firma möglich sein. Deshalb hat diese Aktivität eine direkte OE, die die Durchführung dieser Aktivität auf Akteure beschränkt, die sich gerade in einem dieser Call-Center befinden.

- Die Aktivität „Disposition" soll in dem Distrikt vorgenommen werden, in dem auch die Anschrift des zu besuchenden Kunden ist. Hierdurch sollen Anfahrtswege minimiert werden. Da im von der Firma eingesetzten CRM-System auch die Anschrift

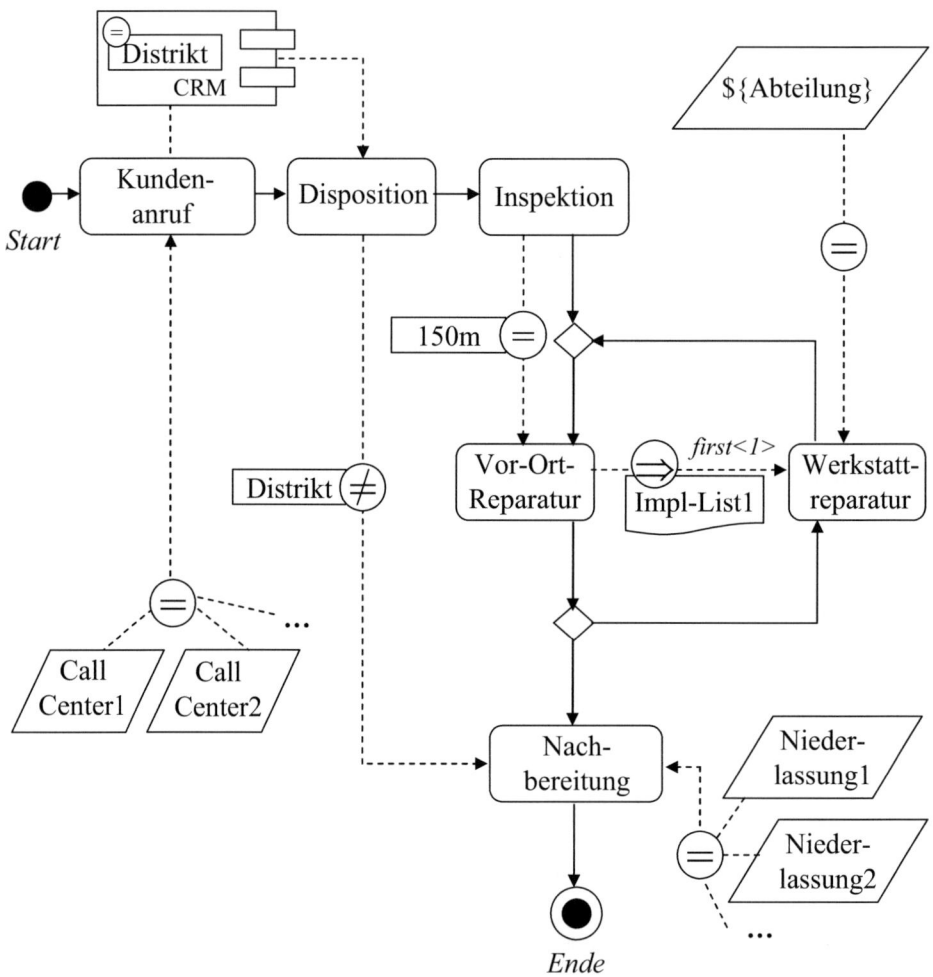

Abb. 6.32: Beispielprozess „Vor-Ort-Kundendienst"

des Kunden hinterlegt ist, kann dieses System auch den Zieldistrikt bestimmen. Der Kunde wird durch das CRM-System i.d.R. auch automatisch durch die ID des eingehenden Anrufs erkannt. Im Prozessgraph findet sich deshalb eine externe OE mit „Kundenanruf" als Quellaktivität und „Disposition" als Zielaktivität.

- Die beiden Aktivitäten „Inspektion" und „Vor-Ort-Reparatur" sollen naturgemäß am selben Ort durchgeführt werden. Es wird deshalb eine positive Ortsregel definiert, deren Ausführung durch die Aktivität „Inspektion" ausgelöst wird und die „Vor-Ort-Reparatur" als Zielaktivität hat. Da „Inspektion" für jede Prozessinstanz nur einmal ausgeführt werden kann, ist es nicht sinnvoll, First- oder Last-Attribute für die Zielaktivität dieser Regel zu verwenden. Die Granularität dieser Aktivität ist über einen Radius von 150 Metern spezifiziert, da die zu reparierenden Anlagen sich auch über einen größeren Raum erstrecken können und die eingesetzte Ortungstechnologie mit Ungenauigkeiten behaftet sein kann.

- In welcher Niederlassung der Firma die optionale Werkstattreparatur durchgeführt werden muss, wird durch eine Zuordnungsliste mit dem Bezeichner „ImplList1" festgelegt. Diese Liste erzeugt positive OE und definiert für alle Niederlassungen mit Werkstätten das Einzugsgebiet. Da die Quellaktivität dieser OR wegen der Schleife im Prozessgraph mehrfach ausgeführt werden kann, wird das Attribut *first<1>* verwendet, so dass nur die erste errechnete OE gespeichert und ausgeführt wird.

- Für die Aktivität „Werkstattreparatur" gibt es weiter eine positive OE, die mit dem Platzhalterort „`${Abteilung}`" spezifiziert ist. Diese Aktivität darf also nur von Akteuren ausgeführt werden, die sich in einer Werkstatt befinden, die sie als persönliche Abteilung zugewiesen bekommen haben.

- Für die letzte Aktivität „Nachbereitung" gibt es sowohl direkte als auch indirekte OE: durch eine von der Quellaktivität „Disposition" ausgelöste OR wird eine negative OE mit der Granularität „Distrikt" erzeugt. Es soll also vermieden werden, dass der Prozess im selben Distrikt abgearbeitet wurde, in dem auch die Nachbereitung ausgeführt wird. Durch die räumliche Trennung dieser beiden Aktivitäten soll es erschwert werden, dass Versäumnisse bei der Abarbeitung des Prozesses vertuscht werden, weil die beteiligten Akteure sich persönlich kennen.

- Die Nachbereitung darf auch nur in einer der Niederlassungen der Firma geschehen; entsprechend gibt es eine direkte und positive OE mit allen Ortsinstanzen, die Niederlassungen der Firma beschreiben.

6.6.2 Umzug von Industrie-Anlagen

Als weiteres Beispiel ist der Prozess „Umzug von Industrie-Anlagen" in Abbildung 6.33 dargestellt. Dieser Prozess wird aus Sicht einer Firma modelliert, die als Dienstleistung die Durchführung des Umzuges von Industrie-Anlagen (z.B. Maschinen) anbietet [CD10]. Wieder wird zunächst der Grundprozess beschrieben, bevor auf die OE eingegangen wird:

- Die erste Aktivität ist „Begehung": hierbei inspiziert ein Vertreter der Umzugsfirma mit Vertretern des Auftraggebers die Teile der Industrie-Anlage, die an einen anderen Ort gebracht werden sollen. Auf Grundlage der Ergebnisse der Begehung wird u.a. ermittelt, welche Ressourcen für die Durchführung des Auftrages benötigt werden (z.B. Fahrzeuge, Fachkräfte).

- Während der Aktivität „Demontage" wird die umzuziehende Anlage in Einzelteile zerlegt, verpackt und in Fahrzeuge verladen.

- Bei der „Einlagerung" werden die verpackten Einzelteile der Anlage in einem der Lager des Umzugsunternehmens untergebracht.

- Sobald die Ressourcen für die Montage der Anlage und ggf. weitere zu befördernde Frachtstücke bereit stehen, werden die eingelagerten Teile in Fahrzeuge verladen und zum Zielort transportiert.

- Am Zielort wird die Anlage im Rahmen der Aktivität „Montage" wieder aufgebaut.

- Bei der „Endkontrolle" wird überprüft, ob die Montage ordnungsgemäß durchgeführt wurde und die Anlage betriebsbereit ist. Werden Mängel festgestellt, so wird erneut die Aktivität „Montage" ausgeführt, an die sich wiederum eine „Endkontrolle" anschließt. Dieser Zyklus kann beliebig oft durchlaufen werden, bis im Rahmen der Endkontrolle keine Beanstandungen mehr festgestellt werden.

Folgende Ortsbeschränkungen wurden in der Abbildung für diesen Prozess spezifiziert:

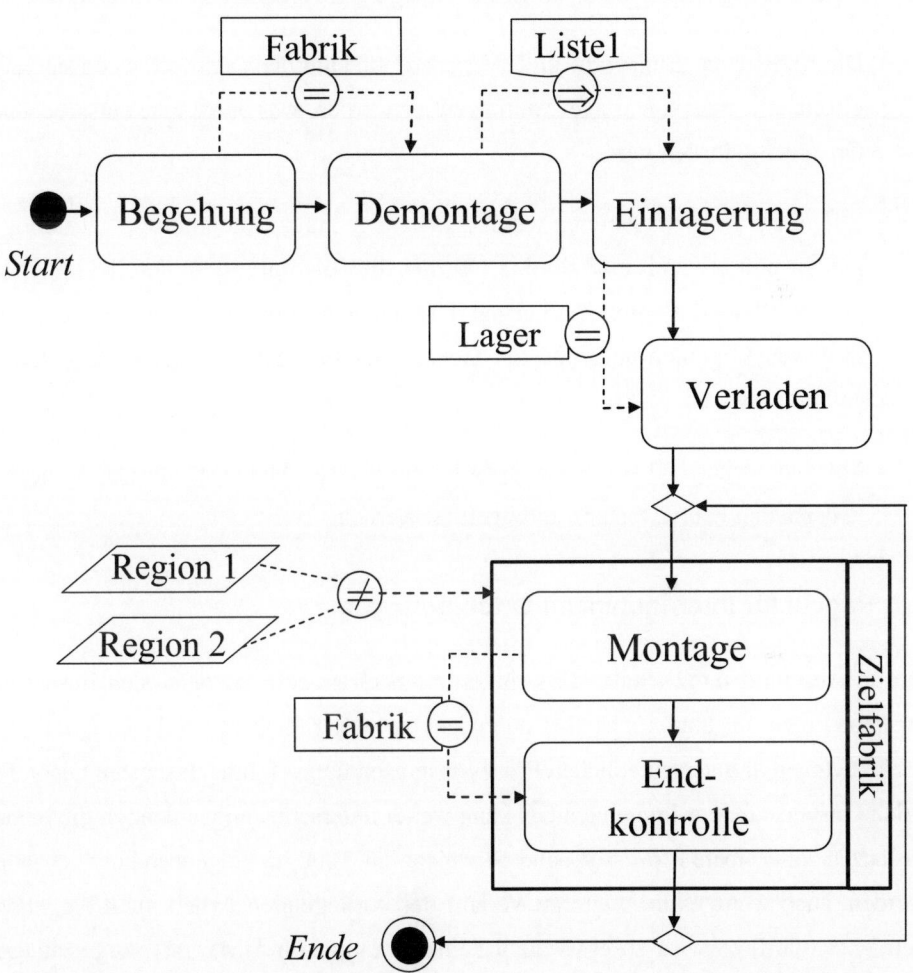

Abb. 6.33: Beispielprozess „Umzug von Industrie-Anlagen"

- Die ersten beiden Aktivitäten „Begehung" und „Demontage" müssen in der gleichen Instanz des Ortstyps „Fabrik" durchgeführt werden.

- Anhand des Orts der Demontage wird mit einer Zuordnungsliste entschieden, in welchem Lager der Umzugsfirma die Anlagenteile eingelagert werden sollen.

- Die Aktivitäten „Einlagern" und „Verladen" sind nur dann sinnvoll, wenn sie in der gleichen Instanz von „Lager" durchgeführt werden, was durch eine entsprechende Ortsregel gefordert wird.

- Mit einem Aktivitätsbereich werden „Montage" und „Endkontrolle" zusammengefasst und erhalten eine direkte OE, die die Ausführung an den beiden Orten „Region1" oder „Region2" untersagt. Dies kann etwa dadurch motiviert sein, dass in diesen Regionen aufgrund der Geländebeschaffenheit Montage-Arbeiten zu gefährlich wären.

- Mit einer weiteren Ortsregel wird gewährleistet, dass „Montage" und „Endkontrolle" in derselben Fabrik-Instanz durchgeführt werden.

6.7 Regeln für Inter-Instanzen-Ortsbindungen

Die in Abschnitt 6.4.2 (Seite 203) eingeführten Ortsregeln bezogen sich immer auf dieselbe Prozessinstanz. Es ist aber auch denkbar, OR zu haben, bei denen Quell- und Zielaktivitäten in unterschiedlichen Prozessinstanzen liegen („Inter-Instanzen OR"). Für solche Instanzenüberschreitenden OR kann weiter unterschieden werden, ob die beiden Instanzen vom selbem Prozesstyp sind oder nicht. Dies soll im Folgenden kurz behandelt werden, auch wenn es im weiteren Verlauf der vorliegenden Arbeit nicht eingehend betrachtet wird; es wird so etwa auch keine Notation für UML-AD vorgeschlagen, mit der solche OR definiert werden können. In [DSKO09] wird aber eine Grammatik in erweiterter *Backus-Naur-Form (eBNF)* beschrieben, mit der sich auch solche OR definieren lassen.

Abbildung 6.34 veranschaulicht dies mit einer informellen Notation: Es werden nur positive Ortsregeln ohne Angabe der Granularität dargestellt. Die drei dargestellten OR sind für eine einfachere Beschreibung durchnummeriert. Weiter werden zwei Prozesstypen X und Y unterschieden: Während Prozesstyp X aus einer Sequenz der drei Aktivitäten „A –

B – C" besteht, ist die Sequenz für Prozesstyp *Y* aus den vier Aktivitäten *„A – B – C – A"*. Für Typ *X* sind zwei Prozessinstanzen im oberen Teil der Abbildung dargestellt, für den Typ *Y* nur eine, welche im unteren Teil der Abbildung zu finden ist. In der Abbildung finden sich drei unterschiedliche Arten von OE:

- Bei der OR "a" für die Instanz vom Typ *Y* handelt es sich um eine herkömmliche Regel, deren Ziel- und Quellaktivität in derselben Prozessinstanz liegen. Die im vorliegenden Kapitel bisher betrachteten OR waren von diesem Typ.

- OR "b" ist eine Inter-Instanzen-OR, da die Quell- und Zielaktivität in unterschiedlichen Prozessinstanzen liegen.

- OR "c" ist ebenfalls eine Inter-Instanzen-OR, hier sind die beiden Prozessinstanzen im Gegensatz zur OR "b" von verschiedenen Typen.

Es lassen sich folgende Anwendungsgebiete für Inter-Instanzen-OR nennen:

- Die erste Ausführung der Instanz eines Aktivitätstyps soll für alle folgenden Prozessinstanzen mit dieser Aktivität eine OE festlegen, um im Rahmen von Lizenzbedingungen festzulegen, wo die Software verwendet werden darf. Es gibt bspw. Abspielgeräte für DVD-Medien, die anhand des Region-Codes des ersten abgespielten Mediums festlegen, welche Region-Codes für zukünftige Medien akzeptiert werden [HL00][And01, 430ff].

- Unterhält eine Firma mehrere Standorte, so kann es sinnvoll sein, dass bestimmte Prozesse/Aktivitäten für einen gegebenen Kunden immer an dem Standort ausgeführt werden, an dem dieser erstmals mit der Firma eine Vertragsbeziehung einging. Es wäre z.B. denkbar, dass immer die Niederlassung eines Telekommunikationsunternehmens die Rechnung erstellt oder dem Kunden Werbematerialien zusendet, wo dieser den Vertrag abgeschlossen hat, auch wenn der Kunde mittlerweile in das Einzugsgebiet einer anderen Niederlassung umgezogen ist. Um dies zu realisieren können OR zwischen den Prozessinstanzen verschiedener Prozesstypen zum Einsatz kommen.

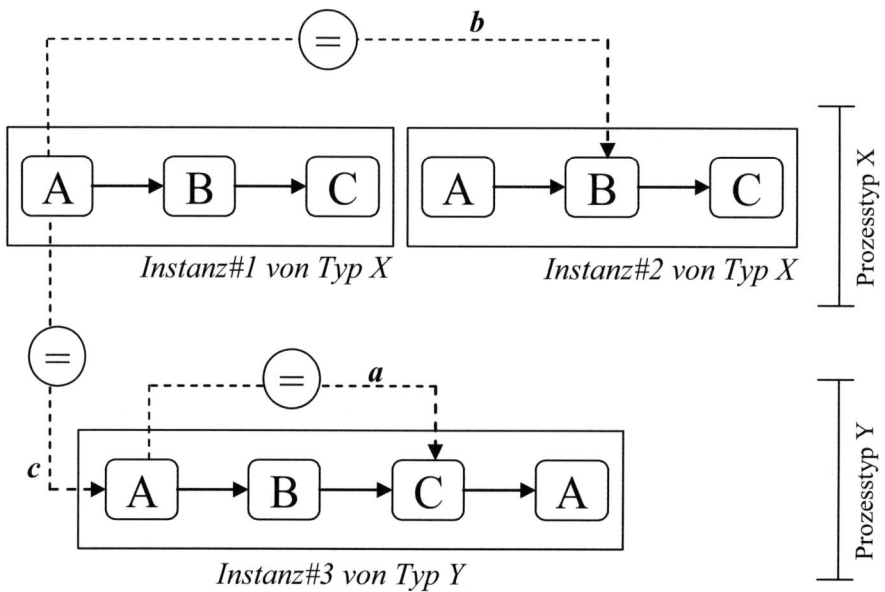

Legende:

Abb. 6.34: Ortsregeln zwischen verschiedenen Prozessinstanzen [DSKO09]

6.8 Ortseinschränkungen für Usecase-Diagramme

Die im vorliegenden Kapitel vorgestellten verschiedenen Arten von Ortseinschränkungen können prinzipiell auch für *UML-Usecase-Diagramme (Anwendungsfalldiagramme)* angewendet werden. Usecase-Diagramme gehören wie Aktivitätsdiagramme zu der Gruppe der Verhaltensdiagramme der UML. Mit ihnen wird auf hoher Abstraktionsebene modelliert, welche Funktionalitäten von einem Softwaresystem den Endnutzern geboten wird. Hierbei wird zwischen verschiedenen Nutzerrollen und den einzelnen Teilsystemen unterschieden. Die Reihenfolge, in der die verschiedenen Funktionen – die sog. „Anwendungsfälle" oder Usecases – des Systems aufgerufen werden, wird aber nicht modelliert [Kec05, 199ff][Obj07b, 585ff]. Dies wird üblicherweise erst bei einer Verfeinerung in einer späteren Phase des Entwicklungsprozesses vorgenommen, z.B. unter der Verwendung von Aktivitäts- oder Sequenzdiagrammen.

Ein Beispiel für solch ein mit OE versehenes Usecase-Diagramm ist in Abbildung 6.35 dargestellt:

- Die einzelnen Usecases werden als Ellipsen dargestellt, welche eine kurze textuelle Beschreibung des Usecases (z.B. „Neue Bestellung anlegen") tragen. Es ist auch möglich, dass einzelne Usecases zueinander in Beziehung stehen (z.B. Vererbungsbeziehung oder Inklusionen), was hier aber nicht weiter betrachtet werden soll.

- Die Usecases sind in Rechtecken eingezeichnet, welche die Systemgrenzen darstellen. Im dargestellten Beispiel handelt es sich um ein verteiltes System, da es zwei Systeme mit jeweils zwei Usecases gibt.

- Mit stilisierten „Männchen"-Symbolen werden die einzelnen Nutzerrollen dargestellt, welche auch beschriftet sind (z.B. „Manager"). Durch Linien sind die einzelnen Nutzerrollen mit den Usecases verbunden, die diese aufrufen dürfen. Es gibt auch die Möglichkeit, Generalisierungsbeziehungen zwischen Rollen darzustellen, so dass eine Rolle alle Usecases ihrer Superrolle erbt; dies ist für die vorliegende Darstellung aber nicht von Belang.

Dieses Diagramm wird nun mit verschiedenen Arten von OE, wie sie für Aktivitätsdiagramme im vorliegenden Kapitel eingeführt wurden, erweitert [Dec09b][Dec10b]:

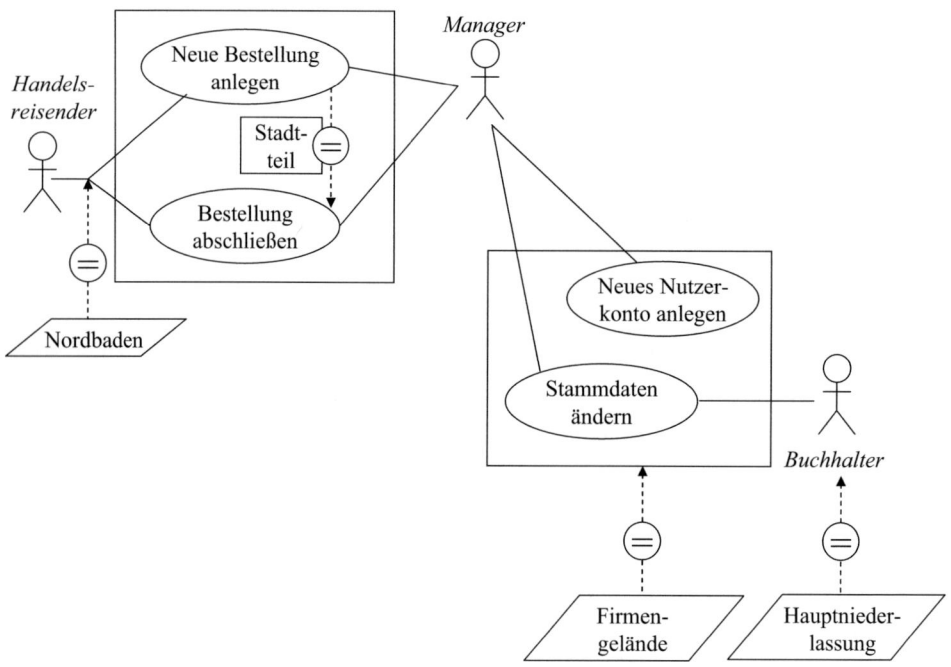

Abb. 6.35: Usecase-Diagramm mit Ortseinschränkungen

- Die Verbindungslinien zwischen dem Akteur „Handelsreisender" und den beiden Usecases „Neue Bestellung anlegen" und „Bestellung abschließen" ist Ziel einer direkten Ortseinschränkung mit der Ortsinstanz „Nordbaden". Nutzer dieser Rolle können also auf diese beiden Usecases nur dann zugreifen, wenn sie sich aktuell innerhalb von Nordbaden befinden.

- Zwischen den beiden Usecases im linken Teilsystem gibt es eine positive Ortsregel, deren Granularität mit dem Ortstyp „Stadtteil" spezifiziert ist. Eine Bestellung darf also nur in dem Stadtteil abgeschlossen werden, wo sie auch angelegt wurde. Es wäre aber auch möglich, einzelne Usecases mit direkten OE zu versehen.

- Das zweite Teilsystem mit den beiden Usecases „Neues Nutzerkonto anlegen" und „Stammdaten ändern" ist mit einer direkten OE versehen, die die Ortsinstanz „Firmengelände" hat. Alle Anwendungsfälle in diesem Teilsystem können also nur von Akteuren aufgerufen werden, die sich aktuell auf dem Firmengelände befinden.

- Letztendlich ist auch der Akteur „Buchhalter" mit einer direkten OE versehen. Es handelt sich wiederum um eine positive OE, die die Nutzung *aller* dieser Rolle zugewiesenen Usecases auf den Ort „Hauptniederlassung" beschränkt.

Es sei noch angemerkt, dass indirekte OE ausschließlich für Usecases sinnvoll sind, nicht jedoch für komplette Systeme oder Akteure.

6.9 Verwandte Arbeiten zur Modellierung von mobilitätsspezifischen Aspekten

In den folgenden beiden Abschnitten werden verwandte Arbeiten vorgestellt, die graphische Notationsformen für mobilspezifische Aspekte beschreiben. Hierbei geht es zuerst um Notationen speziell für Prozesse, bevor nicht-prozessbewusste Notationen behandelt werden.

6.9.1 Mobile Prozesse

In [VvdH02] wird eine Notation für Prozessmodelle eingeführt, die auch die Mobilität der einzelnen Akteure berücksichtigt. Es handelt sich hierbei um eine Erweiterung des sog. *P-Graph*-Ansatzes, die speziell dafür entwickelt wurde, um bestehende Prozesse auf Verbesserungspotenzial durch den Einsatz mobiler Technologien zu untersuchen. Gemäß dieser Methodik wird für jeden Akteur ein horizontaler Streifen gebildet, in den die von diesem Akteur auszuführenden Aktivitäten in Form von Rechtecken mit abgerundeten Ecken eingetragen werden. Der Streifen wird am linken Ende mit dem Namen des Akteurs beschriftet. Die einzelnen Aktivitäten – unabhängig davon, ob sie im selben Streifen sind oder nicht – werden gemäß der Reihenfolge der Aktivitäten mit Pfeilen verbunden. Hierbei können zwischen Aktivitäten auch Informationsobjekte (Parallelogramme), die zwischen zwei Aktivitäten ausgetauscht werden, in Form von Rauten auftauchen. Insgesamt wird versucht, die Prozessaktivitäten entsprechend der zeitlichen Reihenfolge von links nach rechts anzuordnen, so dass die Abszissenachse eines P-Graph-Diagramms als Zeitachse aufgefasst werden kann.

Die mobilspezifische Erweiterung besteht nun darin, bei der Beschriftung der Streifen für die Akteure zusätzlich den Aufenthaltsort und die Mobilitätsart des Akteurs mit aufzunehmen (siehe Abbildung 6.36). Als Beispiel wird in der Originalpublikation etwa „Actor1@Field" genannt. Weiter kann noch die Mobilitätsart des Akteurs angegeben werden, wobei neben „Stationary" die drei mobilen Modi „Wandering", „Visiting" und „Travelling" unterschieden werden: bei „Visiting" sucht der Akteur verschiedene Orte auf, um dort die Aktivität auszuführen; bei „Visiting" und „Travelling" wird die Aktivität während der Bewegung ausgeführt, wobei bei „Wandering" der Aktionsraum einschränkter ist als bei „Travelling" (z.B. beschränkt auf ein Gebäude oder Firmengelände), also eine geringere Unsicherheit bzgl. des Ortes vorliegt. Der wesentliche Schritt zur Identifizierung mobiler Potenziale wird „Verkomplizierung" genannt: hierbei wird der der Mobilitätsgrad der einzelnen Akteure schrittweise erhöht. Eine Stelle mit Potenzial für den Einsatz mobiler Technologien liegt etwa vor, wenn zwei Akteure mit unterschiedlichem Mobilitätsgrad Informationsobjekte austauschen oder eine Koordinationsbeziehung haben.

In [RS03][SR06] wird eine an „Service Blueprinting" [Bit07c] angelehnte Methode zur Modellierung von mobilen Prozessen vorgestellt. Das Augenmerk liegt hierbei auf überbetrieblicher Ad-Hoc-Anwendungsintegration, die durch den Datenaustausch mittels mobiler Technologien ermöglicht wird, z.B. die Übertragung eines elektronischen Angebotes über eine Bluetooth-Verbindung zwischen den mobilen Endgeräten zweier

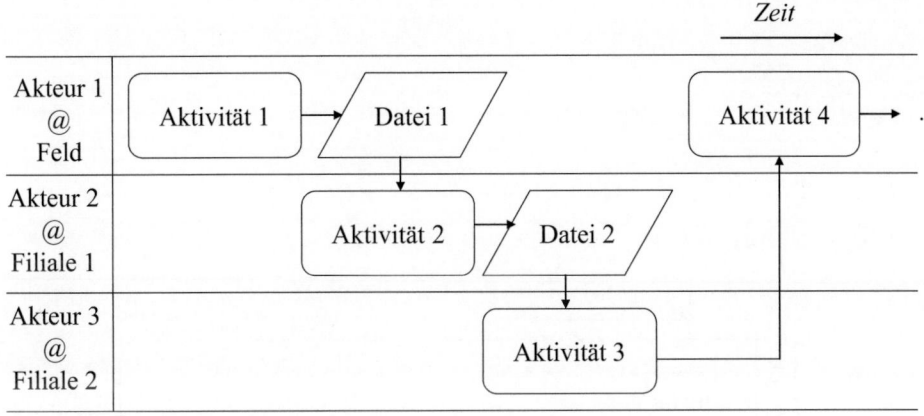

Abb. 6.36: Beispieldiagramm für erweiterten P-Graph-Ansatz nach [VvdH02]

Geschäftsleute, die sich auf einer Fachmesse treffen oder bei einem Kundenbesuch durch einen Vertriebsmitarbeiter gegenüber sitzen.

Um Geschäftsprozesse auf mögliche Potenziale des Einsatzes mobiler Technologien zur Integration untersuchen zu können, wird eine grafische Notation vorgeschlagen (siehe Abbildung 6.37): in der horizontalen Ebene wird der Zeitablauf der Prozessabwicklung aufgetragen, in der vertikalen Ebene wird eine Klassifikation des Aufenthaltsortes der beiden beteiligten Akteure gegeben, je nachdem ob diese sich innerhalb ihrer eigenen Infrastruktur befinden, außerhalb dieser oder außerhalb der eigenen Infrastruktur bei gleichzeitiger Sichtbarkeit für den anderen Akteur. Insgesamt gibt es also sechs horizontale Streifen, die Klassen von Aufenthaltsorten der beiden Akteure repräsentieren; diese sind so angeordnet, dass sie „sichtbar für den anderen Akteur" in der Mitte nebeneinander liegen. Die einzelnen Aktivitäten werden durch Vierecke dargestellt, die zusätzlich mit der jeweils verfügbaren mobilen Technologie annotiert werden (z.B. WLAN, LAN, GSM); zudem wird die Folge der einzelnen Prozessaktivitäten durch Verbindungslinien dargestellt. Es kann anhand dieser Darstellung nun untersucht werden, ob sich Verbesserungen erzielen lassen, wenn Prozessaktivitäten nach innen verschoben werden, z.B. eine Angebotserstellung nicht mehr im Back-Office eines Verkäufers durchgeführt wird, sondern unter Verwendung eines mobilen Endgerätes direkt vor Ort beim Kunden.

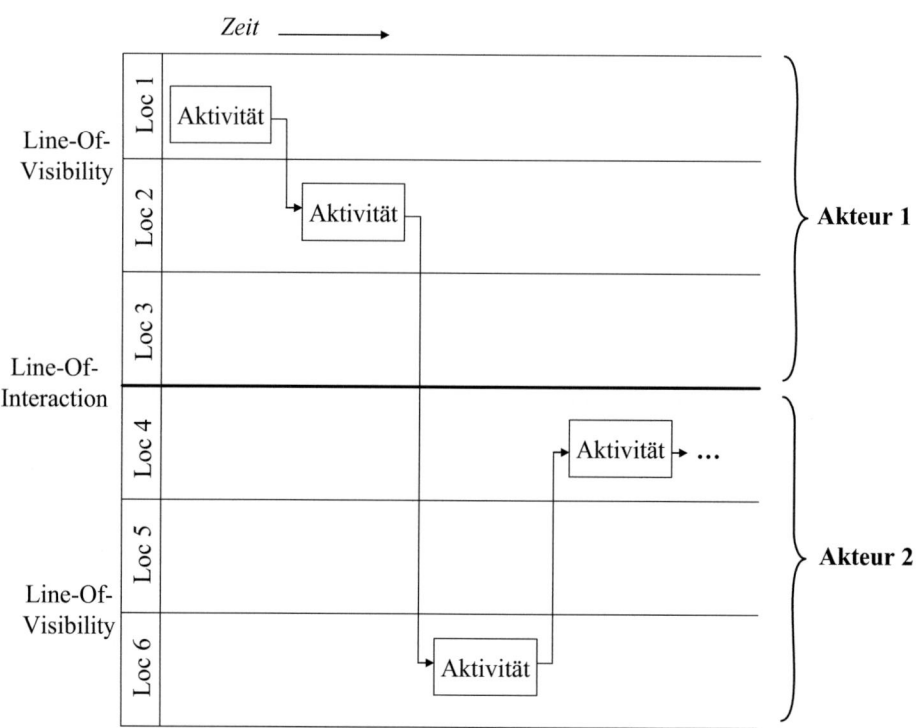

Abb. 6.37: Beispieldiagramm für *Mobile Service Blueprinting* nach [SR06]

Die „Mobile Process Landscaping"-Methode [KG04a][KG04b] als Erweitung von „Process Landscaping" [GW00] von Gruhn et al. beinhaltet u.a. eine grafische Notation für mobile Prozesse . Hierbei werden die Prozesse der betrachteten Firma auf vier verschiedene Detailierungsstufen dargestellt. In der höchsten Abstraktionsstufe werden nur die Hauptelemente (Kernprozesse) der Wertschöpfungskette der Firma dargestellt. Auf der zweiten Stufe werden dann einzelne Funktionen und Aufgaben (Aktivitäten) der Kernprozesse dargestellt. Für diese Analyse wird folgende grafische Darstellung verwendet (siehe Abbildung 6.38): die Organisationseinheiten (z.B. Abteilungen der Firma, Gruppen von Personen) werden als Rechteck mit abgerundeten Ecken dargestellt, welche grau hinterlegt ist, worauf aber in Abbildung 6.38 für die bessere Lesbarkeit verzichtet wird. Über diese Organisationseinheiten werden die einzelnen Aktivitäten – dargestellt als Rechtecke – gelegt. Die einzelnen Aktivitäten können über Pfeile zur Darstellung von Interaktionen verbunden werden. Wenn eine Aktivität nicht eindeutig einer einzigen Organisationseinheit zugeordnet werden kann, dann ist dies eine notwendige (aber nicht hinreichende) Bedingung für eine mobile Aktivität, bei der durch den Einsatz mobiler Technologien eine Prozessverbesserung erreicht werden könnte.

In [KG04c] wird ein Prozess als Petri-Netz dargestellt, wobei mobile Prozessteile mit einem grauen Kasten unterlegt werden. Für die Identifikation dieser mobilen Prozessteile werden folgende Untersuchungsansätze genannt: Verteilungstruktur der Prozesse, räumliche Trennung zwischen Mitarbeitern oder Mitarbeitern und externen Partnern/Kunden sowie auftretende Medienbrüche.

Hewett und Kijsanayothin [HK09] schlagen eine Erweiterung für Ortseinschränkungen in UML-Aktivitätsdiagrammen vor. Diese Erweiterung besteht aber lediglich aus kleinen Rechtecken, die die Bezeichnung eines Ortes tragen und die direkt an die Aktivitäten (Rechtecke mit abgerundeten Ecken) angebracht werden (Abbildung 6.39). Eine solche Ortsbeschränkung wird an *alle* Aktivitäten angebracht, auch an diese, deren Ausführungsort nicht eingeschränkt werden soll, wobei in diesem Fall dann ein „*" (Asterisk-Symbol) als Beschriftung verwendet wird. In diesem Modell werden auch den einzelnen Akteuren Ortseinschränkungen zugewiesen; diese Einschränkungen besagen, an welchen Orten diese Akteure mit dem Informationssystem arbeiten dürfen. Weiter werden über ein Rollenmodell den Akteuren Aktivitäten zugeordnet, die sie ausführen können. Das

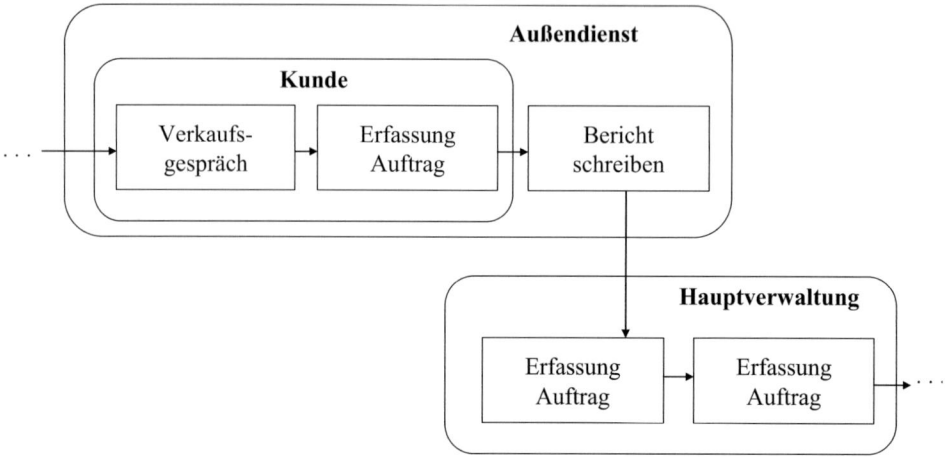

Abb. 6.38: Beispieldiagramm für *Mobile Process Landscaping* nach [KG04a]

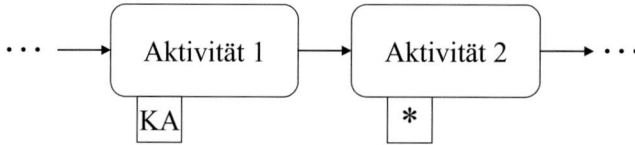

Abb. 6.39: Beispieldiagramm für Ortseinschränkungen nach [HK09] („KA" steht für den Ort „Karlsruhe")

Hauptaugenmerk in [HK09] liegt nun in der Beschreibung eines Algorithmus, mit dem überprüft werden kann, ob für ein gegebenes Prozess-Schema in jedem Fall für jede Aktivitätsinstanz ein Akteur gefunden werden kann, so dass die jeweiligen Ortseinschränkungen gewahrt werden; ist dies nicht der Fall, dann kann es vorkommen, dass eine Prozessinstanz an einer bestimmten Aktivität blockiert, da kein zulässiger Akteur gefunden werden kann. Der Beschreibung der Orte in diesem Modell liegt kein explizites Ortsmodell zugrunde.

Von Baumeister et al. gibt es zwei Vorschläge, die Mobilität von Objekten mit Aktivitätsdiagrammen darzustellen [BKKW02]. Im Gegensatz zu den im vorliegenden Kapitel vorgestellten Ortseinschränkungen werden also nicht die Orte benannt, an der Aktivitäten ausgeführt werden, sondern die Aufenthaltsorte von Objekten und wie diese durch die

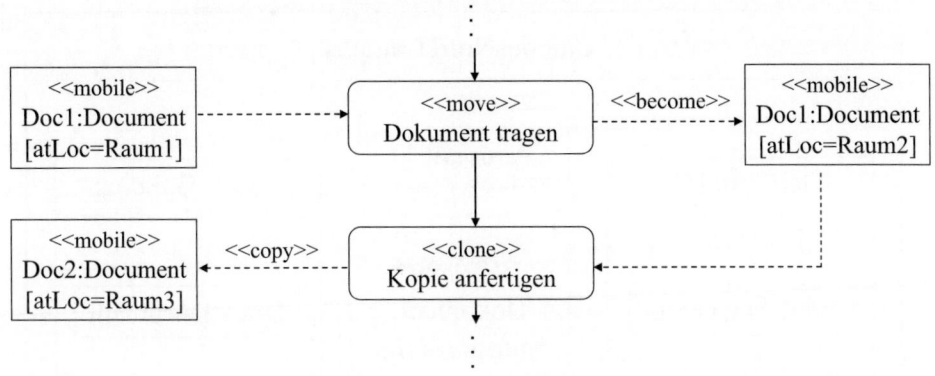

Abb. 6.40: Beispiel 1 für Aktivitätsiagramm nach [BKKW02] (Responsibility Centered)

Ausführung von Aktivitäten verändert werden bzw. wie an Orten neue Objekte als Kopien anderer Objekte entstehen können. Das diesem Ansatz zugrunde liegende Ortsmodell sieht insbesondere die Verschachtelung von Orten ineinander vor. Der erste Ansatz wird „Responsibility Centered" genannt: hierbei werden mit dem Stereotyp «mobile» ausgezeichnete Objekte durch Aktivitäten an andere Orte verschoben. Der aktuelle Ort eines Objektes wird durch das Attribut *atLoc* angegeben. Es gibt zwei Arten von Aktivitäten, die ein Objekt an einem neuen Ort erzeugen können: mit dem Stereotyp «move» ausgezeichnete Aktivitäten verschieben ein Objekt an einen neuen Ort, während mit dem Stereotyp «clone» ausgezeichnete Aktivitäten eine Kopie des Input-Objektes an einem neuen Ort erstellen. In Abbildung 6.40 ist ein Beispiel hierfür dargestellt: die erste Aktivität "Dokument tragen" verschiebt die Instanz *Doc1* von *Raum1* nach *Raum2*. Durch die direkt darauf folgende Aktivität *Kopie anfertigen* wird eine neue Instanz *Doc2* erzeugt, die den gleichen Inhalt wie *Doc1* hat, sich aber in *Raum3* befindet.

Beim zweiten Ansatz, der „Location Centered" genannt wird, wird der aktuelle Ort eines Objektes durch dessen Darstellung in einem Ortsobjekt repräsentiert. Eine «move»- oder «clone»-Aktivität verbindet also zwei Objekte, die sich an unterschiedlichen Orten befinden. Dieser *ortszentrische Ansatz* erlaubt insbesondere auch, dass Aktivitäten innerhalb von Orten dargestellt werden.

In Abbildung 6.41 ist Beispiel dargestellt, in dem durch Ausführung der Aktivität "Dokument transportieren" das Objekt *doc1* der Klasse *Document* vom Ort *Geb1* in *Geb2* verschiebt. Die direkten Vor- und Nachgänger dieser Aktivität nehmen keine Ortsverän-

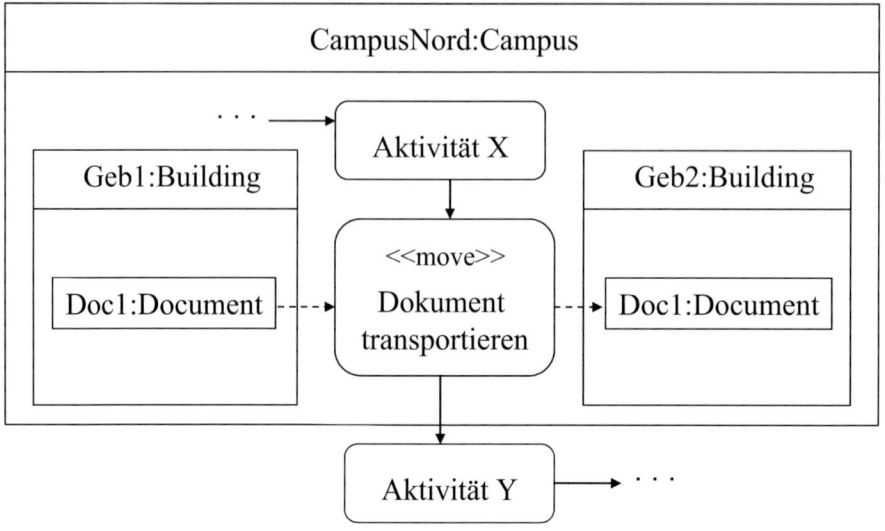

Abb. 6.41: Beispiel 2 für Aktivitätsdiagramm nach [BKKW02] (Location Centered)

derung eines Objektes vor und sind deshalb nicht mit einem Stereotyp ausgezeichnet. Weiter zeigt dieses Beispieldiagramm, wie Ortsinstanzen verschachtelt sein können, da die beiden Instanzen von Typ *Building* innerhalb einer übergeordneten Ortsinstanz namens *CampusNord* liegen.

Von Grassi et al. [GMS04] wird ein Profil mit mehreren Stereotypen eingeführt, um physische und logische Mobilität in verschiedenen Typen von UML-Diagrammen darstellen zu können. Diese Arbeit zielt hauptsächlich auf die Modellierung von Systemen mit mobilen Software-Agenten ab. In Abbildung 6.42 ist ein mit den Stereotypen dieses Profil gestaltetes Aktivitätsdiagramm dargestellt; die Stereotype sind vor allem für die Beschreibung von Code-Migrationen ausgelegt. Der dargestellte Ausschnitt eines Aktivitätsdiagramms befasst sich mit der Vorbereitung, Durchführung und Nachbereitung der Migration eines mobilen Computerprogramms. Die linke Swimlane des Diagramms repräsentiert dabei den Ursprungsrechner „Rechner 1", während die rechte Swimlane für den Zielrechner „Rechner 2" steht. Im folgenden Abschnitt 6.9.2 wird auch noch eine Anwendung dieses Profils für Deployment-Diagramme (siehe Abbildung 6.45 auf Seite 255) vorgestellt.

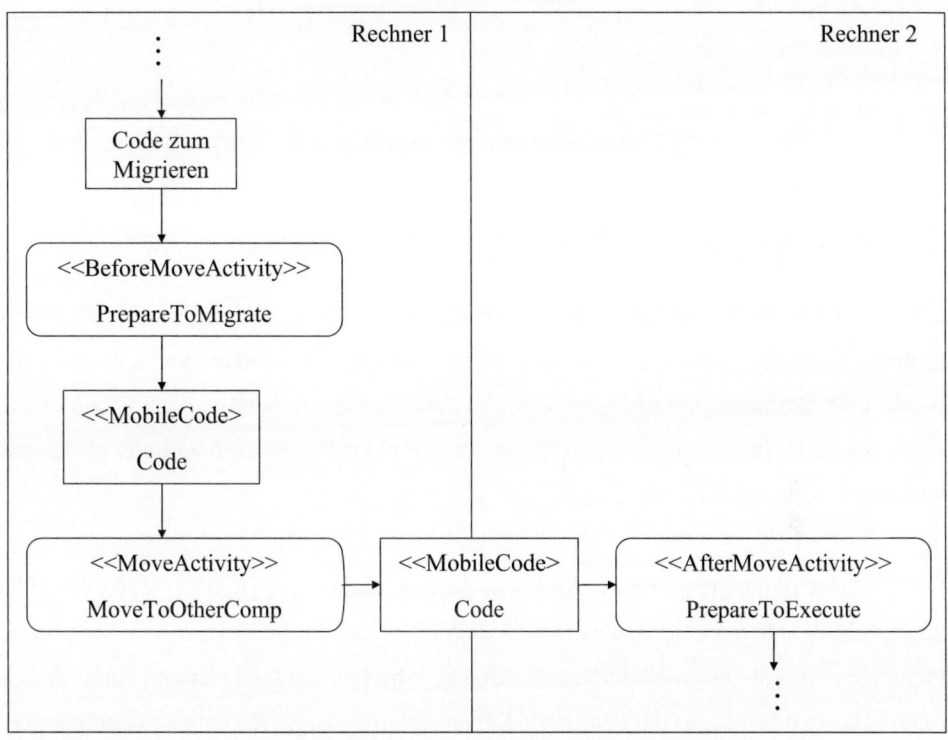

Abb. 6.42: Aktivitätsdiagramme mit Profil nach [GMS04]

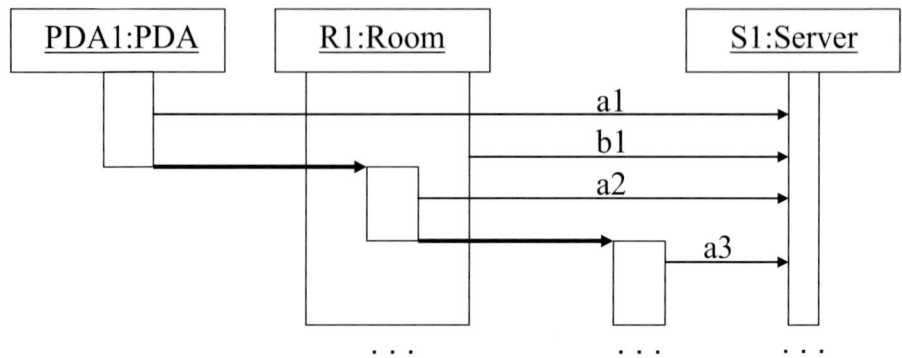

Abb. 6.43: Beispiel für erweitertes Sequenzdiagramm nach [Kos03]

6.9.2 Modellierung von Mobilität jenseits von mobilen Prozessen

Im letzten Abschnitt wurden grafische Notationen für Prozesse vorgestellt, mit denen mobil-spezifische Aspekte ausgedrückt werden können. Es finden sich aber auch Arbeiten über grafische Notationen mit mobil-spezifischen Aspekten, die sich *nicht* auf Prozessmodelle beziehen. Solche Arbeiten sollen im vorliegenden Abschnitt vorgestellt werden.

In [Kos03] wird eine Erweiterung für UML-Sequenzdiagramme [Kec05, 343ff] vorschlagen, um Mobilität von Objekten darstellen zu können. Die Grundidee ist, die Lebenslinien von Objekten – die in Standard-Sequenzdiagrammen nur einfache Linien sind – durch Rechtecke zu ersetzen, so dass darin die Lebenslinien von anderen Objekten, eingezeichnet werden können.

Ein Beispiel für diese Notation findet sich in Abbildung 6.43: Das Objekt *PDA1* bewegt sich in den Raum *R1*, den es nach einiger Zeit wieder verlässt. An allen drei Orten sendet *PDA1* eine Nachricht (*a1*, *a2* und *a3*) an das Server-Objekt *S1*; auch der Raum *R1* sendet eine Nachricht (*b1*) an *S1*.

Von Köhler et al. [KMR03] werden Petri-Netze verwendet (siehe Kapitel 8.1 ab Seite 271), bei denen die einzelnen Stellen diskrete Orte repräsentieren. Das Feuern einer Transition entspricht also einer Ortsänderung. Die diskreten Orte in diesem Modell repräsentieren

Räume in einer Wohnung, in denen sich ein mobiler Haushaltsroboter aufhalten kann. Petri-Netze werden hier also nicht zur Darstellung eines Geschäftsprozesses verwendet.

Mit *„M-UML" (Mobile UML)* gibt es einen Vorschlag für eine Erweiterung der mittlerweile veralteten Version 1.4 von UML [RJB99], die *alle* neun Diagrammarten dieser UML-Version umfasst [SEMMM03] [SEM04]. M-UML wurde speziell für die Beschreibung von Systemen mit mobilen Software-Agenten entwickelt; Mobilität im Sinne von M-UML bedeutet also, dass einzelne Berechnungen/Aktionen von den Agenten auf anderen Computern als ihrer Heimat-Plattform vorgenommen werden können. Im Folgenden wird nur auf Aktivitätsdiagramme in M-UML eingegangen.

Wenn eine Aktivität von einem Agenten außerhalb seiner Heimat-Plattform vorgenommen werden kann, so wird diese Aktivität mit einem mit „M" beschrifteten Kästchen gekennzeichnet. Ist es möglich, dass eine Aktivität von einem mobilen Agenten initiiert (aufgerufen) werden kann, dann wird diese Aktivität mit einem „M" in einem Kästchen mit gestrichelten Linien gekennzeichnet. Aktivitäten, bei denen mit einem entfernten Agenten interagiert wird, werden mit einem mit „R" beschrifteten Kästchen versehen. Um darzustellen, dass ein Agent zu seiner Heimatplattform zurückkehrt, gibt es eine eigene Aktivität, die mit dem Stereotyp «agentreturn» gekennzeichnet wird. Es gibt einen weiteren Stereotyp «location» zur Angabe des Ortes (Computer-Plattform), an dem sich ein Agent zur Durchführung einer bestimmten Aufgabe aufhalten muss, z.B. «location=MasterRechner» . Das Verständnis von „Mobilität" in M-UML entspricht also nicht dem Verständnis von Mobilität im Sinne von ortsabhängigen Diensten im Mobile Computing (siehe Abschnitt 2.1 (Seite 9)).

PRIMAmob-UML ist eine Methode zur Analyse von Systemen mit mobilen Agenten [GM02]. PRIMAmob-UML beinhaltet insbesondere auch eine Erweiterung von UML-Kollaborationsdiagrammen, um darzustellen, auf welchem Rechner sich ein Software-Agent aufhält oder aufhalten kann. Kollaborationsdiagramme sind noch aus der Version 1.x von UML [RJB99, 29f], in der Version 2.x wurde diese durch die Kommunikationsdiagramme [Kec05, 387ff] ersetzt [JRH⁺04]. Ein Beispiel für ein solches Diagramm ist in Abbildung 6.44 zu sehen: Jedes der drei Rechtecke stellt einen Agenten dar; in der oberen Hälfte ist der Bezeichner der Instanz und der Agenten-Typ angegeben, während in der unteren Hälfte der Ort – also die physikalische Agentenplattform, auf der er ausgeführt wird

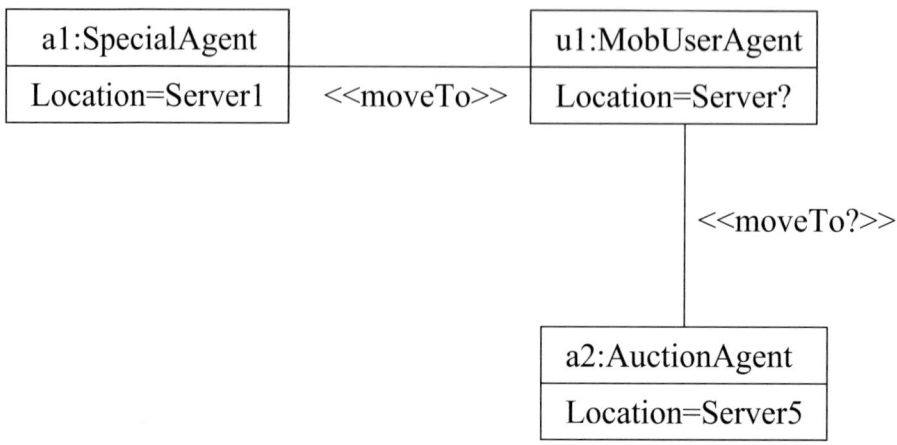

Abb. 6.44: Beispiel für Kollaborationsdiagramm für mobile Agenten nach [GM02]

– des jeweiligen Agenten angegeben ist. Für die Agenten-Instanz „u1" ist als Ort „Server?"
angegeben; dies bedeutet, dass a priori nicht bekannt ist, an welchem Ort der Agent sich
befindet. Agent „u1" wird sich für seine Kooperation mit „a1" an dessen Aufenthaltsort
begeben (falls „a1" sich nicht schon ohnehin auf „Server1" befindet); dies wird durch
den mit dem Stereotyp «moveTo» beschrifteten Pfeil ausgedrückt. Für die Kollaboration
mit „a2" wird aber der Stereotyp «moveTo?» verwendet; das Fragezeichen bedeutet, dass
der Agent nicht in jedem Fall sich zum gleichen Computer wie „a2" bewegen wird, weil
u.U. eine Kommunikation über Netzwerk ausreichend und effizienter als die Migration
einer Agenten-Instanz ist.

Im vorangegangen Abschnitt wurden bereits Aktivitätsdiagramme mit mobilspezifischen
Stereotypen nach [GMS04] vorgestellt (Abbildung 6.42 auf Seite 251). Diese Stereotypen
können aber auch in anderen Diagrammarten verwendet werden: In Abbildung 6.45
ist ein Beispiel für die Anwendung dieses Profils auf ein Deployment-Diagramm zu
sehen: Die beiden Objekte „Raum 1" und „Raum 2" sind mit dem Stereotyp «Place»
versehen; es handelt sich hierbei also um Orte, die mit dem Stereotyp «MobileElement»
versehene Objekte aufnehmen können. Im dargestellten Beispiel ist ein Smartphone ein
solches mobiles Objekt. Der Pfeil zwischen dem Smartphone und *Raum 1* ist mit einem
weiteren Stereotyp – «NodeLocation»– versehen; das Smartphone befindet sich also in

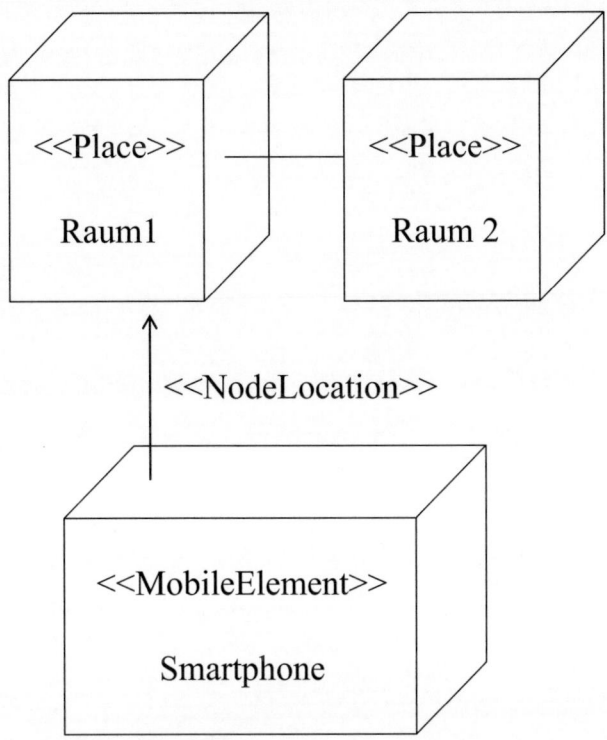

Abb. 6.45: Deployment-Diagramm mit Profil nach [GMS04]

der dargestellten Situation in *Raum 1*. Da *Raum 1* und *Raum 2* über eine ungerichtete Kante verbunden sind, kann sich das Smartphone von *Raum 1* in *Raum 2* bewegen.

6.9.3 Zusammenfassung

Allen verwandten Ansätzen zur Modellierung von Mobilität ist gemein, dass sie keine vollständige oder formale Beschreibung der Syntax beinhalten. Dies ist aber auch nicht für die im vorliegenden Kapitel eingeführten Ortseinschränkungen für UML der Fall, weshalb auf Basis von Petri-Netzen für diese in Kapitel 8 (Seite 271) eine Formalisierung eingeführt wird.

7 Ortseinschränkungen an verschiedenartigen ZKM-Elementen

Direkte *Ortseinschränkungen (OE)* können nicht nur wie im vorherigen Kapitel einzelnen Prozessaktivitäten zugewiesen werden, sondern auch anderen Elementen von Zugriffskontrollmodellen, wie etwa Nutzern, Rollen und Berechtigungen. Im vorliegenden Kapitel werden die Probleme betrachtet, die entstehen können, wenn OE gleichzeitig verschiedenartigen Elementen (z.B. Rollen und Berechtigungen) zugeordnet werden. Ein weiterer Unterschied zum vorherigen Kapitel ist, dass keine evtl. vorhandene Prozess-Struktur berücksichtigt wird und keine indirekten OE, die erst zur Laufzeit definiert werden, vorgesehen sind. Die hier vorgestellten Ergebnisse sind in [Dec08c] veröffentlicht worden.

Das Kapitel ist wie folgt strukturiert: nach einer Einleitung in Abschnitt 7.1 wird in Abschnitt 7.2 ein vereinfachtes „Core RBAC"-Modell mit Ortseinschränkungen eingeführt. Unter Verwendung dieses Modells wird dann in Kapitel 7.3 anhand eines Beispiel aufgezeigt, welche spezifischen Probleme auftreten können, wenn OE gleichzeitig für verschiedenartige Elemente eines ZKM definiert werden. Mit der „Berechnung der Abdeckung (Coverage)" in Kapitel 7.4 und der Untersuchung auf „Leere Zuordnungen" in Kapitel 7.5 werden zwei Methoden vorgestellt, um solche Fehlkonfigurationen von ZKM mit OE zu entdecken. Mit der Besprechung einiger verwandter Arbeiten in Abschnitt 7.6 endet das Kapitel.

7.1 Einleitung

In Kapitel 4.2.5 (Seite 142) wurde bereits anhand verschiedener ortsabhängiger RBAC-Varianten gezeigt, dass OE an verschiedenenartigen Stellen in einem Zugriffskontrollmodell eingebaut werden können. Die dargestellten ortsabhängigen RBAC-Varianten unterscheiden sich im Wesentlichen durch die Modell-Elemente, die durch OE gesteuert werden: bei GEO-RBAC etwa werden die Rollen in Abhängigkeit des aktuellen Aufenthaltsorts des Nutzers ein- und ausgeschaltet [DBP07], während bei S-RBAC die Assoziationskanten zwischen Rollen und Berechtigungen ortsabhhängig sind [HO03].

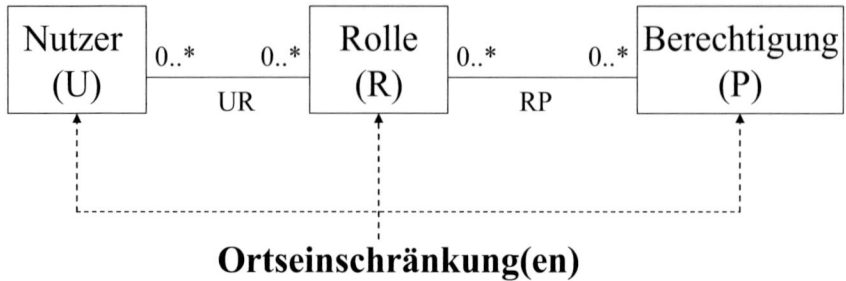

Abb. 7.1: Grundmodell

Es gibt auch Modelle, bei denen mehrere Stellen im Modell gleichzeitig ortsabhängig sind, etwa LoT-RBAC [CJ05]. In [Dec09a] beschreiben wir sieben verschiedene Stellen in einem RBAC-basierten ZKM für Workflow-Systeme, die von OE dynamisch ein- und ausgeschaltet werden können.

Es erhöht die Flexibilität des Modellierers, wenn er die Auswahl zwischen mehreren Stellen hat, an die er OE anbringen kann. Selbst wenn das verwendete Modell die Definition von OE für verschiedene Stellen erlaubt, so kann sich der Modellierer darauf beschränken, OE nur für eine einzelne Stelle zu definieren. Wenn aber gleichzeitig für mehrere Stellen OE definiert werden, dann kann es zu Problemen kommen, die Gegenstand des vorliegenden Kapitels sind.

7.2 Grundmodell

In Abbildung 7.1 ist das im vorliegenden Kapitel verwendeten ZKM als UML-Klassendiagramm abgebildet; es handelt sich hierbei um eine Vereinfachung des in Abschnitt 4.1.3 (Seite 127) bereits eingeführten Modells „Core RBAC" (vgl. auch Abbildung Abbildung 4.3 auf Seite 129 und [FSG$^+$01]).

OE können – wie durch die gestrichelten Pfeile angedeutet – für die Nutzer, die Rollen und die Berechtigungen definiert werden. Aus Gründen der Einfachheit werden nur positive OE betrachtet:

- Wenn einem Nutzer eine OE zugeordnet ist, dann kann der Nutzer seinen (mobilen) Computer-Zugang nur an den durch die OE beschriebenen Orten verwenden.

- Wenn einer Rolle eine OE zugeordnet ist, dann kann diese (bzw. die an ihr hängenden Berechtigungen) nur an den entsprechenden Orten verwendet werden.

- Berechtigungen fassen Objekte und passende Operationen zusammen, z.B. Ausführen eines Dienstes oder Schreiben/Lesen auf einer Datei. Berechtigungen können nur an Orten, die zugeordneten OE entsprechen, ausgeführt werden, auch wenn das Nutzerkonto oder die entsprechenden Rollen nicht durch OE eingeschränkt sind.

Im weiteren Verlauf des vorliegenden Kapitels werden die folgenden Symbole verwendet, die auch schon in Abbildung 7.1 Verwendung finden:

- U beschreibt die Menge der Nutzer (User): $U = \{u_1, u_2, \dots\}$.

- R beschreibt die Menge der Rollen: $R = \{r_1, r_2, \dots\}$.

- P steht für die Menge der Berechtigungen (Permissions): $P = \{p_1, p_2, \dots\}$.

- Beliebige, aber feste Elemente aus den Mengen U, R und P werden durch die Symbole $\bar{u}$, $\bar{r}$ bzw. $\bar{p}$ repräsentiert.

- $UR \subseteq U \times R$ steht für die Menge der Nutzer-Rollen-Paare und beschreibt somit, welche Nutzer welche Rollen haben. Jedes Element in UR beschreibt eine Nutzer-Rollen-Zuordnung: wenn ein Nutzer $\bar{u} \in U$ die Rolle $\bar{r} \in R$ zugeordnet bekommen hat, dann gilt: $(\bar{u}, \bar{r}) \in UR$.

- Analog zu UR steht die Menge $RP \subseteq R \times P$ für die Menge der Rollen-Berechtigungs-Paare. Wenn der Rolle $\bar{r}$ eine Berechtigung $\bar{p}$ zugeordnet ist, dann gilt: $(\bar{r}, \bar{p}) \in RP$.

- Die Vereinigungsmenge aller Nutzer, Rollen und Berechtigungen wird mit der Menge E der Entitäten beschrieben: $E = U \cup R \cup P$.

Weiter wird folgendes einfaches Ortsmodell für die Definition der OE verwendet:

- Die Menge $LOCS = \{l_1, l_2, \dots\}$ umfasst Orte im zweidimensionalen Raum, z.B. Grundstücke, Länder, Regionen in Ländern oder Stadtgebiete. Geometrisch betrachtet ist ein Ort eine nicht-leere, aber nicht notwendigerweise zusammenhängende Teilmenge der Punkte der Referenzfläche. Wenn $UNIVERSUM$ die Referenzfläche ist, die alle Orte in $LOCS$ enthält, dann kann man auch schreiben:

$$LOCS = \{\, l \mid l \subseteq UNIVERSUM \,\wedge\, l \neq \varnothing \,\}$$

- In *LOCS* sind auch alle Orte enthalten, die durch Vereinigung von verschiedenen Orten aus *LOC* entstehen:

$$l_1, l_2 \in LOCS \Rightarrow l_1 \cup l_2 \in LOCS$$

- Analog zum letzten Punkt sind auch alle Orte, die durch Schnittmengen-Bildung entstehen, in *LOCS* enthalten:

$$l_1, l_2 \in LOCS \Rightarrow l_1 \cap l_2 \in LOCS$$

- Für jeden Ort in *LOCS* kann mit der Funktion *area*() die Fläche berechnet werden: Mit $\mathscr{P}(LOCS)$ als Schreibweise für die Potenzmenge von *LOCS* (also Menge aller Teilmengen von *LOCS*) kann dies wie folgt ausgedrückt werden:

$$area : \mathscr{P}(LOCS) \rightarrow \mathbb{R}_+$$

- Da oben gefordert wurde, dass Elemente von *LOCS* nicht leer sind gilt weiter, dass *area*() immer Werte echt größer als 0 liefert:

$$l \in LOCS \Rightarrow area(l) > 0$$

- Eine wichtige Eigenschaft der Funktion *area*() ist, dass wenn sie auf mehrere Flächen angewendet wird, ggf. überlappenden Flächen nicht „mehrfach" berücksichtig werden. Wenn etwa der Ort l_1 vollständig im Ort l_2 enthalten ist, dann gilt:

$$area(\, l_1 \cup l_2 \,) = area(\, l_2 \,)$$

Wenn sich die Orte l_3 und l_4 teilweise überschneiden, dann ist die Vereinigungsfläche kleiner als die Summe der Einzelflächen:

$$area(\, l_3 \cup l_4 \,) < area(\, l_3 \,) + area(\, l_4 \,)$$

Einem Element aus der Menge der Entitäten E, welches entweder einen Nutzer, eine Rolle oder eine Berechtigung darstellt, kann mit der Funktion oe (für Ortseinschränkung) ein Element aus der Menge $LOCS$ zugewiesen werden:

$$oe : E \rightarrow LOCS$$

Da die einzelnen Elemente in $LOCS$ nicht notwendigerweise zusammenhängende Orte beschreiben, sondern beliebige Teilmengen aus $UNIVERSE$, ist die Beschränkung auf ein Zielelement keine Einschränkung. Die jeweilige Entität kann nur dann verwendet werden, wenn sich der jeweilige Nutzer aktuell an einem Ort aufhält, der innerhalb dieser durch $oe()$ zugeordneten OE liegt. Soll ein Element an keinem Ort eingeschränkt sein, also keiner OE unterliegen, dann wird ihm als OE einfach $UNIVERSUM$ zugeordnet, da alle möglichen Aufenthaltsorte eines Nutzers in $UNIVERSUM$ enthalten sind.

Es wäre auch möglich, die Menge E um UR und RP zu erweitern, so dass auch den Zuordnungs-Beziehungen zwischen Nutzern und Rollen bzw. Rollen und Berechtigungen OE zugewiesen werden können; aus Gründen der Einfachheit wird hier aber darauf verzichtet.

7.3 Mögliche Probleme bei gleichzeitigen OE für verschiedene Elemente

Zur Veranschaulichung der Probleme, die auftreten können, wenn gleichzeitig OE an verschiedenartigen Elementen im ZKM angebracht werden, wird in Abbildung 7.2 ein Beispiel gezeigt. Im Beispiel besteht die Menge der Entitäten E aus drei Nutzern, zwei Rollen und drei Berechtigung:

$$E = \{u_1, u_2, u_3, \; r_1, r_2, \; p_1, p_2, p_3\}$$

Die Rolle r_1 ist den beiden Nutzern u_1 und u_2 zugewiesen, die Rolle r_2 den beiden Nutzern u_2 und u_3. Nutzer u_2 hat also beide Rollen, während u_1 und u_3 nur jeweils eine Rolle haben:

$$UR = \{(u_1, r_1), \; (u_2, r_1), \; (u_2, r_2), \; (u_3, r_2)\}$$

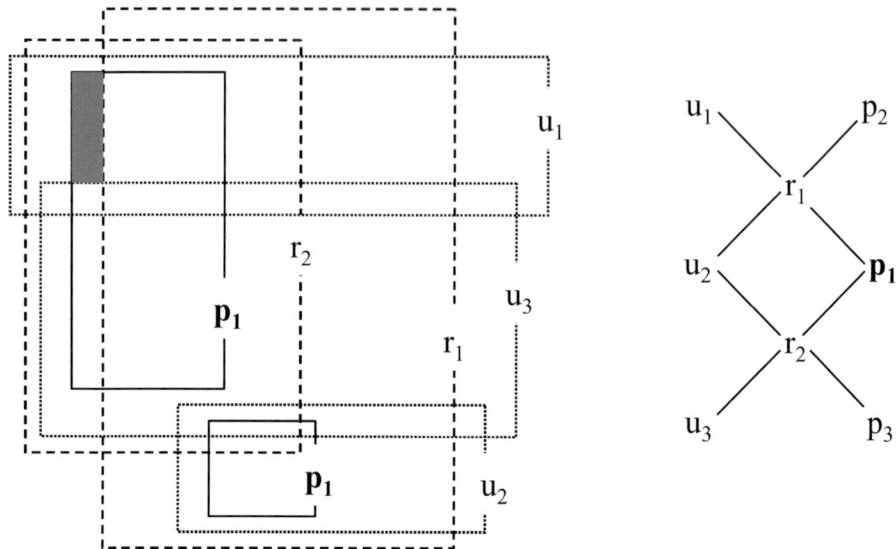

Abb. 7.2: Beispiel: Flächen der OE für einzelne Entitäten (links) und Zuordnungsgraph (rechts) [Dec08c]

Die Berechtigung p_1 ist beiden Rollen zugewiesen; die beiden anderen Berechtigung p_2 und p_3 hingegen nur jeweils einer der beiden Rollen:

$$RP = \{(r_1, p_1), (r_1, p_2), (r_2, p_1), (r_2, p_3)\}$$

Im linken Teil von Abbildung 7.2 sind die Flächen dargestellt, die den Ortseinschränkungen für die einzelnen Entitäten entsprechen. Da für das weitere Beispiel die Berechtigungen p_2 und p_3 nicht von Belang sind, sind diese auch nicht dargestellt. Die OE werden jeweils durch rechteckige Flächen repräsentiert, die sich teilweise gegenseitig überschneiden. Im rechten Teil von Abbildung 7.2 sind grafisch noch die Beziehungen zwischen den einzelnen Elementen von E dargestellt.

Unter dieser Konfiguration wird untersucht, an welchen Orten die Berechtigung p_1 von mindestens einem Nutzer verwendet werden kann. Für Nutzer u_1 ist hierfür die Schnittmenge aus $oe(u_1)$, $oe(r_1)$ und $oe(p_1)$ zu bilden, da u_1 nur über die Rolle r_1 die Berechtigung p_1 zugeordnet bekommen hat. Analog hierzu ist für Nutzer u_3 die Schnittmenge aus $oe(u_3)$, $oe(r_2)$ und $oe(p_1)$ zu bilden, da dieser Nutzer p_1 nur über die

Rolle r_2 erreichen kann. Nutzer u_2 kann die Berechtigung p_1 über zwei Rollen, nämlich r_1 und r_2, erreichen. Es ist also die Vereinigungsmenge der Schnittmenge von $oe(u_2)$, $oe(r_1)$ und $oe(p_1)$ und der Schnittmenge von $oe(u_2)$, $oe(r_1)$ und $oe(p_1)$ zu bilden, um zu bestimmen, an welchen Orten u_2 die Berechtigung p_1 verwenden kann.

Als Ergebnis dieser Berechnungen erkennt man, dass es einen Ort gibt, an dem die Berechtigung p_1 von keinem Nutzer unter Berücksichtigung der OE für die jeweiligen Rollen und Nutzer verwendet werden kann. Die zulässige Fläche von p kann also nicht voll ausgeschöpft werden. Diese Fläche ist in Abbildung 7.2 durch die schraffierte Fläche in der linken oberen Ecke der oberen OE-Fläche von p_1 dargestellt. Eine solche unabgedeckte Fläche kann ein Hinweis auf einen Konfigurationsfehler sein; etwa dann, wenn die Berechtigung p_1 den Zugriff auf eine Funktionalität zur Erledigung von Kundenaufträgen vor Ort steuert, und die Bedienung von Kunden mit dieser Funktion an allen durch $oe(p_1)$ beschriebenen Orten möglich sein sollen.

Zur Analyse auf ZKM mit OE auf die Verallgemeinerung dieses Problems wird im nächsten Abschnitt die Berechnung der Abdeckung eingeführt.

7.4 Berechnung der Abdeckung

Die Abdeckung (engl.: Coverage Coverage (Abdeckung), hier abgekürzt mit „Cover") ist eine Funktion, die für ein Element e aus der Menge E der Entitäten für eine bestimmte Zielkategorie berechnet, an welchen Orten e zumindest ein Objekt der Zielkategorie aktivieren kann. Für das in Abschnitt 7.2 eingeführte ZKM gibt es die drei Zielkategorien „Nutzer", „Rollen" und „Berechtigungen". Mit T (für „Target, engl.: Ziel) als Symbol für eine Menge lässt sich dies auch ausdrücken als:

$$T = \{ \; USER, \; ROLE, \; PERM \; \}$$

Für die Berechnung der Abdeckung wird die Funktion $cover()$ eingeführt, die ein Paar von Entität und Zielkategorie auf einen Element der Ortsmenge abbildet:

$$cover : E \times T \; \rightarrow \; LOCS$$

Das Element $e \in E$ wird auch als „Pivot-Element" bezeichnet. Wenn dieses Pivot-Element den selben Typ wie die Zielkategorie hat, dann liefert die Funktion $cover()$ gerade die für e definierte OE zurück, also:

$$cover(\bar{u},\ USER) = oe(\bar{u})$$

$$cover(\bar{r},\ ROLE) = oe(\bar{r})$$

$$cover(\bar{p},\ PERM) = oe(\bar{p})$$

Für die folgende Betrachtung wird unterstellt, dass „Nutzer", „Rolle" und „Berechtigung" in dieser Reihenfolge von links nach rechts aufgeschrieben werden; dies entspricht auch der Darstellung in den Abbildungen 7.1 und 7.2. Wenn die Kategorie des Pivot-Elements weiter links als die Zielkategorie steht, dann gibt es die folgenden drei Fälle (siehe auch Abbildung 7.3):

- $cover(\bar{u}, PERM)$: Die Abdeckung liefert die Ortsmenge, wo Nutzer $\bar{u}$ zumindest eine Berechtigung aktivieren kann.

- $cover(\bar{u}, ROLE)$: Die Abdeckung liefert die Ortsmenge, wo der Nutzer $\bar{u}$ mindestens eine der ihm zugewiesenen Rollen aktivieren kann.

- $cover(\bar{r}, PERM)$: In diesem Fall liefert die $cover$-Funktion die Ortsmenge, wo mit der Rolle $\bar{r}$ mindestens eine Berechtigung aktiviert werden kann.

Bei der umgekehrten Situation – also wenn die Kategorie des Pivot-Elements rechts von der Zielkategorie zu finden ist – gibt es wiederum drei Fälle:

- $cover(\bar{p}, ROLE)$: Das Ergebnis der Abdeckung ist die Ortsmenge, wo die Berechtigung $\bar{p}$ von mindestens einer Rolle aktiviert werden kann.

- $cover(\bar{p}, USER)$: Die Abdeckungsfunktion errechnet, wo die Berechtigung $\bar{p}$ von mindestens einem Nutzer aktiviert werden kann.

- $cover(\bar{r}, USER)$: In diesem Fall berechnet die Funktion, wo die Rolle $\bar{r}$ von mindestens einem Nutzer aktiviert werden kann.

Für die Berechnung der Abdeckung ausgehend von einem Pivot-Element kann man sich die Konfiguration des RBAC-Modells anschaulich als Graph[1] (wie in Abbildung

---

[1] für die im Folgenden verwendeten Begriffe aus der Graphentheorie siehe [NM93, 176ff]

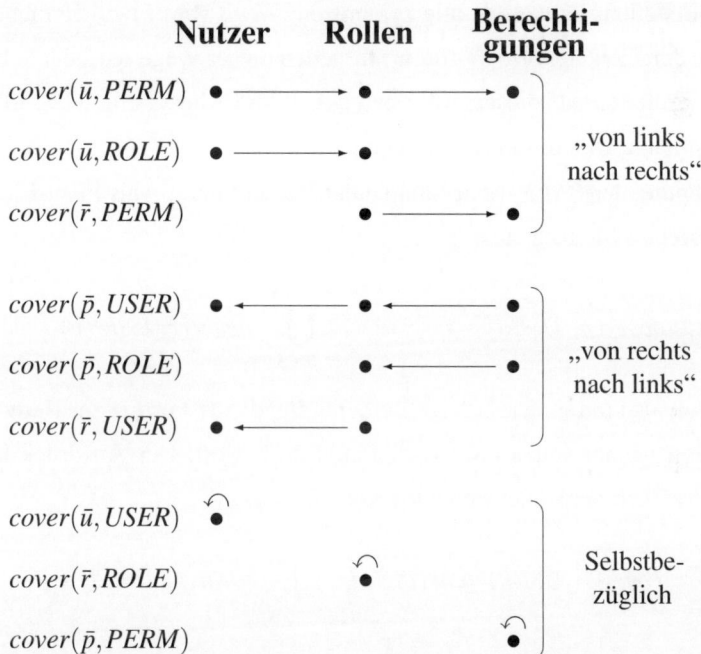

Abb. 7.3: Verschiedene Fälle für die Coverage-Funktion

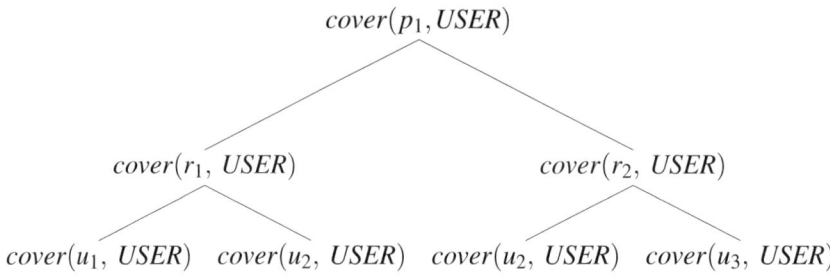

Abb. 7.4: Baumdarstellung für Berechnung der *USER*-Coverage der Berechtigung p_1

7.2 rechts) vorstellen. Es werden alle zyklenfreie Wege vom Pivot-Element zu einem der Elemente der Zielkategorie bestimmt; für jeden dieser Wege wird die Schnittmenge der OE aller Entitäten auf diesem Weg berechnet. Die Abdeckung letztendlich ist die Vereinigungsmenge aller dieser Schnittmengen.

Die Berechnung der *USER*-Abdeckung einer Berechtigung $\bar{p}$ als Pivot-Element sieht formal beschrieben wie folgt aus:

$$cover(\bar{p},\ USER) = oe(\bar{p}) \cap (\ \bigcup_{(\bar{r},\bar{p}) \in RP}\ cover(\bar{r},\ USER)\ )$$

Es handelt sich also um eine rekursive Berechnung, da die Formel zur Berechnung der *cover*-Funktion wieder selbst auf dieser Funktion basiert. Der Ausdruck hinter dem Vereinigungszeichen berechnet sich wie folgt:

$$cover(\bar{r},\ USER) = oe(\bar{r}) \cap (\ \bigcup_{(\bar{u},\bar{r}) \in UR}\ cover(\bar{u},\ USER)\ )$$

Die zulässige Fläche für die Rolle $\bar{r}$ wird also geschnitten mit der Vereinigung aller zulässigen Flächen für Nutzer, die diese Rolle zugewiesen bekommen haben. In Abbildung 7.4 ist noch die Baumdarstellung der Berechnung von $cover(p_1, USER)$ dargestellt.

Wenn die Fläche der so berechneten Abdeckung kleiner ist als die zulässige Fläche des Pivot-Elements, also

$$area(cover(\bar{p},\ USER)) < area(oe(\bar{p}))$$

gilt, dann stellt dies einen Hinweis auf eine mögliche fehlerhafte Konfiguration des Zugriffskontrollmodells dar.

Die Berechnung der Berechtigungs-Abdeckung für einen Nutzer als Pivot-Element sieht wie folgt aus:

$$cover(\bar{u},\ PERM) = oe(\bar{u}) \cap (\ \bigcup_{(\bar{u},\bar{r}) \in UR} cover(\bar{r},\ PERM)\ )$$

Der Term hinter dem $\bigcup$-Zeichen berechnet sich wie folgt:

$$cover(\bar{r},\ PERM) = oe(\bar{r}) \cap (\ \bigcup_{(\bar{u},\bar{p}) \in RP} cover(\bar{p},\ PERM)\ )$$

Die *PERM*-Abdeckung von $\bar{p}$ entspricht gerade $oe(\bar{p})$. Anschaulich beschreibt der Ausdruck *cover*$(\bar{u},\ PERM)$ die Menge der Orte, an denen der Nutzer $\bar{u}$ mindestens eine Berechtigung ausführen kann. Diese Ortsmenge könnte also anschaulich als „Aktionsradius" von $\bar{u}$ bezeichnet werden.

Von den sechs aufgezählten Fällen für die Coverage sind die Rollen-Abdeckung eines Nutzers bzw. einer Berechtigung noch nicht näher betrachtet worden. Für einen Nutzer sieht diese wie folgt aus:

$$cover(\bar{u},\ ROLE) = oe(\bar{u}) \cap (\ \bigcup_{(\bar{u},\bar{r}) \in UR} cover(\bar{r},\ ROLE)\ )$$

Die Rollen-Abdeckung für eine Berechtigung ergibt sich aus:

$$cover(\bar{p},\ ROLE) = oe(\bar{p}) \cap (\ \bigcup_{(\bar{r},\bar{p}) \in RP} cover(\bar{r},\ ROLE)\ )$$

Der in diesen beiden Formeln jeweils am Ende stehende Term *cover*$(\bar{r},\ ROLE)$ entspricht gerade der zulässigen Fläche der Rolle $\bar{r}$.

7.5 Leere Zuordnungen

Während die Berechnung der im letzten Unterkapitel vorgestellten Abdeckung typischerweise nach Definition der Gesamtkonfiguration eines ZKM zur Überprüfung eingesetzt wird, kann der im folgenden vorgestellte Test auf „leere Zuordnungen" unmittelbar nach

Definition einer Nutzer-Rollen- oder Rollen-Berechtigungs-Zuordnung durchgeführt werden.

Eine *leere Nutzer-Rollen-Zuordnung* liegt vor wenn, wenn für ein $(\bar{u},\bar{r}) \in UR$ gilt:

$$oe(\bar{u}) \cap oe(\bar{r}) = \varnothing$$

Dem Nutzer $\bar{u}$ wurde also die Rolle $\bar{r}$ zugewiesen, obwohl die beiden zulässigen Flächen vollständig disjunkt sind, also keine gemeinsamen Punkte haben. Der Nutzer wird diese Rolle also nirgendwo aktivieren können.

Analog liegt eine *leere Rollen-Berechtigungs-Zuordnung* vor, wenn für $(\bar{r},\bar{p}) \in RP$ gilt:

$$oe(\bar{r}) \cap oe(\bar{p}) = \varnothing$$

Hier sind also die zulässigen Flächen für die Rolle $\bar{r}$ und die Berechtigung $\bar{p}$ disjunkt, so dass wenn ein Nutzer diese Rolle zugewiesen kommen hat, er die Berechtigung $\bar{p}$ nirgends verwenden können wird.

7.6 Verwandte Arbeiten

Es werden abschließend in diesem Kapitel noch einige verwandte Arbeiten anderer Autoren vorgestellt, die sich ebenfalls mit der Analyse von Inkonsistenten befassen, die entstehen können, wenn OE an verschiedene Elemente in ZKM gebunden werden.

In Kapitel 6.9.1 wurde bereits ein Ergebnis aus [HK09] vorgestellt (Seite 247), nämlich die grafische Annotation von UML-Aktivitätsdiagrammen mit OE (siehe Abbildung 6.39). Der Fokus von [HK09] liegt aber eher auf der Analyse von Inkonsistenten der ZKM-Konfiguration. In diesem Modell können sowohl den Akteuren als auch einzelnen Prozessaktivitäten OE zugewiesen werden. Weiter gibt es Rollen, die die Durchführung der einzelnen Prozessaktivitäten erlauben. Es gibt auch Rollen, die sich für dieselbe Prozessinstanz gegenseitig ausschließen. Ist etwa definiert, dass sich die Rollen r_1 und r_2 gegenseitig ausschließen, so darf ein Nutzer, der für eine Prozessinstanz (im Artikel die Bearbeitung eines Kreditantrags) die Rolle r_1 inne hatte, nicht auch noch die Rolle r_2 übernehmen, auch wenn er beide Rollen zugewiesen bekommen hat. Aufbauend auf diesem Modell wird in [HK09] ein Algorithmus beschrieben, mit dem überprüft werden kann, ob es für alle Aktivitäten in jedem möglichen Prozessverlauf immer mindestens einen Akteur gibt, der gemäß seiner Rollen und OE unter Berücksichtigung sich gegenseitig ausschließender Rollen diese ausführen darf. Hierbei sind auch noch die OE der Aktivitäten selbst zu beachten. Damit sollen mögliche Konfliktsituationen schon vor der Laufzeit des Prozess identifiziert werden. Dies stellt eine Erweiterung vorangegangener Arbeiten dar, in denen für ZKM-Instanzen für Geschäftsprozesse untersucht wurde, ob es für jeden möglichen Prozessverlauf für jede Aktivität zulässige Akteure gibt, wobei aber keine OE betrachtet wurden [HKT08][TH08].

Chen und Crampton arbeiten auch mit einem ortsabhängigem RBAC-Modell, betrachten aber nicht prozess-spezifische Probleme [CC08]. Ihr Ansatz beruht darauf, dass eine RBAC-Konfiguration als gerichteter und azyklischer Graph aufgefasst wird: die Knoten dieses Graphs sind die Elemente der Mengen U, R und P, die Kanten die Zuordnungen zwischen U und R bzw. R und P sowie die Vererbungsbeziehungen zwischen den Rollen. Ein Nutzer kann eine Rolle oder Berechtigung benutzen, wenn es einen sog. *„Autorisierungspfad" (Authorization Path)* von dem entsprechendem Knoten zu dieser Rolle oder Berechtigung gibt. Im sog. „Standard-Modell" können nur den Knoten des Graphs OE zugewiesen werden, während beim „Starken Modell" auch die Kanten OE haben können. Die Autorisierung eines Nutzers zur Verwendung einer Rolle oder einer Berechtigung ist nur dann erfolgreich, wenn sein aktueller Aufenthaltsort allen OE der Pfadelemente entspricht. Es wird also die Schnittmenge alle Pfadelemente gebildet und überprüft, ob sich der aktuelle Nutzerort in dieser Schnittmenge befindet. Weiter gibt es auch noch das „schwache Modell", bei dem nur die OE des Start- und Endknotens eines Autorisierungspfades erfüllt sein müssen. Ein Nutzer- oder Rollen-Knoten kann auch als „trusted Entity" (vertrauenswürdige Entität) definiert werden, für die dann OE an Graphelementen ignoriert werden. Neben OE unterstützt das Modell von Chen und Crampton auch zeitliche Einschränkungen.

8 Modellierung von Ortseinschränkungen mit Petri-Netzen

In Kapitel 6 (ab Seite 181) wurden verschiedene Arten von Ortseinschränkungen beschrieben und eine entsprechende Notation für UML-Aktivitätsdiagramme (UML-AD) eingeführt. Ziel des vorliegenden Kapitels ist es nun, diese Ortseinschränkungen mit Hilfe von *Petri-Netzen (PN)* zu beschreiben. Ein PN wurde bereits in Kapitel 6.3 (Abbildung 6.9 auf Seite 197) für die informelle Veranschaulichung der Abgrenzung zwischen direkten und indirekten Ortseinschränkungen verwendet. Das vorliegende Kapitel gibt im Wesentlichen in [Dec11d] bereits veröffentlichte Ergebnisse wieder.

In Kapitel 8.1 werden zunächst kurz die relevanten Grundkonzepte von Petri-Netzen beschrieben. Es werden sodann in Kapitel 8.2 die für die prädikatenlogische Beschreibung des Ortsmodells benötigten Symbole eingeführt. Nach diesen Vorbereitungen wird dann die PN-Formalisierung von direkten Ortseinschränkungen (OE) beschrieben (Abschnitt 8.3). Danach werden OE mit Ortsgleichheit (Abschnitt 8.4) und Zuordnungslisten (Abschnitt 8.6) behandelt.

8.1 Petri-Netze

Petri-Netze (PN) sind ein grafischer Formalismus zur Beschreibung von Abläufen und Systemen [Rei10a]. Im Bereich der *Angewandten Informatik* werden PN u.a. zur Modellierung von Geschäftsprozessen eingesetzt. Im Gegensatz zu anderen verbreiteten grafischen Notationsformen für Prozessmodelle – z.B. den in Kapitel 6 verwendeten UML-Aktivitätsdiagrammen, der Business Process Modeling Notation (BPMN, [All08] [DCO+10]) oder Ereignisgesteuerten Prozessketten (EPK, [Sch02]) – zeichnen sich PN durch ihre mathematische Fundierung aus, die insbesondere die Analyse auf das Vorliegen bestimmter Eigenschaften (z.B. Freiheit von Dead- und Livelocks, [vdA00]) und die Simulation (z.B. [DE00][SVOK10, 106ff]) ermöglichen.

Die Begrifflichkeiten und formale Notation für die folgende Beschreibung elementarer Petri-Netze im vorliegenden Unterkapitel orientiert sich an [Sta90] [Obe96, 98ff] [RS04,

69ff] [Rei10b]. Darauf aufbauend werden in Abschnitt 8.1.2 die für die Formalisierung der OE verwendeten PrT-Netze als Form höherer PN eingeführt. Für die für das Verständnis benötigten Grundlagen der Graphentheorie sei auf [NM93, 176ff] verwiesen. Einige Anwendungsbeispiele für PN finden sich etwa in [Zus80].

8.1.1 Elementare Petri-Netze

Ein PN ist ein gerichteter Graph mit zwei Arten von Knoten, nämlich "Stellen" und "Transitionen":

- Die Stellen (engl.: Place) werden grafisch durch Kreise dargestellt und können als Zustände oder Dokumentenspeicher interpretiert werden.

- Transitionen (engl.: Transition) werden als leere Rechtecke gezeichnet und repräsentieren Aktivitäten oder Vorgänge; sie sind die "aktiven" Elemente eines PNs. Im Folgenden wird deshalb der Begriff "Transition" auch als Synonym für "Aktivität" verwendet werden.

Mit Pfeilen (gerichteten Kanten) werden Stellen mit Transitionen und umgekehrt verbunden; zwei Stellen (Transitionen) dürfen aber nicht durch einen Pfeil miteinander verbunden werden. Zeigt ein Pfeil von einer Stelle s auf eine Transition t, so befindet sich s im *Vorbereich* von t. Wenn ein Pfeil von t auf s zeigt, dann befindet sich s im *Nachbereich* der Transition t. Es ist auch möglich, dass sich eine Stelle s gleichzeitig im Vor- und Nachbereich einer Transition t befindet.

Bei sog. *Stellen-Transitionen-Netzen*, einer Form von PN, kann jede Stelle auch eine oder mehrere als schwarze Punkte dargestellte "Marken" (engl.: Token) beinhalten. Es ist möglich, die Höchstzahl der Marken für jede Stelle einzeln festzusetzen (sog. Kapazität), was hier aber nicht benötigt wird. In Abbildung 8.1 ist ein Beispiel für ein solchen PN zu finden: die Stelle $P2$ hat eine Marke und die Stelle $P9$ zwei Marken; die restlichen Stellen sind nicht markiert.

Eine Transition t ist *aktiviert*, wenn sich in jeder Stelle in ihrem Vorbereich mindestens eine Marke befindet. Ist eine Transition aktiviert, so *kann* sie *schalten* (auch: feuern): hierbei wird aus jeder Stelle im Vorbereich eine Marke entfernt und in jede Stelle im Nachbereich eine Marke eingefügt. Die Anzahl der Marken kann sich durch einen Schaltvorgang also ändern, nämlich dann, wenn die Anzahl der Stellen im Vor- und

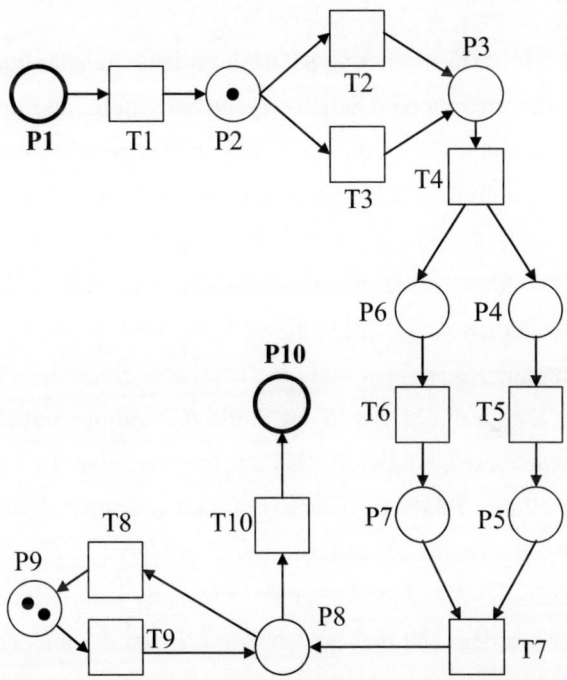

Abb. 8.1: Beispiel für ein Petri-Netz mit Marken

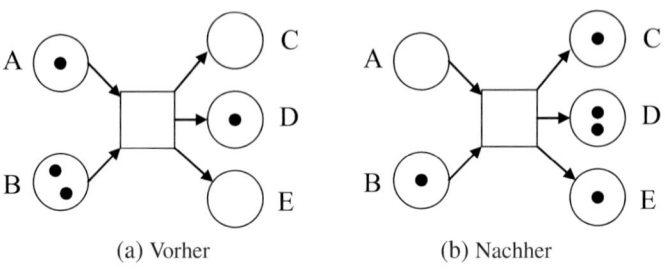

(a) Vorher   (b) Nachher

Abb. 8.2: Schaltvorgang in einem Petri-Netz

Nachbereich ungleich ist. In Abbildung 8.2 ist ein solcher Schaltvorgang dargestellt: im linken Teil ist der Zustand vor dem Schaltvorgang dargestellt, und im rechten Teil nach dem Schalten der einzelnen Transition. Insgesamt werden zwei Marken aus den Stellen A und B im Vorbereich entfernt und drei Marken in die Stellen C, D und E im Nachbereich eingefügt.

Im Beispiel in Abbildung 8.1 könnte die Transition $T9$ schalten, da in ihrer Vorstelle $P9$ zwei Marken enthalten sind. Würde dieser Schaltvorgang eintreten, so würde eine der beiden Marken aus $P9$ entfernt und eine Marke in die Stelle $P8$ im Nachbereich von $T9$ eingefügt. Durch die Marke in der Stelle $P2$ sind die beiden Transitionen $T2$ und $T3$ in deren Nachbereich aktiviert. Es kann aber nur eine der beiden Transitionen schalten, weshalb $T2$ und $T3$ um die Marke in $P2$ konkurrieren. Beim Schalten von $T2$ oder $T3$ würde die Marke aus $P2$ entfernt und eine Marke in die Stelle $P3$ eingefügt. Mit solch einer Konkurrenzsituation kann eine "Entweder-Oder"-Entscheidung in einem Prozess modelliert werden. Mit den beiden Transitionen $T5$ und $T6$, die gleichzeitig ausgeführt werden können, kann ein weiteres Prozessmuster [vdAtHKB03] dargestellt werden, nämlich die parallele Ausführung von Prozessaktivitäten. Ausgehend von einer Marke in $P8$ können die beiden Transitionen $T8$ und $T9$ beliebig oft schalten, was dem Muster einer Prozess-Schleife entspricht.

8.1.2 PrT-Netze

Für die Formalisierung der Ortseinschränkungen im vorliegenden Kapitel werden höhere Petri-Netze eingesetzt. Im Gegensatz zu den eben vorgestellten elementaren Petri-Netzen können die Marken hier unterscheidbare Objekte sein. In der vorliegenden Arbeiten werden als höhere PN sog. "Prädikaten-Transitionen-Netze" (PrT-Netze) verwendet

[GL81][Gen87]. Außer PrT-Netzen gibt es aber noch weitere Formen von höheren PN, z.B. gefärbte Petri-Netze [Jen97], NR/T-Netze [Obe96, 112ff] [OS96], SGML-Netze [Wei98] oder XML-Netze [LO01] [Len03].

Bei PrT-Netzen können die Stellen Relationenschemata (Prädikate) repräsentieren. Die Marken in einer bestimmten Stelle können also als Datensätze (Zeilen) in einer Tabelle einer relationalen Datenbank [SS83, 133ff] aufgefasst werden, die dem entsprechenden Schema entsprechen. Weiter kann einer Transition ein optionaler prädikatenlogischer Ausdruck zugewiesen werden, der zusätzlich erfüllt sein muss, damit eine Transition "aktiviert" wird und somit Schalten kann. Dieser Ausdruck kann auch implizite Wertzuweisung wie z.B. $n = 3$ enthalten. Ist dieser Ausdruck für eine Transition nicht angegeben, so kann einfach "wahr" als Wert angenommen werden. Der prädikatenlogische Ausdruck einer Transition kann auch als deren Transitions-Inschrift (kurz: Inschrift) bezeichnet werden.

Ein von einer Stelle ausgehender bzw. zu einer Stelle führender Pfeil ist mit einem Variablen-Tupel beschriftet, das in seiner Wertigkeit der Relation der adjazenten Stelle entspricht. Diese Variablen können als freie Variable im prädikatenlogischen Ausdruck der Transition auftauchen. Es ist auch möglich, dass dieselbe Variable auf mehreren mit einer Transition adjazenten Pfeilen verwendet wird, etwa um auszudrücken, dass beim Schalten der Transition ein Wert als Attribut in eine andere Tabelle kopiert oder verschoben werden soll.

In Abbildung 8.3 ist ein Beispiel für ein PrT-Netz mit einer Transition und vier Stellen zu sehen. Es modelliert eine Aktivität für die Kommissionierung einer Bestellung in einem Ersatzteillager. Jeder der Stellen ist ein Relationenschema zugeordnet:

- Die Stelle "Bestellungen" entspricht einer Tabelle, bei der jede Zeile für eine Bestellung eines einzelnen Ersatzteils entspricht. Eine solche Bestellung besteht aus der Bestell-Nummer und der Teile-Nummer.

- Unter dieser Stelle ist die Stelle "Teilelager" dargestellt: jede Zeile dieser Tabelle repräsentiert ein bestimmtes Ersatzteil, das an einem bestimmten Lagerplatz zu finden ist. Das Ersatzteil wird durch die schon in der Tabelle "Bestellungen" verwendete Teile-Nummer beschrieben. Da an jedem Lagerplatz höchstens ein Ersatzteil gelagert sein kann und von den meisten Ersatzteile mehrere Exemplare vorgehalten werden, ist es möglich, dass dieselbe Teile-Nummer mehrfach in dieser

Tabelle auftaucht, allerdings immer mit einem anderem Lagerplatz. Es kann in dieser Tabelle also kein Tupel mehrfach vorkommen.

- Die Stelle "Zähler" unterhalb der Transition besteht nur aus einer Spalte und hat nie mehr als eine Zeile. Dieser einzelne Wert ist eine Variable zum Zählen der bereits erzeugten Packaufträge.

- "Pack-Aufträge" ist die vierte Stelle in der Zeichnung. Wie die zugehörige Tabelle zeigt, werden hier die erzeugten Packaufträge abgelegt, die aus der laufenden Pack-, der Bestell- und der Lagerplatznummer bestehen.

Die Transition ist mit einem prädikatenlogischem Ausdruck beschriftet, der erfüllt sein muss, damit die Transition schalten kann:

$$b = c \;\land\; m = n + 1$$

Mit den Variablen b und c werden gemäß Kantenbeschriftungen die Teile-Nummern aus den Tabellen "Bestellungen" bzw. "Teilelager" bezeichnet. Diese beiden Nummern müssen übereinstimmen, damit der Bestellung der Lagerplatz mit dem gewünschten Ersatzteil zugeordnet wird. Der zweite Teilausdruck nach der Konjunktion sorgt dafür, dass die Zählvariable bei jedem Schalten der Transition um eins erhöht wird. Nach dieser Erhöhung wird der Zählwert der Variablen m zugewiesen, welche auch die erste Komponente für das Ergebnis-Tupel ist, das in die Tabelle "Pack-Aufträge" im Nachbereich der Transition geschrieben wird. Die anderen beiden Werte des Ergebnis-Tupels sind die Bestell-Nummer (a aus "Bestellungen") und die Lagerplatz-Nummer (d aus "Teilelager").

8.2 Ortsmodell

Für die Formalisierung der Ortseinschränkungen mit PrT-Netzen ist es erforderlich, einige Symbole, Funktionen und Prädikaten für das in Kapitel 6.2 (Seite 187ff) eingeführten Ortsmodells festzulegen, da diese für die Formulierung der Transitions-Inschriften benötigt werden:

- Die Funktion *getPos*() liefert die Position des aktuellen Akteurs, der eine durch eine Transition repräsentierte Aktivität ausführen möchte, zurück. Eine von dieser Funktion zurück gelieferte Positionsangabe ist also ein Punkt x im zweidimensionalen

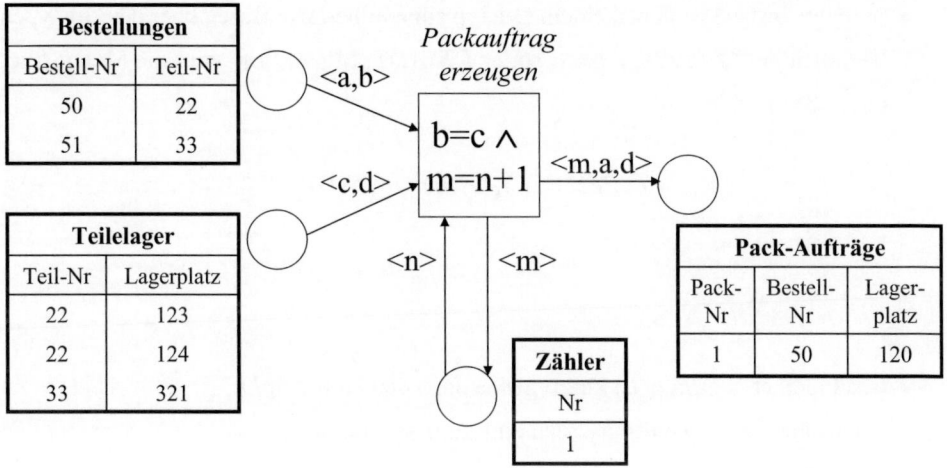

Abb. 8.3: Beispiel für ein PrT-Netz

Raum ($x \in \mathbb{R}^2$). Um den Ungenauigkeiten des oder der eingesetzten Ortungsverfahren gerecht zu werden (siehe Abschnitt 3.2 (Seite 50)), könnte die Position des Akteurs auch durch einen Kreis oder ein Polygon repräsentiert werden.

- Konkrete Ortsinstanzen können durch Polygone (*PolygonArea*) oder Kreise (*CircleArea*) beschrieben werden. Diese werden in den prädikatenlogischen Ausdrücken durch ganz mit Großbuchstaben geschriebene Bezeichner repräsentiert, wie z.B. *REGION1*, *RAUM2* oder *HALLE3*, *KARSLRUHE* oder *DEUTSCHLAND*.

- Die Ortsinstanz *WELT* (auch "Universum") deckt den kompletten Referenzbereich ab. Alle andere Ortsinstanzen sind vollständig in *WELT* enthalten. Der Referenzbereich wird vom jeweiligen Anwender so bestimmt, dass er alle Orte abdeckt, an denen das zu modellierende mobile Informationssystem eingesetzt werden soll, z.B. ein bestimmtes Land oder die komplette Erdoberfläche.

- Alle Ortsinstanzen (inkl. *WELT*) sind Elemente der Menge *ORTE*:

$$ORTE = \{ \quad KARSLRUHE, \; MANNHEIM, \; \ldots,$$
$$HALLE3, \; \ldots, \; RAUM123, \; \ldots, \; WELT \; \}$$

277

- Jede Ortsinstanz ist genau einem Ortstyp zugeordnet. Die Bezeichner der Ortstypen beginnen mit "$T\_$", z.B. T_LAND oder T_STADT. Mit $TYPEN$ wird die Menge aller Ortstypen bezeichnet:

$$TYPEN = \{\ T\_LAND,\ T\_STADT,\ \dots\ \}$$

- Das Prädikat $liegtIn(x,\ L)$ liefert genau dann den Wert *"Wahr" (true)* zurückt, wenn die als Punkt im zweidimensionalen Raum angenommene Position x des aktuellen Akteurs innerhalb der Ortsinstanz L liegt. Beispielsweise gilt

$$liegtIn(\ getPos(),\ KARLSRUHE\ )$$

genau dann, wenn sich der aktuelle Akteur gerade im Gebiet der durch den Bezeichner $KARLSRUHE$ beschrieben Ortsinstanz befindet. Dieses Prädikat ist also eine Abbildung mit der folgenden Ur- und Zielmenge:

$$liegtIn():\ \mathbb{R}^2 \times ORTE\ \longrightarrow\ \{wahr,\ falsch\}$$

- Weiter gibt es die Funktion $getOInstanz(x,\ t)$, die für den Punkt x die Ortsinstanz vom Ortstyp t zurückliefert, die diesen Punkt überdeckt:

$$getOInstanz():\ \mathbb{R}^2 \times TYPEN\ \longrightarrow\ ORTE \cup NULL$$

Die Zielmenge besteht aus der um das Element $NULL$ erweiterten Menge aller Orte. Das $NULL$-Element wird für den Fall benötigt, dass für einen gegebenen Punkt x es keine Ortsinstanz gibt, die diesen Punkt überdeckt, z.B. ein Punkt im ländlichen Raum, der keiner Ortsinstanz von T_STADT zugordnet werden kann. Dieser Fall muss berücksichtigt werden, da bei der Definition des Ortsmodells nicht gefordert wurde, dass alle Instanzen eines gegebenen Ortstyps zusammen den Referenzbereich lückenlos abdecken. Im Regelfall liefert die Funktion *getOInstanz*() aber eine Ortsinstanz zurück, z.B.:

$$getOInstanz(\ getPos(),\ T\_STADT\ )\quad=\quad BERLIN$$
$$getOInstanz(\ getPos(),\ T\_LAND\ )\quad=\quad DEUTSCHLAND$$

- Zur Formalisierung von Ortsregeln mit Zuordnungslisten (siehe Kapitel 6.4.3 (Seite 207)) wird noch die Menge *LISTEN* benötigt, welche die einzelnen Zuordnungs-listen umfasst. Der Bezeichner für eine Zuordnungsliste beginnt immer mit "*L_*", z.B.:

$$LISTEN = \{L\_LISTE1,\ L\_JURISDICTIONS\_USA,\ \dots\}$$

Eine Liste selbst ist eine Abbildung von paarweise disjunkten Quellorten auf Zielorte; im Gegensatz zu den Quellorten kann ein Zielort mehrfach in einer Liste auftauchen. Es ist auch zulässig, dass sich Zielorte einer Liste gegenseitig über-schneiden. Eine Liste ist also selbst wieder eine Menge von Elementen ($l1$, $l2$), wobei $l1$ der Quell- und $l2$ der Zielort ist:

$$LISTE = \{\ (l1,\ l2) \in ORTE \times ORTE\ \}$$

Die in Tabelle 6.1 (Seite 209) dargestellte Zuordnungsliste für regionale Zuständig-keiten würde etwa wie folgt aussehen:

$$L\_LISTE1 = \{\ (DEUTSCHLAND,\ FRANKFURT\_MAIN),$$
$$(FRANKREICH,\ FRANKFURT\_MAIN),$$
$$(UK,\ LIVERPOOL),$$
$$\dots\ \}$$

Die Anforderungen an die Überschneidungsfreiheit der Quellorte innerhalb einer Zuordnungsliste lässt sich formal wie folgt ausdrücken:

$$(l1, l2),\ (l3, l4) \in L\_LISTE,\ (l1, l2) \neq (l3, l4),\ x \in \mathbb{R}^2:$$
$$liegtIn(x,\ l1) \implies \neg liegtIn(x,\ l3)$$

Wird von einer Liste ein Zielort für einen Punkt *x* abgefragt, der von keinem Quellort überdeckt wird, dann liefert diese Abfrage den Wert *NULL* zurück; dieser Wert kann auch von der Funktion *getOInstanz*() zurückgeliefert werden, wenn keine passende Ortsinstanz gefunden wird. Formal lässt sich also die durch eine Zuordnungsliste definierte Abbildungsvorschrift wie folgt schreiben:

$$
\textit{L\_LISTE} : x \longrightarrow
\begin{cases}
\textit{l2} & \exists(\textit{l1},\,\textit{l2}) \in \textit{L\_LISTE} \\
& \text{mit } \textit{liegtIn}(x,\,\textit{l1}) \\
\\
\textit{NULL} & \text{sonst}
\end{cases}
$$

8.3 Direkte Ortseinschränkungen

In Abbildung 8.4 ist dargestellt, wie direkte OE mit PN dargestellt werden: in Abbildung 8.4a wird eine informelle Darstellung verwendet, bei der wie bei der Notation für UML-AD die als Parallelogramme dargestellte Ortsinstanzen über gestrichelte Pfeile mit den Transitionen verbunden werden (siehe auch Abbildung 6.10 auf Seite 202). Für die Transition "Daten erfassen" mit der positiven OE, die nur in Großbritannien (U.K.) ausgeführt werden darf, ist in Abbildung 8.4b die PrT-Notation dargestellt: die Transition erhält einfach einen prädikatenlogischen Ausdruck, der nur dann "wahr" ergibt, wenn sich der aktuelle Akteur am zulässigen Ort befindet:

$$\textit{liegtIn}(\,\textit{getPos}(),\ \textit{UK}\,)$$

Die Formalisierung der beiden negativen OE für die Transition "Daten verarbeiten" ist nicht aufgezeichnet, da in diesem Fall einfach folgender prädikatenlogischer Ausdruck zu verwenden wäre:

$$\neg(\,\textit{liegtIn}(\,\textit{getPos}(),\ \textit{USA}\,)\ \vee\ \textit{liegtIn}(\,\textit{getPos}(),\ \textit{IRAK}\,)\,)$$

Die Aktivität darf also nicht ausgeführt werden, wenn der aktuelle Nutzer sich gerade in den USA oder im Irak aufhält.

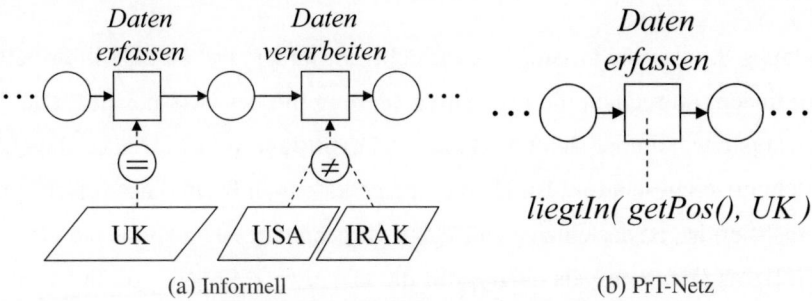

(a) Informell   (b) PrT-Netz

Abb. 8.4: Direkte Ortseinschränkungen

8.4 Indirekte Ortseinschränkungen: Ortsregeln mit Ortsgleichheit

Nach der PrT-Formalisierung *direkter OE* werden im vorliegenden Unterkapitel jetzt Ortsregeln (OR) als *indirekte OE* formalisiert. Es werden zunächst Ortsregeln mit Ortsgleichheit behandelt, also Ziel- und Quellort sind gleich. Eine solche OR sorgt also für eine *Ortsbindung (positive OR)* oder eine *Ortstrennung (negative OR)*. Die entsprechende Visualisierung mit UML-AD wurde in Kapitel 6.4.2 (Seite 203) eingeführt. Wir betrachten zunächst den Modus *first<n>*. Dieser Modus legt fest, dass bei mehrfacher Ausführung der Quellaktivität einer gegebenen Ortsregel die ersten *n* Orte gespeichert werden, die Quellorte aller darauf folgenden Ausführungen aber ignoriert werden.

Die Grundidee zur Formalisierung von Ortsregeln mit PrT-Netzen basiert auf der Einführung einer Speicherstelle, welche die von der Quellaktivität erzeugten Orte speichert. Diese Speicherstelle wird von der Quellaktivität "befüllt" oder "verwaltet", was auch das Entfernen von "alten" Ortsinstanzen beinhalten kann. Im prädikatenlogischen Ausdruck der Transition, welche die Zielaktivität repräsentiert, wird der Inhalt der Speicherstelle ausgewertet. Die Speicherstelle kann nur genau ein Element beinhalten, welches aber wiederum eine Menge von Orten ist. Es kommen also verschachtelte Mengen zum Einsatz: das in der Speicherstelle enthaltene Element ist selbst wieder mengenwertig. Dies ist damit motiviert, dass die Quellaktivität u.U. auch alte Ortsinstanzen entfernen muss. Der prädikatenlogische Ausdruck einer Transition kann sich immer nur auf eine Belegung von Variablen der auf ihn zeigenden Pfeile beziehen, so dass es mit einem solchen Ausdruck nicht ohne weiteres möglich ist, sich z.B. das "älteste" Element (Tupel) aus einer Stelle im Vorbereich "herauszupicken".

8.4.1 Modus first<n>

In Abbildung 8.5 ist eine Ortsregel dargestellt: im linken Teil ist eine informelle Notation zu finden, im rechten die PrT-Formalisierung mit der Ortsspeicherstelle. In der Ortsspeicherstelle befindet sich initial nur die Ortsinstanz *WELT*, so dass die Quellaktivität nicht ortseingeschränkt ist. Da die Speicherstelle in Form einer verschachtelten Menge realisiert ist, ist das einzige zu Beginn vorgehaltene Element die ein-elementige Menge [{*WORLD*}]. Wenn als Ortstyp für die OR etwa *T_STADT* gewählt wird, dann könnte für *first<3>* der Inhalt der Ortsspeicherstelle etwa wie folgt aussehen:

$$[\{BERLIN,\ KARLSRUHE,\ MANNHEIM\}]$$

Die Ausführung der Zielaktivität sollte also nur für Akteure zulässig sein, die sich gerade innerhalb einer dieser drei Städte aufhalten. Als Transitionsinschrift für die Zielaktivität wird also folgender Ausdruck verwendet:

$$\exists l \in L\ :\ liegtIn(getPos(),\ l)$$

Da sowohl der ein- als auch der ausgehende Pfeil zur Zielaktivität mit L beschrieben sind, wird das aus der Ortsspeicherstelle entnommene Element nicht "verbraucht", sondern sofort wieder zurück gelegt. In diesem Element muss sich eine Ortsinstanz befinden, die den aktuellen Aufenthaltsort des Akteurs beinhaltet.

Die Inschrift für die Quellaktivität ist umfangreicher, da hier drei Fälle berücksichtigt werden müssen:

1. Die Quellaktivität wird zum ersten Mal ausgeführt, es muss also *WELT* aus dem Ortsspeicher entfernt werden und eine neue Ortsinstanz eingefügt werden.

2. Die Quellaktivität wird *nicht* zum ersten Mal ausgeführt und der Ortsspeicher hat noch nicht seine Maximalkapazität erreicht, es muss also nur eine Ortsinstanz eingefügt werden.

3. Die Quellaktivität wird nicht zum ersten Mal ausgeführt und der Ortsspeicher hat bereits seine Maximalkapazität erreicht, es muss also *keine* neue Ortsinstanz eingefügt werden.

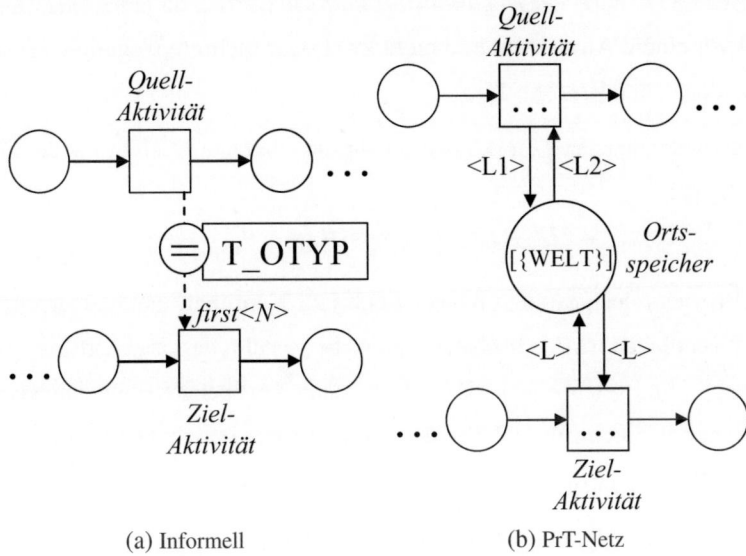

(a) Informell (b) PrT-Netz

Abb. 8.5: Ortsregel mit Modus *first<n>*

Für die Ermittlung der ggf. einzufügenden Ortsinstanz in Abhängigkeit des Aufenthalts-ortes des Akteurs wird auf die Funktion *getOInstanz*() zurückgegriffen:

$$C := getOInstanz(\ getPos(),\ T\_OTYP\ )$$

In den folgenden Formeln wird die so ermittelte Ortsinstanz mit *C* referenziert, wobei auch *C = NULL* gelten kann.

Die Inschrift der die Zielaktivität repräsentierenden Quelltransition besteht aus drei Termen:

$$TERM1\ \lor\ TERM2\ \lor\ TERM3$$

Jeder dieser Terme steht für einen der drei oben erwähnten Fälle. Es kann immer nur einer der dieser Terme "wahr" sein. Da *TERM1* bis *TERM3* selbst wieder nur Konjunktionen ($\land$) als Junktoren (logische Operatoren) verwenden, liegt die sog. *Disjunktive Normalform (DNF)* vor [BL94, 42]. Es wird die Konvention befolgt, nach der der Junktor "$\land$" eine höhere Priorität (stärkere Bindung) als der Junktor "$\lor$" hat; weiter werden die beiden Junktoren linksassoziativ ausgewertet [BL94, 3]. Hierdurch soll die Anzahl der notwendigen Klammern für eine bessere Lesbarkeit reduziert werden. Weiter entsprechen

TERM1 bis *TERM3* auch der *Negationsnormalform (NNF)*, da jedes Negationszeichen ($\neg$) direkt vor einem Atom steht und nicht zwei oder mehrere Negationszeichen direkt hintereinander stehen [BL94, 21f].

Betrachten wir zunächst *TERM1*, der nur für die allererste Ausführung der Quellaktivität zuständig ist:

$$WELT \in L2 \;\wedge\; C \neq NULL \;\wedge\; L1 = \{C\}$$

Es wird also zuerst festgestellt, ob tatsächlich Fall 1 vorliegt, indem überprüft wird, ob *WELT* in *L2* enthalten ist. Als nächstes wird sichergestellt, dass eine Ortsinstanz ermittelt werden konnte. Im letzten Ausdruck wird der Inhalt der Speicherstelle durch ein Element ersetzt, das nur die Ortsinstanz *C* enthält, womit also der initiale Ort *WELT* entfernt wird.

Als nächstes ist *TERM2* zu betrachten, der für den Fall zuständig ist, dass *WELT* schon aus der Ortspeicherstelle entfernt wurde, aber die Kapazitätsgrenze *n* der Ortsspeicherstelle noch nicht erreicht wurde, also noch weitere Ortsinstanzen einzufügen sind:

$$WELT \notin L2 \;\wedge\; |L1| < n \;\wedge$$
$$C \neq NULL \;\wedge\; L1 = \{C\} \cup L2$$

In der ersten Zeile wird sichergestellt, dass tatsächlich Fall 2 vorliegt: *WELT* ist nicht mehr in der Speicherstelle enthalten und die Anzahl der bereits gespeicherten Orte – gemessen über die Mächtigkeit des mengenwertigen Elements *L1* – ist echt kleiner *n*. Der dritte Term stellt wiederum sicher, dass auch tatsächlich eine Ortsinstanz ermittelt werden konnte, die den Aufenthaltsort des Akteurs überdeckt. Am Ende von *TERM2* schließlich wird der ermittelte Ort mit der Menge der bisher gespeicherten Orte vereinigt und in die Speicherstelle geschrieben.

Mit *TERM3* letztendlich wird der dritte Fall abgedeckt, dass der initiale Wert *WELT* bereits ersetzt wurde und gleichzeitig die Kapazitätsgrenze der Speicherstelle erreicht ist:

$$WELT \notin L2 \;\wedge\; |L2| = n$$

In diesem Fall sollen keine weitere Ortsinstanzen mehr als OE gespeichert werden.

Wenn die Ortsregel zwei oder mehr Zielaktivitäten hat, diese aber alle den gleichen Modus haben, so kann eine Ortsspeicherstelle auch von mehreren Quellaktivitäten ausgewertet werden (siehe auch Kapitel 6.4.5 (Seite 211)).

8.4.2 Modus last$<$n$>$

Wir können uns nun der Formalisierung von Ortsregeln mit Ortsgleichheit im Modus *last$<$n$>$* widmen. In diesem Modus werden bei wiederholter Ausführung der Quellaktivität u.U. die älteste Ortsinstanz in der Speicherstelle gelöscht, damit immer die letzten N Orte in der Speicherstelle sind. Dieser Ansatz entspricht daher dem Prinzip *"First in, First out" (FIFO, [RSS93, 180ff])*. Es ist also notwendig, zu jeden Ort zusätzlich eine Information zu speichern, anhand deren das "Alter" der jeweiligen Ortsinstanz bestimmt werden kann. Die informelle Darstellung einer solchen OR findet sich in Abbildung 8.6a.

Der hier verfolgte Lösungsansatz ist es, jede Ortsinstanz zusammen mit einer laufenden Nummer zu speichern. Es also also notwendig, eine zusätzliche Stelle zum "Mitzählen" einzuführen. Wie auch beim *first$<$n$>$*-Modus kann die Ortsspeicherstelle höchstens ein Element speichern, das aber wiederum mengenwertig ist. Die in diesem Element gespeicherten Elemente sind aus der folgenden Menge entnommen:

$$\mathscr{L} = \{ \, (k,l) \mid k \in \mathbb{Z}_0^+ \wedge l \in ORTE \, \}$$

Das in der Speicherstelle befindliche Element besteht also aus Paaren, die jeweils aus einer ganzen Zahl $(0, 1, 2, \dots)$ und einer Ortsinstanz bestehen. Die Zahl k ist hierbei der Wert des aufsteigenden Zählindexes.

Bei der Formulierung der Transitionsinschrift wird auch die Funktion *oldest*() verwendet, mit der das älteste Element einer Menge von Elementen aus $\mathscr{L}$ bestimmt werden kann. Wenn $\bar{L} \subseteq \mathscr{L}$ eine Menge von solchen Elementen ist, dann wird diese Funktion wie folgt definiert:

$$oldest(\bar{L}) := \underset{(k,l) \in \bar{L}}{\arg\min} \, k$$

Da die Werte n in aufsteigender Reihenfolge vergeben werden, ist das Element mit dem kleinsten Wert von n das älteste Element.

In Abbildung 8.6b ist die PrT-Formalisierung einer solchen OR dargestellt. Als zusätzliche Stelle wurde hier die Zählstelle mit dem initialen Wert 0 eingeführt. Der initiale Wert

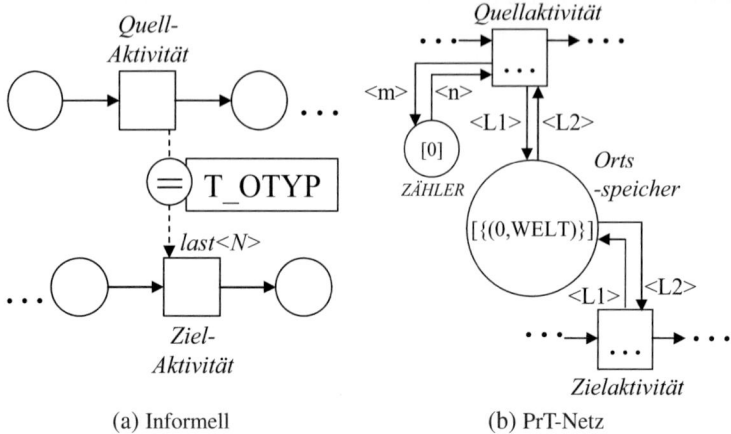

(a) Informell   (b) PrT-Netz

Abb. 8.6: Ortsregel mit Modus *last<n>*

für die Speicherstelle besteht jetzt aus einem mengenwertigen Element, das als einziges Element die Ortsinstanz *WELT* zusammen mit dem Zählwert 0 enthält:

$$[(0, \ WELT)]$$

Die Inschrift für die die Quellaktivität repräsentierende Transition besteht wieder aus drei disjunktiven Termen:

$$TERM1 \ \vee \ TERM2 \ \vee \ TERM3$$

C repräsentiert wieder die Ortsinstanz vom Typ *L_OTYP*, welche die aktuelle Position des Akteurs beinhaltet.

TERM1 ist für das allererste Schalten der Transition zuständig, wenn also noch das initiale Element "(0, *WELT*)" als einziges in der Speicherstelle vorhanden ist:

$$(0, \ WELT) \in L1 \ \wedge \ C \neq NULL \ \wedge$$
$$m = n + 1 \ \wedge \ L2 = \{(m, \ C)\}$$

Die beiden Terme in der ersten Zeile überprüfen die Vorbedingungen, also ob tatsächlich der entsprechende Fall vorliegt und eine Ortsinstanz bestimmt werden konnte. Sind beide

286

"wahr", so wird in der zweiten Zeile der Wert der Zählvariable erhöht und der Inhalt der Speicherstelle mit der Ortsinstanz ersetzt.

Für das Auffüllen der Speicherstelle bis zur Kapazitätsgrenze n ist *TERM2* zuständig:

$$(0,\ WELT) \notin L1\ \wedge\ |L1| < n\ \wedge\ C \neq NULL\ \wedge$$
$$m = n+1\ \wedge\ L2 = \{(m,\ C)\} \cup L1$$

In der ersten Zeile werden wieder die Vorbedingungen geprüft: das initiale Element *WELT* darf nicht mehr in der Speicherstelle sein und die Anzahl der gespeicherten Orte darf die Kapazitätsgrenze n noch nicht erreicht haben. Wenn dies gegeben ist, dann wird wieder die Zählvariable erhöht und der aktuelle Ort wird der Speicherstelle hinzugefügt.

TERM3 letztendlich kommt zum Zuge, wenn die Kapazitätsgrenze n der Speicherstelle erreicht ist: kann ein neuer Quellort bestimmt werden, so ist der älteste Ort aus der Speicherstelle zu entfernen und dafür der neue Ort einzufügen:

$$(0,\ WELT) \notin L1\ \wedge\ C \neq NULL\ \wedge\ |L1| = n\ \wedge$$
$$m = n+1\ \wedge\ L2 = \{(m,\ C)\} \cup L1 \setminus oldest(L1)$$

In der ersten Zeile wird wieder überprüft, ob dieser Fall vorliegt. In der zweiten Zeile wird dann die Zählvariable erhöht und der neue Inhalt der Speicherstelle erstellt: es wird die aktuelle Ortsinstanz eingefügt und der älteste Ort unter Verwendung der Funktion *oldest*() entfernt.

8.5 Indirekte Ortseinschränkungen: Ortsregeln mit Zuordnungslisten

Nachdem die Formalisierung von Ortsregeln mit Ortsgleichheit abgehandelt wurden, sollen jetzt noch Ortsregeln mit Zuordnungslisten behandelt werden. Bei OR mit Zuordnungslisten sind Quell- und Zielort nicht notwendigerweise derselbe Ort. Diese Art von Ortsregeln kann vor allem für die Modellierung regionaler Zuständigkeiten verwendet werden, z.B. welche Niederlassung für Abarbeitung von Aufträgen aus einer bestimmten Region zuständig ist.

Die entsprechende Visualisierung mit UML-AD wurde bereits in Kapitel 6.4.3 (Seite 207) eingeführt. In Abbildung 8.7a ist die informelle Darstellung einer solchen Regel zu finden. Für die PrT-Formalisierung führen wir neben der Ortsspeicherstelle noch eine weitere Stelle ein, welche die Zuordnungsliste repräsentiert (Abbildung 8.7b).

Um das Grundprinzip zu erklären ist es ausreichend, sich auf den Modus $last<1>$ zu beschränken. Bei jedem Schalten der Transition, welche die Quellaktivität repräsentiert, wird die in der Speicherstelle als OE für die Zielaktivität enthaltene Ortsinstanz ersetzt oder überschrieben. Der prädikatenlogische Ausdruck für die Quelltransition lautet wie folgt:

$$liegtIn(\ getPos(),\ a\ )\ \ \wedge\ \ L1 = \{\ b\ \}$$

Es muss sich in der Ortslistenstelle also ein Ortspaar $<a,b>$ befinden, bei dem der Ort a den aktuellen Aufenthaltsort des Akteurs überdeckt. Der bisherige Inhalt der Speicherstelle wird mit $<L2>$ entnommen; da das mengenwertige Element $L2$ in der Transitionsinschrift nicht weiter berücksichtigt wird, wird der alte Inhalt der Speicherstelle somit einfach gelöscht. Dieser alte Inhalt kann entweder der initiale Wert *WELT* sein oder eine im vorherigen Schaltvorgang geschriebene Ortsinstanz. Als neuer Inhalt für die Ortsspeicherstelle wird das mengenwertige Element $L1$ definiert, das den aus der Ortsliste bestimmten Zielort b als einziges Element enthält. Beim Schalten wird das entnommene Ortspaar $<a,b>$ gerade wieder in die Ortslistenstelle geschrieben, so dass die Listeneinträge nicht verbraucht werden.

Die Transitionsinschrift für die Zielaktivität entspricht wieder der für Zielaktivitäten bei OR mit Ortsgleichheit.

8.6 Beispiel-Prozesse

Zur Veranschaulichung der in diesem Kapitel eingeführten Notation von OE für PN werden im Folgenden noch zwei zusammenhängende Prozesse beschrieben. Der erste befasst sich mit dem Szenario "Analyse von Bodenproben" und der zweite betrachtet den Prozess der Lieferung von Ersatzteilen an Fabriken.

8.6.1 Analyse von Bodenproben

Der Beispiel-Prozess "Chemische Analyse von Bodenproben" findet sich in einem multinationalen Unternehmen, welches auf die Durchführung chemischer Analysen spezialisiert ist. Bei der Analyse von Bodenproben soll etwa der Mineralstoffgehalt von

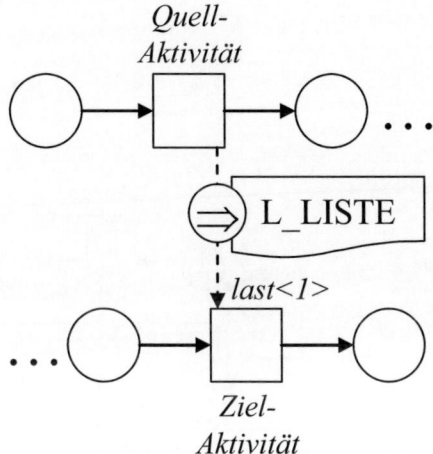

(a) Informell

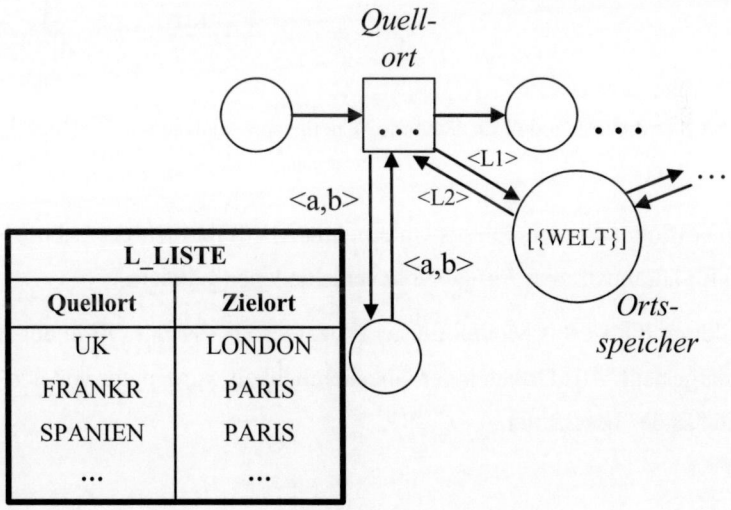

(b) PrT-Netz

Abb. 8.7: Ortsregel mit Zuordnungsliste

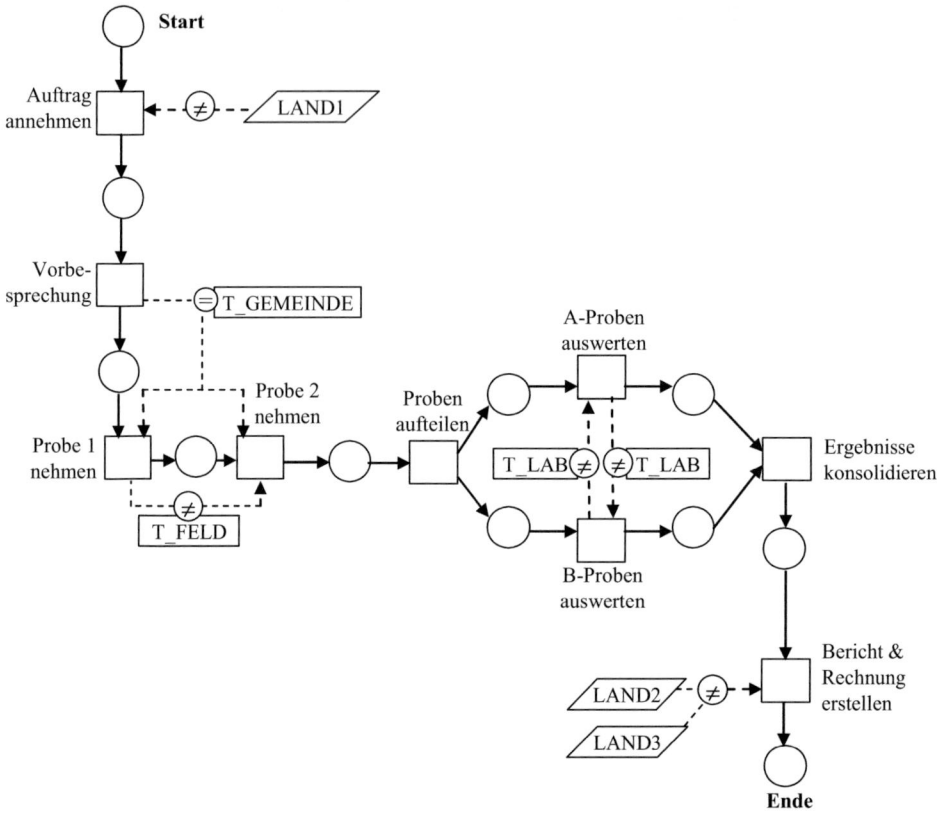

Abb. 8.8: Prozessmodell für Szenario "Chemische Analyse von Bodenproben"

Ackerland bestimmt werden. Dieses Unternehmen betreibt mehrere Labore und Nieder-lassungen für administrative Aufgaben in verschiedenen Ländern.

In Abbildung 8.8 ist das Modell dieses Prozesses als PN mit OE in der informellen Notation dargestellt. Aus Gründen der Übersichtlichkeit wurden nur von den Stellen nur "Start" und "Ende" beschriftet.

- Eine Instanz dieses Prozesses beginnt mit der Entgegennahme eines Kundenauf-trages. Dies kann allerdings nicht in *LAND1* geschehen, da die Geschäftsführung des Unternehmens festgestellt hat, dass in diesem Land aufgrund der Konkurrenz-situation der Prozess nicht zu einem kostendeckenden Preis angeboten werden kann.

- Vor der Entnahme der eigentlichen Bodenproben wird vor Ort eine Vorbesprechung mit dem Auftraggeber durchgeführt.

- Sodann werden zwei Bodenproben entnommen. Diese beiden Proben müssen in derselben Gemeinde genommen werden, in der auch die Vorbesprechung stattfand. Eine negative Ortsregel mit dem Ortstyp *T_FELD* gewährleistet aber, dass beiden Proben von unterschiedlichen Feldern in dieser Gemeinde genommen werden, um eine gewisse Streuung zu erhalten.

- Die beiden Proben werden dann jeweils in A- und B-Probe aufgeteilt, so dass insgesamt vier Proben vorliegen. Durch zwei symmetrische OR wird gewährleistet, dass die A- und die B-Probe in unterschiedlichen Laboren ausgewertet werden. Diese beiden OR referenzieren den Ortstyp *T_LAB*, mit dem die Standorte der verschiedenen Labore des Unternehmens beschrieben werden. Da die Auswertung der beiden Proben voneinander unabhängig ist, kann sie parallel stattfinden, so dass nicht vorhersagbar ist, ob die A- oder die B-Proben zuerst ausgewertet werden. Deshalb sind zwei symmetrische OR notwendig, um zu gewährleisten, dass die A- und die B-Proben an unterschiedlichen Standorten ausgewertet werden.

- Wenn die Ergebnisse sowohl der A- als auch der B-Probe vorliegen, dann können diese konsolidiert werden. Bei zu starken Abweichungen wäre es denkbar, die Auswertung oder sogar die Entnahme der Proben zu wiederholen, was hier aber aus Gründen der Übersichtlichkeit nicht weiter betrachtet werden soll.

- Die letzte Aktivität vor Ende des Prozesses ist die Erstellung des Berichtes für den Kunden und die Rechnungsstellung. Diese Aktivität kann jedoch nicht in *LAND2* und *LAND3* vorgenommen werden, da für die dortigen Niederlassungen aus Kostengründen die hierfür benötigte Software nicht lizenziert wurde.

8.6.2 Ersatzteil-Lieferung

Der zweite in diesem Kapitel betrachtete Beispielprozess beschäftigt sich mit der Lieferung von Ersatzteilen für Industrie-Anlagen. Im Gegensatz zum vorherigen Prozess gibt es in diesem Beispiel keinen negativen OE, dafür kommt aber eine Zuordnungsliste zum Einsatz. In Abbildung 8.9 ist wieder das entsprechende Prozessmodell als PN mit OE in der informellen Notation abgebildet.

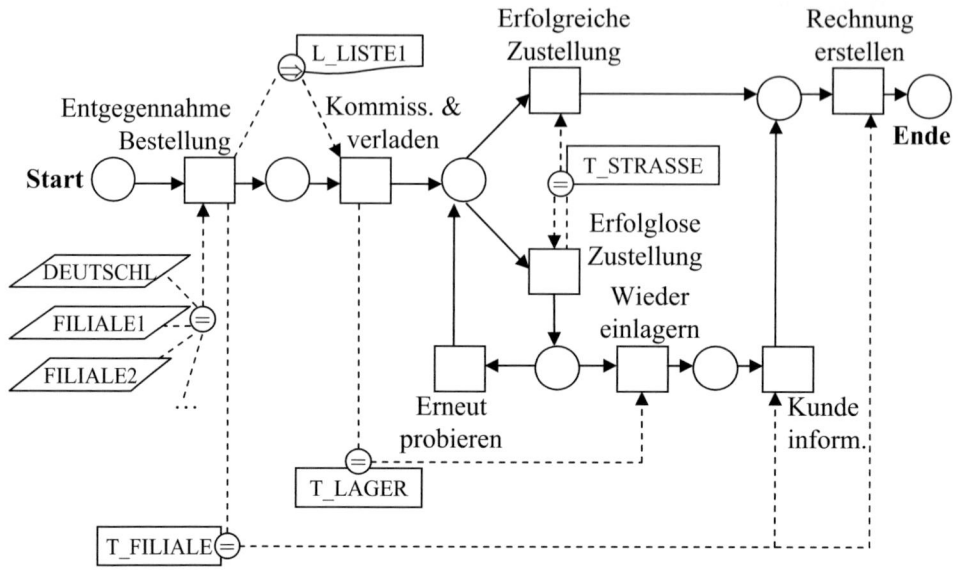

Abb. 8.9: Prozessmodell für Szenario "Ersatzteil-Lieferung"

- Die erste Aktivität ist "Entgegennahme [der] Bestellung": eine Fabrik, die ein bestimmtes Ersatzteil für die Reparatur einer Maschine benötigt, ruft dabei bei der für sie zuständigen Filiale an. Wieder hat das prozessausführende Unternehmen Niederlassungen in verschiedenen Ländern; die Ersatzteil-Lieferung soll aber nur in Deutschland angeboten werden, und dort auch nur von einer bestimmten Menge von Filialen. Dies wird durch die direkten OE, die auf diese Aktivität zeigen, ausgedrückt.

- Über eine OR mit der Zuordnungsliste *L_LISTE1* wird das Regional-Lager bestimmt, von dem aus das Ersatzteil an die Fabrik geliefert werden muss. In dieser Lager wird die Aktivität "Kommissionieren & Verladen" ausgeführt.

- Nach dem Verladen kann ein Zustellversuch durch das Lieferfahrzeug erfolgen. Im Idealfall ist der erste Zustellversuch erfolgreich. Es ist aber auch möglich, dass die Zustellung fehlschlägt, etwa weil der Wareneingang bei der Fabrik nicht besetzt ist oder die Annahme wegen einer falschen Information verweigert wird.

- Wenn ein Zustellversuch nicht erfolgreich war, so kann er zu einem späteren Zeitpunkt noch einmal wiederholt werden. Zwischen zwei Zustellversuchen verbleibt das Ersatzteil aber im Lieferfahrzeug. Mit der Aktivität "Erneut probieren" wird ein wiederholter Zustellversuch eingeläutet. Durch die Ortsregel mit dem Ortstyp *T_STRASSE* ist gewährleistet, dass Zustellversuche immer bei der gleichen Fabrik durchgeführt werden. So sollen u.a. Verwechselungen von Zieladressen und "vorgetäuschte" Lieferversuche durch den Fahrer des Zustellfahrzeugs verhindert werden.

- Nach einem erfolglosen Zustellversuch kann aber vom Fahrer auch die Entscheidung getroffen werden, es nicht erneut zu versuchen. In diesem Fall wird das Ersatzteil wieder in das Ursprungs-Lager gebracht. Durch eine OR mit dem Ortstyp *T_LAGER* und der Quellaktivität "Kommissionieren & verladen" wird gewährleistet, dass die Aktivität "Wieder einlagern" im selben Lager durchgeführt wird.

- Nach der Wiedereinlagerung des Ersatzteils wird der Kunde über die erfolglose Zustellung informiert. Dies wird von der Filiale vorgenommen, die auch die ursprüngliche Bestellung erhalten hat, was über eine entsprechende OR mit dem Ortstyp *T_FILIALE* gewährleistet wird.

- Unabhängig davon, ob die Zustellung erfolgreich war oder nicht, ist die letzte Aktivität des Prozess "Rechnung erstellen". Wieder kommt hierfür eine OR mit Ortstyp *T_FILIALE* zum Einsatz, da die Geschäftsleitung beschlossen hat, dass die Fakturierung von der Filiale durchgeführt werden soll, die auch die Bestellung entgegengenommen hat.

9 Zusammenfassung und Ausblick

Im Schlusskapitel werden zunächst die Ergebnisse der vorliegenden Arbeit zusammenfassend dargestellt. Es wird dann beschrieben, wie das Konzept der ortsabhängigen Zugriffskontrolle in verschiedene Verbundforschungsprojekte eingeflossen ist. Abschließend wird ein Ausblick auf mögliche weiterführende Arbeiten im Zusammenhang mit der vorliegenden Arbeit gegeben.

9.1 Zusammenfassung

Es wurden zunächst die relevanten Konzepte aus den Bereichen "Mobile Business", "Kontext" und "Zugriffskontrolle" beschrieben. Dies beinhaltete insbesondere die Einführung mehrerer Klassifikations- und Übersichts-Schemata:

- Typen von mobilen Computern (Kapitel 2.2.2)

- Mehrwerte durch den Einsatz mobiler Technologien (Kapitel 2.6)

- Verfahren zur Vermeidung der Manipulation von Ortungsverfahren (Kapitel 3.3)

- Verfahren zur Gewährleistung von Ortungsdatenschutz (Kapitel 3.4)

- Motivationsszenarien für den Einsatz ortsabhängiger Zugriffskontrolle (Kapitel 4.2.1)

- Verschiedene ortsabhängige Zugriffskontrollmodelle anderer Autoren (Kapitel 4.2.2)

Weiter wurde eine Einteilung in verschiedene Generationen von *mobilen Workflowmanagement Systemen (WfMS)* vorgenommen (Kapitel 5.3.2).

Aufbauend hierauf wurde eine visuelle Darstellung für die Definition von OE zur Modellierung von mobilen Geschäftsprozessen mit UML-Aktivitätsdiagramme eingeführt (Kapitel 6). Hierzu war zunächst die Entwicklung eines geeigneten Ortsmodells inkl.

grafischer Notation notwendig, was ebenfalls eine entsprechende visuelle Repräsentation beinhaltete. Unter Verwendung dieses Modells wurden dann sog. *direkte OE* eingeführt, die zur Entwurfszeit eines Prozessmodells definiert werden. Danach wurden verschiedene andere Arten von OE eingeführt, bei denen erst zur Laufzeit einer Prozessinstanz der konkrete Ort bestimmt werden kann, weshalb diese *indirekte OE* genannt werden. Eine Form von indirekten OE sind sog. "Ortsregeln", bei welchen die OE für eine Aktivität anhand des tatsächlichen Ausführungsortes einer zuvor ausgeführten OE abgeleitet wird. wird. Für die grafische Darstellung dieser OE wurden auch verschiedene abkürzende Schreibweisen eingeführt, die die praktische Nutzung der Modellierungssprache vereinfachen und der Übersichtlichkeit der Prozessmodelle dienen.

Wenn eine Aktivität von mehreren OE betroffen ist, dann können Anomalien auftreten, entweder in der Form von Redundanzen oder Widersprüchen. Bei einer Redundanz kann eine OE weggelassen werden, ohne dass sich der zulässige Ort irgendeiner Aktivität einer mögliche Prozessinstanz verändern würde; bei widersprüchlichen OE hingegen gibt es für eine bestimmte Aktivitätsinstanz keinen Ort, an dem diese ausgeführt werden kann. Es wird eine Klassifikation für verschiedene Arten von Anomalien gegeben, bevor ein systematisches Verfahren für die Analyse von Prozessmodellen mit OE auf Anomalien gegeben wird. Zur Veranschaulichung der Modellierungsmethoden werden zwei vollständige Prozesse aus typischen Anwendungsbereichen mobiler Technologien – nämlich "Vor-Ort-Kundendienst" und "Umzug von Industrie-Anlagen" – beschrieben. Weiter wird gezeigt, wie diese OE für eine andere Diagramm-Art aus der UML – nämlich den Usecase-Diagrammen – angewendet werden können.

Die verschiedenen Arten von OE werden danach unter Verwendung einer bestimmten Art von höheren Petri-Netzen – sog. Prädikaten-Transitionen-Netzen (PrT-Netzen) – formalisiert (Kapitel 8). Zur Demonstration des Einsatzes von Petri-Netzen und OE werden am Ende dieses Kapitels noch zwei weitere Beispiel-Prozesse beschrieben, wobei die Szenarien hierbei "Analyse von Bodenproben" bzw. "Ersatzteil-Lieferung" sind.

Das Problem der Anomalien bei Konfigurationen ortsabhängiger Zugriffskontrolle wurde auch für den Fall eines generischen RBAC-Modells ohne prozess-spezifische Konstrukte untersucht (Kapitel 7). Es wurden die Anomalien betrachtet, die auftreten können, wenn gleichzeitig mehrere OE auf den Ebenen "Nutzer", "Rollen", und "Berechtigungen" eines RBAC-Modells definiert werden. Dies kann etwa dazu führen, dass ein Nutzer ihm zugeordnete Rollen an keinem Ort effektiv einsetzen kann. Zur Analyse von RBAC-Konfigurationen auf solche Anomalien hin wurde deshalb das Konzept der *Abdeckung* eingeführt. Es wird dann mit den "leeren Zuordnungen" eine weitere Form von Anomalien behandelt.

9.2 Einsatz von Ortseinschränkungen in Forschungsprojekten

Das Konzept der Ortseinschränkungen ist in zwei derzeit noch laufende Verbundforschungsprojekte (Stand: Juni 2011) eingeflossen, die im Folgenden kurz vorgestellt werden.

Das Projekt "SumoDacs: Secure mobile Data Access"[1] hat zum Ziel, eine Software-Architektur zum sicheren Zugriff auf Unternehmensanwendungen unter Verwendung mobiler Computer zu realisieren [DS10] [DK11]. Bei den Unternehmensanwendungen (z.B. Kunden- und Lagerdatenbanken) kann es sich hierbei insbesondere auch um sog. Altanwendungen (Legacy Anwendungen) handeln, die also nicht speziell für den mobilen Zugriff entwickelt wurden und deshalb über sog. Wrapper in das Gesamtsystem eingebunden werden. Auf Seite der mobilen Computer kommt insbesondere eine spezielle Security-Smartcard [WIB11] zum Einsatz, die verschiedene sicherheitsrelevante Funktionen (z.B. symmetrische und asymmetrische Ver-/Entschlüsselung, Signatur, Speicherung von Schlüsseln, Secure Caching) kapselt. Diese Security-Smartcard ist insbesondere resistent gegen direkte physische Angriffe unter Laborbedingungen (sog. "Tamper Resistance" [KK99]) und liegt in verschiedenen für mobile Computer geeigneten Bauformen (u.a. als (Mikro-)-SD-Karte) vor. Ein weitere Komponente zur Erhöhung der Sicherheit im SumoDacs-Projekt ist die Verwendung ortsabhängiger Zugriffskontrolle, um den mobilen Zugriff auf bestimmte Daten an Orten zu unterbinden, wo dies mit einem zu hohen Sicherheitsrisiko (etwa durch Ausspähen von Daten) einhergeht.

"MimoSecco"[2] ist ein weiteres Projekt, in dem OE zur Absicherung des mobilen Zugriffs auf sensible Daten eingesetzt werden [AGH11][Dec11c]. Das Projektakronym steht für *"Middleware for Mobile and Secure Cloud Computing"*. Die Daten, auf die mobil

---

[1]http://www.sumodacs.de
[2]http://www.mimosecco.de

zugegriffen werden soll, werden jetzt also von den Anwendungsfirmen nicht selbst vorgehalten, sondern zu spezialisierten Anbietern "in die Cloud" ausgelagert.

Unter "Cloud Computing" versteht man die Nutzung von virtualisierten und standardisierten IT-Ressourcen – insbesondere Speicherplatz und Rechenleistung – über das Internet [AFG+10][HHK+10a][BKNT11]. Die Ressourcen werden dabei gemäß der Idee des "Utility Computings" [Iva08] zur Verfügung gestellt, d.h. es müssen nur die tatsächlich beanspruchten Ressourcen bezahlt werden ("Pay-as-you-Go") und der Nutzer kann sich die Ressourcen selbst buchen und konfigurieren (Self-Provisioning, "Selbstbedienungsprinzip"). Da mobile Computer typischerweise nur über eingeschränkte Ressourcen (z.B. Speicherplatz, CPU- und Akku-Kapazität) verfügen, ist Cloud Computing eine interessante Möglichkeit, mit der mobile Computer Daten und Berechnungen auslagern können [CM09][SBCD09]. Aber auch zum Datenabgleich zwischen verschiedenen Endgeräten desselben Nutzers oder um fehlende Peripherie zu ersetzen (z.B. Drucker [GO11]) ist Cloud Computing für mobile Computer interessant.

Zur Erhöhung der Sicherheit beim mobilen Zugriff auf in der Cloud gespeicherten Daten soll – wie schon im SumoDacs-Projekt – ortsabhängige Zugriffskontrolle eingesetzt werden. Es gibt aber auch Cloud-spezifische Sicherheitsprobleme, weil die Daten zur Verarbeitung einem fremden Dienstleister überlassen werden müssen. Der naive Ansatz, die Daten einfach vollständig zu verschlüsseln, ist höchstens für einfache Backup-Dienste sinnvoll, da der Cloud-Provider sonst die Daten nicht mehr effizient verarbeiten kann (z.B. Berechnungen ausführen, bestimmte Datensätze heraussuchen). Dieses grundsätzliche Sicherheitsproblem von Cloud Computing soll im MimoSecco-Projekt durch die bewusste Verteilung der Daten auf mehrere Cloud-Provider [HHK+10b] und den serverseitigen Einsatz von Security-Smartcards angegangen werden.

9.3 Ausblick

Eine nahe liegende Fortführung der vorliegenden Arbeit ist die Übertragung von OE auf andere Prozessmodellierungssprachen wie etwa die "Business Process Modeling Notation" (BPMN, [All08]), Ereignisgesteuerte Prozessketten (EPK, [STA05a]) oder YAWL [vdAADtH04]. Für eine nicht mehr aktuelle Version von BPMN wurde dies in [DCO+10] durchgeführt.

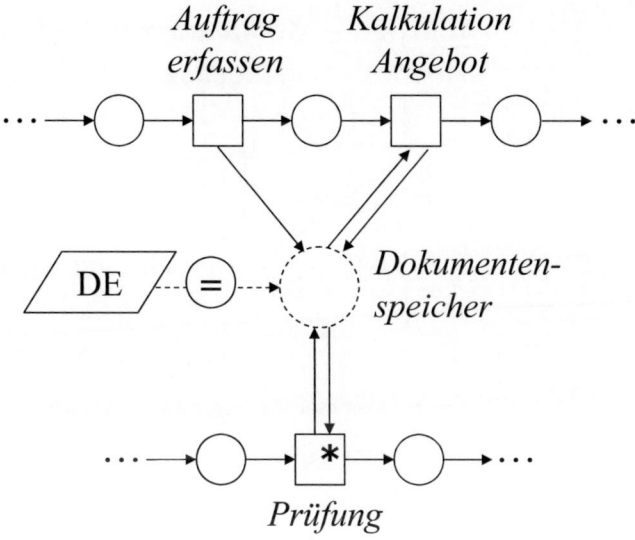

Abb. 9.1: Direkte Ortseinschränkung für eine Stelle

In der vorliegenden Arbeit wurden Ortseinschränkungen nur für Aktivitäten bzw. Transitionen definiert. Denkbar wäre es aber auch, für die Dokumentenspeicher in UML-Aktivitätsdiagrammen Ortseinschränkungen zu definieren. Damit könnte etwa ausgedrückt werden, dass auf in diesem Speicher abgelegte Dokumente nur von bestimmten Orten aus zugegriffen werden darf. Für Petri-Netze könnten analog hierzu OE für die Stellen definiert werden, da diese auch als Dokumentenspeicher interpretiert werden können. OE für Dokumentenspeicher könnten etwa dann von Vorteil sein, wenn viele Aktivitäten Dokumente aus dem Speicher lesen oder verändern, da so nur *eine* OE definiert werden muss – nämlich für den Speicher – und nicht *mehrere* für alle betroffenen Aktivitäten. Ein Beispiel hierfür ist in Abbildung 9.1 zu finden. Die Stelle "Dokumentenspeicher" ist hierbei mit einer gestrichelten Linie besonders hervorgehoben. Weiter gibt es auch die Transition "Prüfung", die mit einem "∗" versehen ist, was bedeutet, dass für diese Aktivität die Ortseinschränkungen der für das Schalten benötigten Stellen außer Kraft gesetzt sind. Dies könnte etwa damit begründet sein, dass die "Prüfung" von leitenden Angestellten durchgeführt wird, die nicht den Ortseinschränkungen unterliegen.

Neben *direkten OE*, die nur innerhalb eines bestimmten Ortes befindlichen Akteuren den Zugriff auf die im Speicher abgelegten Dokumente gewähren, sind auch *indirekte OE* für Dokumentenspeicher denkbar, z.B. dass aus dem Aufenthaltsort des Akteurs, der

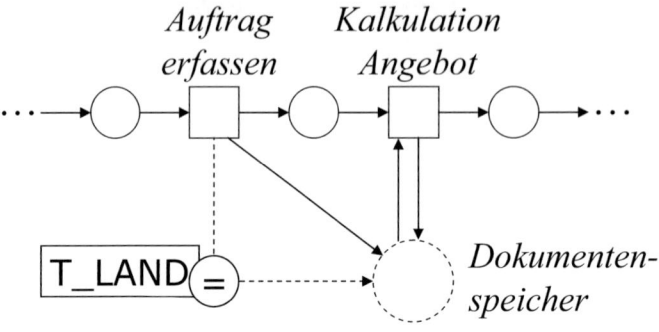

Abb. 9.2: Indirekte Ortseinschränkungen für eine Stelle

das erste Dokument im Speicher ablegt, die zulässigen Orte für alle weiteren Zugriffe auf diesen Speicher folgen. Im Beispiel in Abbildung 9.2 legt der Ausführungsort der Aktivität "Auftrag erfassen" das Land fest, von dem aus alle weiteren Zugriffe (z.B. für die Aktivität "Kalkulation Angebot") durchgeführt werden müssen.

Die vorliegende Arbeit beschränkte sich bewusst auf einen einzigen Kontext-Parameter, nämlich den Aufenthaltsort des Akteurs, weil es sich hierbei um den Kontextparameter mit der größten Spezifität für Mobile Computing handelt. Wie in Abschnitt 3.1.3 (ab Seite 47) aber schon aufgezeigt, gibt es viele andere Arten von Kontext. Es gibt Arbeiten, die allgemeine Kontextparameter für Zugriffskontrollentscheidungen auswerten, z.B. [CLS+01] [SN04] [CS06]. Es ist deshalb denkbar, die von uns vorgeschlagenen Ortseinschränkungen in Richtung allgemeiner Kontextbeschränkungen zu erweitern. In Abbildung 9.3 ist skizziert, wie dies für UML-Aktivitätsdiagramme aussehen könnte (siehe auch [Dec11a]): An die abgerundeten Vierecke wird ein Rechteck angedockt, welches eine Beschreibung des zulässigen Bereichs für einen oder mehrere Kontextparameter enthält; diese Notation ist an die von Hewett [HK09] verwendete angelehnt (siehe auch Abschnitt 6.9.1, Seite 247f), welche aber immer genau einen Ortsbezeichner für jede Aktivität definiert. Auch wenn alle in Abbildung 9.3 dargestellten Aktivitäten das zusätzliche Rechteck mit Kontexteinschränkungen haben, handelt es sich hierbei um ein optionales Element, d.h. es kann in einem Prozessmodell auch Aktivitäten ganz ohne solche Einschränkungen geben, die dann auch nicht um das Rechteck erweitert werden müssen.

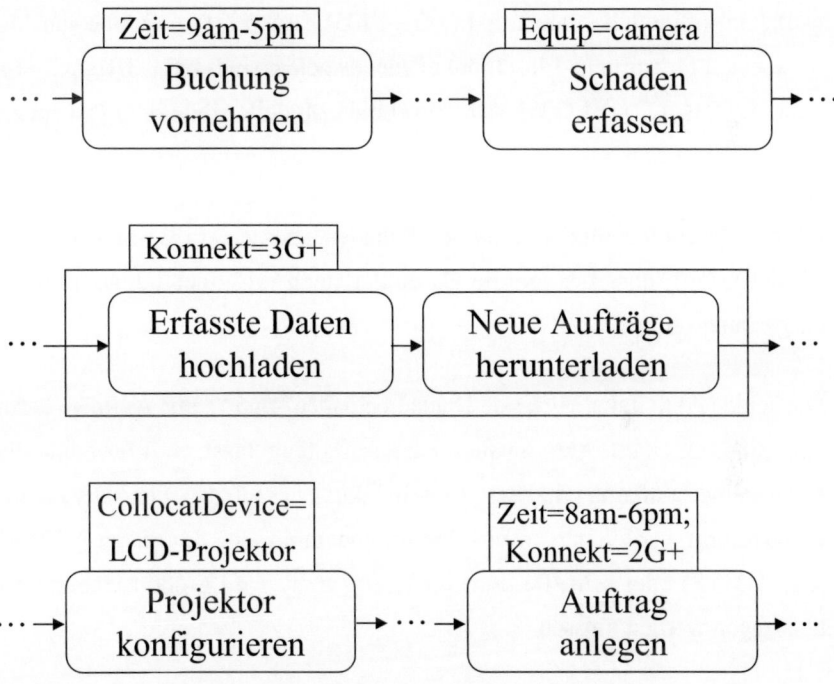

Abb. 9.3: Beispiele für allgemeine Kontexteinschränkungen

Die Kontexteinschränkungen für eine gegebene Aktivität werden als Liste von Paaren der Form "$[typ] = [wert]$" spezifiziert, womit also auf den "Key-Value"-Ansatz zur Verwaltung von Kontextinformation zurückgegriffen wird [SP04]. In Abbildung 9.3 sind die folgenden Beispiele für Einschränkungen zu finden:

- Die Aktivität "Buchung vornehmen" darf nur innerhalb der gewöhnlichen Arbeitszeit von 9 bis 17 Uhr durchgeführt werden. Zeitliche Einschränkungen wurden von einigen der in Abschnitt 4.2.5 (Seite 142ff) vorgestellten ortsabhängigen Zugriffskontrollmodelle unterstützt (z.B. [CJ05], [ASM07]). Es gibt sogar Modelle, die speziell für zeitliche Einschränkungen ausgelegt sind, z.B. "TRBAC" [BBF01] oder "GTRBAC" [JBLG05]. Alle erwähnten Modelle sind aber nicht speziell für Prozesse ausgelegt.

- Für die Durchführung der Aktivität "Schaden erfassen" (z.B. im Workflow einer Versicherung) muss der mobile Computer noch mit einer integrierten Kamera ausgestattet sein.

- Die beiden Aktivitäten "Erfasste Daten hochladen" und "Neue Aufträge herunterladen" sind mit einem Aktivitätsbereich zusammengefasst, weil für beide dieselbe Kontexteinschränkung gilt. Diese Einschränkung besagt, dass die Aktivität nur dann durchgeführt werden darf, wenn eine Internetanbindung mit einem 3G-Verfahren (z.B. UMTS) oder schneller zur Verfügung steht, weil große Mengen an Daten übertragen werden müssen.

- "Projektor konfigurieren" ist eine Aktivität, bei der der mobile Computer als Fernsteuerung eingesetzt wird. Um Missbrauch und Fehler zu vermeiden, kann diese Aktivität nur durchgeführt werden, wenn sich tatsächlich ein solches Gerät in der Nähe des mobilen Computers befindet [DP09].

- Die letzte Aktivität "Auftrag anlegen" ist mit zwei Kontexteinschränkungen versehen: wieder ist ein bestimmter Zeitraum festgelegt (nämlich 8 bis 16 Uhr), außerhalb dem die Aktivität nicht abgearbeitet werden darf. Zusätzlich wird noch eine drahtlose Internetanbindung (Konnektivität) gefordert, welche mindestens 2G-Qualität (z.B. GPRS oder EDGE) bzgl. der Datenrate bieten muss.

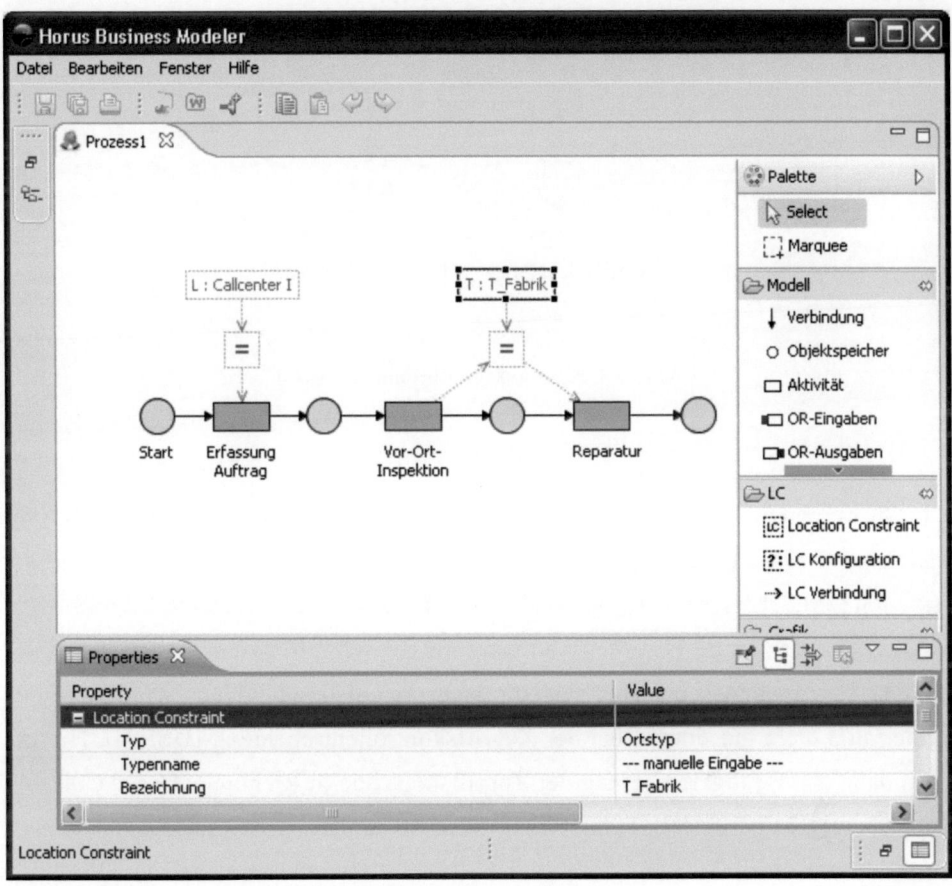

Abb. 9.4: Screenshot "Horus Business Modeler" mit Erweiterung für Ortseinschränkungen

Zur Formalisierung der Ortseinschränkungen wurden in Kapitel 7 (ab Seite 257) PrT-Netze eingesetzt. Bei PrT-Netzen handelt es sich um eine Form von höheren Petri-Netzen. Es gibt aber noch andere Arten von höheren Petri-Netzen, z.B. XML-Netze [LO01] [Len03]. Daher ist es nahe liegend, eine Formalisierung von Ortseinschränkungen unter Verwendung solcher Netze zu entwickeln und hierbei auch die einschlägigen XML-Standards für ortsbezogene Daten wie die *Geographic Markup Language* (GML, [LBTR04][Bur06]) oder die *Point of Interests eXchange Language* (POIX, [W3C99][SJ03]) zu verwenden.

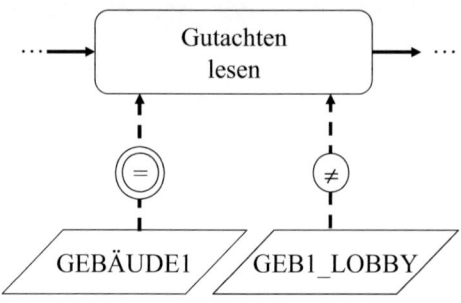

Abb. 9.5: Notation für kontinuierliche OE

Die OE werden in der vorliegenden Arbeit nur beim Start einer Aktivität überprüft (vgl. hierzu auch 194). Verlässt der Akteur also den zulässigen Bereich nach Beginn der Aktivität (z.B. Überschreitung der Stadtgrenze bei Auto- oder Zugfahrt, Überschreiten von Landesgrenzen im Flugzeug), so kann die Aktivität trotzdem weiter ausgeführt werden. Es gibt inzwischen aber auch die Idee, die Ortsbeschränkung ständig zu überprüfen und nicht nur einmal bei der Zugriffskontrollentscheidung [DBS08]. Hiermit wird dann die Verallgemeinerung der Zugriffskontrolle in Richtung "Usage Control " vollzogen [PS04][PHS+08]. Für die UML-Variante der OE ist es deshalb denkbar, noch ein Konstrukt einzuführen, mit dem ausgedrückt wird, dass die entsprechende OE für die komplette Ausführungszeit der Aktivität einzuhalten ist. Dieses Konstrukt sollte sich auf die OE und nicht die Aktivität beziehen, da eine Aktivität Ziel mehrerer OE sein kann, aber es nicht für alle OE notwendig ist, diese kontinuierlich zu überwachen.

In Abbildung 9.5 ist skizziert, wie solch ein Konstrukt grafisch dargestellt werden könnte: der Kreis mit dem Modus der OE, die die Ausführung der Aktivität auf den mit dem Bezeichner "GEBÄUDE1" beschriebenen Ort beschränkt, hat einen doppelten Kreis und soll somit also kontinuierlich überprüft werden. Die zweite OE in dieser Abbildung ist eine negative OE, welche eine Ortsinstanz referenziert, so dass die Lobby dieses Gebäudes ("GEB1_LOBBY") für diese Aktivität als Ausführungsort verboten ist. Im Beispiel ist diese OE aber ohne den doppelten Kreis dargestellt, soll also nur zu Beginn der Aktivität überprüft werden; dies könnte etwa deshalb so festgelegt worden sein, weil eine Ortung des genauen Raumes technisch aufwändiger ist als die Bestimmung des Gebäudes, in dem sich der Nutzer momentan aufhält. Auf technischer Ebene bedeutet eine kontinuierliche Zugriffskontrolle für die meisten Ortungssysteme, dass während der Ausführung der Aktivität die Ortung der mobilen Computers regelmäßig erhoben und überprüft wird, z.B. alle 10 Sekunden. Ein kürzeres Zeitintervall für diese Kontrolle erhöht also die Sicherheit, bringt aber auch eine entsprechende Systemlast mit sich. Diese Systemlast kann vor allem dann problematisch werden, wenn viele mobile Computer gleichzeitig von einem System geortet und/oder überwacht werden müssen oder ein Eigenortungsverfahren eingesetzt wird, der mobile Computer also selbst ständig seine Ortung berechnen muss, was insbesondere die Akku-Kapazität schnell erschöpfen kann. Es könnte deshalb zusätzlich annotiert werden, in welchem Intervall die Ortung vorgenommen werden soll. Wenn aber ein Ortungssystem eingesetzt wird, das nur den Wechsel von Räumen registriert (z.B. über in den Türschwellen integrierte Sensoren), so ist es nicht notwendig, regelmäßig die Ortung von diesem System abzufragen, wenn dieses die Zugriffskontrollkomponente (Referenz-Monitor) proaktiv über den geänderten Ort informiert.

Die oben beschrieben möglichen Erweiterungen für die in der vorliegenden Arbeit eingeführte Methode – also Erweiterung auf allgemeine Kontextparameter, OE für Dokumentenspeicher/Stellen und kontinuierliche Zugriffskontrolle – zeigen auf, dass diese gut erweiterbar ist, um evtl. neu auftauchenden Anforderungen gerecht zu werden. Eine solche Erweiterung könnte etwa in Form eines UML-Profils [GPR06, 94ff] vorgenommen werden.

Auch das Ortsmodell ist prinzipiell erweiterbar. Denkbar wäre etwa eine Erweiterung in Richtung hierarchischer Ortstypen, so dass es eine optionale Beziehung "liegt in" zwischen zwei Ortstypen geben kann. Diese Beziehung könnte etwa für die beiden Ortstypen "Stadtteil" und "Stadt" definiert werden, was dann bedeuten würde, dass jede Ortsinstanz des Typs "Stadtteil" vollständig innerhalb einer Instanz des übergeordneten Ortstyps – also "Stadt" – liegen muss.

Die vorgeschlagene grafische Notation sollte noch einer Evaluation [Dav05] durch Anwender unterzogen werden, wobei dies zunächst anhand der UML-Variante geschehen könnte. Im Rahmen einer solchen Evaluation könnte untersucht werden, wie gut Prozessmodelle mit OE lesbar sind [AEHE07] oder zu erstellen sind. Bei der Erstellung kann weiter unterschieden werden, ob die Modelle von Hand oder mit einem speziellen

Werkzeug erstellt wurden. Solche Evaluationen wurden schon für die UML als ganzes durchgeführt [Mv08], für die "Business Process Modeling Notation" (BPMN) [GHA10] oder vergleichend für verschiedene Notationen zur Prozessmodellierung [FMSR10]. Für die Evaluation der Werkzeug-gestützten Erstellung von Prozessdiagrammen mit OE könnte etwa eine entsprechende Erweiterung des Werkzeugs "Horus"[3] [SVOK10, 6f] verwendet werden (siehe Abbildung 9.4), wie sie prototypisch im Rahmen einer Diplomarbeit implementiert wurde [Vog10].

---

[3]http://www.aifb.uni-karlsruhe.de/BIK/KIT-Horus/ und http://www.horus.biz

Literaturverzeichnis

[AC04]   ATLURI, VIJAYALAKSHMI und SOON AE CHUN: *An Authorization Model for Geospatial Data.* IEEE Transactions on Dependable and Secure Computing, 1(4):238–254, 2004.

[AD02]   ANCKAR, BILL und DAVIDE D'INCAU: *Value-added Services in Mobile Commerce: An Analytical Framework and Empirical Findings from a National Consumer Survey.* In: *Proceedings of the 35th Hawaii International Conference on System Sciences (HICSS-35'02)*, Seiten 1444–1453, Hawaii, USA, 2002. IEEE.

[AEHE07]   ARANDA, JORGE, NEIL ERNST, JENNIFER HORKOFF und S. EASTERBROOK: *A Framework for Empirical Evaluation of Model Comprehensibility.* In: *International Workshop on Modeling in Software Engineering (MISE) at ICSE*, Minneapolis, USA, 2007. IEEE.

[AFG+10]   ARMBRUST, MICHAEL, ARMANDO FOX, REAN GRIFFITH, ANTHONY D. JOSEPH, RANDY KATZ, ANDY KONWINSKI, GUNHO LEE, DAVID PATTERSON, ARIEL RABKIN, ION STOICA und MATEI ZAHARIA: *A view of cloud computing.* Communications of the ACM, 53(4):50–58, April 2010.

[AGH11]   ACHENBACH, DIRK, MATTHIAS GABEL und MATTHIAS HUBER: *MimoSecco: A Middleware for Secure Cloud Storage.* In: *Improving Complex Systems Today. Proceedings of the 18th ISPE International Conference on Concurrent Engineering (CE 2011)*, Seiten 175–181, Cambridge, Massachusetts, USA, 2011. MIT, Springer.

[AGK+95]   ALONSO, GUSTAVO, ROGER GÜNTHÖR, MOHAN KAMATH, DIVYAKANT AGRAWAL, AMR EL ABBADI und C. MOHAN: *Exotica/FMDC:*

Handling Disconnected Clients in a Workflow Management System. In: *Proceedings of the Third International Conference on Cooperative Information Systems (CoopIS-95)*, Seiten 99–110, Vienna, Austria, 1995.

[AGK⁺96] ALONSO, G., R. GÜNTHÖR, M. KAMATH, D. AGRAWAL, A. EL AB-BADI und C. MOHAN: *Exotica/FMDC: A Workflow Management System for Mobile and Disconnected Clients.* Distributed and Parallel Databases, 4(3):229–247, 1996.

[AH96] ATLURI, VIJAYALAKSHMI und WEI-KUANG HUANG: *An Authorization Model for Workflows.* In: *Proceedings of the 4th European Symposium on Research in Computer Security (ESORICS '96)*, Seiten 44–64, Rome, Italy, 1996. Springer.

[AI11] AHSON, SYED A. und MOHAMMAD ILYAS: *Location-Based Services Handbook: Applications, Technologies, and Security.* CRC Press, Boca Raton, FL, USA, 2011.

[AL05] AALTONEN, ANTTI und JUHA LEHIKOINEN: *Refining visualization reference model for context information.* Personal Ubiquitous Computing, 9(6):381–394, 2005.

[All00] ALLEN, ROB: *Workflow: An Introduction.* In: FISCHER, LAYNA (Herausgeber): *Workflow Handbook 2001*, Seiten 15–36. Future Strategies, Lighthouse Point, Florida, USA, 2000.

[All08] ALLWEYER, THOMAS: *BPMN: Business Process Modeling Notation. Einführung in den Standard für die Geschäftsprozessmodellierung.* BoD, Norderstedt, 2008.

[AMMR09] AYRES, GARETH, RASHID MEHMOOD, KEITH MITCHELL und NICHOLAS J.P. RACE: *Localization to Enhance Security and Services in Wi-Fi Networks under Privacy Constraints.* In: *Communications Infrastructure – Systems and Applications in Europe. Proceedings of EuropeComm 2009*, LNICST, Seiten 175–188, London, U.K., 2009. Springer.

[And72]   ANDERSON, JAMES P.: *Computer Security Technology Planning Study*. Technischer Bericht ESD-TR-73-51, Electronic System Division/AFSC, Bedford, MA, USA, 1972.

[And01]   ANDERSON, ROSS: *Security Engineering. A Guide to Building Dependable Distributed Systems*. Wiley & Sons, New York, NY, USA, 2001.

[Arn04]   ARNOLD, ALFRED: *Jenseits von WEP. WLAN-Verschlüsselung durchleuchtet*. c't, 2004(21):214–219, 2004.

[ASC07]   ASCOS: *Website ASCOS*. http://ascos.eon-ruhrgas.com, 2007. Letzter Abruf: 20.09.2007.

[Ash07a]   ASHISH AGRAWAL ET AL.: *Web Services Human Task (WS-HumanTask), Version 1.0*. Organization for the Advancement of Structured Information Standards (OASIS), Billerica, MA, USA, 2007.

[Ash07b]   ASHISH AGRAWAL ET AL.: *WS-BPEL Extension for People (BPEL4People), Version 1.0*. Organization for the Advancement of Structured Information Standards (OASIS), Billerica, MA, USA, 2007.

[ASM07]   AICH, SUBHENDU, SHAMIK SURAL und ARUN K. MAJUMDAR: *STARBAC: Spatio Temporal Role Based Access Control*. In: *On the Move to Meaningful Internet Systems 2007: CoopIS, DOA, ODBASE, GADA, and IS, OTM Confederated International Conferences CoopIS, DOA, ODBASE, GADA, and IS 2007 (Proceedings, Part II)*, LNCS, Seiten 1567–1582, Vilamoura, Portugal, 2007.

[Azu03]   AZUNDRIS: *Access Control Lists in modernen Dateisystemen*. c't, 2003(23):218–221, 2003.

[BAHF05]   BOSTAN, PHILIPP, COLIN ATKINSON, OLIVER HUMMER und GIOVANNI FALCONE: *Context-Driven Service Discovery in Mobile Commerce*. In: ROTH, JÖRG (Herausgeber): *2. GI/ITG KuVS Fachgespräch – Ortsbezogene Anwendungen und Dienste*, Seiten 41–45, Stuttgart, 2005.

[Bal96]   BALZERT, HELMUT: *Lehrbuch der Software-Technik*. Spektrum, Heidelberg et al., 1996.

[Bar04]   BARKHUUS, LOUISE: *Privacy in Location-Based Services, Concern vs. Coolness.* In: *Proceedings of the Workshop on Location System Privacy and Control at Mobile HCI 2004*, Glasgow, UK,, 2004.

[Bar10]   BARTENBACH, TIM SEBASTIAN: *Softwaresysteme für mobiles Workflowmanagement.* Am Institut AIFB durchgeführte Bachelorarbeit. Referent: Prof. Dr. Andreas Oberweis. Betreuer: Peter Stürzel, Michael Decker, April 2010.

[Bau92]   BAUER, MANFRED: *Vermessung und Ortung mit Satelliten*, Band 1. Herbert Wichmann Verlag, Karlsruhe, 2. Auflage, 1992.

[Bau08]   BAUMANN, PETER: *Konzeptuelle Modellierung von Geodiensten.* Informatik Spektrum, 31(5):435–450, 2008.

[Bay09]   BAYER, MARTIN: *Clevere Tools verbessern die mobile Sicherheit.* Computerwoche, 2009(27):14–17, 2009.

[BBC⁺04]   BELUSSI, ALBERTO, ELISA BERTINO, BARBARA CATANIA, MARIA LUISA DAMIANI und ANDREA NUCITA: *An authorization model for geographical maps.* In: *Proceedings of the 12th ACM International Workshop on Geographic Information Systems (ACM-GIS 2004)*, Seiten 82–91, Washington, DC, USA, 2004. ACM.

[BBF01]   BERTINO, ELISA, PIERO BONATTI und ELENA FERRARI: *TRBAC: A Temporal Role-Based Access Control Model.* ACM Transactions on Information and System Security (TISSEC), 4(3):191–223, 2001.

[BBL04]   BYUN, JI-WON, ELISA BERTINO und NINGHUI LI: *Purpose based access control of complex data for privacy protection.* In: *Proceedings of the tenth ACM Symposium on Access Control Models and Technologies (SACMAT '05)*, Seiten 102–110, Stockholm, Sweden, 2004.

[BCDP05]   BERTINO, ELISA, BARBARA CATANIA, MARIA LUISA DAMIANI und PAOLO PERLASCA: *GEO-RBAC: A Spatially Aware RBAC.* In: *Proceedings of the Symposium on Access control Models and Technologies (SACMAT '05)*, Seiten 29–37, Stockholm, Sweden, 2005.

[BD03]   BARKHUUS, LOUISE und ANIND K. DEY: *Location-based Services for Mobile Telephony: A Study of Users' Privacy Concerns*. In: *Proceedings of the 9th IFIP International Conference on Human-Computer Interaction (Interact 2003)*, Zürich, Switzerland, 2003.

[BD04]   BALDAUF, MATTHIAS und SCHAHRAM DUSTDAR: *A Survey on Context-aware Sytems*. Technischer Bericht TUV-1841-2004-24, Distributed Systems Groups, Technical University of Vienna, Vienna, Austria, 2004.

[BD05]   BECKER, CHRISTIAN und FRANK DÜRR: *On Location Models for Ubiquitous Computing*. Personal Ubiquitous Computing, 9(1):20–31, 2005.

[BDBB08]   BHATTI, RAFAE, MARIA LUISA DAMIANI, DAVID W. BETTIS und ELISA BERTINO: *Policy Mapper: Administering Location-Based Access-Control Policies*. IEEE Internet Computing, 12(2):38–45, 2008.

[BDR06]   BUTTER, THOMAS, SINA DEIBERT und FRANZ ROTHLAUF: *Using Private and Public Context — An Approach for Mobile Discovery and Search Services*. In: KIRSTE, THOMAS, BIRGITTA KÖNIG-RIES, KEY POUSTTCHI und KLAUS TUROWSKI (Herausgeber): *Proceedings der 1. Fachtagung Mobilität und Mobile Informationssysteme (MMS)*, Band P-76 der Reihe *LNI*, Passau, Germany, 2006.

[BDSH05]   BULANDER, REBECCA, MICHAEL DECKER, GUNTHER SCHIEFER und TAMARA HÖGLER: *Kontextsensitive Werbung auf mobilen Endgeräten*. In: STUCKY, WOLFFRIED und GUNTHER SCHIEFER (Herausgeber): *Perspektiven des Mobile Business. Proceedings zur Abschlussveranstaltung „MoBuDay 2005" des Projektes „MoMa – Mobiles Marketing"*, Seiten 19–34, Karlsruhe, 2005. DUV, Wiesbaden.

[BDSK05]   BULANDER, REBECCA, MICHAEL DECKER, GUNTHER SCHIEFER und BERNHARD KÖLMEL: *Comparison of Different Approaches for Mobile Advertising*. In: LINNHOFF-POPIEN, CLAUDIA, AXEL KÜPPER und JERRY GAO (Herausgeber): *Proceedings of the 2nd IEEE International*

Workshop on Mobile Commerce and Services (WMCS '05), Seiten 174–182, Munich, Germany, 2005. IEEE.

[BDSK07] BULANDER, REBECCA, MICHAEL DECKER, GUNTHER SCHIEFER und BERNHARD KÖLMEL: *Advertising Via Mobile Terminals - Delivering Context Sensitive and Personalized Advertising While Guaranteeing Privacy*. In: FILIPE, JOAQUIM, HELDER COELHAS und MONICA SARAMAGO (Herausgeber): *E-business and Telecommunication Networks. Second International Conference, ICETE 2005, Selected Papers*, Band 3 der Reihe *CCIS*, Seiten 15–25, Berlin und Heidelberg, 2007. Springer.

[BE01a] BOTHA, REINHARDT A. und JAN H.P. ELOFF: *A framework for access control in workflow systems*. Information Management & Computer Security, 9(3):126–133, 2001.

[BE01b] BOTHA, REINHARDT A. und JAN H.P. ELOFF: *Separation of Duties for Access Control Enforcement in Workflow Environments*. IBM Systems Journal, 40(3):666–682, 2001.

[Bec04] BECKER, HARALD: *Graffiti*. Nummer 9112 in *Universal-Bibliothek*. Philipp Reclam jun., Stuttgart, 2004.

[Bel05] BELL, DAVID ELLIOTT: *Looking Back at the Bell-La Padula Model*. In: *Proceedings of the 21st Annual Computer Security Applications Conference (ACSAC 2005)*, Seiten 337–351, Tucson, AZ, USA, 2005. IEEE Computer Society.

[Ben06] BENANTAR, MESSAOUD: *Access Control Systems. Security, Identity Management and Trust Models*. Springer, New York (USA) et al., 2006.

[Bet01] BETTAG, URBAN: *Web-Services*. Informatik Spektrum, 24(5):302–304, 2001.

[BFA99] BERTINO, ELISA, ELENA FERRARI und VIJAY ATLURI: *The Specification and Enforcement of Authorization Constraints in Workflow Management Systems*. ACM Transactions on Information and System Security (TISSEC), 2(1):65–104, 1999.

[BG02]   BURRELL, JENNA und GERI K. GAY: *E-graffiti: evaluating real-world use of a context-aware system*. Interacting with Computers, 14(4):301–312, 2002.

[BGHS05]   BOOK, MATTHIAS, VOLKER GRUHN, MALTE HÜLDER und CLEMENS SCHÄFER: *Der Einfluss verschiedener Mobilitätsgrade auf die Architektur von Informationssystemen*. In: *Mobile Business - Processes, Platforms, Payment - Proceedings zur 5. Konferenz Mobile Commerce Technologien und Anwendungen (MCTA 2005)*, Seiten 117–130, Augsburg, 2005.

[BHK04]   BORN, MARC, ECKHARDT HOLZ und OLAF KATH: *Softwareentwicklung mit UML 2. Die neuen Entwurfstechniken UML 2, MOF 2 und MDA*. Addison-Wesley, München et al., 2004.

[Bib76]   BIBA, KEN J.: *Integrity Considerations for Secure Computer Systems*. Technischer Bericht MTR-3153, The MITRE Corporation, Bredford, MA, USA, 1976.

[Bie08]   BIEH, MANUEL: *Mobiles Webdesign. Konzeption, Gestaltung, Entwicklung*. Galileo Press, Bonn, 2008.

[Bil99]   BILL, RALF: *Grundlagen der Geo-Informationssysteme: Hardware, Software und Daten*, Band 1. Herbert Wichmann Verlag, Heidelberg, 4. Auflage, 1999.

[BIT07a]   BITKOM: *Private Computernutzung steigt auf 70 Prozent*. Bundesverband Informationswirtschaft, Telekommunikation und neue Medien e.V., Berlin, 2007. Pressemeldung vom 18.12.2007.

[BIT07b]   BITKOM: *Umsatz mit mobilen Navigationsgeräten klettert erstmals auf 1 Milliarde Euro*. Bundesverband Informationswirtschaft, Telekommunikation und neue Medien e.V., Hannover, 2007. Pressemeldung vom 15.03.2007.

[Bit07c]   BITNER, MARY JO: *Service Blueprinting: A Practical Technique for Service Innovation*. California Management Review, 50(3):66–94, 2007.

[BIT11]   BITKOM: *PC-Verkäufe erreichen Rekordwert*. Bundesverband Informationswirtschaft, Telekommunikation und neue Medien e.V., Berlin, Januar 2011. Pressemeldung vom 03.01.2011.

[BKA07]   BKA: *Forschungsprojekt: Gesichtserkennung als Fahndungshilfsmittel (Foto-Fahndung). Abschlussbericht*. Bundeskriminalamt der BRD, Wiesbaden, 2007.

[BKKW02]   BAUMEISTER, HUBERT, NORA KOCH, PIOTR KOSIUCZENKO und MARTIN WIRSING: *Extending Activity Diagrams to Model Mobile Systems*. In: *Proceedings of NetObjectDays (NOD)*, Seiten 278–293, Erfurt, Germany, 2002. Springer.

[BKNT11]   BAUN, CHRISTIAN, MARCEL KUNZE, JENS NIMIS und STEFAN TAI: *Cloud Computing. Web-basierte dynamische IT-Services*. Informatik im Fokus. Springer, Heidelberg et al., 2. Auflage, 2011.

[BL76]   BELL, DAVID ELLIOTT und LEONARD J. LAPADULA: *Secure Computer System: Unified Exposition and Multics Interpretation*. Technischer Bericht MTR-2997, The MITRE Corporation, Bredford, MA, USA, 1976.

[BL94]   BÜNING, HANS KLEINE und THEODOR LETTMANN: *Aussagenlogik: Deduktion und Algorithmen*. Teubner-Verlag, Stuttgart, 1994.

[BL07]   BAMBA, BHUVAN und LING LIU: *PrivacyGrid: Supporting Anonymous Location Queries in Mobile Environments*. Technischer Bericht GIT-CERCS-07-17, Georgia Institute of Technology, Atlanta, Georgia, USA, 2007.

[Ble00]   BLEICH, HOLGER: *Selbstverdunkelung – Anonymes Mailen in der Praxis*. c't, 2000(16):156–159, 2000.

[Blu07]   BLUM, RICHARD: *PostgreSQL 8 for Windows*. Database professionals library. McGraw-Hill, New York, NY, USA, 2007.

[BM08]   BREYMANN, ULRICH und HEIKO MOSEMANN: *Java ME. Anwendungsentwicklung für Handys, PDA und Co.* Hanser-Verlag, München & Wien, 2. Auflage, 2008.

[BMR05]   BETTINI, CLAUDIO, DARIO MAGGIORINI und DANIELE RIBONI: *Distributed Context Monitoring For Continuous Mobile Services*. In: KROGSTIE, JOHN, KARLHEINZ KAUTZ und DAVID ALLEN (Herausgeber): *Mobile Information Systems II (Proceedings of the IFIP TC8 Working Conference on Mobile Information Systems 2005 (MOBIS))*, Seiten 123–137, Leeds, U.K., 2005. IFIP, Springer.

[BN89]   BREWER, DAVID F. C. und MICHAEL J. NASH: *The Chinese Wall Security Policy*. In: *Proceedings of the IEEE Symposium on Research in Security and Privacy*, Seiten 206–214, Oakland, California, USA, 1989.

[Boc03]   BOCK, CONRAD: *UML 2 Activity and Action Models*. Journal of Object Technology (JOT), 2(4):43–53, 2003.

[Bor03]   BORCHERS, DETLEF: *Das „fortschrittlichste Maut-System der Welt" und die Realität*. c't, 2003(22):92–95, 2003.

[Bot01]   BOTHA, REINHARDT A.: *CoSAWoE – A Model for Context-snsitive Access Control in Workflow Environments*. Doktorarbeit, Rand Afrikaans University, Johannesburg, South Africa, 2001.

[BP00]   BAHL, PARAMVIR und VENKATA N. PADMANABHAN: *RADAR: An In-Building RF-based User Location and Tracking System*. In: *Proceedings of IEEE INFOCOMM 2000: Nineteenth Annual Joint Conference of the IEEE Computer and Communications Societies (Volume II)*, Seiten 775–784, Tel Aviv, Israel, 2000.

[BP05]   BROWN, ROSS und HYE-YOUNG PAIK: *Resource-Centric Worklist Visualisation*. In: *Proceedings of CoopIS/DOA/ODBASE*, LNCS, Seiten 94–111, Agia Napa, Cyprus, 2005.

[Bro95]   BROWN, PETER J.: *The stick-e document: a framework for creating context-aware applications*. Electronic Publishing, 8:259–272, 1995.

[Bro06]   BROCKHAUS: *Enzyklopädie in 30 Bänden*, Band 15. Brockhaus-Verlag, Leipzig und Mannheim, 21. Auflage, 2006.

[BS03]   BERESFORD, ALSTAIR R. und FRANK STAJANO: *Location Privacy in Pervasive Computing*. IEEE Pervasive Computing, 2(1):46–55, January 2003.

[BS04]   BERESFORD, ALASTAIR R. und FRANK STAJANO: *Mix Zones: User Privacy in Location-aware Services*. In: *Proceedings of the IEEE Workshop on Pervasive Computing and Communication Security (PerSec)*, Seiten 127–131. IEEE, 2004.

[BSD05]   BULANDER, REBECCA, GUNTHER SCHIEFER und MICHAEL DECKER: *Anonymity by Design - Eine Architektur zur Gewährleistung von Kundenschutz im mobilen Marketing*. In: *Proceedings zur 5. Konferenz Mobile Commerce Technologien und Anwendungen (MCTA 2005)*, LNI, Seiten 87–100, Augsburg, 2005.

[BSI07]   BSI: *IT-Grundschutz-Kataloge*. Bundesamt für Sicherheit in der Informationstechnik, Bonn, 2007. 9. Ergänzungslieferung.

[BSI09]   BSI: *Drahtlose Kommunikationssysteme und ihre Sicherheitsaspekte*. Bundesamt für Sicherheit in der Informationstechnik, Bonn, 2009.

[BSV07]   BROWN, JEFF, BILL SHIPMAN und RON VETTER: *SMS: The Short Message Service*. IEEE Computer, 40(12):106–110, 2007.

[BT02]   BALDI, STEFAN und HEIKE PYU-PYU THAUNG: *The Entertaining Way to M-Commerce: Japan's Approach to the Mobile Internet — A Model for Europe?* Electronic Markets, 12(1):6–13, 2002.

[Buß95]   BUSSLER, CHRISTOPH: *Access Control in Workflow-Management-Systems*. In: *Post-Workshop Proceedings of IT-Sicherheit*, Seiten 165–179, Wien et al., 1995. Oldenbourg-Verlag.

[Bul08]   BULANDER, REBECCA: *Customer-Relationship-Management-Systeme unter Nutzung mobiler Endgeräte*. Doktorarbeit, Wirtschaftswissenschaftliche Fakultät der Universität Karlsruhe (TH), 2008. Universitätsverlag Karlsruhe.

[Bun09]   BUNDESNETZAGENTUR FÜR ELEKTRIZITÄT, GAS, TELEKOMMUNI-
            KATION, POST UND EISENBAHNEN, Bonn: *Jahresbericht 2008*, 2009.

[Bun11]   BUNDESNETZAGENTUR FÜR ELEKTRIZITÄT, GAS, TELEKOMMUNI-
            KATION, POST UND EISENBAHNEN, Bonn: *Jahresbericht 2010*, 2011.

[Bur06]   BURGGRAF, DAVID S.: *Geography Markup Language*. Data Science
            Journal, 5:178–204, October 2006.

[BWJ05]   BETTINI, CLAUDIO, X. SEAN WANG und SUSHIL JOJODIA: *Protecting
            Privacy Against Location-Based Personal Identification*. In: *Proceedings
            of the Conference on Secure Data Management 2005*, Seiten 185–199,
            Trondheim, Norway, 2005.

[Can06]   CANALYS: *Mobile GPS Navigation Market Doubles Year-on-Year*. Re-
            search Report 2006/081, Reading, U.K., 2006.

[Can11a]   CANALYS: *Android increases smart phone market leadership with 35%
            share*. Research Release 2011/051, Palo Alto (USA) et al., May 2011.

[Can11b]   CANALYS: *Worldwide PC market up 7% as pads fuel growth*. Research
            Release 2011/043, Palo Alto (USA) et al., April 2011.

[CBC07]   CAPKUN, SRDJAN, KASPER BONNE und MARIO CAGALJ: *SecNav:
            Secure Broadcast Localization and Time Synchronization in Wireless Net-
            works*. In: *Proceedings of the 13th Annual ACM International Conference
            on Mobile Computing and Networking (MobiCom '07)*, Seiten 310–313,
            Montreal, Canada, 2007.

[CBG06]   CHO, YOUNSUN, LICHUN BAO und MICHAEL T. GOODRICH: *LAAC: A
            Location-Aware Access Control Protocol*. In: *Third Annual International
            Conference on Mobile and Ubiquitous Systems: Networking & Services
            (MOBIQUITOUS 2006)*, Seiten 1–7, San Jose, California, USA, 2006.
            IEEE Computer Society.

[CBL+06]   CHEN, SHAXUN, YINGYI BU, JUN LI, XIANPING TAO und JIAN LU:
            Toward Context-Awareness: A Workflow Embedded Middleware. In: *Pro-*

ceedings of the Third International conference on Ubiquitous Intelligence and Computing (UIC 2006), Seiten 766–775, Wuhan, China, 2006.

[CC08] CHEN, LIANG und JASON CRAMPTON: *On spatio-temporal constraints and inheritance in role-based access control.* In: *Proceedings of the 2008 ACM Symposium on Information, Computer and Communications Security (ASIACCS)*, Seiten 205–216, Tokyo, Japan, 2008. ACM.

[CCF01] CASATI, FABIO, SILVANA CASTANO und MARIA GRAZIA FUGINI: *Managing Workflow Authorization Constraints through Active Database Technology.* Information Systems Frontiers, 3(3):319–338, 3 2001.

[CCS06] CAPKUN, S., M. CAGALJ und M. SRIVASTAVA: *Secure Localization with Hidden and Mobile Base Stations.* In: *Proceedings of IEEE IN-FOCOM 2006*, Seiten 1–10, Barcelona, Spain, 2006. IEEE Computer Society.

[CD10] CHE, HAIYING und MICHAEL DECKER: *Anomalies In Business Process Models For Mobile Scenarios With Location Constraints.* In: *Proceedings of the IEEE International Conference on Automation and Logistics (ICAL 2010)*, Seiten 306–313, Hong Kong, China, 2010. IEEE.

[CEM03] CAPRA, LICIA, WOLFGANG EMMERICH und CECILIA MASCOLO: *CA-RISMA: Context-Aware Reflective Middleware System for Mobile Appli-cations.* IEEE Transactions on Software Engineering, 29(10):929–944, 2003.

[Cer02] CERAMI, ETHAN: *Web service essentials.* O'Reilly, Upper Saddle River, USA, 2002.

[CF03] CALLAGHAN, STEVE und HUGO FRUEHAUF: *SAASM and Direct P(Y) Signal Acquisition.* The Journal of Defense Software Engineering, 2003(6):12–16, 2003.

[CFL02] CHEN, HSIAO-HWA, CHANG-XIN FAN und WILLIE W. LUCA: *Chi-na's Perspectives on Mobile Communications and Beyond: TD-SCDMA Technology.* IEEE Wireless Communications, 9(2):48–59, 2002.

[CFMS94]   CASTANO, SILVANA, MARIA FUGINI, GIANCARLO MARTELLA und
            PIERANGELA SAMARATI: *Database Security*. Addison-Wesley, Woking-
            ham (U.K.) et al., 1994.

[Cha81]   CHAUM, DAVID L.: *Untraceable electronic Mail, Return Addresses,
            and Digital Pseudonyms*. Communications of the ACM, 24(2):84–88,
            February 1981.

[Cha04]   CHAPPELL, DAVID A.: *Enterprise Service Bus*. O'Reilly Media, Sebas-
            topol, CA, USA, 2004.

[Chr04]   CHRISTIAN WULLEMS: *Engineering Trusted Location Services and
            Context-aware Augmentations for Network Authorization Models*. Dok-
            torarbeit, Queensland University of Technology, Australia, 2004.

[CJ05]   CHANDRAN, SUROOP MOHAN und J.B.D. JOSHI: *LoT-RBAC: A Locati-
            on and Time-Based RBAC Model*. In: *Proceedings of the 6th International
            Conference on Web Information Systems Engineering (WISE '05)*, Seiten
            361–375, New York, USA, 2005. Springer.

[CK00]   CHEN, GUANLING und DAVID KOTZ: *A Survey of Context-Aware Mobile
            Computing Research*. Technischer Bericht TR2000-381, Dartmouth
            College, Hanover, USA, 2000.

[CL04]   CHAKRABORTY, DIPANJAN und HUI LEI: *Pervasive Enablement of
            Business Processes*. In: *Proceedings of the Second IEEE Internatio-
            nal Conference on Pervasive Computing and Communications (PerCom
            2004)*, Seiten 87–100, Orlando, FL, USA, 2004.

[CLOS09]   CHE, HAIYING, YU LI, ANDREAS OBERWEIS und WOLFFRIED
            STUCKY: *Web Service Composition Based on XML Nets*. In: *Procee-
            dings of the 42nd Hawaii International Conference on System Sciences
            (HICSS)*, Seiten 1–10, Waikoloa, Hawaii, USA, 2009.

[CLS$^+$01] COVINGTON, MICHAEL J., WENDE LONG, SRIVIDHYA SRINIVASAN,
            ANIND K. DEY, MUSTAQUE AHAMAD und GREGORY D. ABOWD:

319

Securing context-aware applications using environment roles. In: *Proceedings of the sixth ACM Symposium on Access Control Models and Technologies (SACMAT '01)*, Seiten 10–20, Chantilly, Virginia, USA, 2001. ACM.

[CM09]   CHUN, BYUNG-GON und PETROS MANIATIS: *Augmented Smartphone Applications Through Clone Cloud Execution.* In: *Proceedings of HotOS'09: 12th Workshop on Hot Topics in Operating Systems*, Monte Verita, Schweiz, 2009. USENIX Association.

[CMEBA10] CIURANA, MARC, ISRAEL MARTIN-ESCALONA und FRANCISCO BARCELO-ARROYO: *Location in Wireless Local Area Networks.* In: *Location-Based Services Handbook: Applications, Technologies, and Security*, Kapitel 3, Seiten 67–90. CRC Press, Boca Raton, FL, USA, 2010.

[CML06]   CHOW, CHI-YIN, MOHAMED F. MOKBEL und XUAN LIU: *A Peer-to-Peer Spatial Cloaking Algorithm for Anonymous Location-based Services.* In: *Proceedings of ACM-GIS '06*, Seiten 171–178, Arlington, Virginia, USA, 2006.

[Cod70]   CODD, EDGAR F.: *A Relational Model of Data for Large Shared Data Banks.* Communications of the ACM, 13(6):377–387, 1970.

[Com08]   COMPUTERWOCHE: *Motorola Aura - die Rolex unter den Handys.* http://www.computerwoche.de/1876489, 2008. Meldung vom 22.10.2008.

[CRRO08]   CHEN, WHEI-JEN, IVO RYTIR, PAUL READ und RAFAT ODEH: *DB2 Security and Compliance Solutions for Linux, UNIX and Windows.* IBM Corp., Riverton, NJ, USA, 2008.

[CS06]   COVINGTON, MICHAEL J. und MANOJ R. SASTRY: *A Contextual Attribute-Based Access Control Model.* In: *Proceedings of the OTM Workshops*, Band 4278 der Reihe *LNCS*, Seiten 1996–2006, Montpellier, France, 2006. Springer.

[CSM+02]   CHANG, ERIC, FRANK SEIDE, HELEN M. MENG, ZHUORAN CHEN, YU SHI und YUK-CHI LIANG: *A System for Spoken Query Information Retrieval on Mobile Devices*. IEEE Transactions on Speech and Audio Processing, 10(8):531–541, 2002.

[CY91]   COAD, PETER und EDWARD YOURDON: *Object-Oriented Analysis*. Yourdon Press, Englewood Cliffs, New Jersey, USA, 2. Auflage, 1991.

[DA00a]   DEY, ANIND K. und GREGORY D. ABOWD: *CybreMinder: A Context-Aware System for Supporting Reminders*. In: *Proceedings of the second International Symposium on Handheld and Ubiquitous Computing (HUC)*, Seiten 172–186, Bristol, U.K., 2000.

[DA00b]   DEY, ANIND K. und GREGORY D. ABOWD: *The Context Toolkit: Aiding the Development of Context-Aware Applications*. In: *Proceedings of the Workshop on Software Engineering for Wearable and Pervasive Computing*, Limerick, Ireland, 2000.

[DA00c]   DEY, ANIND K. und GREGORY D. ABOWD: *Towards a Better Understanding of Context and Context-Awareness*. In: *Workshop of the What, Who, Where, When and How of Context-Aareness as Part of the 2000 Conference on Human Factors in Computing Systems (CHI 2000)*, The Hague, Netherlands, 2000.

[Dam05]   DAMSGAARD, JAN: *Mobile Information Systems*. Presentation at the IFIP TC8 Working Conference on Mobile Information Systems 2005 (MOBIS 2005) in Leeds, U.K., December 2005.

[Dav05]   DAVIDSON, E. JANE: *Evaluation Methodology Basics*. Sage Publications, Thousands Oaks, CA, USA, 2005.

[DB06]   DECKER, MICHAEL und REBECCA BULANDER: *Notification Services For Mobile And Wireless Terminals*. In: FILIPE, JOAQUIM und THOMAS GREENE (Herausgeber): *Proceedings of the International Conference on E-Business (ICE-B 2006)*, Seiten 151–156, Sétubal, Portugal, 2006. INSTICC Press.

[DB07]   DECKER, MICHAEL und REBECCA BULANDER: *A Middleware Infra-structure For Mobile Services Based On An Enterprise Service Bus. Mobile Service Provisioning as SOA-Integration Problem.* In: FILIPE, J., D. A. MARCA, B. SHISHKOV und M. VAN SINDEREN (Herausgeber): *Proceedings of the International Conference on E-Business (ICE-B 2007),* Seiten 122–129, Barcelona, Spanien, 2007. INSTICC.

[DB08]   DECKER, MICHAEL und REBECCA BULANDER: *A Platform for Mobile Service Provisioning Based on SOA-Integration.* In: FILIPE, JOAQUIM und MOHAMMAD OBAIDAT (Herausgeber): *E-Business and Telecommunications (ICETE 2007),* Seiten 72–84. Springer, Berlin und Heidelberg, 2008.

[DBHS06]   DECKER, MICHAEL, REBECCA BULANDER, TAMARA HÖGLER und GUNTHER SCHIEFER: *m-Advertising: Werbung mit mobilen Endgerä-ten - ein Überblick.* In: KIRSTE, THOMAS, BIRGITTA KÖNIG-RIES, KEY POUSTTCHI und KLAUS TUROWSKI (Herausgeber): *Mobile Infor-mationssysteme - Potentiale, Hindernisse, Einsatz. Proceedings der 1. Fachtagung Mobilität und Mobile Informationssysteme (MMS),* Band P-76 der Reihe *Lecture Notes in Informatics (LNI),* Seiten 103–114, Passau, 2006. GI.

[DBP07]   DAMIANI, MARIA LUISA, ELISA BERTINO und PAOLO PERLASCA: *Data Security in Location-Aware Applications: An Approach Based on RBAC.* International Journal of Information and Computer Security (IJICS), 1(1/2):5–38, 2007.

[DBS08]   DAMIANI, MARIA LUISA, ELISA BERTINO und CLAUDIO SILVESTRI: *Approach to Supporting Continuity of Usage in Location-Based Access Control.* In: *FTDCS '08: Proceedings of the 2008 12th IEEE International Workshop on Future Trends of Distributed Computing Systems,* Seiten 199–205, Washington, DC, USA, 2008. IEEE Computer Society.

[DBSK05]   DECKER, MICHAEL, REBECCA BULANDER, GUNTHER SCHIEFER und BERNHARD KÖLMEL: *A System for Mobile and Wireless Advertising.*

In: KROGSTIE, JOHN, KARLHEINZ KAUTZ und DAVID ALLEN (Herausgeber): *Mobile Information Systems II. Proceedings of the IFIP TC8 Working Conference on Mobile Information Systems 2005 (MOBIS)*, Seiten 287–301, Leeds, U.K., 2005. IFIP, Springer.

[DCO+10]   DECKER, MICHAEL, HAIYING CHE, ANDREAS OBERWEIS, PETER STÜRZEL und MATTHIAS VOGEL: *Modeling Mobile Workflows with BPMN*. In: *Proceedings of the Ninth International Conference on Mobile Business (ICMB 2010)/Ninth Global Mobility Roundtable (GMR 2010)*, Seiten 272–279, Athens, Greece, 2010. IEEE.

[DD79]   DENNING, DOROTHY und PETER DENNING: *Data Security*. ACM Computing Surveys, 11(3):227–249, 1979.

[DE00]   DESEL, JÖRG und THOMAS ERWIN: *Modeling, Simulation and Analysis of Business Processes*. In: *Business Process Management. Models, Techniques, and Empirical Studies*, LNCS, Seiten 129–141. Springer, Berlin et al., 2000.

[Dec06]   DECKER, MICHAEL: *Generalized Notification Services: A Simple but Versatile Paradigm for the Implementation of Mobile Data Services*. In: KUSHCHU, IBRAHIM, CHESTER BORUCKI und GERALDINE FITZPATRICK (Herausgeber): *Proceedings of the Second European Conference on Mobile Government – Opportunities for eGovernment: Adapting to Mobile and Ubiquitous Business*, Seiten 81–90, Brighton, U.K., 2006. Mobile Government Consortium International.

[Dec07a]   DECKER, MICHAEL: *An Enterprise Service Bus for Mobile Service Provisioning*. In: *Proceedings of the Conference on Wireless Applications and Computing (WAC '07)*, Seite 126, Lisbon, Portugal, 2007.

[Dec07b]   DECKER, MICHAEL: *M-Advertising*. In: TANIAR, DAVID (Herausgeber): *Encyclopedia of Mobile Computing and Commerce*, Band I, Seiten 398–402. Information Science Reference, Hershey, PA, USA, 2007.

[Dec07c]   DECKER, MICHAEL: *Notification Services for Mobile Scenarios*. In: TANIAR, DAVID (Herausgeber): *Encyclopedia of Mobile Computing and*

Commerce, Band II, Seiten 711–716. Information Science Reference, Hershey, PA, USA, 2007.

[Dec07d] DECKER, MICHAEL: *Spezielle Datenschutzprobleme und technische Gegenmaßnahmen bei ortsbezogenen Diensten – Ein Überblick*. In: ROTH, JÖRG, AXEL KÜPPER und CLAUDIA LINNHOFF-POPIEN (Herausgeber): *4. GI/ITG KuVS Fachgespräch „Ortsbezogene Anwendungen und Dienste"*, Seiten 61–65, München, 2007.

[Dec08a] DECKER, MICHAEL: *A Location-Aware Access Control Model for Mobile Workflow Systems*. In: *Proceedings of the Conference on Wireless Applications and Computing (WAC 2008)*, Seiten 45–52, Amsterdam, Netherlands, 2008.

[Dec08b] DECKER, MICHAEL: *A Security Model for Mobile Processes*. In: *Proceedings of the International Conference on Mobile Business (ICMB 08)*, Barcelona, Spain, 2008. IEEE.

[Dec08c] DECKER, MICHAEL: *An Access-Control Model for Mobile Computing with Spatial Constraints - Location-aware Role-based Access Control with a Method for Consistency Checks*. In: *Proceedings of the International Conference on e-Business (ICE-B 2008)*, Seiten 185–190, Porto, Portugal, 2008. INSTICC.

[Dec08d] DECKER, MICHAEL: *Location-Aware Access Control for Mobile Information Systems*. In: CUNNINGHAM, PAUL und MIRIAM CUNNINGHAM (Herausgeber): *Collaboration and the Knowledge Economy: Issues, Applications, Case Studies. Proceedings of eChallenges 2008*, Seiten 1273–1280, Stockholm, Sweden, 2008. IOS Press.

[Dec08e] DECKER, MICHAEL: *Location Privacy – An Overview*. In: *Proceedings of the International Conference on Mobile Business (ICMB 08)*, Barcelona, Spain, 2008. IEEE.

[Dec08f] DECKER, MICHAEL: *Requirements for a Location-Based Access Control Model*. In: *Proceedings of the 6th International Conference on Advances in Mobile Computing & Multimedia (MoMM 2008): Third International Workshop on Broadband and Wireless Computing, Communication and Applications (BWCCA 2008)*, Seiten 346–349, Linz, Austria, 2008. ACM.

[Dec09a] DECKER, MICHAEL: *A Location-Aware Access Control Model for Mobile Workflow Systems*. International Journal of Information Technology and Web Engineering (IJITWE), 4(1):50–66, January-March 2009.

[Dec09b] DECKER, MICHAEL: *An UML Profile for the Modelling of mobile Business Processes and Workflows*. In: *Proceedings of the 5th International ICST Mobile Multimedia Communications Conference (MobiMedia)*, Kingston upon Thames, U.K., 2009. ACM. Article No. 38.

[Dec09c] DECKER, MICHAEL: *Ein Überblick über Ansätze zur Vermeidung der Manipulation von Ortungsverfahren*. In: BICK, MARKUS, MARTIN BREUNIG und HAGEN HÖPFNER (Herausgeber): *Proceedings zur 4. Konferenz Mobile und ubiquitäre Informationssysteme (MMS 2009)*, Nummer P-146 in *LNI*, Seiten 53–66, Münster, 2009. GI e.V., Köllen Druck+Verlag GmbH.

[Dec09d] DECKER, MICHAEL: *Location-Aware Access Control*. Kapitel für Buchprojekt „Software Methodologies for Mobile Applications" (nicht veröffentlicht), 2009.

[Dec09e] DECKER, MICHAEL: *Location-Aware Access Control: An Overview*. In: *Proceedings of Informatics 2009 — Special Session on Wireless Applications and Computing (WAC '09)*, Seiten 75–82, Carvoeiro, Portugal, 2009.

[Dec09f] DECKER, MICHAEL: *Location-Aware Discretionary Access Control based on the Unix Permission Bits Model*. In: *Proceedings des sechsten Fachgespräch „Ortsbezogene Anwendungen und Dienste" der GI-Fachgruppe KuVS*, Nummer Heft 18 in *Heidelberger Geographische Bausteine*, Seiten 21–30, Bonn, 2009. GI/ITG, Geographisches Institut der Universität Heidelberg.

[Dec09g]   DECKER, MICHAEL: *Mandatory and Location-Aware Access Control for Relational Databases*. In: RASHID MEHMOOD ET AL. (Herausgeber): *Proceedings of the International Conference on Communication Infrastructure, Systems and Applications in Europe (EuropeComm 2009)*, Nummer 16 in *LNICST*, Seiten 217–228, London, U.K., 2009. Springer.

[Dec09h]   DECKER, MICHAEL: *Modelling Location-Aware Access Control Constraints for Mobile Workflows with UML Activity Diagrams*. In: *The Third International Conference on Mobile Ubiquitous Computing, Systems, Services and Technologies (UbiComm 2009)*, Seiten 263–268, Sliema, Malta, 2009. IEEE.

[Dec09i]   DECKER, MICHAEL: *An Overview on Different Approaches to Prevent Location-Spoofing*. Kapitel für Buchprojekt „Software Methodologies for Mobile Applications" (nicht veröffentlicht), 2009.

[Dec09j]   DECKER, MICHAEL: *Prevention of Location-Spoofing. A Survey on Different Methods to Prevent the Manipulation of Locating-Technologies*. In: *Proceedings of the International Conference on e-Business (ICE-B)*, Seiten 109–114, Milan, Italy, 2009. INSTICC.

[Dec10a]   DECKER, MICHAEL: *Location-aware Access Control: An Overview*. International Journal on Computer Science and Information System (IJC-SIS), 5(1):26–44, 2010.

[Dec10b]   DECKER, MICHAEL: *Modelling of Mobile Workflows with UML*. International Journal On Advances in Telecommunications, 3(1+2):59–71, 2010.

[Dec11a]   DECKER, MICHAEL: *Kontextsensitive Einschränkungen für mobile Geschäftsprozesse*. In: *Proceedings des siebten Fachgespräch „Ortsbezogene Anwendungen und Dienste" (2010) der GI-Fachgruppe KuVS*, Seiten 201–208, Berlin, 2011. Logos-Verlag.

[Dec11b]   DECKER, MICHAEL: *Location-Aware Access Control for Mobile Workflow Systems*. In: ALKHATIB, GHAZI I. (Herausgeber): *Web Engineered*

Applications for Evolving Organizations: Emerging Knowledge, Kapitel 4, Seiten 44–62. Information Science Reference, Hershey, PA, USA, 2011.

[Dec11c] DECKER, MICHAEL: *MimoSecco: Eine Middleware für sicheres Cloud Computing mit mobilen Endgeräten.* In: *Tagungsband des Workshops „ perspeGKtive – Innovative und sichere Informationstechnologie für das Gesundheitswesen von Morgen"*, Darmstadt, 2011. Akzeptiert.

[Dec11d] DECKER, MICHAEL: *Modellierung von Ortseinschränkungen für mobile Geschäftsprozesse mit höheren Petri-Netzen.* In: *Mobile und ubiquitäre Informationssysteme. Proceedings zur 6. Konferenz Mobile und ubiquitäre Informationssysteme (MMS 2011)*, LNI, Seiten 105–118, Kaiserslautern, 2011. GI.

[Dec11e] DECKER, MICHAEL: *Modelling of Location-Aware Access Control Rules.* In: CRUZ-CUNHA, MARIA und FERNANDO MOREIRA (Herausgeber): *Handbook of Research on Mobility and Computing: Evolving Technologies and Ubiquitous Impacts*, Kapitel 57, Seiten 912–929. Information Science Reference, Hershey, PA, USA, 2011.

[DEG⁺10] DECKER, MICHAEL, DANIEL EICHHORN, EMANUEL GEORGIEW, ANDREAS OBERWEIS, JOHANNES PLASSMANN, THILO STECKEL und PETER STÜRZEL: *Modelling and Enforcement of Location Constraints in an Agricultural Application Scenario.* In: *Proceedings of the Conference on Wireless Applications and Computing 2010 (WAC 2010)*, Seiten 67–74, Freiburg, 2010.

[Den82] DENNING, DOROTHY: *Cryptography and Data Security.* Addison-Wesley, Reading, MA, USA, 1982.

[Der11] DER STANDARD: *Amazon eröffnet Appstore, wird von Apple geklagt.* Wien, 2011. Artikel auf Seite 32 in der Ausgabe vom 23.03.2011.

[Dey01] DEY, ANIND K.: *Understanding and Using Context.* Personal and Ubiquitous Computing Journal, 5(1):4–7, 2001.

[DGG95]   DITTRICH, KLAUS R., STELLA GATZIU und ANDREAS GEPPERT: *The Active Database Management System Manifesto: A Rulebase of ADBMS Features*. In: *Proceedings of the Second International Workshop on Rules in Database Systems (RIDS '95)*, LNCS, Seiten 3–20, Athens, Greece, 1995.

[DGK02]   DUNT, EMILY, JOSHUA GANS und STEPHEN KING: *The economic consequences of DVD regional restrictions*. Economic Papers, 21(1):32–45, 2002.

[Die07]   DIEPRESSE.COM: *GB: Jeder Londoner wird täglich von 300 Kameras gefilmt*. http://www.diepresse.com/home/techscience/hightech/318817, 2007. Meldung vom 24.07.2007.

[DiM08]   DIMARZIO, JEROME: *Android: A Programmer's Guide*. McGraw Hill, New York, USA, 2008.

[DIMS07]   DECKER, MICHAEL, KATHARINA ISSEL, JOANNA MROZIK und GUNTHER SCHIEFER: *The Role of Small and Medium-Sized Enterprises in Repeating the Success of the Internet in the Wireless World*. In: CUNNINGHAM, PAUL und MIRIAM CUNNINGHAM (Herausgeber): *Expanding the Knowledge Economy. Issues, Applications, Case Studies*, Band IV, Seiten 1442–1449, The Hague, Netherlands, 2007. eChallenges, IOS Press. Proceedings of eChallenges 2007.

[DJMZ05]   DOSTAL, WOLFGANG, MARIO JECKLE, INGO MELZER und BARBARA ZENGLER: *Service-orientierte Architekturen mit Web Services. Konzepte — Standards — Praxis*. Elsevier/Spektrum Akademischer Verlag, Heidelberg, 2005.

[DK11]   DECKER, MICHAEL und BERNHARD KÖLMEL: *SumoDacs: Absicherung des mobilen Zugriffs auf Unternehmensanwendungen mit einer manipulationsresistenten Smartcard*. In: *Tagungsband des 3. Internationalen Kongress „Sichere Identität"*, Seiten 40–44, Berlin, 2011. Innovationscluster „Sichere Identität" in Berlin-Brandenburg, Fraunhofer.

[DKK+10]   DECKER, MICHAEL, BJÖRN KEUTER, STEFAN KLINK, ANDREAS
            OBERWEIS und PETER STÜRZEL: *Workflow-Management mit Mobile
            Computing: Ein Überblick.* In: *Proceedings des 6. KuVS-Fachgespräch
            „Ortsbezogene Anwendungen und Dienste" (2009)*, Nummer 18 in *Hei-
            delberger Geographische Bausteine*, Seiten 145–154, Bonn, Germany,
            2010. Geographisches Institut der Universität Heidelberg.

[DLA05]   DANEZIS, GEORGE, STEPHEN LEWIS und ROSS ANDERSON: *How
            Much is Location Privacy Worth?* In: *Proceedings of the Fourth Workshop
            on the Economics of Information Security*, Cambridge, Massachusetts,
            USA, 2005. Harvard University.

[dLvdAtH08] LEONI, MASSIMILIANO DE, WIL M. P. VAN DER AALST und AR-
            THUR H. M. TER HOFSTEDE: *Visual Support for Work Assignment in
            Process-Aware Information Systems.* In: DUMAS, MARLON, MANFRED
            REICHERT und MING-CHIEN SHAN (Herausgeber): *Proceedings of the
            6th International Conference on Business Process Management (BPM)*,
            Band 5240 der Reihe *Lecture Notes in Computer Science*, Seiten 67–83,
            Milan, Italy, 2008. Springer.

[DM96]   DENNING, DOROTHY E. und PETER F. MACDORAN: *Location-Based
            Authentication: Grounding Cyberspace for Better Security.* Computer
            Fraud & Security, 1996(2):12–16, February 1996.

[DMPD99]   DOMINGOS, HENRIQUE, JOSE LEGATHEAUX MARTINS, NUNO PRE-
            GUICA und SERGIO M. DUARTE: *A Workflow-Architecture to Manage
            Mobile Collaborative Work.* In: *Proceedings of Encontro Portugues de
            Computacao Movel (EPCM '99)*, Tomar, Portugal, 1999.

[DN09]   DRETZKE, BURKHARD und MARGARET NESTERENKO: *False friends:
            a short dictionary.* Reclam, Stuttgart, 2009.

[DNW06]   DRÖGE, RUPRECHT, PETER NOWAK und TORSTEN WEBER: *Program-
            mieren mit dem .NET Compact Framework. Anwendungsentwicklung für
            mobile Geräte.* Microsoft Press Deutschland, Unterschleißheim, 2006.

[Dou04]   DOURISH, PAUL: *What we talk about when we talk about context*. Personal Ubiquitous Computing, 8(1):19–30, 2004.

[DP09]   DECKER, MICHAEL und ROMAN POVALEJ: *Proximity-Based Access Control with RFID for Mobile Computing*. In: *Proceedings of eChallenges 2009*, Istanbul, Turkey, 2009. IIMC.

[DS10]   DECKER, MICHAEL und GUNTHER SCHIEFER: *The SumoDacs-Project: Secure Mobile Data Access with a Tamperproof Hardware Token*. In: *Proceedings of eChallenges 2010*, Warsaw, Poland, 2010. IIMC, IEEE.

[DSB06a]   DECKER, MICHAEL, GUNTHER SCHIEFER und REBECCA BULANDER: *KMU-spezifische Herausforderungen bei der Entwicklung und dem Betrieb mobiler Dienste*. In: HOCHBERGER, CHRISTIAN und RÜDIGER LISKOWSKY (Herausgeber): *Informatik 2006: Beiträge der 36. Jahrestagung der Gesellschaft für Informatik e.V.*, Nummer P-93 in *LNI*, Seiten 195–201, Dresden, Oktober 2006. GI.

[DSB06b]   DECKER, MICHAEL, GUNTHER SCHIEFER und REBECCA BULANDER: *A SME-friendly framework for the provision of mobile services*. In: *m-Business Revisited - From Speculation to Reality. Proceedings of the 5th International Conference on Mobile Business (ICMB 2006)*, Copenhagen, Denmark, 2006. IEEE.

[DSBW+06]   DAVIS, JOHN, DABY SOW, DANIELA BOURGES-WALDEGG, CHANG JIE GUO, CHRISTIAN HOERTNAG, MARKUS STOLZE, BRIAN WHITE EAGLE und YING YIN: *Supporting Mobile Business Workflow with Commune*. In: *Proceedings of the Seventh IEEE Workshop on Mobile Computing Systems & Applications (WMCSA '06)*, Seiten 10–18, Washington, DC, USA, 2006. IEEE Computer Society.

[DSKO09]   DECKER, MICHAEL, PETER STÜRZEL, STEFAN KLINK und ANDREAS OBERWEIS: *Location Constraints for Mobile Workflows*. In: JUAN ENRIQUE AGUDO ET AL. (Herausgeber): *Proceedings of the Conference on Techniques and Applications for Mobile Commerce (TAMoCo '09)*, Seiten 93–102, Merida, Spain, 2009. IOS Press.

[DSO10]   DECKER, MICHAEL, PETER STÜRZEL und ANDREAS OBERWEIS: *Orts-abhängiger Dokumentenzugriff mit Discretionary Access Control*. In: *Proceedings zur 5. Konferenz Mobile und ubiquitäre Informationssysteme (MMS 2010)*, Nummer P-163 in *LNI*, Seiten 153–166, Göttingen, 2010. GI.

[dVPS03]   VIMERCATI, SABRINA DE CAPITANI DI, STEFANO PARABOSCHI und PIERANGELA SAMARATI: *Access control: principles and solutions*. Software – Practice and Experience, 33(5):397–421, 2003.

[Eck06]   ECKERT, CLAUDIA: *IT-Sicherheit. Konzepte – Verfahren – Protokolle*. Oldenbourg, München, 2006.

[EFHT05]   ENGELS, GREGOR, ALEXANDER FÖRSTER, REIKO HECKEL und SEBASTIAN THÖNE: *Process-Aware Information Systems. Bridging People and Software Through Process Technology*, Kapitel Process Modeling Using UML, Seiten 85–117. John Wiley & Sons, New York, USA, et al., 2005.

[EKP08]   EISENBARTH, THOMAS, TIMO KASPER und CHRISTOF PAAR: *Sicherheit moderner Funktüröffnersysteme*. Datenschutz und Datensicherheit (DuD), 32(8):507–510, 2008.

[EMi02]   EMIND@EMIND, Hamburg: *Hier geht's lang mit den Location-based Services. eMind@emnid-Studie zum Empfang standortbezogener Mobilfunkdienste*, August 2002. Pressemeldung.

[EN04]   ELMASRI, RAMEZ und SHAMKANT NAVATHE: *Fundamentals of Database Systems*. Pearson, Boston, USA et al., 4. Auflage, 2004.

[End04]   ENDRES, JOHANNES: *Immobile Computing. Diebstahlsicherungen für Notebooks*. c't, 2004(16):175, 2004.

[Eur03]   EUROPEAN COMMISSION: *The Galilei Project. Galileo Design Consolidation*, 2003.

[Fil03]   FILMAN, ROBERT E.: *Do You Know How to Get to Carnegie Hall?* IEEE Internet Computing, 7(2):4–5, 2003.

[Fin03]   FINKENZELLER, KLAUS: *RFID Handbook. Fundamentals and Applications in contactless Smart Cards and Identification.* John Wiley & Sons, Chichester, U.K., 2003.

[FJKP95]   FEDERRATH, H., A. JERICHOW, D. KESDOGAN und A. PFITZMANN: *Security in public Mobile Communication Networks.* In: *Proceedings of the IFIP TC 6 International Workshop on Personal Wireless Communications*, Seiten 105–116, Prague, Czech Republic, 1995. IFIP.

[FKC03]   FERRAIOLO, DAVID F., D. RICHARD KUHN und RAMASWAMY CHANDRAMOULI: *Role-Based Access Control.* Artech House, Boston (USA) and London (U.K.), 2003.

[FKC07]   FERRAIOLO, DAVID F., D. RICHARD KUHN und RAMASWAMY CHANDRAMOULI: *Role-Based Access Control.* Artech House, Boston (USA) and London (U.K.), 2. Auflage, 2007.

[FMSR10]   FIGL, KATHRIN, JAN MENDLING, MARK STREMBECK und JAN RECKER: *On the Cognitive Effectiveness of Routing Symbols in Process Modeling Languages.* In: *Proceedings of the 13th International Conference on Business Information Systems (BIS)*, Seiten 230–241, Berlin, 2010. Springer.

[For07]   FORSCHUNGSGRUPPE „MOBILE BUSINESS" AM INSTITUT AIFB DER UNIVERSITÄT KARLSRUHE (TH): *Glossar Mobile Business*, 2007.

[Fox08]   FOXNEWS.COM: *Laptops Outsell Desktop PCs for First Time Ever.* http://www.foxnews.com/story/0,2933,471945,00.html, 2008. Meldung vom 24.12.2008.

[FP04]   FEDERRATH, HANNES und ANDREAS PFITZMANN: *Taschenbuch der Informatik*, Kapitel Kapitel 15: Datenschutz und Datensicherheit, Seiten 467–488. Fachbuchverlag Leipzig, 5. Auflage, 2004.

[Fra01]   FRAUNHOFER INSTITUT FÜR SOFTWARE- UND SYSTEMTECHNIK (ISST): *Aptus Weather: Weather Information on Demand.* Dortmund und Berlin, 2001.

[FSG+01]   FERRAIOLO, DAVID F., RAVI SANDHU, ERBAN GAVRILA, D. RI-
            CHARD KUHN und RAMASWAMY CHANDRAMOULI: *Proposed NIST
            Standard for Role-Based Access Control.* ACM Transactions on Informa-
            tion and System Security, 4(3):224–274, 2001.

[FZI09]   FZI : *Mobile IT.* Broschüre des Forschungszentrum für Informatik an
            der Universität Karlsruhe (TH), 2009.

[Gal02]   GALLAGHER, MARKUS: *Location-Based Authorization.* Diplomarbeit,
            University of Minnesota, U.S.A., 2002. Betreuer: Professor Shashi Shek-
            har.

[Gar07]   GARMIN: *nüvi: Navigationsgeräte Übersicht.* Produktbroschüre, 2007.

[GD71]   GRAHAM, G. SCOTT und PETER J. DENNING: *Protection: principles
            and practice.* In: *AFIPS '71 (Fall): Proceedings of the November 16-
            18, 1971, Fall Joint Computer Conference,* Seiten 417–429, Las Vegas,
            Nevada, USA, 1971. ACM.

[Gen87]   GENRICH, HARTMANN J.: *Predicate/Transition Nets.* In: *Advances in
            Petri Nets. Proceedings of an Advanced Course,* Band 254 der Reihe
            LNCS, Seiten 207–247, Bad Honnef, 1987. Springer.

[Gen94]   GENESERETH, MICHAEL R.: *Software Agents.* Communications of the
            ACM, 37(7):48, July 1994.

[GfK08]   GFK: *Tragbare Navigationsgeräte auf Erfolgskurs.* Nürnberg, 2008.
            Pressemitteilung der Gesellschaft für Konsumforschung vom 14.02.2008.

[GG03]   GRUTESER, MARCO und DIRK GRUNWALD: *Anonymous Usage of
            Location-Based Services Through Spatial and Temporal Cloaking.* In:
            *Proceedings of the First International Conference on Mobile Systems,
            Applications and Services (MobiSys '03),* Seiten 31–42. ACM, San Fran-
            cisco, CA, USA 2003.

[GG07]   GOVIL, JIVESJ und JIVIKA GOVIL: *4G Mobile Communication Systems:
            Turns, Trends and Transition.* In: *Proceedings of the 2nd International*

Conference on Convergence Information Technology (ICCIT 07), Seiten 13–18, Korea, 2007.

[GGD⁺07] GRELIER, THOMAS, ALAIN GHION, JOEL DANTEPAL, LIONEL RIES, ANTOINE DELATOUR, JEAN-LUC ISSLER, JOSE-ANGEL AVILA-RODRIGUES, STEFAN WALLNER und GUENTER HEIN: *Compass Signal Structure and First Measurements*. In: *Proceedings of ION GNSS 2007*, Fort Worth, TX, USA, 2007.

[GHA10] GENON, NICOLAS, PATRICK HEYMANS und DANIEL AMYOT: *Analysing the Cognitive Effectiveness of the BPMN 2.0 Visual Notation*. In: *Proceedings of the Third International Conference (SLE 2010)*, LNCS, Seiten 377–396, Eindhoven, The Netherlands, 2010. Springer.

[GHS95] GEORGAKOPOULOS, DIMITRIOS, MARK HORNICK und AMIT SHETH: *An Overview of Workflow Management: From Process Modeling to Workflow Automation Infrastructure*. Distributed and Parallel Databases, 3(2):119–153, 1995.

[GKK05] GRUHN, VOLKER, ANDRÉ KÖHLER und ROBERT KLAWES: *Modeling and Analysis of Mobile Service Processes by Example of the Housing Industry*. In: *Proceedings of Business Process Management (BPM '05)*, Seiten 1–16, Nancy, France, 2005.

[GKP94] GRAHAM, RONALD L., DONALD E. KNUTH und OREN PATASHNIK: *Concrete Mathematics. A Foundation for Computer Science*. Addison-Wesley Professional, Reading, MA, USA et al., 2 Auflage, 1994.

[GL81] GENRICH, HARTMANN J. und KURT LAUTENBACH: *System Modelling with High-Level Petri Nets*. Theoretical Computer Science, 13(1):109–136, 1981.

[GL05] GEDIK, BUGRA und LING LIU: *A Customizable k-Anonymity Model for Protecting Location Privacy*. In: *Proceedings of the 25th International Conference on Distributed Computing Systems (IEEE ICDCS 2005)*, Seiten 620–629, Columbus, Ohio, USA, June 2005. IEEE.

[GM84]   GRAMPP, FRED T. und ROBERT H. MORRIS: *UNIX Operating System Security*. AT&T Bell Laboratories Technical Journal, 63(8):1649–1672, 1984.

[GM02]   GRASSI, VINCENZO und RAFFAELA MIRANDOLA: *PRIMAmob-UML: a Methodology for Performance Analysis of Mobile Software Architectures.* In: *Proccedings of WOSP '02*, Seiten 262–274, Rome, Italy, 2002. ACM Press.

[GM03]   GRONAU, NORBERT und SONJA MARTENS: *Erschließung neuer Potentiale im Wissensmanagement über den mobilen Kanal.* Technischer Bericht, Abt. Wirtschaftsinformatik, Universität Oldenburg, 2003.

[GMS04]   GRASSI, VINCENZO, RAFFAELA MIRANDOLA und ANTONIO SABETTA: *A UML Profile to Model Mobile Systems.* In: *Proceedings of the Seventh International Conference on the Unified Modeling Language - the Language and its applications (UML 2004)*, LNCS, Seiten 128–142, Lisbon, Portugal, 2004. Springer.

[GO11]   GERBER, TIM und RULF OPTIZ: *Wolken-Druckerei. Ausdrucken vom Smartphone und von Cloud-Diensten.* c't, 2011(9):108–111, 2011.

[Gol07]   GOLEM: *Umsatz-Plus bei Blackberry-Hersteller RIM.* http://www.golem.de/print.php?a=55185, Oktober 2007. Meldung vom 05.10.2007.

[Gol10]   GOLEM: *RTL Now: Mobile Videostreams erst nach Nutzerortung.* http://www.golem.de/1012/80025.html, 2010. Meldung vom 09.12.2010.

[GPR06]   GRUHN, VOLKER, DANIEL PIEPER und CARSTEN RÖTTGERS: *MDA. Effektives Software-Engineering mit UML2 und Eclipse.* Springer, Berlin & Heidelberg, 2006.

[GPS09]   GPS WORLD: *GNSS/GPS Re-Radiating Kit.* http://www.gps-world.biz/products/reradproducts.php, 2009. Letzter Abruf: 11.11.2009.

[GSM10]   GSM ASSOCIATION: *GSMA Announces that Global Mobile Connec-tions Surpass 5 Billion.* http://www.gsmworld.com/newsroom/ press-releases/2010/5265.htm, 2010. Pressemeldung vom 9.07.2010.

[GSM11a]   GSM ASSOCIATION: *About Us.* http://gsmworld.com/about-us/ index.htm, 2011. Letzter Abruf: 14.06.2011.

[GSM11b]   GSM ASSOCIATION: *Market Data Summary (Q2 2009).* http://www. gsmworld.com/newsroom/market-data/market_data_summary.htm, 2011. Letzter Abruf: 13.06.2011.

[GW98]   GABBER, ERAN und AVISHAI WOOL: *How to Prove Where You Are: Tracking the Location of Customer Equipment.* In: *ACM Conference on Computer and Communications Security*, Seiten 142–149, San Francisco, California, USA, 1998.

[GW00]   GRUHN, VOLKER und URSULA WELLEN: *Structuring Complex Software Processes by Process Landscaping.* In: *Proceedings of the 7th European Workshop on Software Process Technology (EWSPT)*, LNCS, Seiten 138– 149, Kaprun, Austria, 2000. Springer.

[GWB10]   GONCALVES, VANIA, NILS WALRAVENS und PIETER BALLON: *"How about an App Store?- Enablers and Constraints in Platform Strategies for Mobile Network Operators.* In: *Proceedings of the Ninth International Conference on Mobile Business (ICMB 2010)/Ninth Global Mobility Roundtable (GMR 2010)*, Seiten 66–73, Athens, Greece, 2010. IEEE.

[HA99]   HUANG, WEI-KUANG und VIJAYALAKSHMI ATLURI: *SecureFlow: A secure Web-enabled workflow management system.* In: *Proceedings of the fourth ACM workshop on Role-based Access Control (RBAC '99)*, Seiten 83–94, Fairfax, VA, USA, 1999. ACM.

[HB01]   HIGHTOWER, JEFFREY und GAETANO BORRIELLO: *Location Systems for Ubiquitous Computing.* IEEE Computer, 34(8):57–66, 2001.

[HBD06]   HARTEL, MATTHIAS, REBECCA BULANDER und MICHAEL DECKER: *A literature survey on objectives and success factors of mobile CRM projects.* In: KUSHCHU, IBRAHIM, CHESTER BORUCKI und GERALDINE FITZPATRICK (Herausgeber): *Proceedings of the Second European Conference on Mobile Government – Opportunities for eGovernment: Adapting to Mobile and Ubiquitous Business*, Seiten 223–232, Brighton, U.K., 2006. Mobile Government Consortium International.

[Hei06]   HEISE-NEWSTICKER: *Marktforscher: Mobile Navigationssysteme sind der Hit.* http://heise.de/-153599, 2006. Meldung vom 18.08.2006.

[Hei08]   HEISE-NEWSTICKER: *Notebooks verkaufen sich erstmals besser als Desktop-PCs.* http://heise.de/-192303, 2008. Meldung vom 24.12.2008.

[Hei09]   HEISE-NEWSTICKER: *Niederlande: Kilometergeld ersetzt Kfz-Steuer.* http://heise.de/-859829, 2009. Meldung vom 14.11.2009.

[Hei11]   HEISE-NEWSTICKER: *Baubeginn für Galileo.* http://heise.de/-1248230, 2011. Meldung vom 24.05.2011.

[Hek97]   HEKMAN, JESSICA PERRY: *Linux in a Nutshell.* O'Reilly, Köln, 1997. Deutsche Übersetzung.

[HG05]   HOH, BAIK und MARCO GRUTESER: *Protecting Location Privacy Through Path Confusion.* In: *SECURECOMM '05: Proceedings of the First International Conference on Security and Privacy for Emerging Areas in Communications Networks*, Seiten 194–205, Washington, DC, USA, 2005. IEEE Computer Society.

[HGM04]   HUANG, YONGQIANG und HECTOR GARCIA-MOLINA: *Publish/Subscribe in a Mobile Environment.* Wireless Networks – Special Issue: Pervasive Computing & Communications, 10(6):643–652, November 2004.

[HGR07]   HACKMANN, GREGORY, CHRISTOPHER GILL und GRUIA-CATALIN ROMAN: *Extending BPEL for Interoperable Pervasive Computing.* In: *Proceedings of the 2007 IEEE International Conference on Pervasive Services (ICPS)*, Seiten 204–213, Istanbul, Türkei, 2007.

[HGXA06]   HOH, BAIK, MARCO GRUTESER, HUI XIONG und ANSAF ALRABADY: *Enhancing Security and Privacy in Traffic-Monitoring Systems.* IEEE Pervasive Computing, 5(4):38–46, 2006.

[HHGR06]   HACKMANN, GREGORY, MART HAITJEMA, CHRISTOPHER GILL und GRUIA-CATALIN ROMAN: *Sliver: A BPEL Workflow Process Execution Engine for Mobile Devices.* In: *Proceedings of the 4th International Conference on Service Oriented Computing (ICSOC 2006),* LNCS, Seiten 503–508, Chicago, IL, USA, 2006.

[HHK⁺10a]   HAUCK, MICHAEL, MATTHIAS HUBER, MARKUS KLEMS, SAMUEL KOUNEV, JÖRN MÜLLER-QUADE, ALEXANDER PRETSCHNER, RALF REUSSNER und STEFAN TAI: *Challenges and Opportunities of Cloud Computing.* Technischer Bericht 2010-19, Karlsruhe Institute of Technology (KIT), 2010.

[HHK⁺10b]   HENRICH, CHRISTIAN, MATTHIAS HUBER, CARMEN KEMPKA, JÖRN MÜLLER-QUADE und RALF REUSSNER: *Secure Cloud Computing through Separation of Duties.* Technischer Bericht, IKS/EISS & EISS, Karlsruhe Institute of Technology (KIT), 2010.

[HK09]   HEWETT, RATTIKORN und PHONGPHUN KIJSANAYOTHIN: *Location Contexts in Role-based Security Policy Enforcement.* In: *Proceedings of the 2009 International Conference on Security and Management (SAM'09),* Seiten 404–410, Las Vegas, Nevada, USA, 2009.

[HKARW07]   HEIN, GUENTER W., FELIX KNEISSL, JOSE-ANGEL AVILA-RODRIGUEZ und STEFAN WALLNER: *Authenticating GNSS — Proofs against Spoofs (Part I).* InsideGNSS, 2007(4):58–63, July/August 2007.

[HKT08]   HEWETT, RATTIKORN, PHONGPHUN KIJSANAYOTHIN und AASHAY THIPSE: *Security Analysis of Role-based Separation of Duty with Workflows.* In: *Proceedings of the The Third International Conference on Availability, Reliability and Security (ARES),* Seiten 765–770, Barcelona, Spain, 2008. IEEE.

[HL00]   HIMMELEIN, GERALD und JÖRN LOVISCACH: *DVD auf dem Vormarsch – Grundlagen zu DVD am PC*. c't, 2000(13):144, 2000.

[HLP⁺08]   HUMPHREYS, TODD E., BRENT M. LEDVINA, MARK L. PSIAKI, BRADY W. O'HANLON und PAUL M. KINTNER: *Assessing the Spoofing Threat: Development of a Portable GPS Civilian Spoofer*. In: *Proceedings of the 2008 ION GNSS Conference*, Savannah, Georgia, U.S.A., 2008. ION.

[HO03]   HANSEN, FRODE und VLADIMIR OLESHCHUK: *SRBAC: A Spatial Role-Based Access Control Model for Mobile Systems*. In: *Proceedings of the 7th Nordic Workshop on Secure IT Systems (NORDSEC)*, Seiten 129–141, Gjovik, Norway, 2003. NTNU.

[HO06]   HANSEN, FRODE und VLADIMIR OLESHCHUK: *Location-based Security Framework for use of Handheld Devices in Medical Information Systems*. In: *Proceedings of the Fourth Annual IEEE International Conference on Pervasive Computing And Communications Workshops (PERCOMW '06)*, Seiten 565–569, Pisa, Italy, 2006.

[Hof11]   HOFMAN, YORAM: *License Plate Recognition – A Tutorial*. http://www.licenseplaterecognition.com, 2011. Letzter Abruf: 13.06.2011.

[Hol04]   HOLLINGSWORTH, DAVID: *The Workflow Reference Model: 10 Years On*. In: FISCHER, LAYNA (Herausgeber): *Workflow Handbook 2004*, Seiten 295–312. Future Strategies, Lighthouse Point, Florida, USA, 2004.

[HPJ03]   HU, YIH-CHUN, ADRIAN PERRIG und DAVID B. JOHNSON: *Packet Leashes: A Defense against Wormhole Attacks in Wireless Networks*. In: *INFOCOM 2003. Twenty-Second Annual Joint Conference of the IEEE Computer and Communications Societies*, Seiten 1976–1986, San Francisco, U.S.A., 2003.

[HPS00]   HÄCKELMANN, HEIKO, HANS JOACHIM PETZOLD und SUSANNE STRAHRINGER: *Kommunikationssysteme: Technik und Anwendungen*. Springer, Berlin et al., 2000.

[HRU76]   HARRISON, MICHAEL A., WALTER L. RUZZO und JEFFREY D. ULL-
            MAN: *Protection in operating systems*. Communications of the ACM,
            19(8):461–471, 1976.

[HTKR05]   HÖPFNER, HAGEN, CAN TÜRKER und BIRGITTA KÖNIG-RIES: *Mo-
            bile Datenbanken und Informationssysteme – Konzepte und Techniken*.
            dpunkt-Verlag, Heidelberg, 2005.

[HWLW08]   HOFMANN-WELLENHOF, BERNHARD, HERBERT LICHTENEGGER und
            ELMAR WASLE: *GNSS - Global Navigation Satellite Systems: GPS,
            GLONASS, Galileo and more*. Springer, Vienna (Austria) et al., 2008.

[IET11]   IETF: *Webseite der IETF-Arbeitsgruppe „GeoPriv"*. http://tools.
            ietf.org/wg/geopriv/, 2011. Letzter Abruf: 13.06.2011.

[IM02]   ISHII, KENICHI und SHUNJI MIKAMI: *Internet Diffusion Gap In Japan:
            Changing Patterns Caused by Mobile Internet*. In: *Communication and
            Technology: Diffusion, Use, and Impact of the Internet around the World.
            52nd Annual ICA Conference*, Seoul, Korea, 2002.

[Int11]   INTERNATIONAL TELECOMMUNICATION UNION (ITU): *ITU Stats-
            hot (Issue 6)*. http://www.itu.int/net/pressoffice/stats/2011/02/
            index.aspx, April 2011.

[iTu11]   ITUNES: *Webseite für „RTL Now" von iTunes*. http://itunes.apple.
            com/de/app/rtl-now/id398011886, 2011. Letzter Abruf: 13.06.2011.

[Iva08]   IVANOV, IVAN: *Utility Computing: Reality and Beyond*. In: *Revised
            Selected Papers of the 4th International Conference on E-business and
            Telecommunications (ICETE 2007)*, Seiten 16–29. Springer, Berlin &
            Heidelberg, 2008.

[JBLG05]   JOSHI, JAMES B.D., ELISA BERTINO, USMAN LATIF und ARIF GHA-
            FOOR: *A Generalized Temporal Role-Based Access Control Model*. IEEE
            Transactions on Knowledge and Data Engineering, 17(1):4–23, 2005.

[Jen97]   JENSEN, KURT: *A Brief Introduction to Coloured Petri Nets*. In: *Tools and Algorithms for the Construction and Analysis of Systems. Proceedings of the TACAS '97 Workshop*, LNCS, Seiten 201–208, Enschede, Niederlande, 1997. Springer.

[JHH⁺00]   JING, JIN, KAREN HUFF, BEN HURWITZ, HIMANSHU SINHA, BILL ROBINSON und MARK FEBLOWITZ: *WHAM: Supporting Mobile Workforce and Applications in Workflow Environments*. In: *Proceedings of 10th International Workshop on Research Issues in Data Engineering (RIDE)*, Seiten 31–38, San Diego, California, USA, 2000. IEEE.

[JHS⁺99]   JING, JIN, KAREN HUFF, HIMANSHU SINHA, BEN HURWITZ und BILL ROBINSON: *Workflow and Application Adaptations in Mobile Environments*. In: *Proceedings of the Second IEEE Workshop on Mobile Computing Systems and Applications*, 1999.

[JRH⁺04]   JECKLE, MARIO, CHRIS RUPP, JÜRGEN HAHN, BARBARA ZENGLER und STEFAN QUEINS: *Großes Finale. UML 2.0: runderneuerter Kern, frische Konzepte*. iX, 2004(3):108–112, 2004.

[JS03]   JARRETT, ROB und PHILIP SU: *Building Tablet PC Applications*. Microsoft Press, Redmond, Washington, USA, 2003.

[JS05]   JUNGLAS, IRIS A. und CHRISTIANE SPITZMÜLLER: *A Research Model for Studying Privacy Concerns Pertaining to Location-Based Services*. In: *Proceedings of the 38th Hawaii International Conference on System Science*, Seite 180b, Hawaii, USA, 2005. IEEE.

[JS06]   JUNGLAS, IRIS und CHRISTIANE SPITZMÜLLER: *Personality Traits and Privacy Perceptions: An Empirical Study in the Context of Location-Based Services*. In: *m-Business Revisited - From Speculation to Reality. Proceedings of the 5th International Conference on Mobile Business (ICMB 2006)*, Copenhagen, Denmark, 2006. IEEE.

[JSSS01]   JAJODIA, SUSHIL, PIERANGELA SAMARATI, MARIA LUISA SAPINO und V. S. SUBRAHMANIAN: *Flexible Support for Multiple Access Control Policies*. Transactions on Database Systems, 26(2):214–260, 2001.

[Kaf07]   KAFKA, GERHARD: *Femtozellen*. Funkschau, 22(22):46–48, 2007.

[Kap09]   KAPS, REIKO: *Breitband-Pioniere. WLAN-Richtfunk bringt schnelles Internet aufs Land*. c't, 2009(26):130–132, 2009.

[KCR09]   KARABETSOS, SOTIRIS, PIRROS TSIAKOULIS AIMILIOS CHALAMAN-DARIS und SPYROS RAPTIS: *Embedded unit selection text-to-speech synthesis for mobile devices*. IEEE Transactions on Consumer Electronics, 55(2):613–621, 2009.

[Kec05]   KECHER, CHRISTOPH: *UML 2.0 – Das umfassende Handbuch*. Galileo Computing, Bonn, 2005.

[KFS$^+$99]   KANG, MYONG H., JUDITH N. FROSCHER, AMIT P. SHETH, KRYS J. KOCHUT und JOHN A. MILLER: *A Multilevel Secure Workflow Management System*. In: *Proceedings of the 11th International Conference on Advanced Information Systems Engineering (CAiSE '99)*, LNCS, Seiten 271–285, Heidelberg, 1999.

[KG04a]   KÖHLER, ANDRÉ und VOLKER GRUHN: *Analysis of Mobile Business Processes for the Design of Mobile Information Systems*. In: *Proceedings of the 5th International Conference on E-Commerce and Web Technologies (EC-WEB '04)*, Seiten 238–247, Zaragoza, Spain, 2004. Springer.

[KG04b]   KÖHLER, ANDRÉ und VOLKER GRUHN: *Lösungsansätze für verteilte mobile Geschäftsprozesse*. In: *Elektronische Geschäftsprozesse 2004*, Seiten 243–255, Klagenfurt, Österreich, 2004.

[KG04c]   KÖHLER, ANDRÉ und VOLKER GRUHN: *Mobile Process Landscaping am Beispiel von Vertriebsprozessen in der Assekuranz*. In: *Mobile Economy: Transaktionen, Prozesse, Anwendungen und Dienste. Proceedings zum 4. Workshop Mobile Commerce (MCTA 2004)*, Seiten 12–24, Augsburg, 2004. LNI.

[KK99]   KÖMMERLING, OLIVER und MARKUS G. KUHN: *Design Principles for Tamper-Resistant Smartcard Processors*. In: *Proceedings of the*

USENIX Workshop on Smartcard Technology (Smartcard '99), Seiten 9–20, Chicago, Illinois, USA, 1999.

[KKH05] KLINE, KEVIN E., DANIEL KLINE und BRAND HUNT: *SQL in a Nutshell*. O'Reilly, Köln, 2. Auflage, 2005.

[KMR03] KÖHLER, MICHAEL, DANIEL MOLDT und HEIKO RÖLKE: *Modeling Mobility and Mobile Agents Using Nets within Nets*. In: *Proceedings of the International Conference on Applications and Theory of Petri Nets (ICATPN 2003)*, LNCS, Seiten 121–139, Eindhoven, The Netherlands, 2003. Springer.

[KMS06] KORNFELD, MICHAEL, GUNTHER MAY und PETER SCHLEGEL: *Fernsehen für die Kleinen. Die Technik hinter DVB-H*. c't, 2006(20):206–208, 2006.

[KN06] KUMAR, MAHENDRA und RICHARD E. NEWMAN: *STRBAC - An approach towards spatio-temporal role-based access control*. In: *Proceedings of the International Conference on Communication, Network, and Information Security*, Seiten 150–155, Cambridge, MA, USA, 2006. IASTED/ACTA Press.

[Köl03] KÖLMEL, BERNHARD: *Location Based Services*. In: POUSTTCHIE, KEY und KLAUS TUROWSKI (Herausgeber): *Mobile Commerce – Anwendungen und Perspektiven, Proceedings zum 3. Workshop Mobile Commerce*, LNI, Seiten 88–101, Augsburg, 2003. GI.

[Kos03] KOSIUCZENKO, PIOTR: *Sequence diagrams for mobility*. In: *ER/IFIP8.1 Workshop on Conceptual Modelling Approaches to Mobile Information Systems Development (MobIMod 2002)*, Lecture Notes in Computer Science, Volume 2784, Seiten 147–155, Tampere, Finland, 2003. Springer.

[KPF01] KANG, MYONG H., JOON S. PARK und JUDITH N. FROSCHER: *Access control mechanisms for inter-organizational workflow*. In: *Proceedings of the sixth ACM Symposium on Access Control Models and Technologies*

(SACMAT '01), Seiten 66–74, Litton, Chantilly, Virginia, USA, 2001. ACM.

[Krö04]   KRÖDEL, MICHAEL: *UMTS in Theorie und Praxis.* c't, 2004(10):158–160, 2004.

[KRS04]   KÜPPER, AXEL, HELMUT REISER und MICHAEL SCHIFFERS: *Mobilitätsmanagement im Überblick: von 2G zu 3,5G.* Praxis der Informationsverarbeitung und Kommunikation (PIK), 27(2):68–73, 2004.

[KRS05]   KARSTENS, B., R. ROSENBAUM und H. SCHUMANN: *Presenting Large and Complex Information Sets on Mobile Handhelds.* In: *E-Commerce and M-Commerce Technologies*, Kapitel 2, Seiten 32–55. IRM Press, Hershey, PA, USA et al., 2005.

[Krü05]   KRÜGER, GUIDO: *Handbuch der Java-Programmierung.* Addison-Wesley, München et al., 4. Auflage, 2005.

[Kru07]   KRUMM, JOHN: *Inference Attacks on Location Tracks.* In: *Proceedings of the Fifth International Conference on Pervasive Computing (Pervasive 2007)*, Toronto, Canada, May 2007.

[Kuh03]   KUHN, JÜRGEN: *Kommerzielle Nutzung mobiler Anwendungen.* Doktorarbeit, Universität Regensburg, 2003.

[Küp07]   KÜPPER, AXEL: *Location-based Services – Fundamentals and Operation.* John Wiley & Sons, Chichester, U.K., 2007. Reprint.

[KYS05a]   KIDO, HIDETOSHI, YUTAKA YANAGISAWA und TETSUJI SATOH: *An Anonymous Communication Technique Using Dummies for Location-based Service.* In: *Proceedings of the IEEE International Conference on Pervasive Services 2005 (ICPS2005)*, Seiten 88–97, Santorini, Greece, 2005. IEEE.

[KYS05b]   KIDO, HIDETOSHI, YUTAKA YANAGISAWA und TETSUJI SATOH: *Protection of Location Privacy using Dummies for Location-based Services.* In: *Proceedings of the International Special Workshop on Databases*

For Next Generation Researchers In Memorial Prof. Yahiko Kambayashi (SWOD2005), Seiten 118–122, 2005.

[KZL06]   KUNZE, CHRISTIAN P., SONJA ZAPLATA und WINFRIED LAMERS-DORF: *Mobile Process Description and Execution*. In: *Proceedings of the 6th IFIP WG 6.1 International Conference on Distributed Applications and Interoperable Systems (DAIS 2006)*, Seiten 32 – 47, Bologna, Italy, 2006. Springer.

[KZL07]   KUNZE, CHRISTIAN P., SONJA ZAPLATA und WINFRIED LAMERS-DORF: *Mobile Processes: Enhancing Cooperation in Distributed Mobile Environments*. Journal of Computers, 2(1):1–11, 2007.

[KZS02]   KINDBERG, TIM, KAN ZHANG und NARENDAR SHANKAR: *Context Authentication Using Constrained Channels*. In: *Proceedings of the Fourth IEEE Workshop on Mobile Computing Systems and Applications (WMCSA)*, Seiten 14–21, Callicoon, NY, USA, 2002.

[Lam74]   LAMPSON, BUTLER W.: *Protection*. Operating Systems Review, 8(1):18–24, 1974.

[Lan02]   LANGHEINRICH, MARC: *A Privacy Awareness System for Ubiquitous Computing Environments*. In: BORRIELLO, GAETANO und LARS ERIK HOLMQUIST (Herausgeber): *Proceedings of the 4th International Conference on Ubiquitous Computing (Ubicomp 2002)*, Nummer 2498 in *LNCS*, Seiten 237–245, Göteborg, Sweden, 2002. Springer-Verlag.

[Lan07]   LANGE, BARBARA: *Aktuelle Kamera*. iX, 2007(10):58–62, 2007.

[Lan09]   LANGLEY, RICHARD B.: *The Integrity of GPS*. GPS World, 1999(3):60–63, March 2009.

[LBB07]   LI, NINGHUI, JI-WON BYUN und ELISA BERTINO: *A Critique of the ANSI Standard on Role-Based Access Control*. IEEE Security and Privacy, 5(6):41–49, 2007.

[LBTR04]   LAKE, RON, DAVID S. BURGGRAF, MILAN TRNINIC und LAURIE RAE:
             GML. Geography Mark-Up Language. Foundation for the Geo-Web. John
             Wiley & Sons, Chichester, U.K., 2004.

[LC08]   LIAO, HSIEN-CHOU und YUN-HSIANG CHAO: *A New Data Encryp-
             tion Algorithm Based on the Location of Mobile Users.* Information
             Technology Journal, 7(1):63–69, 2008.

[Lüd04]   LÜDERS, DANIEL: *Auf Wellen in die Zukunft.* c't, 2004(16):124–125,
             2004.

[Lüd09]   LÜDERS, DANILE: *Palm stellt sein Betriebssystem WebOS und das pas-
             sende Smartphone Pre vor.* c't, 2009(3):28, 2009.

[Leh02]   LEHNER, WOLFGANG: *Subskriptionssysteme – Marktplatz für omniprä-
             sente Information.* Teubner-Verlag, Stuttgart, 2002.

[Leh03]   LEHNER, FRANZ: *Mobile und drahtlose Informationssysteme – Techno-
             logien, Anwendungen und Märkte.* Springer, Berlin et al., 2003.

[Len03]   LENZ, KIRSTEN: *Modellierung und Ausführung von E-Business-
             Prozessen mit XML-Netzen.* Doktorarbeit, Goethe Universität, Frankfurt
             am Main, 2003. Verlag für Wissenschaft und Forschung (VWF).

[Leo98]   LEONHARDT, ULF: *Supporting Location-Awareness in Open Distributed
             Systems.* Doktorarbeit, University of London, U.K., 1998.

[LHM84]   LANDWEHR, CARL, CONSTANCE HEITMEYER und JOHN MCLEAN:
             A Security Model for Military Message Systems. ACM Transactions on
             Computer Systems, 2(3):198–222, 1984.

[LK06]   LIST, BEATE und BIRGIT KORHERR: *An evaluation of conceptual busi-
             ness process modelling languages.* In: *Proceedings of the 2006 ACM
             Symposium on Applied computing (SAC '06)*, Seiten 1532–1539, Dijon,
             France, 2006.

[LLN01]   LAITINEN, HEIKKI, JAAKKO LÄHTEENMÄKI und TERO NORDSTRÖM:
             Database Correlation Method for GSM Location. In: *Proceedings of*

IEEE VTC 2001 Spring Conference, Seiten 2504–2508, Rhodos, Griechenland, 2001.

[LM98]   LEONHARDT, ULF und JEFF MAGEE: *Security Considerations for a Distributed Location Service*. Journal of Networks and Systems, 6(1):51–70, 1998.

[LO01]   LENZ, KIRSTEN und ANDREAS OBERWEIS: *Modeling Interorganizational Workflows with XML Nets*. In: *Proceedings of the 34th Annual Hawaii International Conference on System Sciences (HICSS-34)*, Maui, Hawaii, USA, 2001.

[Lon07]   LONTHOFF, JÖRG: *Externes Anwendungsmanagement. Organisation des Lebenszyklus komponentenbasierter, mobiler Anwendungen*. Doktorarbeit, Technische Universität Darmstadt, 2007.

[LRG06]   LEHTINEN, RICK, DEBORAH RUSSELL und G.T. GANGEMI: *Computer security basics*. O'Reilly, Beijing, China, 2. Auflage, 2006.

[LSK06]   LEIMEISTER, JAN MARCO, ANDREAS SCHWEIGER und HELMUT KRCMAR: *Ortsunabhängiges Management von hochpreisigen mobilen medizinischen Geräten im Krankenhaus auf WLAN-Basis*. In: *GI Jahrestagung*, LNI, Seiten 220–226, Dresden, 2006.

[LSL05]   LIU, ZHAOYU, PEEYUSH SHARMA und JIAN RAYMOND LI: *Integrated Support for Location Aware Security Services in Enterprise Wireless Networks*. In: *Proceedings of the EUC Workshops*, LNCS 3823, Seiten 1016–1025, Nagasaki, Japan, 2005.

[MA01]   MOYER, MATTHEW J. und MUSTAQUE AHAMAD: *Generalized Role-Based Access Control*. In: *Proceedings of the 21st International Conference on Distributed Computing Systems*, Seiten 391–398, Mesa, AZ, USA, 2001.

[Mac07]   MACEDONIA, MICHAEL: *iPhones Target the Tech Elite*. IEEE Computer, 40(6):94–95, 2007.

[Mac11]   MACK, ERIC: *Android Market Poised to Overtake App Store in August.* http://www.pcworld.com/printable/article/id,227253/printable.html, 2011. Meldung vom 05.05.2011.

[Mal07]   MALANEY, ROBERT A.: *Securing Wi-Fi Networks with Position Verification (Extended Version).* International Journal of Security Networks, 2(1-2):27–36, 2007.

[Man11]   MANSMANN, URS: *Das Ende der weißen Flecken. Flächendeckend schnelle Internet-Zugänge per LTE.* c't, 2011(13):116–119, 2011.

[Mat01]   MATTERN, FRIEDEMANN: *Pervasive/Ubiquitous Computing.* Informatik Spektrum, 24(3):145–147, June 2001.

[Mau06]   MAUCHER, JOHANNES: *Wimax macht mobil. Schnelles Internet unterwegs ohne Verbindungsabriss.* c't, 2006(22):244–249, 2006.

[MCA06]   MOKBEL, MOHAMED F., CHI-YIN CHOW und WALID G. AREF: *The New Casper: Query Processing for Location Services without Compromising Privacy.* In: *VLDB '06: Proceedings of the 32nd International Conference on Very Large Data Bases*, Seiten 763–774, Seoul, Korea, 2006. VLDB Endowment.

[McC04]   MCCARTY, BILL: *SELinux. NSA's Open Source Security Enhanced Linux.* O'Reilly, Beijing, China, 2004.

[Mey97]   MEYER, BERTRAND: *Object-oriented software construction.* Prentice Hall PTR, Upper Saddle River, NJ, USA, 2. Auflage, 1997.

[MFD03]   MYLES, GINGER, ADRIAN FRIDAY und NIGEL DAVIES: *Preserving Privacy in Environments with Location-Based Applications.* IEEE Pervasive Computing, 2(1):56–64, 2003.

[Mic02]   MICHALAKIS, NIKOLAOS: *PAC: Location Aware Access Control for Pervasive Computing Environments.* In: *Second Student Oxygen Workshop*, Gloucester, MA, USA, 2002.

[Mit02]   MITCHELL, KEITH: *A Survey of Context-Awareness*. Technischer Bericht, Lancaster University, Computing Department, Lancaster, U.K., 2002.

[ML09]   MARK, DAVE und JEFF LAMARCHE: *Beginning iPhone development: exploring the iPhone SDK*. Apress, Berkley, California, USA, 2009.

[MM04]   MURTHY, C. SIVA RAM und B.S. MANOJ: *Ad hoc wireless Networks – Architectures and Protocols*. Prentice Hall, Upper Saddle River, New Jersey, USA, 2004.

[Mor10]   MORRIS, BEN: *Introduction to bada – A developer's guide*. Wiley, Hoboken, NJ, USA, 2010.

[MS04]   MUTSCHLER, BELA und GÜNTHER SPECHT: *Mobile Datenbanksysteme. Architektur, Implementierung, Konzepte*. Springer, Berlin et al., 2004.

[MSV07]   MEYER, STEFFEN, MELANIE SCHASIEPEN und THORSTEN VAUPEL: *Autarke WLAN-Lokalisierung im öffentlichen Raum*. Information Management & Consulting, 22(3):86–91, 2007.

[MTS08]   MELSKI, ADAM, LARS THOROE und MATTHIAS SCHUMANN: *RFID – Radio Frequency Identification*. Informatik Spektrum, 31(5):469–473, Oktober 2008.

[Mül04]   MÜLLER, MARKUS: *Standards for Geographic Location and Privacy: IETF's Geopriv*. Datenschutz und Datensicherheit (DuD), 28(5):297–303, 2004.

[Mun05]   MUNDT, THOMAS: *Location Dependent Digital Rights Management*. In: *Proceedings of the 10th IEEE Symposium on Computers and Communications (ISCC 2005)*, Seiten 617–622, Murcia, Spain, 2005. IEEE.

[Mun06]   MUNDT, THOMAS: *Two Methods of Authenticated Positioning*. In: *Proceedings of the International Workshop on Quality of Service & Security for Wireless and Mobile Networks (Q2SWinet)*, Seiten 25–32, Terromolinos, Spain, 2006. ACM Press.

[Mv08]   MOODY, DANIEL L. und JOS VAN HILLEGERSBERG: *Evaluating the Visual Syntax of UML: An Analysis of the Cognitive Effectiveness of the UMLFamily of Diagrams.* In: *Proceedings of the First International Conference on Software Language Engineering (SLE)*, LNCS, Seiten 16–34, Toulouse, Frankreich, 2008. Springer.

[NAV09]   NAVILOCK: *GPS Repeater (Produktübersicht).*   http://www.navilock.de/produkte/gruppen/22/GPS_Repeater, 2009. Letzter Abruf: 11.11.2009.

[NLLP03]   NI, LIONEL, YUNHAO LIU, YIU CHO LAU und ABHISHEK PATIL: *LANDMARC: Indoor Location Sensing Using Active RFID.* In: *Proceedings fo the First IEEE International Conference on Pervasive Computing and Communications (PerCom '03)*, Seiten 407– 415, Fort Worth, Texas, USA, 2003.

[NM93]   NEUMANN, KLAUS und MARTIN MORLOCK: *Operations Research.* Hanser-Verlag, München & Wien, 1993.

[NR05]   NEWHAM, CAMERON und BILL ROSENBLATT: *Learning the bash Shell.* O'Reilly Media, Beijing, China et al., 3. Auflage, 2005.

[Oak01]   OAKS, SCOTT: *Java Security.* O'Reilly, Sebastopol, CA, USA, 2. Auflage, 2001.

[Obe96]   OBERWEIS, ANDREAS: *Modellierung und Ausführung von Workflows mit Petri-Netzen.* Teubner-Verlag, Stuttgart, 1996.

[Obe05]   OBERWEIS, ANDREAS: *Process-Aware Information Systems. Bridging People and Software Through Process Technology*, Kapitel Person-to-Application Processes: Workflow Management, Seiten 21–36. John Wiley & Sons, New York, USA, et al., 2005.

[Obj07a]   OBJECT MANAGEMENT GROUP: *Unified Modeling Language (OMG UML), Infrastructure, V2.1.2*, 2007.

[Obj07b]   OBJECT MANAGEMENT GROUP: *Unified Modeling Language (OMG UML), Superstructure, V2.1.2*, 2007.

[OG11]   ORBSTER GMBH, KARLSRUHE: *Website für GPS Mission.* http://www. gpsmission.com, 2011. Letzter Abruf: 13.06.2011.

[O'L08]   O'LEARY, DANIEL E.: *Wikis: From Each According to His Knowledge.* IEEE Computer, 41(2):34–41, 2008.

[Ope11]   OPENJUMP: *Website des OpenJump-Projektes (Open-Source-Implementierung eines Desktop-GIS-Systems).* http://http: //www.openjump.org, 2011. Letzter Abruf: 26.04.2011.

[Opi10]   OPITZ, RUOLF: *Gut sortiert. Anwendungs-Shops im Vergleich.* c't, 2010(17):98–103, 2010.

[OPS07]   OBERWEIS, ANDREAS, VICTOR PANKRATIUS und WOLFFRIED STUCKY: *Product lines for digital information products.* Information Systems, 32(6):909–939, 2007.

[Org07]   ORGANIZATION FOR THE ADVANCEMENT OF STRUCTURED INFORMATION STANDARDS (OASIS), Billerica, MA, USA: *Web Services Business Process Execution Language Version 2.0*, 2007.

[Orw00]   ORWELL, GEORGE: *1984.* Ullstein, München, 32. Auflage, 2000.

[OS96]   OBERWEIS, ANDREAS und PETER SANDER: *Information System Behavior Specification by High-Level Petri Nets.* Transactions on Information Systems, 14(4):380–420, 1996.

[OS98]   OPPERMANN, REINHARD und MARCUS SPECHT: *Adaptive Support for a Mobile Museum Guide.* In: *Proceedings of the Conference on Interactive Applications of Mobile Computing (IMC)*, Rostock, Germany, 1998.

[OSM00]   OSBORN, SYLVIA, RAVI SANDHU und QAMAR MUNAWER: *Configuring role-based access control to enforce mandatory and discretionary access control policies.* ACM Transactions on Information System Security, 3(2):85–106, 2000.

[Ott07]   OTT, AMON: *Mandatory Rule Set Based Access Control in Linux*. Dok-
             torarbeit, Universität Hamburg, Germany, 2007.

[Pan05]   PANU KORPIPÄÄ: *Blackboard-based software framework and tool for
             mobile device context awareness*.   Doktorarbeit, University of Oulu,
             Finland, 2005.

[Pan07]   PANKRATIUS, VICTOR: *Product Lines for Digital Information Products*.
             Doktorarbeit, University of Karlsruhe (TH), Karlsruhe, 2007. Karlsruhe
             University Press.

[Par06]   PAREEK, DEEPAK: *WiMAX: Taking Wireless to the MAX*.   Auerbach
             Publications, Boca Raton, Florida, USA, 2006.

[PC07]   PAJUNEN, LASSE und SURESH CHANDE: *Developing Workflow Engine
             for Mobile Devices*. In: *Proceedings of the 11th IEEE International
             Enterprise Distributed Object Computing Conference (EDOC 2007)*,
             Seiten 279–286, Annapolis, Maryland, USA, 2007.

[PCB00]   PRIYANTHA, NISSANKA B., ANIT CHAKRABORTY und HARI BALA-
             KRISHNAN: *The Cricket location-support system*. In: *Proceedings of the
             6th Annual International Conference on Mobile Computing and Networ-
             king (MobiCom 2000)*, Seiten 32–43, Boston, MA, USA, 2000. ACM
             Press.

[PCG07]   PAJUNEN, LASSE, SURESH CHANDE und SAMEH GALAL: *Designing
             User Interfaces for Mobile Business Processes using Messaging Appli-
             cation*. In: *Business Process and Services Computing: 1st International
             Working Conference on Business Process and Services Computing (BPSC
             2007)*, Seiten 138–151, Leipzig, 2007.

[Per06]   PERNICI, BARBARA: *Mobile Information Systems – Infrastructure and
             Design for Adaptivity and Flexibility*, Kapitel Basic Concepts, Seiten
             4–23. Springer, Berlin et al., 2006.

[Pfe07]   PFEIFFER, MICHAEL: *Java Micro Edition. Mobile Anwendungen mit der
             MIDP 2.0 entwickeln*. Galileo Press, Bonn, 2007.

[PHC06]   PARK, SEON-HO, YOUNG-JU HAN und TAI-MYOUNG CHUNG: *Context-Role Based Access Control for Context-Aware Application*. In: *Proceedings of the Second Conference on High Performance Computing and Communications (HPCC)*, LNCS, Seiten 572–580, Munich, Germany, 2006.

[PHS⁺08]   PRETSCHNER, ALEXANDER, MANUEL HILTY, FLORIAN SCHÜTZ, CHRISTIAN SCHAEFER und THOMAS WALTER: *Usage Control Enforcement: Present and Future*. IEEE Security & Privacy, 6(4):44–53, 2008.

[Pie07]   PIEPER, DIETMAR: *Ein Wort und seine Geschichte: Woher kommt das Handy?* http://www.spiegel.de/kultur/gesellschaft/0,1518, 491413,00.html, Juni 2007. Meldung auf spiegel.de vom 29.06.2007.

[PK00]   PFITZMANN, ANDREAS und MARIT KÖHNTOPP: *Anonymity, Unobservability and Pseudonymity: A Proposal for Terminology*. In: FEDERRATH, HANNES (Herausgeber): *Designing privacy enhancing technologies: International workshop on design issues in anonymity and unobservability*, Berkley, CA, USA, 2000. Springer, Heidelberg.

[Pod05]   PODGAYETSKAYA, TATYANA: *System-Architektur und Sicherheitsmodell für E-Government*. Doktorarbeit, Universität Karlsruhe, 2005. Verlag: dissertation.de, Berlin.

[PR05]   PRASAD, RAMJEE und MARINA RUGGIERI: *Applied Satellite Navigation using GPS, GALILEO and Augmentation Systems*. Artech House, Boston et al., USA, 2005.

[PR07a]   PAJUNEN, LASSE und ANNA RUOKONEN: *Modeling and Generating Mobile Business Processes*. In: *Proceedings of the IEEE International Conference on Web Services (ICWS 2007)*, Seiten 920–927, Salt Lake City, Utah, USA, 2007.

[Pür07b]   PÜRNER, HEINZ AXEL: *Label-Security in DB2 und Oracle*. IT-Focus, 1/2, 2007.

[PS04]   PARK, JAEHONG und RAVI SANDHU: *The UCON$_{ABC}$ Usage Control Model*. ACM Transactions on Information and System Security, 7(1):128–174, 2004.

[PS05]   PODGAYETSKAYA, TATYANA und WOLFFRIED STUCKY: *Hypr&A - A Security Model for the Support Processes in Egovernment*. In: *Challenges of Expanding Internet: E-Commerce, E-Business, and E-Government. Proceedings of the 5th IFIP Conference e-Commerce, e-Business, and e-Government (I3E 2005)*, Seiten 219–233, Poznan, Poland, 2005. IFIP, Springer.

[PSM82]   PICKHOLTZ, RAYMOND L., DONALD L. SCHILLING und LAURENCE B. MILSTEIN: *Theory of Spread-Spectrum Communications – A Tutorial*. IEEE Transactions on Communications, 30(5):855–884, May 1982.

[PSSvdA07] PESIC, MAJA, HELEN SCHONENBERG, NATALIA SIDOROVA und WIL M. P. VAN DER AALST: *Constraint-Based Workflow Models:Change Made Easy*. In: *Proceedings of OTM Confederated International Conferences CoopIS, DOA, ODBASE, GADA, and IS*, LNCS, Seiten 77–94, Vilamoura, Portugal, 2007. Springer.

[PT07]   POUSTTCHI, KEY und BETTINA THURNHER: *Adoption and Impact of Mobile-Integrated Business Processes – Comparison of Existing Frameworks and Analysis of their Generalization Potential*. In: *eOrganisation: Service-, Prozess-, Market-Engineering. Proceedings der 8. Internationalen Tagung Wirtschaftsinformatik*, Seiten 273–290, Karlsruhe, 2007. Universitätsverlag Karlsruhe.

[PTK$^+$02] PELTONEN, VESA, JUHA TUOMI, ANSSI KLAPURI, JYRI HUOPANIEMI und TIMO SORSA: *Computational Auditory Scene Recognition*. In: *Proceedings of International Conference on Acoustics, Speech and Signal Processing 2002*, Seiten 1941–1944, Florida, USA, 2002. IEEE.

[Rae01]   RAEPPLE, MARTIN: *Sicherheitskonzepte für das Internet. Grundlagen, Technologien und Lösungskonzepte für die kommerzielle Nutzung*. dpunkt-Verlag, Heidelberg, 2. Auflage, 2001.

[Ran05]   RANDELL, CLIFF: *Wearable Computing: A Review*. Technischer Bericht CSTR-06-004, University of Bristol, Bristol, U.K., 2005.

[RC01]   RUSSELL, RYAN und STACE CUNNINGHAM: *Maximum Protection*. mitp, Bonn, 2001.

[Rei10a]   REISIG, WOLFGANG: *Carl Adam Petri 1926-2010 – Visionär und bedeutender Wissenschaftler*. Informatik Spektrum, 33(5):514–521, 2010.

[Rei10b]   REISIG, WOLFGANG: *Petrinetze: Modellierungstechnik, Analysemethoden, Fallstudien*. Vieweg+Teubner, Wiesbaden, 2010.

[RF11]   RANDOLPH, NICK und CHRISTOPHER FAIRBAIRN: *Professional Windows Phone 7 Application Development*. Wiley, Indianapolis, IN, USA, 2011.

[RH05]   RASHID, ASARNUSCH und TAMARA HÖGLER: *Case Study: Wirtschaftlichkeit von mobilen Endgeräten in Krankenhäusern der Maximalversorgung*. In: STUCKY, WOLFFRIED und GUNTHER SCHIEFER (Herausgeber): *Perspektiven des Mobile Business. Proceedings zur Abschlussveranstaltung „MoBuDay 2005" des Projektes „MoMa – Mobiles Marketing"*, Seiten 81–96, Karlsruhe, 2005. DUV, Wiesbaden.

[RJB99]   RUMBAUGH, JAMES, IVAR JACOBSON und GRADY BOOCH: *The Unified Modeling Language Reference Manual*. Addison-Wesley, Reading, Mass., USA et al., 1999.

[RK06]   RAY, INDRAKSHI und MAHENDRA KUMAR: *Towards a Location-based Mandatory Access Control Model*. Computers & Security, 25(1):36–44, 2006.

[RKY06]   RAY, INDRAKSHI, MAHENDRA KUMAR und LIJUN YU: *LRBAC: A Location-Aware Role-Based Access Control Model*. In: *Second International Conference on Information Systems Security (ICISS)*, Seiten 147–161, Kolkata, India, 2006. Springer.

[RM00]   RANDELL, CLIFF und HENK MULLER: *The shopping jacket: Wearable computing for the consumer*. Personal Technologies, 4:241–244, 2000.

[Röm06]   RÖMER, STEFANUS: *Leitfaden zur mobilen Applikationsentwicklung.* BoD, Norderstedt, 2006.

[Rot04]   ROTH, JÖRG: *Data Collection.* In: SCHILLER, JOCHEN und AGNES VOISARD (Herausgeber): *Location-based Services*, Kapitel 7, Seiten 175–205. Morgan Kaufmann, Amsterdam, Netherlands, 2004.

[Rot05]   ROTH, JÖRG: *Mobile Computing. Grundlagen, Technik, Konzepte.* dpunkt-Verlag, Heidelberg, 2. Auflage, 2005.

[Roy00]   ROYAL INSTITUTE OF TECHNOLOGY, Stockholm, Schweden: *WIPS Technical Documentation*, 2000.

[Rös02]   RÖSCHEISEN, ECKEHART: *Spurensuche. Von IP-Adressen zu Ortsinformationen.* i'X, 2002(8):90–93, 2002.

[RS03]   RITZ, THOMAS und MICHAEL STENDER: *Modellierung von Business-to-Business Geschäftsprozessen im Mobile Commerce.* In: *Mobile Commerce - Anwendungen und Perspektiven, Proceedings zum 3. Workshop Mobile Commerce (MCTA 2003)*, LNI, Seiten 27–41, Augsburg, 2003.

[RS04]   RICHTER-VON HAGEN, CORNELIA und WOLFFRIED STUCKY: *Business-Process- und Workflow-Management. Prozessverbesserung durch Prozess-Management.* Reihe Wirtschaftsinformatik. Teubner-Verlag, Stuttgart et al., 2004.

[RS07]   RÖHRING, CHRISTOF und SARAH SPIEKER: *Lokalisierungssysteme für Anwendungen im Bereich der Lagerhaltung.* In: ROTH, JÖRG, AXEL KÜPPER und CLAUDIA LINNHOFF-POPIEN (Herausgeber): *4. GI/ITG KuVS Fachgespräch Ortsbezogene Anwendungen und Dienste*, Seiten 7–11, München, September 2007.

[RSS93]   RICHTER, REINHARDT, PETER SANDER und WOLFFRIED STUCKY: *Grundkurs Angewandte Informatik II: Problem – Algorithmus – Programm.* Teubner-Verlag, Stuttgart, 1993.

[RSS97]   RICHTER, REINHARDT, PETER SANDER und WOLFFRIED STUCKY: *Grundkurs Angewandte Informatik III: Der Rechner als System*. Teubner-Verlag, Stuttgart, 1997.

[RSS01]   RATZ, DIETMAR, JENS SCHEFFLER und DETLEF SEESE: *Grundkurs Programmieren in Java (Band 1)*. Hanser, München und Wien, 2001.

[RT07a]   RAY, INDRAKSHI und MANACHAI TOAHCHOODEE: *A Spatio-temporal Role-Based Access Control Model*. In: *Proceedings of the Conference on Data and Applications Security (DBSec 2007)*, Seiten 211–226, Redondo Beach, CA, USA, 2007. Springer.

[Rüt07b]   RÜTTEN, CHRISTIANE: *Lauschgelegenheit. Handy-Gespräche bald ab-hörbar*. c't, 2007(24):90–91, 2007.

[RT08]   RAY, INDRAKSHI und MANACHAI TOAHCHOODEE: *A Spatio-temporal Access Control Model Supporting Delegation for Pervasive Computing Applications*. In: *Proceedings of the 5th International Conference on Trust, Privacy and Security in Digital Business (TrustBus 2008)*, Seiten 48–58, Turin, Italy, 2008. Springer.

[RTM02]   ROSENBLATT, WILLIAM, WILLIAM TRIPPE und STEPHEN MOONEY: *Digital Rights Management. Business and Technology*. M & T Books, New York, USA, 2002.

[SABK02]   SCHAEBEN, HELMUT, MARCUS APEL, GERALD BOOGAART und UWE KRONER: *GIS 2D, 3D, 4D, nD: Von geographischen zu geowissenschaftli-chen Informationssystemen*. Informatik Spektrum, 26(3):173–179, 2002.

[San93]   SANDHU, RAVI S.: *Lattice-Based Access Control Models*. IEEE Compu-ter, 26(11):9–19, 1993.

[San95]   SANDHU, RAVI S.: *Roles versus Groups (Workshop Summary)*. In: *Proceedings of the First ACM Workshop on Role-Based Access Control (RBAC '95)*, Seiten I25–I26, Gaithersburg, MD, USA, 1995.

[Sau03]   SAUERBURGER, HANS (Herausgeber): *Ubiquitous Computing*. Nummer 229 in *HMD: Praxis der Wirtschaftsinformatik*. dpunkt-Verlag, Heidelberg, 2003.

[Sau04]   SAUTER, MARTIN: *Grundkurs Mobile Kommunikationssysteme. Von UMTS, GSM und GPRS zu Wireless LAN und Bluetooth Piconetzen*. Vieweg, Wiesbaden, 2004.

[Sau08]   SAUTER, MARTIN: *Grundkurs Mobile Kommunikationssysteme. Von UMTS und HSDPA, GSM und GPRS zu Wireless LAN und Bluetooth Piconetzen*. Vieweg, Wiesbaden, 3. Auflage, 2008.

[SAW94]   SCHILIT, BILL, NORMAN ADAMS und ROY WANT: *Context-Aware computing applications*. In: *Proceedings of the IEEE Workshop on Mobile Computing Systems and Applications*, Santa Cruz, CA, USA, 1994.

[SB96]   SCHULZE, WOLFGANG und MARKUS BÖHM: *Klassifikation von Vorgangsverwaltungssystemen*. In: VOSSEN, GOTTFRIED und JÖRG BECKER (Herausgeber): *Geschäftsprozessmodellierung und Workflow-Management. Modelle, Methoden, Werkzeuge*, Kapitel 16, Seiten 280–294. Thomson International Publishing, Bonn et al., 1996.

[SBCD09]   SATYANARAYANAN, MAHADEV, PARAMVIR BAHL, RAMON CACERES und NIGEL DAVIES: *The Case for VM-Based Cloudlets in Mobile Computing*. IEEE Pervasive Computing, 8(4):14–23, October-December 2009.

[SBG99]   SCHMIDT, ALBRECHT, MICHAEL BEIGL und HANS-W. GELLERSEN: *There is more to Context than Location*. Computer and Graphics, 23(6):893–901, 1999.

[SCFY96]   SANDHU, RAVI S., EDWARD J. COYNE, HAL L. FEINSTEIN und CHARLES E. YOUMAN: *Role-Based Access Control Models*. IEEE Computer, 29(2):38–47, 1996.

[Sch96]   SCHNEIER, BRUCE: *Applied Cryptography*. Wiley, New York, USA, 2. Auflage, 1996.

[Sch02]   SCHEER, AUGUST-WILHELM: *ARIS – Vom Geschäftsprozesse zum Anwendungssystem*. Springer, Berlin et al., 4. Auflage, 2002.

[Sch03]   SCHILLER, JOCHEN: *Mobilkommunikation*. Pearson, München, 2003.

[Sch05]   SCHUSTER, HANS: *Pros and Cons of Distributed Workflow Execution Algorithms*. In: HÄRDER, THOMAS und WOLFGANG LEHNER (Herausgeber): *Data Management in a Connected World. Essays Dedicated to Hartmut Wedekind on the Occasion of his 70th Birthday*, LNCS, Seiten 215–234. Springer, Berlin et al., 2005.

[Sch06]   SCHERF, THORSTEN: *Mandatory Access Control für Linux-Systeme*. iX, 2006(8):134, 2006.

[Sch07]   SCHMEH, KLAUS: *Kryptografie. Verfahren, Protokolle, Infrastrukturen*. dpunkt-Verlag, Heidelberg, 3. Auflage, 2007.

[Sch08]   SCHÜLER, PETER: *Angefunkt, aufgezeichnet und versilbert: Report RFID-Daten*. c't, 2008(12):84–87, 2008.

[SD03]   SCOTT, LOGAN und DOROTHY E. DENNING: *Location Based Encryption & Its Role In Digital Cinema Distribution*. In: *Proceedings of ION-GPS 2003*, Portland, Oregon, 2003.

[SD08]   SCHIEFER, GUNTHER und MICHAEL DECKER: *Taxonomy for Mobile Terminals - A Selective Classification Scheme*. In: *Proceedings of the International Conference on e-Business (ICE-B 2008)*, Seiten 255–258, Porto, Portugal, 2008. INSTICC.

[SDBH06]   SCHIEFER, GUNTHER, MICHAEL DECKER, REBECCA BULANDER und TAMARA HÖGLER: *Abschlussbericht des Projektes „MoMa — Mobiles Marketing" (Teilprojekt MoMaTIK)*. Technischer Bericht, Institut AIFB, Universität Karlsruhe (TH), 2006.

[SDS08]   SCHNEIDER, GEORG, BJÖRN DREHER und OLE SEIDEL: *Using Ge-oFencing as a means to support flexible real time applications for delivery services*. In: *Proceedings of the 5th International Workshop on Ubiqui-tous Computing (IWUC-2008)*, Barcelona, Spain, 2008.

[SdV01]   SAMARATI, PIERANGELA und SABRINA DE CAPITANI DI VIMERCATI: *Access Control: Policies, Models, and Mechanisms*. In: *FOSAD '00: Revised Versions of Lectures Given during the IFIP WG 1.7 International School on Foundations of Security Analysis and Design*, Seiten 137–196, London, UK, 2001. Springer.

[SE-08]   SE-POSTGRESQL DEVELOPMENT TEAM: *The Security-Enhanced Post-greSQL Security Guide*, 2008.

[SE09]   SPIEKERMANN, SARAH und SERGEI EVDOKIMOV: *Critical RFID Privacy-Enhancing Technologies*. IEEE Security & Privacy, 7(2):60–63, March 2009.

[SEL11]   SELINUX: *Website des Projektes „Security Enhanced Linux"*. http://selinux.sourceforge.net, 2011. Letzter Abruf: 13.06.2011.

[SEM04]   SALEH, KASSEM und CHRISTO EL-MORR: *M-UML: an extension to UML for the modeling of mobile agent-based software systems*. Informa-tion and Software Technology, 46(4):219–227, 2004.

[SEMMM03] SALEH, KASSEM, CHRISTO EL-MORR, A. MORTADA und Y. MORDA: *Specification of a mobile electronic voting system and a mobile agent platform*. In: *Proceedings of the International Conference on the e-Society (e-Society 2003)*, Seiten 281–287, Lisbon, Portugal, 2003.

[SH98]   SCHULZKI-HADDOUTI, CHRISTIANE: *Spähangriff auf den Bürger*. c't, 1998(24):84, 1998.

[sil07]   SILICON.DE: *Kopiert China Galileo?* http://www.silicon.de/enid/mobile_wireless/25224, 2007. Meldung vom 06.02.2007.

[SJ03]   SCHMIDT, ALBRECHT und CHRISTIAN S. JENSEN: *Spatio-Temporal Data Exchange Standards*. IEEE Data Engineering Bulletin, 26(2):50–54, 2003.

[SK01]   STORMER, HENRIK und KONSTANTIN KNORR: *PDA- and Agent-based Execution of Workflow Tasks*. In: *Proceedings of Informatik 2001*, Seiten 968–973, Wien, Österreich, 2001.

[SKH07]   SCHMIDT, HOLGER, RÜDIGER KAPITZA und FRANZ HAUCK: *Mobile-process-based ubiquitous computing platform: a blueprint*. In: *Procee-dings of the 1st workshop on Middleware-application interaction (MAI '07)*, Seiten 25–30, Lisbon, Portugal, 2007. ACM.

[SLB⁺07]   SCHULER, RICHARD P., NATHANIEL LAWS, SAMEER BAJAJ, SUKES-HINI A. GRANDHI und QUENTIN JONES: *Finding your way with Cam-pusWiki: A location-aware Wiki*. In: *CHI '07: CHI '07 Extended Abstracts on Human Factors in Computing Systems*, Seiten 2639–2644, New York, NY, USA, 2007. ACM.

[SM96]   SAUTER, CHRISTIAND und OTHMAR MORGER: *Die Workflow Manage-ment Coalition*. Wirtschaftsinformatik, 38(2):228–229, 1996.

[SM98]   SANDHU, RAVI S. und QAMAR MUNAWER: *How to Do Discretionary Access Control Using Roles*. In: *ACM Workshop on Role-Based Access Control*, Seiten 47–54, Fairfax, VA, USA, 1998.

[SM06]   SASAOKA, LILIANA KASUMI und CLAUDIA BAUZER MEDEIROS: *Ac-cess Control in Geographic Databases*. In: *Advances in Conceptual Modeling - Theory and Practice. Proceedings of ER 2006 Workshops BP-UML, CoMoGIS, COSS, ECDM, OIS, QoIS, SemWAT*, Seiten 110–119, Tucson, AZ, USA, 2006. Springer.

[SN04]   STREMBECK, MARK und GUSTAF NEUMANN: *An Integrated Approach to Engineer and Enforce Context Constraints in RBAC Environments*. ACM Transactions on Information and System Security (TISSEC), 7(3):392–427, August 2004.

[Sok04]   SOKOLOV, DANIEL: *Rabattstreifen per SMS*. http://www.spiegel.de/
             wirtschaft/0,1518,323749,00.html, 2004. Meldung vom 20.10.2004.

[Sok08]   SOKOLOV, DANIEL AJ: *Mobil in Afrika. Das Handy revolutioniert den
             Kontinent*. c't, 2008(21):106–111, 2008.

[SOS05]   SADIQ, SHAZIA W., MARIA E. ORLOWSKA und WASIM SADIQ: *Spe-
             cification and validation of process constraints for flexible workflows*.
             Information Systems, 30(5):349–378, 2005.

[SP04]   STRANG, THOMAS und CLAUDIA L. POPIEN: *A Context Modeling
             Survey*. In: *Proceedings of the 1st International Workshop on Advanced
             Context Modelling, Reasoning and Management (UbiComp)*, Seiten 31–
             41, Nottingham, U.K., 2004.

[SR06]   STENDER, MICHAEL und THOMAS RITZ: *Modeling of B2B mobile
             commerce processes*. International Journal of Production Economics,
             101(1):128–139, 2006.

[SRG08]   SEN, ROHAN, GRUIA-CATALIN ROMAN und CHRISTOPHER GILL:
             CiAN: A Workflow Engine for MANETs. In: *Proceedings of the 10th In-
             ternational Conference on Coordination Models and Languages (COOR-
             DINATION 2008)*, Seiten 280–295, Oslo, Norway, 2008.

[SS83]   SCHLAGETER, GUNTER und WOLFFRIED STUCKY: *Datenbanksyste-
             me: Konzepte und Modelle*. Studienbücher Informatik. Teubner-Verlag,
             Stuttgart, 1983.

[SS07a]   SCHIEFER, GUNTHER und WOLFFRIED STUCKY: *KMU in der mobilen
             Welt - Ist der Interneterfolg wiederholbar?* In: *Aktuelle Trends in der
             Softwareforschung. Tagungsband zum do it.software-forschungstag 2007*,
             Seiten 138–151, Mannheim, 2007. MFG Stiftung Baden-Württemberg.

[SS07b]   STUCKY, WOLFFRIED und GUNTHER SCHIEFER: *Kapitel 7: Ortungs-
             verfahren*. In: *Spezialvorlesung Informationssysteme – Mobile Business
             im Wintersemester 2007/08*. Institut AIFB, Universität Karlsruhe (TH),
             2007.

[SSPE04]   SPYROU, CONSTANTINOS, GEORGE SAMARAS, EVAGGELIA PITOURA
            und PARASKEVAS EVRIPIDOU: *Mobile Agents for Wireless Computing:
            The convergence of Wireless Computational Models with Mobile-Agent
            Technologies*. Mobile Networks and Applications, 9:517–528, 2004.

[SSW03]   SASTRY, NAVEEN, UMESH SHANKAR und DAVID WAGNER: *Secure
            Verification of Location Claims*. In: *Proceedings of the 2nd ACM Work-
            shop on Wireless Security (WiSE '03)*, Seiten 1–10, San Diego, California,
            USA, 2003. ACM.

[ST94]   SCHILIT, BILL und M. THEIMER: *Disseminating Active Map Informati-
            on to Mobile Hosts*. IEEE Network, 8(5):22–32, 1994.

[ST05]   SALO, JARI und JAANA TÄHTINEN: *Advances in Electronic Marketing*,
            Kapitel Retailer Use of Permission-Based Mobile Advertising, Seiten
            139–155. IDEA Group Publishing, Hershey, PA, USA, 2005.

[Sta90]   STARKE, PETER: *Analyse von Petri-Netz-Modellen*. Teubner-Verlag,
            Stuttgart, 1990.

[STA05a]   SCHEER, AUGUST-WILHELM, OLIVER THOMAS und OTMAR ADAM:
            *Process-Aware Information Systems. Bridging People and Software
            Through Process Technology*, Kapitel Process Modeling Using Event-
            Driven Process Chains, Seiten 119–145. John Wiley & Sons, New York,
            USA, et al., 2005.

[Sta05b]   STAPF, MICHAEL: *BPEL, das SQL der Prozesse*. JavaSpektrum, 2005:54–
            57, 2005.

[Sta07]   STANSELL, THOMAS A.: *Location Assurance Commentary*. GPS World,
            18(7):19, 2007.

[SVOK10]   SCHÖNTHALER, FRANK, GOTTFRIED VOSSEN, ANDREAS OBERWEIS
            und THOMAS KARLE: *Geschäftsprozesse für Business Communities. Mo-
            dellierungssprachen, Methoden, Werkzeuge*. Oldenbourg-Verlag, Mün-
            chen, 2010.

[Tan07]   TANCA, LETIZIA: *Context-Based Data Tailoring for Mobile Users*. In: *Proceedings of BTW Workshops*, Seiten 282–295, Aachen, 2007.

[Tel09]   TELTARIF: *46.000 Euro für mobile Internet-Nutzung. Fernfahrer nutzte Daten-Flatrate im Ausland.* http://www.teltarif.de/intern/action/print/internet-mobil-ausland-teuer/news/33462.html, 2009. Meldung vom 13.03.2009.

[tel11]   TELTARIF.DE: *Übersicht: Die Handy-Tarife mit Homezone und Festnetz-Nummer.* http://www.teltarif.de/mobilfunk/homezone-tarife.html, 2011. Letzter Abruf: 13.06.2011.

[TH08]   THIPSE, AASHAY und RATTIKORN HEWETT: *Verification of Dynamic Separation of Duty Policy for Role-based Business Processes*. In: *Proceedings of the IEEE Region 5 Conference*, Seiten 1–6, Kansas City, MO, USA, 2008. IEEE.

[The01]   THE REGISTER: *62,000 mobiles lost in London's black cabs*. http://www.theregister.co.uk/2001/08/31/62_000_mobiles_lost/print.html, 2001. Meldung vom 21.08.2001.

[Toh02]   TOH, CHAI-KEONG: *Ad Hoc Mobile Wireless Networks – Protocols and Systems4*. Prentice Hall PTR, Upper Saddle River, New Jersey, USA, 2002.

[Tou89]   TOUSSAINT, G.: *On Separating two simple Polygons by a Single Translation*. Discrete and Computational Geometry, 4:265–278, 1989.

[TP04]   TUROWSKI, KLAUS und KEY POUSTTCHI: *Mobile Commerce – Grundlagen und Techniken*. Springer, Berlin et al., 2004.

[Tür03]   TÜRKER, CAN: *SQL:1999 & SQL:2003: Objektrelationales SQL, SQLJ & SQL/XML*. dpunkt-Verlag, Heidelberg, 2. Auflage, 2003.

[TS97]   THOMAS, ROSHAN K. und RAVI S. SANDHU: *Tasked-Based Authorization Controls (TBAC): A Familiy of Models for Active and Enterprise-Oriented Autorization Management*. In: *Proceedings of the IFIP WG11.3*

Workshop on Database Security, Seiten 166–181, Lake Tahoe, California, USA, 1997.

[vdA98a] AALST, WIL M.P. VAN DER: *The Application of Petri-nets to Workflow Management.* Journal of Circuits, Systems, and Computers, 8(1):21–66, 1998.

[vdA98b] AALST, W.M.P. VAN DER: *Three Good Reasons for Using a Petri-net-based Workflow Management System.* In: *Information and Process Integration in Enterprises: Rethinking Documents*, Seiten 161–182. Kluwer Academic Publisher, Norwell, Mass., USA, 1998.

[vdA00] AALST, WIL M.P. VAN DER: *Workflow Verification: Finding Control-Flow Errors Using Petri-Net-Based Techniques.* In: *Business Process Management. Models, Techniques, and Empirical Studies*, LNCS, Seiten 161–183. Springer, Berlin et al., 2000.

[vdAADtH04] AALST, WIL M. P. VAN DER, LACHLAN ALDRED, MARLON DUMAS und ARTHUR H. M. TER HOFSTEDE: *Design and Implementation of the YAWL System.* In: *Proceedings of the 16th International Conference on Advanced Information Systems Engineering (CAiSE'04)*, Seiten 142–159, Riga, Latvia, 2004. Springer.

[vdAPS09] AALST, WIL M. P. VAN DER, MAJA PESIC und HELEN SCHONENBERG: *Declarative workflows:Balancing between flexibility and support.* Computer Science – Research and Development (CSRD), 23(2):99–13, 2009.

[vdAtHKB03] AALST, WIL M.P. VAN DER, ARTHUR H.M. TER HOFSTEDE, BARTEK KIEPUSZEWSKI und ALISTAIR P. BARROS: *Workflow Patterns.* Distributed and Parallel Databases, 14(3):5–51, 2003.

[VMK⁺04] VILLANEN, JUHA, KRISTINA MODÉE, JUHA KOIVULA, KEY POUSTTCHI und ANDREAS GUMPP: *Mobile Enterprise in Germany – State-of-the-art, Expectations and Perspectives for Mobile Business Processes in Small and Medium-sized Enterprises on the German Market.* Technischer

Bericht, Finpro Munich (Finland Trade Center) and Mobile Commerce Working Group of University of Augsburg, 2004.

[VN06]   VORA, ADNAN und MIKHAIL NESTERENKO: *Secure Location Verification using Radio Broadcast*. IEEE Transactions on Dependable and Secure Computing, 3(4):377–385, 2006.

[Vog10]   VOGEL, MATTHIAS: *Integration von Ortseinschränkungen in Geschäftsprozessmodelle*. Am Institut AIFB durchgeführte Diplomarbeit. Referent: Prof. Dr. Andreas Oberweis. Betreuer: Peter Stürzel, Michael Decker, April 2010.

[Vol08]   VOLPERT, FRANK: *Design trifft Designer. Luxushandys: Die neuen Edel-Telefone von Emporio Armani, Prada und Vertu sind da*. http://www.vanityfair.de/articles/dummy/handy/armani/ 2008/10/21/11666, 2008. Meldung vom 21.10.2008.

[VvdH02]   VALIENTE, PABLO und HANS VAN DER HEIJDEN: *A Method to Identify Opportunities for Mobile Business Processes*. Technischer Bericht, Stockholm School of Economics, Stockholm, Schweden, 2002.

[W3C99]   W3C: *POIX: Point Of Interest eXchange Language Specification*. http: //www.w3.org/1999/06/NOTE-poix-19990624/, 1999. „W3C Note" vom 24.06.1999.

[W3C11]   W3C: *Platform for Privacy Preferences (P3P) Project*. http://www.w3. org/P3P/, 2011. Letzter Abruf: 13.06.2011.

[Wan03]   WANG, ZHOU: *An Agent-Based Integrated Service Platform for Wireless and Mobile Environments*. Doktorarbeit, Universität Karlsruhe, 2003. Shaker-Verlag, Aachen.

[WB03]   WAINER, JACQUES und FABIO BEZERRA: *Constraint-based flexible workflows*. In: *Proceedings of the 9th International Workshop on Groupware: Design, Implementation, and Use (CRIWG 2003)*, LNCS, Seiten 151–158, Autrans, France, 2003. Springer.

[WBK03]   WAINER, JACQUES, PAULO BARTHELMESS und AKHIL KUMAR: *W-RABC – A Workflow Security Model Incorporating Controlled Overriding of Constraints*. International Journal of Cooperative Information Systems (IJCIS), 12(4):455–485, 2003.

[WD05]   WALLBAUM, MICHAEL und STEFAN DIEPOLDER: *Benchmarking Wireless LAN Location Systems*. In: *Proceedings of the Second IEEE International Workshop on Mobile Commerce and Services (WMCS '05)*, Seiten 42–51, Munich, Germany, 2005. IEEE.

[Web94]   WEBSTER: *New encyclopedic dictionary*. Black Dog Leventhal Publishers, New York (NY), USA, 1994. Third Printing.

[Wei91]   WEISER, MARK: *The Computer for the Twenty-First Century*. Scientific America, 265:91–104, 1991.

[Wei98]   WEITZ, WOLFGANG: *SGML Nets: Integrating Document and Workflow Modeling*. In: *Thirty-First Annual Hawaii International Conference on System Sciences (Volume 2)*, Seiten 185–194, Kohala Coast, Hawaii, USA, 1998. IEEE Computer Society.

[Wei07]   WEIL, STEFAN: *Vermarktungsstrategien im Mobile-Gaming-Markt*. Doktorarbeit, Wirtschaftswissenschaftliche Fakultät der Universität Karlsruhe (TH), 2007.

[Wey09]   WEYER, PETER: *Verdeckter Ermittler unter der Motorhaube*. Stern, 62(8):120, 2009. Artikel über „Pay as you drive"-Tarife für KFZ-Versicherungen.

[WF03]   WATERS, BRENT R. und EDWARD W. FELTEN: *Secure, Private Proofs of Location*. Technischer Bericht TR-667-03, Princeton University, Princeton, New Jersey, USA, 2003.

[WfM95]   WFMC: *The Workflow Reference Model*. Technischer Bericht WFMC-TC-1003, Workflow Management Coalition, Winchester, Hampshire, U.K., 1995.

[WfM99]   WFMC: *Terminology & Glossary*. Technischer Bericht WFMC-TC-1011, Workflow Management Coalition, Winchester, Hampshire, U.K., 1999.

[wfm11]   WFMC.ORG: *Reference Model*. `http://www.wfmc.org/reference-model.html`, 2011. Letzter Abruf: 13.06.2011.

[WHFG92]   WANT, ROY, ANDY HOPPER, VERONICA FALCAO und JONATHAN GIBBONS: *The active badge location system*. ACM Transactions on Information Systems (TOIS), 10(1):91–102, January 1992.

[Whi04]   WHITE, STEPHEN A.: *Process Modeling Notations and Workflow Patterns*. In: *Workflow Handbook 2004*, Seiten 265–294. Future Strategies, Lighthouse Point, FL, USA, 2004.

[Wi-11]   WI-FI ALLIANCE: *Webpräsenz der Wi-Fi Alliance*. `http://www.wi-fi.org`, 2011. Letzter Abruf: 29.10.2011.

[WIB11]   WIBU-SYSTEMS AG: *Webseite der CodeMeter-Produktreihe*. `http://www.wibu.com/codemeter.php`, Karlsruhe, 2011. Letzter Abruf: 02.06.2011.

[Wit08]   WITZKI, AXEL: *Mobilfunk nach 3G*. Funkschau, 2008(8):20–22, 2008.

[WJ03]   WARNER, JON S. und ROGER G. JOHNSTON: *GPS Spoofing Countermeasures*. Technischer Bericht LAUR-03-6163, Los Alamos National Laboratory, Los Alamos, New Mexico, USA, 2003.

[WJH97]   WARD, ANDY, ALAN JONES und ANDY HOPPER: *A New Location Technique for the Active Office*. IEEE Personal Communication, 4:42–47, 1997.

[WLC03]   WULLEMS, CHRIS, MARK LOOI und ANDREW CLARK: *Enhancing the Security of Internet Applications using location: A New Model for Tamper-resistant GSM Location*. In: *Proceedings of the Eighth IEEE International Symposium on Computers and Communication (ISCC'03)*, Seiten 1251–1258, Washington, DC, USA, 2003. IEEE Computer Society.

[Wol09]   WOLFF, DANIEL: *Display-Revolution: Die neuen Touchscreens*. Chip, 2009(5):22–23, 2009.

[WP08]   WELINGKAR, BHARAT und SRIKIRAN PRASAD: *Over-The-Air Device Kill Pill and Lock*, 2008. United States Patent Application Publication No. 2008/0115226 A1.

[Wüe05]   WÜEST, CANDID: *Phising In the Middle of The Stream – Today's Threats To Online Banking*. In: *Proceedings of the 8th Association of Anti-Virus Asia Researchers Conference (AVAR 2005)*, Tianjin, China, 2005.

[YL04]   YU, HAI und EE-PENG LIM: *LTAM: A Location-Temporal Authorization Model*. In: *Proceedings of the Workshop on Secure Data Management (SDM 2004)*, Seiten 172–186, Toronto, Canada, 2004.

[YS00]   YAN, HAO und TED SELKER: *Context-aware office assistant*. In: *Proceedings of the 5th International Conference on Intelligent User Interfaces (IUI '00)*, Seiten 276–279, New York, NY, USA, 2000. ACM Press.

[Zah03]   ZAHARIADIS, THEODORE: *Trends in the Path to 4G*. IEEE Communications Engineer, 1:12–15, 2003.

[Zen97]   ZENK, ANDREAS: *Sicherheit unter Windows NT 4.0*. Addison-Wesley, Bonn, 1997.

[Zie02]   ZIEGLER, PETER-MICHAEL: *Wenn der Computer im Kleiderschrank hängt*. c't, 2002(21):102, 2002.

[Zis00]   ZISMAN, ANDREA: *An overview of XML*. Computing & Control Engineering Journal, 11(4):165–167, August 2000.

[Ziv03]   ZIVADINOVIC, DUSAN: *Firstclass Luftverkehr. Bluetooth setzt zum Boom an*. c't, 2003(23):142–144, 2003.

[Ziv08]   ZIVADINOVIC, DUSAN: *Codes und Korrekturen. Warum HSDPA die UMTS-Datenübertragung beschleunigt*. c't, 2008(3):164–165, 2008.

[ZO03]   ZIVANDINOVIC, DUSAN und RUDOLF OPITZ: *Bluetooth-Access-Points für PCs, Notebooks und PDAs.* c't, 2003(12):176, 2003.

[Zob01]   ZOBEL, JÖRG: *Mobile Business und M-Commerce — Die Märkte der Zukunft erobern.* Hanser, München u. Wien, 2001.

[Zus80]   ZUSE, KONRAD: *Petri-Netze aus der Sicht des Ingenieurs.* Vieweg-Verlag, Braunschweig und Wiesbaden, 1980.

[ZZ04]   ZOGG, JEAN-MARIE und DUSAN ZIVANDINOVIC: *GPS im Haus. Ortung per Handy: Funktion und Verfeinerung.* c't, 2004(20):222–226, 2004.

[ZZ08]   ZHU, HAIBIN und MENGCHU ZHOU: *Roles in Information-Systems: A Survey.* IEEE Transactions on Systems, Man and Cybernetics – Part C: Applications and Reviews, 38(3):377–396, 2008.

Index